NATURREISEFÜHRER

# Kenia, Tansania, Uganda

von
Wolfgang Denzer

NTV Reise

## Schutzgebiete in den nördlichen Trockenregionen . . 170



## Fahrt in den Westen Kenias . . . . . 195



## Nationalparks im Süden Kenias – von Nairobi nach Mombasa . . . . . 214

**Bildnachweis Umschlag:**
Titel: **Steppenzebra (*Equus burchellii*)** Foto: W. Denzer
**Löwe (*Panthera leo*), Serengeti Tansania** Foto: W. Denzer

**Rücktitel:**
Oben: **Sekretär (*Sagittarius serpentarius*)** Foto: W. Denzer
Mitte: **Lateritboden färbt die Elefanten „rot"** Foto: W. Denzer
Unten: **Ruhmeslilie (*Gloriosa superba*)** Foto: W. Denzer

**Bildnachweis für dieses Inhaltsverzeichnis:**
Seite 1: **Affenbrotbaum (*Adansonia digitata*) mit Sonnenuntergang, Ruaha Nationalpark, Tansania** Foto: G. Ziesler
Seiten 2/3: **Hochwüste unterhalb des Kibo-Gipfels** Foto: W. Denzer
Seite 4: **Giraffenjunges (*G. c. tippelskirchi*)** Foto: W. Denzer
Seiten 5: **Löwe (*Panthera leo*), Serengeti Tansania** Foto: W. Denzer
Seite 6: **Elenantilope (*Tragelaphus oryx*)** Foto: W. Denzer
Seite 7: **Spitzmaulnashorn (*Diceros bicornis*), Ngorongoro Tansania** Foto: W. Denzer
Seite 8: **Wasserhyazinthen (*Eichhornia* sp.)** Foto: W. Denzer
Seite 9: **Doum-Palmen (*Hyphaene coriacea*) am Rufiji River, Sonnenaufgang** Foto: G. Ziesler



**ISBN 10: 3-931587-86-X**
**ISBN 13: 978-3-931587-86-4**


An der Kleimannbrücke 39/41
48157 Münster
Tel. 0251/13339-0, Fax 13339-33
www.ms-verlag.de
Verleger: Matthias Schmidt
Redaktion: Heiko Werning
Lektorat: Heiko Werning, Kriton Kunz und Stefan Schwenk
Layout: Angela Neuhäuser
Druck: Alföldi, Debrecen

# Vorwort

*Ostafrika – Wiege der Menschheit, Ngorongoro – das achte Weltwunder, Serengeti – unendliche Savanne, Uganda – die Perle Afrikas, Kilimandscharo – das Dach Afrikas!*
*Nur einige der Superlative, die für diese Region stehen. Auch an der Schwelle zum 3. Jahrtausend hat diese Faszination nicht nachgelassen.*
*Aufgrund nationaler und internationaler Naturschutzmaßnahmen ist es heute relativ einfach an Safaris teilzunehmen, auf denen man den „Big Five“ (Elefant, Löwe, Leopard, Kaffernbüffel und Nashorn) in ihrer natürlichen Umgebung begegnet. Dies ist nicht zuletzt einem der großen deutschen Zoologen des 20. Jahrhunderts und Direktor des Zoologischen Gartens in Frankfurt – Prof. Bernhard Grzimek – zu verdanken, der es als seine Aufgabe ansah, Serengeti und Ngorongoro in ihrer ursprünglichen Form für nachfolgende Generationen zu erhalten. Durch seine Bücher und Naturfilme trug er dazu bei, die großartige Tierwelt Ostafrikas aus der abstrakten Umgebung eines Zoos herauszureißen, und schärfte auf diese Weise das Bewusstsein seiner Zuschauer für den Erhalt der Natur. In Kenia bemühte sich außerdem speziell der Paläoanthropologe Richard Leakey sehr um die Erhaltung der Naturschönheiten sowie um die Einrichtung von Schutzgebieten und den Aufbau der Parkverwaltung. Zahlreiche Spenden trugen zum Ausbau der Nationalparks bei, und professionelle, staatliche Organisationen wie Kenya Wildlife Service (KWS), Tansania National Parks Authority (TANAPA) und Uganda Wildlife Authority (UWA) sorgen für die Aufrechterhaltung und Bewirtschaftung der Naturschutzgebiete.*
*Wer heutzutage nach Ostafrika reist, tut dies meist aus zweierlei Gründen: zum einen der Natur wegen, zum anderen, um einen Strandurlaub in den Tropen zu verbringen. An nur wenigen Orten ist dies so einfach zu kombinieren wie in Kenia und Tansania. Weiße Sandstrände säumen die Südküste in der Umgebung von Mombasa, und nur eine Autostunde entfernt können Großtiere in freier Wildbahn in einem der weitläufigen Nationalparks Kenias bewundert werden. Viele Reiseveranstalter haben sich auf derartige Kurzsafaris von 1–3 Tagen Länge spezialisiert und bieten Strand-Safari-Kombinationen zu erschwinglichen Preisen an. Dies führte so weit, dass zur Hauptsaison einzelne Löwen in einigen küstennahen Parks von mehreren Safarifahrzeugen umlagert waren. Durch sinnvolles Management und den Ausbau der Infrastruktur in Nationalparks abseits der „üblichen“ Routen hat sich dieser Umstand glücklicherweise wieder umgekehrt.*
*Safaris und Wanderungen durch Wälder oder Bergwelt sind beeindruckende Erlebnisse. Ich habe versucht, in diesem Buch die Verschiedenartigkeit der Flora und Fauna in den einzelnen Gebieten herauszuarbeiten. Nicht alle Nationalparks werden besprochen, jedoch stehen die beschriebenen Gebiete für die unterschiedlichen faunistischen Zonen.*
*Die Fertigstellung des vorliegenden Buches*

*war nicht ohne die Unterstützung von Institutionen und einer Reihe von Personen zu bewerkstelligen.*

*Zu allererst möchte ich mich beim Kenya Wildlife Service für die bereitwillige Hilfestellung und freundliche Aufnahme bedanken. Neben den vielen ungenannten Rangern und Game Wardens haben insbesondere John Muhanga, Mary Kisivuli und Sammy Towett zum Gelingen des Projektes beigetragen.*

*In den vorbereitenden Phasen und auch während des Aufenthaltes vor Ort haben sich Monika und Mahendra Solanki (Special Lofty Safari Ltd.) als gute Berater und ausgezeichnete Landeskenner erwiesen.*

*Elizabeth Nguraru (Block Hotels), Joyce Wangui (Serena Hotels), Louis Okech (Sopa Lodges) und Stephen Maina (Sarova Hotels) sei für die unbürokratische Hilfe bei den Buchungen der einzelnen Lodges gedankt.*

*Abdul („Abdi") Omar Suleman (Special Lofty Safaris Ltd) – seines Zeichens Transport-Manager, Straßenreferent, Freund und ausgezeichneter Tierkenner – hat unermüdlichen Einsatz auf Afrikas Straßen und in unwegsamem Gelände bewiesen. In Nordtansania war ihm eine Pause gegönnt, und Alli Simendu (dotcom safaris ltd.) musste meine Launen ertragen sowie mit seinen Kenntnissen und Fahrkünsten den fotografischen Erfolg sicherstellen. Mutuma Geoffrey Benoni (Travelust African Safaris) hat meine Augen für die Schönheit Ugandas geöffnet und neben hervorragenden Naturkenntnissen mit politischen und kulturellen Hintergründen brilliert.*

*Dank auch den Führern und Rangern von KWS,TANAPA sowie UWA die mich auf nächtlichen Exkursionen und beim Kilimandscharo-Trekking begleitet haben. Leider ist es mir nicht möglich, alle zu nennen, aber besonders möchte ich mich bei Willy Wellingtone Kombe (Arabuko Sokoke NP) und Frank George Kweka (Udzungwa NP) bedanken, die sich als hervorragende Kenner der Flora und Fauna sowie gute Beobachter erwiesen haben.*

*James Ashe (Bioken) hat in einem Gespräch bereitwillig intime Kenntnisse zur Herpetofauna Ostafrikas beigetragen. Seinen beiden Mitarbeitern Francis Ngombo und James Wanje möchte ich herzlichen Dank für ihre Hilfe bei der Handhabung von Giftschlangen aussprechen.*

*Johnny Hinzen, Angelika Hofer und Günter Ziesler möchte ich für die Bereitstellung von ausgesprochen gutem Fotomaterial danken.*

*Meiner Frau Jacqueline Denzer danke ich für ihren unerschütterlichen Optimismus und die Duldung jeglicher Eskapaden meinerseits!*

*Imekuwa ni furaha kufanya kazi nanyi. It has been a pleasure working with you.*

*Asante sana,*

*Wolfgang Denzer*
*Berlin/Oxford, Sommer 2005*

**Wolfgang Denzer**

# Allgemeines

## Kleine Länderkunde

**Kenia** ist mit 583.000 $km^2$ etwa so groß wie Frankreich oder Madagaskar. In Nord-Süd-Ausdehnung erstreckt es sich jeweils etwa bis auf 5 Grad auf beiden Seiten des Äquators. Im Osten wird Kenia durch Somalia und den Indischen Ozean begrenzt. Nur einige unbedeutende kleine Inseln liegen vor der Küste auf kenianischem Hoheitsgebiet. Im Süden grenzt Kenia an Tansania und im Westen an Uganda, im Norden an den Sudan und Äthiopien. Hauptstadt und gleichzeitig bevölkerungsreichste Stadt ist Nairobi. Weitere große Orte sind Mombasa am Indischen Ozean und Kisumu am Lake Victoria. Obwohl nur ein kleiner Teil des riesigen Lake Victoria auf kenianischem Territorium liegt, ist er doch der größte Süßwassersee des Landes. Derzeit leben in Kenia etwa 27 Mio. Menschen, die sich in über 50 Ethnien aufteilen. Der überwiegende Teil der Bevölkerung lebt auf dem Land (etwa 80 %).

Mit 945.000 $km^2$ ist **Tansania** das größte Land Ostafrikas. Im Osten wird es durch den Indischen Ozean begrenzt, im Süden schließt sich Mosambik an, und im Südwesten grenzen Malawi und Sambia an Tansania. Westlich von Tansania liegt die Demokratische Republik Kongo, nordwestlich grenzen Burundi sowie Ruanda und nördlich Uganda und Kenia an das Land. Tansania liegt mit seinem gesamten

**Mt. Kilimanjaro** Foto: W. Denzer

**Savannenlandschaft** Foto: W. Denzer

Hoheitsgebiet südlich des Äquators. Die Inseln Pemba, Sansibar und Kilidoni sind dem Festland im Indischen Ozean vorgelagert. Die Hauptstadt ist offiziell Dodoma, bevölkerungsreichste Stadt und Verwaltungs- sowie Handelszentrum ist jedoch die Küstenstadt Dar-es-Salaam. Weitere bedeutende Orte sind Mwanza am Lake Victoria, Arusha und Moshi nahe dem Kilimandscharo sowie Mbeya nahe den Grenzen nach Sambia und Malawi. Tansanias Bevölkerung wird derzeit auf etwa 30 Mio. Einwohner geschätzt, die auf über 130 Ethnien verteilt sind. 85 % der Einwohner werden zur Landbevölkerung gezählt.

**Uganda** bedeckt eine Fläche von etwa 236.000 km$^2$; allerdings wird etwa ein Sechstel (40.000 km$^2$) von Seen und anderen Gewässern eingenommen. Etwa die Hälfte des Lake Victoria liegt auf ugandischem Hoheitsgebiet. Im Osten grenzt Uganda an Kenia, im Süden an Tansania und Ruanda; Ugandas westlicher Nachbar ist die Demokratische Republik Kongo, und im Norden grenzt es an den Sudan. Nur das südliche Uganda liegt jenseits des Äquators. Kampala ist die Hauptstadt Ugandas und zudem die bevölkerungsreichste Stadt des Landes. Weitere größere Ortschaften sind Entebbe und Jinja nahe am Lake Victoria. In Uganda leben etwa 20 Mio. Menschen, die etwa 40 Ethnien angehören. Mit über 80 % Landbevölkerung ist Uganda ebenso wie Kenia und Tansania als ein Land von Kleinbauern anzusehen.

Die Ethnien Ostafrikas können in drei Sprachgruppen eingeteilt werden: Bantu, Niloten und Kuschiten. In Kenia gehören etwa 65 % der Bevölkerung zu den Bantu, wobei Kikuyu, Luhya und Kamba die größten Ethnien ausmachen. 30 % der kenianischen Bevölkerung sprechen nilotische Sprachen (meist Luo und Kalenjin) und nur etwa 3 % sind zu den Kuschiten zu rechnen; hierbei entfällt etwa die Hälfte auf Somalis. In Tansania ist der Anteil an Bantu mit 95 % am größten. Die größten Volksgruppen bilden die Sukuma und Nyamwezi. Ebenfalls überwiegend Bantu sind die Völker Ugandas mit etwa 60 %. Dazu sind vor allem Baganda und verwandte Volksstämme zu zählen, die etwa die Hälfte der Bantu ausmachen. 26 % der Bevölkerung werden zu den Niloten gezählt. Insbesondere im nördlichen Uganda leben Westniloten, die zur zentralsudanesischen Sprachfamilie zählen. Einen verschwindend kleinen Anteil an der Bevölkerung stellen die Pygmäen, die im Grenzgebiet zum Kongo leben.

## Entwicklungsgeschichte und Geographie Ostafrikas

Die physikalische Aufgliederung des ostafrikanischen Großraums ist vielgestaltig. Ein Grund hierfür ist die immense Größe der Region. Neben den in diesem Buch behandelten Ländern (Kenia, Tansania und Uganda) werden geologisch und biogeographisch noch die südlichen Teile Somalias und Äthiopiens, Ruanda und Burundi sowie Malawi und die nördlichen Teile von Sambia und Mosambik zum Großraum Ostafrika gezählt. Insgesamt bedecken diese Länder eine Fläche von über 2 Mio. km², was etwa der Fläche des europäischen Kontinents entspricht.

Ostafrika war ehemals (bis vor etwa 250 Mio. Jahren) Teil des riesigen Südkontinents Gondwana, zu dem auch Südamerika, die Antarktis, Indien und Australien gehörten. Zu dieser Zeit begann Gondwana sich zu trennen, und die Kontinente bewegten sich allmählich auf ihre heutige Position zu (Kontinentaldrift). Geologisch unterscheidet man drei wesentlich unterschiedliche Formationen anhand ihres Alters. Auf diese Weise kann die Entstehungsgeschichte einer Region nachvollzogen werden.

Die ältesten Gesteinsformationen werden präkambrische Schichten genannt. Sie haben ein Alter von mindestens 560 Mio. Jahren und sind Teil des ehemaligen Südkontinents Gondwana. Typische Gesteine der präkambrischen Zone sind die unter hohem Druck und hoher Temperatur entstandenen Quarzite, Granite und Schiefer. In Ostafrika findet man diese Formation vor allem in Uganda. Zeitlich daran anschließend haben sich paläozoische (vor 560–230 Mio. Jahren) sowie mesozoische (vor 230–65 Mio. Jahren) Formationen ausgeprägt. Während die Ersteren noch während der Gondwana-Periode entstanden, bildeten sich Letztere erst nach Trennung der Kontinente. Typische Gesteine sind Kalzite und Sandsteine; diese Gesteine sind nicht unter erhöhtem Druck entstanden und besitzen daher eine geringere Härte, sodass sie zur Erosion neigen. Paläozoische und mesozoische Sandsteinformationen finden sich überwiegend in den küstennahen Regionen Ostafrikas und Teilen des Hochlandes. Die jüngste geologische Formation stammt aus dem Tertiär und Quartär (vor 65–10 Mio. Jahren). Dies sind sowohl Sedimente als auch vulkanische Gesteine. Diese Formation ist vorherrschend im Bereich des afrikanischen Grabensystems und Teilen des Hochlandes.

**Grabenbruchstufe** Foto: W. Denzer

Aus den geologischen Gegebenheiten lassen sich vier geographische Großräume ableiten: die Küstenregion, das Nyaka-Plateau, das Hochland- und Grabenbruchsystem sowie das Becken des Lake Victoria.

Die Küstenregion nahe dem Indischen Ozean ist ein recht schmaler Streifen von nur 15–80 km Breite. Die schmalste Stelle findet sich bei Mombasa und die breiteste auf der Höhe des Tana River in Kenia. Das Küstengebiet erstreckt sich nur in den niedrigen Höhenlagen und erreicht maximal 150 m ü. NN. Die relativ jungen Sedimentgesteine sind sehr fruchtbar und waren einst neben den ausreichenden Niederschlägen für eine üppige Küstenwaldvegetation verantwortlich. Durch Siedlungsdruck ist die natürliche Vegetationsform der Landwirtschaft gewichen. Die ins Meer mündenden Flüsse tragen reichlich nährstoffhaltigen Boden in die Brackwasserregion ein, was zur einstigen Ausbildung eines Mangrovengürtels entlang der Küste beitrug. Diese Vegetationsform findet man heutzutage allerdings nur noch an wenigen, meist geschützten Küstenabschnitten.

An die Küstenregion schließt sich im Westen das Nyaka-Plateau an. Höhenmäßig erstreckt es sich von etwa 150–1.200 m ü. NN. Ein großer Teil Ostafrikas ist zu dieser geographischen Region zu rechnen. Kennzeichnend ist die Bildung weiter Ebenen mit spärlicher Vegetation („nyaka" ist Kisuaheli und bedeutet „Ödland"). Das Nyaka-Plateau reicht von den nördlichen Halbwüsten Kenias bis in die Miombewälder Südtansanias. Die Böden sind überwiegend kambrischen Ursprungs und wenig fruchtbar. Zudem ist die jährliche Niederschlagsmenge gering, sodass die Landschaft nur während und kurz nach den Regenzeiten grün erscheint. Trotz der

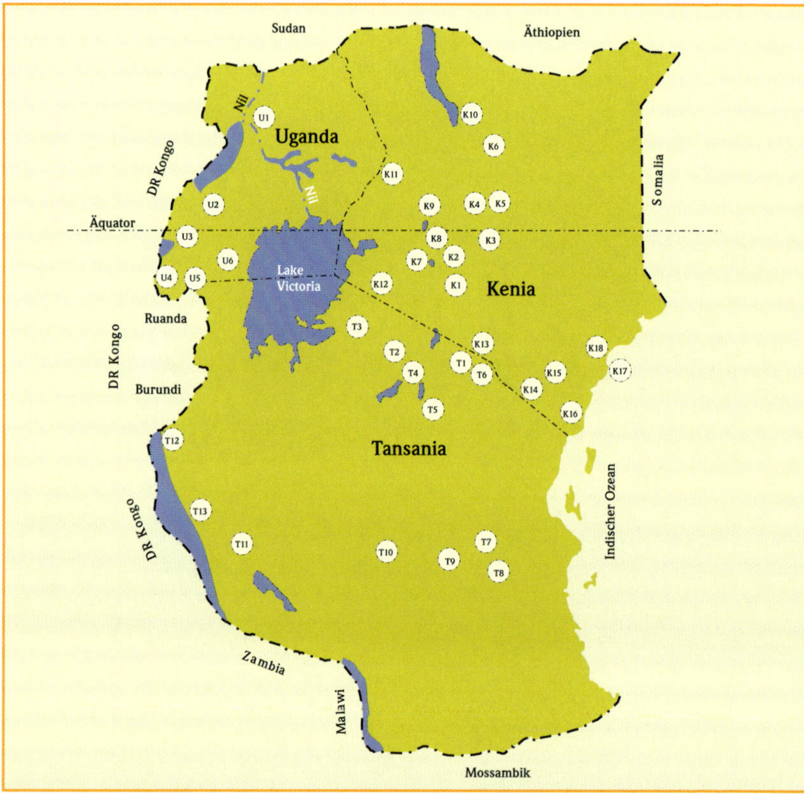


Gesamtübersicht Ostafrika

Kenia

K1 Nairobi-Nationalpark, K2 Aberdares-Nationalpark, K3 Mt. Kenya-Nationalpark, K4 Nationalreservate Samburu & Buffalo Springs, K5 Shaba-Nationalreservat, K6 Marsabit-Nationalpark, K7 Nakuru-Nationalpark, K8 Lake Bogoria, K9 Lake Baringo, K10 Lake Turkana, K11 Kakamega-Nationalpark, K12 Massai-Mara-Reservat, K13 Amboseli- Nationalpark, K14 Tsavo-West-Nationalpark, K15 Tsavo-Ost-Nationalpark, K16 Shimba-Hills-Nationalpark, K17 Malindi-Watamu-Meeresnationalpark, K18 Arabuko-Sokoke-Nationalpark

Tansania

T1 Arusha-Nationalpark, T2 Ngorongoro Conservation Area, T3 Serengeti-Nationalpark, T4 Lake-Manyara-Nationalpark, T5 Tarangire-Nationalpark, T6 Mt.-Kilimanjaro-Nationalpark, T7 Mikumi-Nationalpark, T8 Selous Game Reserve, T9 Udzungwa-Nationalpark, T10 Ruaha-Nationalpark, T11 Katavi Plains, T12 Gombe-Stream-Nationalpark, T13 Mahale-Mountains-Nationalpark

Uganda

U1 Murchison-Falls-Nationalpark, U2 Kibale-Forest-Nationalpark, U3 Queen-Elisabeth-Nationalpark, U4 Bwindi-Impenetrable-Forest-Nationalpark, U5 Magahinga-Nationalpark, U6 Lake-Mburo-Nationalpark

**Victorianil, Uganda** Foto: W. Denzer

recht harten klimatischen Bedingungen bewohnen zahlreiche Tiere das Trockensavannensystem des Nyaka-Plateaus.
Ab etwa 1.200 m ü. NN aufsteigend beginnt das Hochland mit dem östlichen Ausläufer des Grabenbruchs – dem Ostafrikanischen Graben. Die östliche Grabenstufe läuft etwa entlang einer Linie vom Ostufer des Lake Turkana bis nach Nairobi in Kenia und weiter nach Arusha bzw. dem Lake Manyara in Tansania. Die westliche Grabenstufe zieht sich vom Ostufer des Lake Turkana weiter östlich entlang den Rift-Valley-Seen in das nördliche Tansania am Lake Eyasi. Die Sohle steigt dabei von Norden nach Süden von 400 m ü. NN auf über 2.000 m ü. NN an, um etwa ab Lake Nakuru langsam wieder abzufallen. Entlang dem Grabenbruch erstrecken sich aufgrund einstiger vulkanischer Aktivität zahlreiche Berge, von denen der Mt. Kenya (5.199 m) und der Mt. Kilimanjaro (im Deutschen: Kilimandscharo) (5.895 m) die höchsten sind. Das zentrale Hochland besitzt fruchtbare Böden und erfährt ausreichend Niederschlag, um eine üppige Vegetation zu erhalten. Früher war diese Region überwiegend mit zentralafrikanischem Regenwald überdeckt, heutzutage dient sie dem Anbau von Kaffee, Mais und anderen landwirtschaftlichen Gütern. Im Südosten Kenias und im Osten Tansanias ist der Grabenbruchstufe noch eine aufgefaltete Gebirgskette vorgelagert, die Eastern Arc Mountains. Diese sind in geologischer Zeitrechnung im Gegensatz zu den jungen Höhenzügen vulkanischen Ursprungs relativ alt und beste-

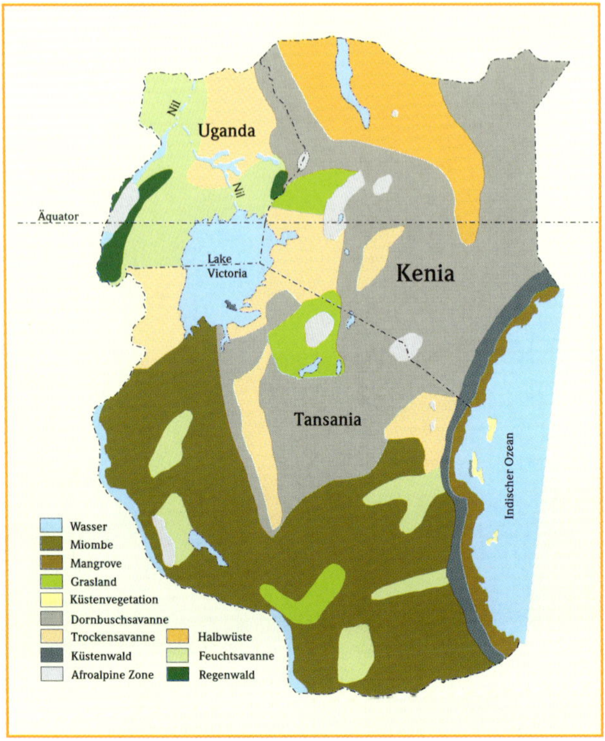


**Karte der wichtigsten Vegetationszonen Ostafrikas. Die Karte ist stark idealisiert und vernachlässigt landwirtschaftliche Gebiete sowie urbane Zentren.** Grafik: W. Denzer nach Knapp

hen überwiegend aus kristallinen Gesteinen. Sie ziehen sich von den Taita Hills in Kenia über die Pare, Usambara, Nguru, Rubeho und Uluguru Mountains bis zu den Udzungwa Mountains in Ost-Tansania.

An den ostafrikanischen Grabenbruch schließt sich im Westen das Victoriabecken an. Der Lake Victoria ist mit seinen gewaltigen Wassermassen das Herzstück der Region, für die klimatischen Verhältnisse mitverantwortlich und dient als Mündungsbecken und Quelle zahlreicher Flüsse der Region – darunter auch der Nil. Das den See umgebende Hochplateau erstreckt sich auf einer Höhe von etwa 1.150 m ü. NN bis an die Gebirgszüge der Grabenbruchstufen. Die Böden bestehen überwiegend aus Gneisen und Sedimentgesteinen, denen die Region ihre hohe Fruchtbarkeit verdankt. Im zentralen Uganda läuft das Becken nach Norden hin in die an den Sudan grenzenden Trockenregionen aus, und im östlichen und südlichen Bereich des Victoriabeckens befinden sich Serengeti und Massai Mara.

Die geologische Grenze zwischen dem ostafrikanischen Raum und dem zentralafrikanischen (Kongo-) Becken bildet der westlich des Victoriabeckens verlaufende Zentralafrikanische Graben. Die östliche Grabenstufe verläuft etwa entlang den politischen Westgrenzen von Uganda, Ruanda, Burundi und Tansania, und die westliche Grabenstufe auf dem Hoheitsgebiet der Demokratischen Republik Kongo (ehemals Zaire) und nördlichen Teilen Sambias. Auf der Grabensohle liegen die großen Seen wie Lake Albert und Lake Edward in Uganda, Lac

Kivu in Ruanda und der Lake Tanganyika im tansanisch-kongolesischen Grenzgebiet. Zentralafrikanischer Graben und Ostafrikanischer Graben vereinigen sich wieder auf der Höhe des Lake Malawi, um dann gemeinsam in Mosambik zu enden.

## Klima

So vielfältig wie die geologischen und geographischen Großräume Ostafrikas ist auch das Klima. In einer Region, die sich von Meeresniveau auf nahezu 6.000 Höhenmeter erstreckt, spielen viele Faktoren eine Rolle, etwa die Äquatornähe, die Lage zum Indischen Ozean, die Nähe zur Sahelzone im Norden und im Westen zu Zentralafrika. Prinzipiell können zwei Hauptklimata unterschieden werden: Kenia und Nordtansania sowie die Küstenregionen beider Länder werden stark vom Meeresklima beeinflusst, während die restlichen Landesteile Tansanias, das westliche Kenia und Uganda im Einflussbereich des zentralafrikanischen Kontinentalklimas liegen. Trotz der unterschiedlichen Klimaeinflüsse kann man jedoch ein einigermaßen einheitliches Bild erstellen.

Passatwinde und Sonnenstand sind für die Ausprägung von Jahreszeiten verantwortlich. Im Gegensatz zu den vier unterschiedlichen Jahreszeiten in unseren Breiten gibt es in der Äquatorialregion nur zwei Regen- und zwei Trockenzeiten pro Jahr. Die Winde entstehen über dem Meer und wehen aus zwei unterschiedlichen Richtungen, abhängig von den Luftdruckunterschieden zwischen Asien auf der nördlichen Halbkugel und dem südlichen Afrika jenseits des Äquators. Etwa ab Oktober bis April sind Nordostwinde vorherrschend, danach dreht die Richtung auf Südost. Über dem Äquator steht die Sonne zu unserem Frühlingsanfang (21. März) und zum Herbstanfang (23. September) im Zenit. Den – durch den hohen Sonnenstand bestimmten – vorausgehenden trockenen Monaten folgen nun die etwa zweimonatigen Regenzeiten ab etwa Mitte April und Mitte Oktober. Interessanterweise fallen diese Regenzeiten fast mit den Regenfällen in den westlichen Regionen Ostafrikas zusammen, obwohl das Klima durch das Kongobecken beeinflusst wird. Im westlichen Kongobecken herrscht allgemein eine Regenzeit, die bis zu zehn Monate anhalten kann. Diese Regenzeit verkürzt sich, je weiter man nach Osten kommt, und beträgt in Uganda, Tansania und Teilen Kenias nur noch etwa zwei Monate. Die heftigsten Niederschläge werden dann von März bis April und von November bis Dezember registriert.

Die jährlichen Niederschlagsmengen variieren je nach Region. Leicht vereinfacht lässt sich sagen, dass die Niederschlagsmengen von Osten nach Westen und mit steigender Höhe zu-, nach Norden hin dagegen abnehmen. In den Berg- und Hochlandgebieten sind sie am höchsten mit über 1.500 mm pro Jahr im Mittel. Als regenreichstes Gebirge gilt der Ruwenzori mit 4.000 mm, der aus diesem Grunde auch der „Regenmacher" genannt wird. Weitere regenreiche Gebiete sind die Aberdares, der Mt. Kenya und der Mt. Elgon in Kenia, die Eastern Arc Mountains Tansanias sowie die Gebirgsketten im Westen und Osten Ugandas. Die hohen Berge (Mt. Kenya und Kilimandscharo) erhalten sogar Schnee.

Im Becken des Lake Victoria herrscht ein sehr feuchtes Klima, was daran liegt, dass sich die warmen Luftmassen tagsüber mit verdunstetem Wasser anreichern und nachts, wenn es kühler wird, abregnen. In diesem Teil Ostafrikas ist eigentlich immer mit kleineren Regenschauern zu rechnen. Hier liegt das jährliche Mittel über 1.000 mm. Der Norden und Westen Kenias liegen im Einflussbereich der Sahelzone. Sie sind daher sehr trocken und erhalten weniger als 250 mm Niederschlag pro Jahr. Nur unwesentlich feuchter ist nahezu das gesamte Zentraltansania mit 250–500 mm Niederschlag, die fast ausschließlich in den Monaten November und April fallen; in den übrigen Monaten trocknet das Land nahezu aus.

Während die Regenmengen regional zwar variieren, jahreszeitlich aber eine gewisse Konstanz aufweisen, sind die lokalen Temperaturunterschiede umso dramatischer. Den wohl größten „Temperaturschock“ kann man bei einem Aufstieg auf den Kilimandscharo erleben. Ausgehend von trockenheißem Klima in Arusha oder Moshi mit bis zu 35 °C, gelangt man durch die feuchtwarmen Regenwaldregionen über eine tagsüber erwärmte Halbwüste in die Schneeregion, in der nachts Temperaturen von −10 °C herrschen können. Wegen der z. T. sehr hohen Luftfeuchtigkeit kann es aber auch

**Wolkenbruch im Ngorongorokrater** Foto: W. Denzer

Tabelle 1: Klimawerte für einige Orte in Ostafrika ($T_{max}$ = maximale Tagestemperatur in °C, $T_{Avg}$= durchschnittliche Tagestemperatur in °C, $T_{min}$= minimale Tagestemperatur in °C, mm Regen = durchschnittliche Niederschlagsmenge in mm pro Monat, rel. LF = durchschnittliche relative Luftfeuchte in %, h Sonne = durchschnittliche Zahl der Sonnenstunden pro Tag)

| Mombasa, Kenia (56 m ü. NN) | $T_{max}$ | $T_{Avg}$ | $T_{min}$ | mm Regen | rel. LF | h Sonne |
|---|---|---|---|---|---|---|
| Januar | 32 | 27 | 23 | 25 | 71 | 8 |
| Februar | 32 | 28 | 23 | 15 | 70 | 9 |
| März | 33 | 28 | 24 | 60 | 71 | 9 |
| April | 31 | 27 | 24 | 190 | 76 | 8 |
| Mai | 30 | 26 | 23 | 320 | 79 | 6 |
| Juni | 29 | 25 | 22 | 120 | 77 | 8 |
| Juli | 29 | 25 | 21 | 90 | 78 | 7 |
| August | 28 | 25 | 20 | 60 | 75 | 8 |
| September | 29 | 26 | 21 | 70 | 73 | 9 |
| Oktober | 30 | 26 | 22 | 80 | 73 | 9 |
| November | 31 | 27 | 22 | 90 | 73 | 9 |
| Dezember | 31 | 27 | 22 | 60 | 73 | 9 |

| Nairobi, Kenia (1.798 m ü. NN) | $T_{max}$ | $T_{Avg}$ | $T_{min}$ | mm Regen | rel. LF | h Sonne |
|---|---|---|---|---|---|---|
| Januar | 25 | 17 | 11 | 80 | 69 | 9 |
| Februar | 26 | 18 | 12 | 60 | 59 | 9 |
| März | 26 | 18 | 13 | 90 | 65 | 9 |
| April | 24 | 17 | 14 | 150 | 72 | 7 |
| Mai | 23 | 16 | 13 | 180 | 74 | 6 |
| Juni | 22 | 15 | 11 | 30 | 71 | 6 |
| Juli | 21 | 14 | 9 | 20 | 72 | 4 |
| August | 22 | 15 | 10 | 25 | 70 | 4 |
| September | 23 | 16 | 10 | 40 | 66 | 6 |
| Oktober | 25 | 17 | 11 | 70 | 64 | 7 |
| November | 23 | 16 | 12 | 180 | 71 | 7 |
| Dezember | 23 | 16 | 12 | 120 | 70 | 8 |

| Dar-es-Salaam, Tansania (14 m ü. NN) | $T_{max}$ | $T_{Avg}$ | $T_{min}$ | mm Regen | rel. LF | h Sonne |
|---|---|---|---|---|---|---|
| Januar | 30 | 28 | 25 | 70 | 74 | 8 |
| Februar | 31 | 28 | 25 | 60 | 75 | 9 |
| März | 31 | 27 | 24 | 110 | 77 | 7 |
| April | 30 | 26 | 23 | 280 | 82 | 5 |
| Mai | 30 | 25 | 22 | 300 | 78 | 6 |
| Juni | 29 | 24 | 21 | 30 | 73 | 8 |
| Juli | 29 | 24 | 20 | 30 | 72 | 8 |
| August | 29 | 24 | 20 | 25 | 70 | 8 |
| September | 29 | 24 | 20 | 30 | 68 | 8 |
| Oktober | 29 | 25 | 21 | 50 | 67 | 8 |
| November | 30 | 26 | 22 | 80 | 71 | 9 |
| Dezember | 30 | 27 | 23 | 90 | 73 | 9 |

| Tabora, Tansania (1.266 m ü. NN) | $T_{max}$ | $T_{Avg}$ | $T_{min}$ | mm Regen | rel. LF | h Sonne |
|---|---|---|---|---|---|---|
| Januar | 28 | 22 | 17 | 125 | 70 | 7 |
| Februar | 28 | 22 | 17 | 125 | 71 | 7 |
| März | 28 | 22 | 17 | 170 | 72 | 7 |
| April | 28 | 22 | 17 | 135 | 74 | 8 |
| Mai | 28 | 22 | 16 | 25 | 61 | 9 |
| Juni | 28 | 22 | 15 | 5 | 54 | 10 |
| Juli | 29 | 22 | 15 | 0 | 49 | 11 |
| August | 30 | 23 | 16 | 0 | 46 | 10 |
| September | 31 | 24 | 17 | 10 | 43 | 10 |
| Oktober | 32 | 25 | 18 | 20 | 42 | 9 |
| November | 30 | 24 | 18 | 100 | 51 | 8 |
| Dezember | 28 | 23 | 17 | 175 | 67 | 7 |

| Entebbe, Uganda (1.146 m ü. NN) | $T_{max}$ | TAvg | $T_{min}$ | mm Regen | rel. LF | h Sonne |
|---|---|---|---|---|---|---|
| Januar | 27 | 22 | 17 | 100 | 74 | 8 |
| Februar | 27 | 22 | 17 | 80 | 75 | 7 |
| März | 27 | 22 | 18 | 130 | 78 | 7 |
| April | 26 | 22 | 18 | 270 | 79 | 6 |
| Mai | 26 | 21 | 18 | 250 | 81 | 6 |
| Juni | 25 | 21 | 17 | 100 | 79 | 6 |
| Juli | 25 | 21 | 16 | 65 | 78 | 6 |
| August | 25 | 21 | 16 | 90 | 79 | 6 |
| September | 26 | 22 | 16 | 80 | 77 | 7 |
| Oktober | 26 | 22 | 17 | 110 | 74 | 6 |
| November | 26 | 22 | 17 | 140 | 76 | 6 |
| Dezember | 26 | 22 | 17 | 125 | 76 | 6 |

**Insgesamt lässt sich sagen, dass eine ausgedehnte Ostafrikatour zu fast allen Jahreszeiten in die unterschiedlichsten Klimazonen führen kann, sodass man sich eingehend Gedanken über die mitzunehmende Kleidung machen sollte. In den jeweiligen Kapiteln zu den Nationalparks sind – soweit nötig – die besonderen klimatischen Verhältnisse des Gebietes nochmals erläutert.**

in den tagsüber warmen Hochlandregionen nachts empfindlich kalt werden. Die höchsten Temperaturen werden während der Trockenzeit im nördlichen Kenia gemessen. Hier kann die Temperatur tageweise über 40 °C betragen.

Langfristige Temperaturmessungen liegen nur für einige Orte vor. In Nairobi liegt die Tageshöchsttemperatur meist zwischen 21 und 26 °C, wobei Februar und März die wärmsten Monate sind und Juli der kühlste. Die jeweiligen Nachttemperaturen variieren im Minimum von 9 °C (Juli) bis 13 °C (März), die Luftfeuchtigkeit liegt dabei zwischen 43 % (Februar) und 62 % (Mai). In Mombasa ist es mit 32 °C (Dezember bis einschließlich Februar) am heißesten und mit 28 °C während der Monate Juli und August am „kühlsten". Die Nachttemperaturen bewegen sich dabei im Bereich von 22–24 °C, die Luftfeuchtigkeit beträgt im Mittel 70 %.

## Der Afrikanische Grabenbruch und seine biologische Bedeutung

Der große Afrikanische Grabenbruch – eigentlich Afroasiatischer Graben – erstreckt sich über eine Länge von etwa 6.000 km. Diese immense geologische Struktur an der Nahtstelle von Afrika und Asien beginnt im Süden der Türkei (Taurusgebirge) und zieht sich durch den Libanon, das Jordan-Tal und das Rote Meer, um auf dem afrikanischen Kontinent in Äthiopien wieder zu erscheinen. Von dort läuft der Graben zweigeteilt durch Kenia und Tansania (Ostafrikanischer Graben, Eastern Rift) sowie durch Uganda, Ruanda, Burundi und Tansania (Zentralafrikanischer Graben, Western Rift). Die Gräben vereinigen sich wieder in Malawi und durchziehen Mosambik bis hin zum Indischen Ozean.

In geologischen Zeiträumen betrachtet sind Grabenbildungen temporäre Ereignisse, bei denen Landmassen sich voneinander trennen. Eine Miniaturversion einer derartigen tektonischen Senke findet man in Europa in Form des Rheingrabens. Der afrikanische Grabenbruch ist derart groß, dass ihn Astronauten mit dem bloßem Auge vom Orbit aus erkennen konnten. Seine Breite variiert stark auf der ganzen Länge und kann bis zu 80 km ausmachen. Das Rift Valley verdankt seine Entstehung dem Auseinanderdriften zweier tektonischer Platten, nämlich der Afrikanischen und der Asiatischen Platte. Durch die Bewegung der Platten formte sich eine Senke zwischen den beiden Abbruchkanten.

An den Abbruchkanten selbst findet man vermehrt vulkanische Aktivität. Die höchsten dieser einstmals aktiven Vulkane des östlichen Rifts sind Mt. Kenya, Mt. Kilimanjaro, Mt. Meru und das Ngorongoro-Hochland. Diese Bergriesen sind heute erloschene Vulkane. Auf ihren Flanken befinden sich oftmals parasitäre Krater. So besitzt der Kilimandscharo über 250 kleine „Nebenvulkane", die z. T. mit Wasser gefüllt sind. Beweise jüngerer vulkanischer Eruptionen findet man in Form von Lavafeldern in verschiedenen Gegenden der Region, wie z. B. im Tsavo-Nationalpark und dem Shaba-Naturreservat. Der Mt. Lengai in Tansania ist auch heute noch aktiv.

In erdgeschichtlich früheren Zeiten war ein Großteil des inneren Grabensystems mit Wasser überflutet. Einige der ehemaligen Seen sind heute weite, grasbewachsene Ebenen. Entlang der in Nord-Süd-Richtung laufenden Formation konnte sich eine Reihe von Seen ausprägen, die an ihren Ufern eine reichhaltige Flora und Fauna beherbergten. Einige Seen sind im Laufe der Zeit erheblich geschrumpft; diejenigen, die Zu- und Abflüsse haben, blieben als Süßwasserseen bestehen. Die Seen, die heutzutage nur noch durch Verdunstung Wasser an die Atmosphäre abgeben bzw. Frischwasser aus Regenfällen beziehen, haben sich in mineralhaltige Salzseen verwandelt.

Der größte See des afrikanischen Kontinents – und mit seinen 75.000 km² auch zweitgrößter See der Erde – und zugleich eine Quelle des Nils (Weißer Nil / Victoria-Nil) ist der Lake Victoria. Lake Victoria wie auch der nördlich gelegene Lake Kyoga gehören allerdings nicht zu den Seen des afrikanischen Grabensystems, sondern sie liegen auf einem 1.700 m hohen Plateau zwischen Östlichem und Westlichem Graben. Zu den Seen des westlichen, Zentralafrikanischen Grabens gehören Lake Albert (früher Mobuto Sese Soko), Lake Edward, Lake Kivu und Lake Tanganyika, allesamt Süßwasserseen. Der Tanganyikasee ist nach dem Baikalsee der zweittiefste See der Erde. Er liegt auf einer Höhe von 760 m ü. NN und ist 1.470 m tief. Dementsprechend befindet sich etwa eine Hälfte des Sees über dem Meeresspiegel und die andere Hälfte darunter.

Lake Tanganyika weist eine physikalische Besonderheit auf, die weltweit ihresgleichen sucht: Trotz seiner immensen Größe ist die Temperatur an allen Stellen des Sees nahezu konstant. Während die Oberflächentemperatur in der Mitte des Sees etwa 26 °C beträgt, liegt sie in 900 m Tiefe immer noch bei 23 °C. In den tieferen Regionen des Sees (etwa ab 200 m) herrschen aber lebensfeindliche Bedingungen, da kaum noch Sauerstoff, dafür aber große Mengen Schwefelwasserstoff vorhanden sind.

Da die tiefen Seen Ostafrikas keine unterirdischen Abflüsse haben, können die uralten, unteren Wasserschichten Aufschluss über vergangene Zeiten liefern. Biogeographisch kann man Seen wie den Lake Tanganyika als „isolierte Inseln" betrachten, vergleichbar mit den Galapagosinseln oder den Kanaren. Aufgrund seiner Größe und der Stabilität der Umweltfaktoren im Innern konnte sich im Laufe der Evolution eine Reihe endemischer Gattungen sowie Arten entwickeln, die bestimmte ökologische Nischen besetzten. Im Tanganyikasee sind vor allem Barsche aus der Familie der Cichliden beheimatet. 98 % aller im See lebenden cichliden Barsche sind endemisch, darunter auch einige Gattungen; aber auch 57 % der nicht cichliden Fischpopulation sind endemisch. Hinzu kommt eine Anzahl endemischer Krabben. Ähnliche Verhältnisse findet man auch unter den Arten im Lake Victoria und Lake Malawi, jedoch mit erheblich geringerem Anteil an Endemiten höheren taxonomischen Ranges (Gattung).

Im östlichen Graben haben sich in Kenia und Tansania sowohl Süß- als auch Salzwasserseen ausgebildet. Der größte dieser Seen ist der Lake Turkana (ehemals Rudolfsee) im Norden Kenias an der Grenze zu Äthiopien. Aufgrund seiner blaugrünen Wasserfärbung wird er als „Jademeer" bezeichnet. Lake Turkana weist eine extrem hohe Wasserverdunstung auf – etwa ein Sechstel seines Volumens pro Jahr –, die weitgehend durch den Zufluss des Omo aus Äthiopien ausgeglichen wird. In den ausgedehnten Dürreperioden Äthiopiens reduziert sich die Oberfläche des Sees erheblich, und sein Salzgehalt steigt. Im See liegen drei Inseln vulkanischen Ursprungs, und an seinen Ufern lagern Unmengen von Fossilien aus längst vergangenen Zeiten. So findet man versteinerte Wälder und Fossilienbetten mit den Fragmenten früher Menschen (Hominiden). Der See beherbergt Tausende von Krokodilen, die ihre Nester auf einer der Inseln bauen. Trotz der hohen Salinität leben im See viele Süßwasserfische, insbesondere an Stellen in der Nähe von Frischwasserzuflüssen.

Im westlichen Zentralkenia schließen sich der Lake Baringo und der Lake Bogoria an. Während der Baringosee mit Süßwasser gefüllt ist und eine Heerschar von Vogelarten anzieht, ist der Lake Bogoria stark salzhaltig und vor allem durch das Vorkommen von Flamingos geprägt. Am Lake Bogoria kann man zudem noch Reste vulkanischer Aktivität in Form heißer Quellen und Geysire bestaunen. Weiter südlich befinden sich Lake Nakuru (Salzwasser) und Lake Naivasha (Süßwasser). Der Nakurusee beherbergt zeitweise die größte Flamingoansammlung der Welt mit einer geschätzten Population von über einer Million. Eine weitere Besonderheit des Sees ist, dass er ringsum von hohen Klippen eingeschlossen ist. Lange Zeit war die Lage der Brutstätte der Flamingos vom Nakurusee ein Rätsel. Im See selbst wurden keine Nester gefunden, und auch in nahe gelegenen Seen wie Lake Elmenteita wurde nur eine unverhältnismäßig geringe Anzahl von Nestern festgestellt. Erst nach intensiven ornithologischen Studien fand man heraus, dass die Tiere nach Nordtansania abwandern und ihr Brutgeschäft in den Lake Natron verlegen. Zusammen mit Lake Magadi, Lake Eyasi sowie dem Lake Manyara am Fuß der Abbruchkante zum Ngorongoro-Hochland gehört der Lake Natron zum tansanischen Teil der alkalihaltigen Seen des Rift Valleys.

Salz- und Brackwasserseen sind lebensfeindlich für die meisten Arten. Säugetiere können das Wasser wegen des sehr hohen Salzgehaltes nicht als Trinkwasser verwerten, und die fehlende Salztoleranz von Fischen und Vögeln der Region bedingt, dass die meisten von ihnen die Seen nicht besiedeln können. Neben einigen wenigen Fischarten haben sich einzig Gliederfüßer sowie Mikroorganismen wie Grünalgen und Cyanobakterien an die extremen Lebensbedingungen der Salzseen angepasst. Meist sind die Seen zudem sehr flach, sodass sie sich in der tropischen Sonne aufheizen. Im Lake Magadi, in dem Wassertemperaturen von 41 °C gemessen wurden, findet man trotz alledem den Barsch *Tilapia grahami*. Diese Buntbarsche leben in den weniger salzhaltigen Regionen der Seen, in der Nähe von meist heißen Quellen, die unterirdisch die Seen speisen. In der Regenzeit werden die Salzkonzentrationen noch zusätzlich durch Frischwasser verdünnt, sodass sich die Fische über den gesamten See ausbreiten und vermehren können. Während dieser Zeit werden auch Wasservögel angetroffen. Insbesondere Pelikane, Kormorane und Reiher sind nach ergiebigen Regenfällen bei der Futtersuche zu beobachten.

Hauptsächlich gedeihen in den Salzseen jedoch blaugrüne Algen der Gattung *Spirulina*. Diese Arten bevorzugen hohe Salzkonzentrationen. Die Algenblüte hängt

**Geysir, Lake Bogoria** Foto: W. Denzer

dabei von der Niederschlagsmenge ab. Seen mit hohen Algenpopulationen sind meist blau gefärbt. Nach dem Absterben findet man tiefrot gefärbte Stellen im Wasser. Dies ist darauf zurückzuführen, dass nach dem biologischen Abbau der Algen eisenhaltige Mineralstoffe übrig bleiben.

Die Evolution hat jedoch eine Vogelgattung hervorgebracht, die die pflanzlichen Mikroorganismen und Arthropoden zu nutzen vermag, und dementsprechend in ebenfalls großer Zahl in den Salzseen lebt. Es handelt sich dabei um Flamingos. Durch die Entwicklung eines hochspezialisierten Filterapparates im Schnabel gelingt es ihnen, die gewünschten Nährstoffe dem Wasser zu entziehen, ohne dabei salzhaltiges Wasser aufzunehmen. Während Rosaflamingos Gliederfüßer bevorzugen, die in weniger salzhaltigen Seen vorkommen, haben sich die Zwergflamingos auf Algen spezialisiert, die auch bei hohem Salzgehalt gut gedeihen.

Für die Fauna und Flora der Region spielt der Graben auch außerhalb der heutigen Seen eine biogeographisch bedeutende Rolle. Entlang den ehemaligen Seen konnten sich auf der östlichen Seite nord- und südafrikanische Faunenelemente mischen. Hierdurch erklärt sich das heutige Vorkommen einiger Arten im Norden Kenias, Somalias und Äthiopiens, die große Ähn-

**Flamingos, Lake Bogoria** Fotos: W. Denzer

lichkeit mit südafrikanischen Arten aufweisen. Das Gleiche gilt für das Vorkommen nördlicher faunistischer Elemente im südlichen Afrika.

In der Pflanzenwelt ist hingegen eher eine Ost-West-Trennung der Floren zu erkennen. Während auf der westlichen Seite zentralafrikanischer Regenwald vorherrscht, ist der östliche Teil überwiegend als Savanne oder gar Halbwüste ausgeprägt. Diese Vegetationsform stellt unter den äquatorialen Ländern der Erde eine Ausnahme dar. In allen anderen Regionen herrscht Regenwald vor.

Einzig durch das Auseinanderdriften zweier tektonischer Platten hat sich in Ostafrika eine Tier- und Pflanzengemeinschaft entwickeln können, wie sonst nirgends auf dem Globus. Wahrscheinlich sind die durch den Grabenbruch entstandenen Umweltfaktoren auch für die Entwicklung unserer Spezies Mensch verantwortlich. Durch den zurückweichenden Wald und die darauf folgende Savannenbildung waren die frühen Hominiden gezwungen, „die Bäume zu verlassen“ und sich zweibeinig fortzubewegen.

Weiterführende Literatur zu diesem Thema:
SMITH (1989): The Great Rift – Africa's Changing Valley

## Die Wiege der Menschheit

Kenia und Tansania sowie Äthiopien warten mit zahlreichen Ausgrabungsstellen auf, in denen die Überreste unserer frühesten Vorfahren entdeckt wurden. Die bekanntesten sind Olduvai Gorge in der Nähe des Ngorongoro-Kraters und Koobi Fora am Lake Turkana. Die seltenen Funde sind der jahrelangen, mühevollen Arbeit zweier oft konkurrierender Forschergruppen zu verdanken: der Leakey-Familie aus Kenia und dem Team um Donald Johanson aus Berkeley, Kalifornien.

Schon durch Darwins Arbeit über die Entstehung der Arten war impliziert worden, dass auch der Mensch (*Homo sapiens*) in seiner heutigen Form erst die Schritte der Evolution hatte durchlaufen müssen. Hier gehen dann auch die Auffassungen von Leakey und Johanson auseinander: Während Johanson glaubte, dass alle aufrecht gehenden Arten (z. B. *Australopithecus* sp., s. unten) Vorgänger des modernen Menschen sind – die sog. „single species hypothesis" –, glauben die Leakeys beweisen zu können, dass die Ursprünge der Gattung *Homo* weiter zurückreichen und einige zeitgleich auftretende Gattungen Seitenlinien der Evolution waren, die nichts mit unseren eigentlichen Ursprüngen zu tun haben. Die vorherige Aussage ist eine sehr reduzierte Zusammenfassung eines jahrelangen wissenschaftlichen Streits, aber in den Grundzügen stellt sie die Kernaussagen der beiden Meinungen dar.

Die ersten Funde hominider Überreste stammen aus Südafrika und wurden 1925 bei dem Dorf Taung von R. Dart entdeckt. Er gab der Art den Namen *Australopithecus africanus* (Südaffe aus Afrika). Seit dieser Entdeckung wurde unsere Herkunft ständig weiter erforscht. Johanson entdeckte das sehr gut erhaltene Skelett einer kleinwüchsigen *Australopithecus afarensis*. Dieses Exemplar wurde unter den Namen „Lucy" weltweit bekannt. Fußabdrücke von *A. afarensis* wurden auch in Tansania gefunden, und die Leakeys legten ein nahezu vollständiges Skelett eines Jungen am Turkana-See in Kenia frei. Der Fund wurde als der „Turkana Boy" (*Homo ergaster*) berühmt und konnte eindeutig zur Gattung *Homo* gerechnet werden. In derselben Sedimentschicht fanden sich auch Überreste eines weiteren Hominiden: *Paranthropus boisei*. Diese Art sowie ihr enger Verwandter *P. robustus* lebten zeitgleich mit *Homo ergaster*. Somit war die „single species hypothesis" widerlegt.

Trotz aller Bemühungen ist es der Wissenschaft bisher noch nicht gelungen, den Stammbaum des Menschen lückenlos und widerspruchsfrei darzustellen. Der momentane Wissensstand stellt sich etwa folgendermaßen dar: Als der älteste bekannte Vorläufer wurde lange Zeit *Orrorin tugensis* aus Kenia gehandelt. Diese vor 6 Mio. lebende Art wurde erst kürzlich entdeckt und wird von vielen Forschern noch den Affen zugeordnet. Die Entdecker beharren jedoch auf dem Standpunkt, dass die Morphologie auf eine vollständige bipedale (aufgerichtete, zweibeinige) Fortbewegung hinweist. Davor galt *Ardipithecus ramidus* (vor 4,4 Mio. Jahren) aus Äthiopien als der älteste bekannte Vorfahre der menschlichen Evolutionslinie. Diese Funde und die damit verbundene Theorie, dass alle Hominiden ihren Ursprung in Ostafrika haben, wurde 2002 durch den Fund eines 6–7 Millionen Jahre alten, nahezu kompletten Schädels widerlegt, der als neue Art *Sahelanthropus tchadensis* Einzug in unsere Frühgeschichte fand. Die Südaffen der Gattung *Australopithecus* stehen für viele Fachleute an der Wurzel der menschlichen Evolution. Sie tauchen zum ersten Mal etwa 4,2 Mio. Jahre vor unserer Zeit auf. Die ursprünglichste Art ist *A. anamensis*. Aus ihr entwickelte sich vor etwa 3,2 Mio. Jahren *Australopithecus afarensis* (Äthiopien, Kenia und Tansania); dieser gilt als der Vorläufer von *A. africanus* und *A. garhi*. *A. africanus* steht am Beginn eines sterbenden Astes, der zu den Arten *Paranthropus robustus* und *P. boisei* geführt haben könnte. Das entscheidende fehlende Glied auf dem Weg zur Gattung *Homo*, zu der wir bekanntlich gehören, ist wahrscheinlich der erst kürzlich in der äthiopischen Awash-Region entdeckte *Australopithecus garhi*. Er weist bereits viele Merkmale der Gattung *Homo* auf und ist eventuell der lang gesuchte „missing link".

Der Übergang zwischen *Australopithecus* und *Homo* ist in der allgemeinen Morphologie insbesondere des Schädels begründet. Ein wichtiger Unterschied neben der Rückbildung der Augenbrauenbögen, Wangenknochen und Unterkiefer sowie der Ausbildung einer vorstehenden Nase ist die relative Gehirnmasse in Bezug zur Schädelgröße. Die ersten als *Homo* klassi-

**Olduvai Gorge, Fundort von *Paranthropus boisei*** Foto: W. Denzer

fizierten Frühmenschen sind *Homo habilis* und *H. rudolfensis* aus dem Gebiet des Lake Turkana bzw. Olduvai Gorge. Die Gehirnvolumina dieser beiden Arten beliefen sich auf etwa 600 $cm^3$ (im Gegensatz zu *Australopithecus*- bzw. *Paranthropus*-Arten mit max. 500 $cm^3$). Bei ihnen wird davon ausgegangen, dass sie in der Lage waren, einfache Steinwerkzeuge herzustellen und sich als die ersten Jäger und Sammler auf dem Planeten bewegten. Der nächste Schritt führt zu dem ebenfalls afrikanischen *Homo ergaster*, der schon ein Hirnvolumen von etwa 900 $cm^3$ besaß. Lange Zeit wurde diese Art unter dem Namen *Homo erectus* geführt, die schon aus Asien bekannt war. Heutzutage nimmt man an, dass *H. erectus* einen „toten Ast" im Stammbaum darstellt, der nicht zu einer weiteren Evolution führte. Die frühesten außerafrikanischen fossilen Funde eines Urmenschen stammen aus der Republik Georgien und werden auf ein Alter von etwa 1,7 Mio. Jahre datiert. Sie weisen eine größere Ähnlichkeit zu dem afrikanischen *Homo ergaster* als zum asiatischen *H. erectus* auf. *Homo ergaster* wird derzeit als der wahrscheinlichste Vorfahre unserer Spezies *Homo sapiens* gehandelt.

Aber die Geschichte hat noch lange kein Ende! Ein relativ neuer Fund wurde von Meave Leakey und Mitarbeitern im März 2001 bekannt gegeben und wirft wiederum die Frage nach dem Ursprung der Gattung *Homo* auf. In der Umgebung des Lomekwi-Flusses in Kenia entdeckte das Team den Schädel eines Hominiden, der nicht den bisher bekannten Gattungen und Arten zugeordnet werden konnte. Konsequenterweise wurde er vollständig neu beschrieben und als *Kenyanthropus platyops* bezeichnet. Untersuchungen des umgebenden Sedimentgesteins lassen das Alter des Fundes auf 3,5–3,2 Mio. Jahre eingrenzen. Dies ist aber exakt der Zeitraum, aus dem auch *Australopithecus afarensis* bekannt ist. Die beiden Arten unterscheiden sich u. a. in Gesichtsform und Größe der Backenzähne, was den Schluss zulässt, dass sie unterschiedliche Nahrung zu sich genommen haben. Die Koexistenz zweier so primitiver hominider Formen und möglicher Vorfahren der Gattung *Homo* war bis dato von vielen Wissenschaftlern in Frage gestellt worden. Nun ist allerdings der Beweis erbracht, dass vor etwa 3,5 Mio. Jahren zwei unserer möglichen Urahnen zeitgleich durch die Savannen Ostafrikas streiften.

Und die Diskussion ist wieder eröffnet...

Viele Informationen zu diesem aufregenden Thema sind im Internet unter: www.leakeyfoundation.org oder auf der Webpage der Smithsonian Institution www.mnh.si.edu/anthro/humanorigins zu finden.

Weiterführende Literatur zu diesem Thema:

SCHRENK (1998): Die Frühzeit des Menschen: Der Weg zum Homo sapiens.

LEWIN & FOLEY (2003): Principles of Human Evolution.

## Naturschutz in Ostafrika

Nairobi-Nationalpark, 18.07.1989. Unter den Augen der Weltöffentlichkeit verbrennt **Kenias** Präsident Daniel Arap Moi 12 t Elfenbein im

Wert von 3 Mio. US$ als Zeichen gegen die Ausbeutung der Natur und gegen die Wilderei. Im November desselben Jahres unterzeichneten zahlreiche Staaten die Washingtoner Konvention, die u. a. den Elfenbeinhandel weltweit untersagte und den Handel mit geschützten Tieren einschränkte. Kenia war dabei federführend unter den Ländern Ostafrikas. Zudem wurden in Kenia die gesetzlichen Voraussetzungen für eine Organisation zur Erhaltung der Natur geschaffen.

Im Jahre 1990 ging der „Kenya Wildlife Service" (KWS) an den Start und wurde mit den Aufgaben der Nationalparkverwaltung und des Naturschutzes betraut. Nachdem in den vorangegangenen Jahren zahlreiche Tiere der Wilderei zum Opfer gefallen waren, war es an der Zeit, mit stringenteren Methoden gegen die Ausbeutung der natürlichen Ressourcen vorzugehen. Allein im Tsavo-Nationalpark war 1988 die Elefantenpopulation von 40.000 Tieren noch in den 60er-Jahren auf 5.000 Tiere zurückgefallen. Zwar wurden bereits in den späten 1940er-Jahren die ersten Nationalparks unter britischer Aufsicht proklamiert, jedoch waren finanzielle Zuwendungen und Befugnisse eingeschränkt; zudem war die Großwildjagd bis 1977 im Land erlaubt.

Der erste Direktor des KWS war der international anerkannte Paläoanthropologe Dr. Richard Leakey. Um der Wilderei Einhalt zu gebieten, installierte er Kontrolleinheiten, die mit moderner Kommunikationstechnik, Fahrzeugen und Waffen ausgestattet waren. Diese Einheiten wurden mit dem Schutz aller Wildtiere betraut und überwachten insbesondere die Nashorn- und Elefantenpopulationen. Ihr Einsatz war derart effektiv, dass Wilderei heutzutage kaum noch stattfindet. In den Jahren 1989–1995 fielen in Kenia nicht einmal 300 Elefanten den Wilderern zum Opfer, während sich im gleichen Zeitraum die Population von 20.000 auf 26.000 Tiere erholte. Dem effizienten Handeln des KWS ist es zu verdanken, dass die Populationen von Elefanten und Nashörnern um ca. 5 % pro Jahr wachsen. Derartige Ergebnisse sind allerdings nicht allein durch den Schutz der Tiere zu erreichen. Ein wohlstrukturiertes Management der einzelnen Nationalparks und der darin lebenden Wildtiere ist oberstes Gebot. Da zwischen den Nashornpopulationen auf natürlichem Wege kein Genaustausch mehr stattfinden kann, müssen einzelne Tiere umgesiedelt werden, um Inzuchteffekten vorzubeugen. Elefantenpopulationen müssen kontrolliert werden, damit ein Ansteigen in der Individuen-

**Straßenschild, Mikumi Nationalpark, Tansania** Foto: W. Denzer

dichte nicht zu Schäden an der Vegetation oder in benachbarten landwirtschaftlich genutzten Gebieten führt. Außerdem muss die lokale Bevölkerung in die Entscheidungsfindung einbezogen werden.
Der KWS managt heute mehr als 30 Nationalparks und überwacht den Naturschutz in zahlreichen weiteren Naturreservaten. Insgesamt stehen derzeit mehr als 8 % des kenianischen Staatsgebietes unter Schutz. Ein vordringliches Ziel ist hierbei nicht der alleinige Schutz der Tierwelt, sondern die Erhaltung der unterschiedlichen Biotope. Hierunter fallen Korallengärten, Küstenwald, Regenwald und Hochgebirgslebensräume ebenso wie die ausgedehnten Savannengebiete. Neben dem Naturschutz ist die Förderung des Umweltbewusstseins in der Bevölkerung eine wesentliche Aufgabe. Hierzu betreibt der KWS ein Wildlife Conservation Education Centre im Nairobi-Nationalpark sowie eine mobile Einheit, die in ländlichen Regionen Lehrfilme vorführt, Vorträge hält und Probleme diskutiert.
Einige Naturreservate Kenias unterliegen nicht der Administration des KWS, sondern werden regional verwaltet. Hierzu zählen z. B. die Massai Mara, Samburu, Shaba und Buffalo Springs National Reserves sowie Lake Baringo. Zudem gibt es private Naturschutzgebiete wie Sweetwater nahe dem Mt. Kenya oder das Taita-Hills-Schutzgebiet innerhalb des Tsavo-Nationalparks.
In **Tansania** werden die Nationalparks von der „Tanzania National Parks Authority“ (TANAPA) verwaltet. Insgesamt sind in Tansania 14 % der Landfläche unter Schutz gestellt, wobei etwa 6 % der TANAPA unterstehen. TANAPA wurde bereits 1959 gegründet und erhielt 1961 Rückenwind durch den damaligen Präsident Tansanias, Julius Nyerere, der in einer of-

**KWS-Bus mit Schülern im Nairobi-Nationalpark** Foto: W. Denzer

fiziellen Erklärung (Arusha Manifesto) wissen ließ, dass „wir alles in unserer Macht Stehende tun werden, um sicherzustellen, dass sich auch unsere Urenkel noch an diesem reichen und wertvollen Erbe erfreuen können".

Die Nationalparks in Tansania müssen kostentragend bzw. gewinnbringend arbeiten, denn sie erhalten keine zusätzlichen Mittel von Regierungsseite. Die Einnahmen werden wieder in den Naturschutz und die Infrastruktur gesteckt. Die lokale Bevölkerung der näheren Umgebung wird von TANAPA in Projekte einbezogen und profitiert somit ebenfalls vom Tourismus. Dies trägt vor allem dazu bei, das Umweltbewusstsein zu stärken und illegale Wilderei und Baumschlag zu minimieren. Regional betreibt TANAPA Projekte, in denen die Landbevölkerung zu nachhaltiger Bewirtschaftung von Pflanzungen angehalten wird.

Die nicht als Nationalpark ausgewiesenen Schutzgebiete Tansanias, wie z. B. das riesige Selous-Reservat, werden von der „Tansanian Wildlife Division" verwaltet. Bei zahlreichen Reservaten handelt es sich um Wildkorridore zwischen Nationalparks, in einigen ist allerdings in begrenztem Rahmen auch die Jagd erlaubt. Der überwiegende Teil dieser Jagdgebiete ist jedoch derart mit Tsetsefliegen verseucht, dass der Jagdeifer reicher Touristen schnell gebremst wird. Zum anderen soll aber auch erwähnt werden, dass selektives Jagen und Hegen einen wichtigen Bestandteil von Naturschutzmaßnahmen ausmachen kann. Zudem generiert die Jagd Einkommen, das wiederum in den Schutz investiert werden kann.

Der Ngorongoro-Krater und seine Umgebung bis an die Grenze zur Serengeti unterstehen der „Ngorongoro Conservation Authority" (NCA). Der lokalen Massaibevölkerung ist es gestattet, im Gebiet zu leben und ihr Vieh weiden zu lassen, die Jagd ist allerdings strikt verboten. Auf diese Weise war es nicht notwendig, Menschen umzusiedeln, sondern ein seit Jahrhunderten gewachsenes Miteinander von Mensch und Natur konnte beibehalten werden. Die Massai profitieren von den Einnahmen, haben ihren eigenen Kulturtourismus aufgebaut und fungieren oft als Führer auf Wandersafaris. Als Weltnaturerbe stehen der Ngorongoro-Krater, die Serengeti und der Kilimandscharo zudem unter dem besonderen Schutz der Vereinten Nationen (UNESCO).

Als jüngste Naturschutzbehörde der drei ostafrikanischen Länder formierte sich in **Uganda** 1996 die „Uganda Wildlife Authority" (UWA), die aus dem Zusammenschluss der Uganda-Nationalparks und des Game Departments resultierte. UWA verwaltet – abgesehen von einigen kleinen lokalen Projekten – alle Nationalparks, Wildreservate und Naturschutzgebiete Ugandas. Wegen der im Lande lang anhaltenden politischen Unruhen hat sich das Naturschutzsystem erst langsam wieder entwickeln können. Neben der reinen Verwaltung ist die UWA daher auch weiterhin noch mit zusätzlichen Planungen für die Zukunft beschäftigt. Zusätzliche Unterstützung erhält Uganda von der Weltgemeinschaft (UNESCO), die das Ruwenzori-Gebirge und den Bwindi Impenetrable Forest mit seinen Berggorillas zum Weltnaturerbe erklärt hat.

Die nachhaltige touristische Nutzung der Schutzgebiete ist eines der Hauptziele der

UWA. Bei zahlreichen Projekten wird die Lokalbevölkerung einbezogen, um deutlich zu machen, dass nicht nur die Natur von den Schutzmaßnahmen profitiert, sondern auch der Mensch. Auch außerhalb der Schutzgebiete ist die UWA aktiv. Da insbesondere privates Land häufig an die Schutzgebiete grenzt und vielen Tieren als Korridor dient, ist hier ausreichend Aufklärungsarbeit erforderlich. Hierbei wird auch darauf geachtet, dass die Landbevölkerung nicht von den Ressourcen innerhalb der Parks abgeschnitten wird, sondern sie weiterhin nutzen kann. Durch Schulungen wird das Umweltbewusstsein gefördert, und lokalen Projekten wird mit Rat und Tat geholfen.
KWS, TANAPA und UWA ist es gelungen, Naturschutz und Tourismus sowie die Bedürfnisse der Bevölkerung unter einen Hut zu bringen. Ein Teil der Aufwendungen wird durch die Nationalparkgebühren refinanziert, die lokale Bevölkerung arbeitet in den Parks als Ranger oder im Tourismusbereich, und Touristen aus aller Welt finden eine ausgezeichnete Infrastruktur vor, die auch für die Zukunft sicherstellt, dass man in aller Ruhe die spektakuläre Tierwelt Ostafrikas beobachten kann.

## Flora

Ähnlich wie der Tierreichtum ist auch die Pflanzenvielfalt Ostafrikas immens. Die Gesamtzahl der beschriebenen Pflanzenarten liegt bereits über 11.000. Viele weitere Arten sind bisher noch gar nicht registriert oder gar entdeckt. Der folgende Abschnitt über die Flora Ostafrikas kann daher nur ein kurzer Abriss über die verschiedenen Vegetationszonen sein, mit der Kurzbeschreibung einiger der häufigsten und auffälligsten Pflanzen der Region.
In der Karte auf Seite 18 sind die wichtigsten Vegetationszonen Ostafrikas eingezeichnet. Die Untergliederung der Großbiome wird im Folgenden näher besprochen.

### Küstenvegetation

Im gesamten – noch nicht für den Badetourismus erschlossenen – Küstenbereich herrschen drei verschiedene Vegetationsformen vor: Strandvegetation, Mangrovenwald und immergrüner Küstenwald.
In den mehr sandigen Küstenregionen findet man Kokospalmen (*Cocos nucifera*) und Schraubenpalmen (*Pandanus* spp.), die trotz ihres deutschen Namen nicht mit den Palmen verwandt sind, sondern in die Familie der Pandanaceae gehören.
Kokospalmen sind unverzichtbar für ein schönes tropisches Strandambiente. Sie werden bis zu 30 m hoch und wachsen mehr oder weniger geradlinig. Nur im oberen Stammbereich werden Blätter entwickelt. Wegen des dünnen Stammes könnte die Pflanze sonst den Küstenwinden nicht widerstehen. Die hartschalige Kokosfrucht ist zu Beginn grün und färbt sich mit der allmählichen Reife gelb. An einem Ende kann man drei rundliche Einbuchtungen erkennen. Aus dem größten dieser „Augen“ wächst die Jungpflanze heraus. Wegen ihrer küstennahen Lebensweise sind Kokospalmen salztolerant.
Wirtschaftlich hat Kokos natürlich ebenfalls eine Bedeutung: Die Fasern werden zu Seilen und Matten verarbeitet, und das Fruchtfleisch kann entweder roh oder nach Trocknung als Kopra verzehrt werden. Das Fruchtfleisch entwickelt sich

erst mit zunehmendem Alter aus der Kokosmilch. Also trinken, wenn sie noch grün ist!
Schraubenpalmen (häufig *Pandanus kirkii*) wachsen ebenfalls im sandigen Küstenbereich. Um sich vor den Winden zu schützen, verankern sie sich zusätzlich durch zahlreiche Stützwurzeln im Bodengrund, die aus dem Stamm ausgetrieben werden. Die *Pandanus*-Blätter sind länglich und an den Rändern mit kleinen Dornen versehen. Besonders auffällig sind die Früchte der Schraubenpalmen. Beim ersten Hinsehen ähneln sie stark den Ananasfrüchten, aber bei genauerer Betrachtung erkannt man, dass es sich nicht um eine einzelne Frucht handelt, sondern um einen Fruchtstand mit vielen kleineren Samenträgern. Im Reifezustand sind *Pandanus*-Früchte orange. Getrocknete Blätter werden zu Matten verarbeitet und dienten früher auch als Dachmaterial.
*Pandanus* ist häufig mit Kasuarinen (*Casuarina equisetifolia*) vergesellschaftet. Kasuarinen bevorzugen den Strandbereich oberhalb der Hochwassermarke, da sie nicht salztolerant sind. Sie wachsen recht geradlinig auf bis zu 20 m Höhe, sind aber häufig vom Wind geneigt. Sie lassen sich leicht an den langen, nadelförmigen Blättern erkennen. Bei genauerer Untersuchung erkennt man, dass es sich nicht um Nadeln handelt, sondern um schuppenförmig wachsende, sehr dünne Blätter. Dies bringt der Pflanze den Vorteil, dass die Blätter nur geringen Windwiderstand erzeugen und sie so vor dem Umstürzen geschützt ist.
Unter dem Begriff „Mangrove" versteht man eine Pflanzengesellschaft, die sich an ein Leben im brackwasserhaltigen, küstennahen Bereich angepasst hat. Zwei Anpassungsmodi sind in diesem Gebiet notwendig: Zum einen müssen Mangrove-Ar-

**Küstenvegetation, Schraubenpalme (*Pandanus* sp.), Malindi Kenia** Foto: W. Denzer

ten salztolerant und zum anderen in der Lage sein, den Gezeiten zu widerstehen. Mangrove-Wälder wuchsen ehemals entlang der gesamten ostafrikanischen Küste. Aufgrund des hohen Brennwertes des Holzes und der guten Qualität für den Hausbau ist ihr Rückgang jedoch rapide vonstatten gegangen. Heutzutage findet man Mangroven nur noch an wenigen unter Schutz gestellten oder schwer zugänglichen Küstenstrichen.

Die baum- und buschartigen Pflanzen werden in der Familie Rhizophoraceae zusammengefasst. Die häufigste Art in Ostafrika ist die Rote Mangrove (*Rhizophora mucronata*). Der Stamm ist aufrecht und kann 10 m Höhe erreichen. Er wird von zahlreichen Luftwurzeln gestützt, die im Schlamm verankert sind. Bei Flut scheint es, als treibe die Pflanze im Wasser, bei Ebbe dagegen sieht es so aus, als werde sie von den Stützwurzeln getragen. Bei Ebbe kann man auch erkennen, dass einige Wurzeln aus dem Schlamm herauswachsen; diese Wurzeln werden Atemwurzeln oder Pneumatophoren genannt.

Die Rote Mangrove entwickelt längliche Früchte, aus denen sich bereits bewurzelte Jungpflanzen entwickeln, während sie noch mit der Mutterpflanze verbunden sind. Die Sprösslinge können über 40 cm groß werden, bevor sie auf den schlammigen Boden fallen und sich dort verankern. Die Vermehrung der Mangroven geschieht bei einigen Arten auch direkt über pfeilförmige Früchte, die von der Mutterpflanze bei Ebbe abgestoßen werden und in den Bodengrund eindringen. Auf diese Weise ist eine erste Verankerung gewährleistet, die einen Schutz gegen die Flut bildet. Ein schnelles Austreiben der Wurzeln beschließt den Prozess.

Weitere Mangrovenarten gehören zu den weit verbreiteten Gattungen *Avicennia* und *Sonneratia*. Ökologisch erfüllen Mangrovengürtel wichtige Funktionen. Den inländisch gelegenen Bereich schützen sie dauerhaft vor Überflutung und gegen Sturm. Meeresseitig sorgen sie dafür, dass der Schlick, der von Flüssen angeschwemmt wird, nicht auf die empfindlichen Korallenriffe gelangt, was zu deren baldigem Absterben führen würde. Für viele Meeresbewohner – insbesondere einige Fischarten – sind Mangrovengebiete für die Vermehrung und das Heranwach-

**Küstenwald, Arabuko-Sokoke, Kenia** Foto: W. Denzer

sen der Brut von entscheidender Bedeutung.

An die Mangrove schließt sich der immergrüne Küstenwald an. Hier lassen sich zwei unterschiedliche Bereiche finden: Im küstennahen Bereich herrscht ein tropischer Mischwald vor, der sich überwiegend aus *Afzelia-*, *Manilkara-* und *Hymenea*-Arten zusammensetzt. Dieser Waldtyp bildet ein geschlossenes Blätterdach und hat eine hohe Artendiversität. Der Unterbewuchs ist spärlich, da nicht viel Tageslicht in die tieferen Schichten dringt. Wegen ihres wertvollen Holzes sind *Afzelia*-Bäume (Familie Caesalpiniodeae) schon seit langer Zeit an vielen Stellen ausgeholzt. Landläufig wird diese Art als Hülsenmahagoni oder Glücksbohnenbaum bezeichnet. *Afzelia* zeichnet sich durch eine übergroße Stammbasis aus, die sich sofort zu weiteren mächtigen Stämmen verzweigt. Seine rundlich ovalen Blätter treibt dieser Baum nur im oberen Bereich. Die Früchte bestehen aus dunkelbraunen, hartschaligen Hülsen, in denen sich meist zehn glänzend schwarze „Bohnen" befinden. Sie werden gern von Elefanten gefressen, die über ihre Ausscheidungen zur Verbreitung der Pflanze beitragen.

Etwas entfernt von der Küste, aber immer noch auf sandigen Böden, findet man die offenen *Brachystegia*-Wälder. Die Baumdichte ist erheblich geringer, sodass sich hier bereits stellenweise eine Buschvegetation sowie Grasmosaik ausbilden. Einzelne Stellen mit reinem Sanduntergrund zeigen keinerlei Bewuchs. Als letzter Vegetationstyp schließt daran das *Cynometra*-Dickicht an. Diese Pflanzengemeinschaft bildet ein undurchdringliches Buschwerk mit nur wenigen herausragenden Bäumen. Im Allgemeinen bleibt der Wuchs unterhalb 6 m Höhe. Es dringt keinerlei Tageslicht an den Boden, sodass hier jeglicher Unterbewuchs fehlt.

## Halbwüste

Im Norden Kenias erstreckt sich ein Halbwüstenbereich, der durch vereinzelte Zwergsträucher und Kurzgraswuchs gekennzeichnet ist und auch als Dornsavanne bezeichnet wird. Das häufigste Gras ist *Sporolobus spicatus*, ein Büschelgras mit harten Blättern, das in den regenarmen Monaten oftmals nur hellbraun gefärbt ist und vertrocknet erscheint. Als markanteste Pflanze ist die Wüstenrose (*Adenium obesum*) zu nennen. Sie wird bis zu 3 m hoch und besitzt einen kräftigen Stamm. Oftmals findet man diese Art auf steinigem Untergrund und in Felsengebieten, wobei die Wurzeln in Felsspalten getrie-

**Halbwüste, Nordkenia** Foto: W. Denzer

**Trockensavanne, Riftvalley in Zentralkenia** Foto: W. Denzer

ben werden. Nach den wenigen regnerischen Perioden in dieser Region treibt die Wüstenrose rosafarbene Blüten. Ebenfalls als Farbtupfer in der sonst eher tristen Landschaft sind die Blütenstände einiger *Aloe*-Arten herauszuheben. Aloen gehören zu den Liliengewächsen und haben sich an die unterschiedlichsten Habitate angepasst. In den halbwüstenartigen Gebieten lebt die kleine *Aloe graminicola*. Ihre dreieckigen, dickfleischigen Blätter sind rosettenförmig angeordnet. Die Blüte wird an einem etwa 30 cm langen Stamm getrieben und von orangeroten Blüten geziert.

Weitere typische Pflanzen der Halbwüstenregion sind kleinwüchsige Akazienarten und Myrrhe-Arten (*Commiphora* spp.). Die strauchartig wachsende Flötenakazie (*Acacia drepanolobium*) ist eine weit verbreitete Savannenart, die auch in den trockenen Zonen zu finden ist. Sie besitzt kräftige Dornen, um die herum man oftmals kugelförmige Gebilde entdecken kann. Diese werden von Ameisen bewohnt, und bei genauerem Hinsehen sieht man kleine Einstiegslöcher. Ameisen und Akazien gehen hierbei eine Symbiose ein. Während sich die Ameisen vom Nektar der Pflanze ernähren, bieten sie ihrem Wirt gleichzeitig Schutz gegen Fressfeinde. Wenn Wind durch die kleinen Löcher weht, kann man den Flötenton vernehmen, dem die Pflanze ihren Namen verdankt.

## Trockensavanne

Trockensavanne beherrscht das Landschaftsbild des gesamten östlichen und zentralen Kenias sowie der nördlichen und zentralen Regionen Tansanias. Die jährlichen Niederschlagsmengen bewegen sich im Bereich von 300–600 mm. Abhängig vom Baumbestand werden zwei verschiedenartige Ökotope unterschieden: baumbestandene und bewaldete Trockensavanne. Die Übergänge zwischen beiden können fließend sein, und in einigen Nationalparks findet man beide Vegetationsformen nebeneinander.

Die Grashöhe ist bei den baumbestandenen Savannen meist niedriger und erreicht nur etwa 60 cm. In den baumbestandenen Savannengebieten Ostafrikas sind Akazien (Familie Mimosoideae) sicherlich die häufigsten Bäume. Die Oberfläche ihrer gefiederten Blätter können sie derart ausrichten, dass diese möglichst wenig Sonne erhalten und somit die Verdunstung von Wasser auf ein Minimum reduzieren. Die Schirmakazie (*Acacia tortilis*) mit ihrer flachen, regenschirmartig aufgespannten Krone ist überall in den Trockensavannen zu finden. Neben ihrer markanten Form ist sie vor allem an der dunkelgrauen Rindenfärbung und den weißlichen Blüten zu erkennen. Viele Akazienarten sind in der Lage, große Dürren lange Zeit zu ertragen und Feuer zu überleben. Die Samen bleiben dabei keimfähig und sorgen für ein Fortbestehen der Art. Insgesamt gibt es über 50 Akazienarten in Ostafrika, die an die unterschiedlichsten Habitate angepasst sind.

Der zu den Trompetenbaumgewächsen (Bignoniaceae) gehörende Leberwurstbaum (*Kigelia africana*) bezieht seinen Namen von seinen herabhängenden Früchten, die bis zu 1 m lang und 10 kg schwer werden können. Ältere Bäume haben einen kräftigen Stamm mit vielen Verästelungen, tragen allerdings nur in der Krone Laub. Die dunkelroten, trichterförmigen Blüten hängen in langen Blütenständen herunter. Sie öffnen sich nur für eine Nacht und werden von Fledermäusen bestäubt, die durch einen für Menschen unangenehm riechenden Duftstoff angezogen werden. Weitere häufig anzutreffende Arten sind die durch ihre verdrehten Stämme auffallenden Balsambäume (*Commiphora* spp.).

Wegen des höheren Grundwasserspiegels wachsen in den bewaldeten Trockensavannen die Gräser oftmals auf 150 cm Höhe. Ein signifikanter Baum derartiger Gebiete ist der Affenbrotbaum oder Baobab (*Adansonia digitata*) aus der Familie der Wollbaumgewächse (Bombacaceae). Diese Art lebt auf sandigen Böden und ist laubabwerfend. Im entlaubten Zustand gleicht das Geäst eher den Wurzeln einer Pflanze. Die Legende besagt daher, dass der Teufel den eigentlichen oberen Teil des Baobabs für zu schön befand, ihn daher aus der Erde riss und verkehrt herum einpflanzte. Die Stämme des Baobabs können einen Umfang von über 5 m erreichen. Trotz seines stabilen Aussehens ist das Holz jedoch recht weich. Die Bestäubung der Blüten geschieht durch Fledermäuse, die auch in diesem Fall wieder durch einen für die menschliche Nase unangenehmen Duftstoff angelockt werden. Neben Baobabs findet man in den bewaldeten Savannen auch Leberwurstbäume und in besonders feuchten Gebieten Doumpalmenbestände sowie Galeriewälder (s. Feuchtsavanne).

**Feuchtsavanne, Lake Manyara NP, Tansania**
Foto: W. Denzer

## Feuchtsavanne

Bei Niederschlagsmengen von 900–1500 mm spricht man von Feuchtsavannen. Üblicherweise setzt sich der Baumbestand in den bewaldeten Gebieten aus breitblättrigen, laubabwerfenden Arten zusammen. Weiterhin prägen Palmenhaine das Bild. In den feuchten Monaten wächst das Gras teilweise bis auf 2 m Höhe.

Entlang den Flussläufen kann man einen Waldtyp entdecken, der als Galeriewald bezeichnet wird. Galeriewälder sind der bevorzugte Lebensraum der Fieberakazie (*Acacia xanthophloea*). Sie ist leicht an der gelblichen Rinde sowie den gelben Blüten von anderen Akazienarten zu unterscheiden. Wegen ihres Vorkommens in Sumpfgebieten, in denen auch die Malaria übertragenden *Anopheles*-Mücken verbreitet sind, wurden sie früher häufig für diese Erkrankung verantwortlich gemacht. Akazienarten – auch die der trockeneren Gebiete – können Größen von 15–20 m und mehr erreichen. Die größte Art ist der Anabaum (*Acacia albida*) mit seiner runden Krone. Er wächst ebenfalls in Galeriewäldern und fällt oft Würgefeigen (*Ficus* spp.) zum Opfer.

Zwei Palmenarten, nämlich die Doumpalme (*Hyphaene compressa*) sowie die Borassuspalme (*Borassus aethiopum*), teilen ihren Lebensraum in den feuchten Auen und entlang den Flussläufen. Die Doumpalme ist leicht an ihrer symmetrischen Wuchsform zu erkennen. Der Stamm gabelt sich nach einiger Zeit, und die abzweigenden Äste tun wiederum dasselbe. Auf diese Weise entsteht der symmetrisch anmutende Stammverlauf, der nur vom Wind geprägt zu sein scheint. An den Astenden befinden sich dann in beträchtlicher Höhe die fiedrigen Palmwedel. Borassuspalmen haben dagegen einen gerade gewachsenen, aufrechten Stamm, an dessen Ende sich die Krone mit weit ausladenden fächerförmigen Blättern befindet. Die Blätter beider Arten werden von den Einheimischen als Baumaterial geschätzt. Die Frucht der Doumpalme enthält weißliche Kerne, die in vielen Schmuckgegenständen verarbeitet werden.

## Grassavanne

Grasland findet man in Teilen des Serengeti-Ökosystems und östlich davon sowie in einigen Regionen des westlichen Kenias zwischen dem zentralen Hochland und

**Grassavanne, Ishasha Plains, Uganda** Foto: W. Denzer

dem benachbarten Uganda. Insbesondere im letztgenannten Gebiet wird allerdings vermehrt Landwirtschaft betrieben, und die Graslandvegetation ist hier mehr auf Relikte beschränkt. Als Nahrungsgrundlage für eine Vielzahl von Savannenbewohnern sind Gräser (Gramineae) von eminenter Bedeutung. Ihre Widerstandsfähigkeit und der Kieselsäuregehalt erlauben Dichten von mehreren Hundert grasfressenden Wiederkäuern pro Hektar.

In weiten Teilen Ostafrikas ist das Rote Hafergras (*Themeda trianda*) verbreitet und mit Fingergras (*Digitaria* spp.), Mattengras (*Andropogon* spp.) sowie Sterngras (*Cynodon* spp.) vergesellschaftet. Gräser der Kurzgras-Savannen sind erstaunlich gut an saisonbedingte Regenfälle und starkes Grasen der Wildtiere angepasst. Die besondere Wuchsform ist für Gräser ein Vorteil im Überlebenskampf. Das Wachstum erfolgt nicht wie bei anderen Pflanzen an den Spitzen, sondern am Halmgrund. Auf diese Weise überleben auch abgebissene und niedergetrampelte Exemplare. Während der Regenzeit treiben Gräser in kurzer Zeit zahlreiche Blätter aus, die dann abgegrast werden. Erst darauf folgt die Blütezeit. Hierdurch wird sichergestellt, dass die zur Verbreitung und Arterhaltung notwendige Fortpflanzungsperiode nicht in die Zeit der hohen Dichte an Grasfressern fällt.

Gräser sind nicht wie viele andere Pflanzen auf Bestäubung durch Insekten angewiesen, sondern werden über Windbestäubung befruchtet. Sie produzieren Samen in großer Anzahl und überstehen auch langfristige Dürreperioden. Einige Gräser wie z. B. *Hyparrhenia* spp. besitzen eingekapselte Samen, denen selbst die häufigen Flächenbrände nichts anhaben. Ebenso bleiben die unterirdischen Sprosse erhalten, die sich mattenartig ausbreiten.

## Miombe

Die Miombe ist eine besondere Form der bewaldeten Savannen. Miombewälder sind vor allem von den laubabwerfenden Baumarten wie *Brachystegia* geprägt. Das gesamte südliche und große Teile des westlichen Tansanias sind mit Miombewäldern bestanden. In der trockenen Jahreszeit werden die Blätter wie im europäischen Herbst abgeworfen, und kurz vor

**Tropischer Regenwald, Bwindi Forest, Uganda** Foto: W. Denzer

Beginn der Regenperiode werden frische Blätter ausgetrieben. Diese sind in vielen Fällen rot gefärbt. Das Kronendach der Baumbestände ist licht wegen der Kleinblättrigkeit der Arten. Besonders an den Rändern eines Miombewaldes findet man buschartiges Dickicht.

## Regenwald

Nur an wenigen Stellen in Kenia und Tansania existieren noch Reste des tropischen Regenwaldes. Waldreiche Gebiete findet man in den höheren Lagen der Berge, wie am Mt. Kenia, am Kilimandscharo sowie den Eastern Arc Mountains (Usambara, Uluguru, Udzungwa). Im Westen Tansanias gibt es vereinzelte Gebiete entlang dem Ufer des Lake Victoria, und ein Relikt ehemals vorherrschender zentralafrikanischer Regenwaldvegetation existiert im Kakamega Forest im Westen Kenias. Alle diese Wälder haben trotz ihrer geographischen Trennung viele Gemeinsamkeiten.
Während in anderen tropischen Regionen der Erde (z. B. Südamerika und Asien) vielfach bereits in den unteren Höhenlagen Regenwaldformen (z. B. Keranga, Tieflandregenwald) vorherrschen, ist der ostafrikanische Regenwald auf die höheren Lagen – meist oberhalb 1.200 m – beschränkt. Die Einzigartigkeit der klimatischen Bedingungen und geologischen Strukturen begünstigte in vielen Teilen der Region die Savannenbildung. Regenwälder waren sicherlich vor noch nicht allzu langer Zeit in Ostafrika weiter verbreitet als dies heutzutage der Fall ist, jedoch nie in der gesamten Region. Erst in Zentralafrika jenseits des afrikanischen Grabens existieren große zusammenhängende Regenwaldgebiete. Durch die Veränderung des Klimas wurden im Laufe der Jahrmillionen die ostafrikanischen Regenwälder auf die höheren Lagen zurückgedrängt. Ein Übriges trug dazu der Mensch bei, indem er insbesondere die unteren Hanglagen abholzte und damit begann, diese landwirtschaftlich zu nutzen.

Zu allererst sind Regenwälder auf hohe Niederschlagsmengen angewiesen, die keinen starken periodischen Schwankungen unterliegen, sondern ganzjährig mit einer gewissen Kontinuität fallen. Da Regenwald eine immergrüne Vegetationsform ist, kann sich nur eine kleine Humusschicht ausbilden. Dies hat zur Folge, dass die Pflanzen eine Strategie benötigten, um genügend Nährstoffe aus dem Boden aufzunehmen und eine sichere Verankerung zu finden. Viele Arten haben hierzu so genannte Brettwurzeln ausgebildet. Anstatt die Wurzeln geradlinig und tief in den Boden zu treiben, werden abgeflachte brettartige Wurzeln seitlich am unteren Stammbereich ausgetrieben, die eine Stützfunktion haben und große Teile des Erdreichs durchziehen, wobei sie die benötigten Mineralstoffe aufnehmen.

Ein weiterer wichtiger Aspekt des Regenwaldökosystems ist seine Schichtstruktur. Das Kronendach liegt häufig bei 40 m Höhe und ist recht dicht, sodass kleinere Pflanzen nur ungenügend Sonnenlicht erhalten, um die Photosynthese in Gang zu halten. Daher findet man nur geringfügigen Unterbewuchs in Bodennähe, was dem landläufigen Gedanken vom undurchdringlichen Dschungel diametral widerspricht. Im Gegensatz zu dieser Annahme kann man in den meisten Regenwäldern gemütlich zwischen den Baumriesen durchspazieren. Ein zweites Blätterdach ist meist bei etwa 20 m ausgeprägt. Dies sind Baumarten, die noch im Wachstum begriffen sind oder sich an die geringere Lichtintensität angepasst haben. Als letzte Schicht existiert noch der Unterbewuchs, der mit 5–6 m Höhe sein Maximum erreicht. Häufig rekrutiert sich dieser aus Sträuchern.

Um an das für die Photosynthese benötigte Sonnenlicht zu gelangen, haben Regenwaldpflanzen trickreiche Mechanismen entwickelt. Die auffälligste Form ist die des epiphytischen Wachstums. Im Deutschen werden diese Pflanzen als Aufsitzerpflanzen bezeichnet. Hierunter findet man zahlreiche Orchideen sowie Farne. Anstatt ihre Wurzeln im Bodengrund zu verankern und dem Licht entgegenzuwachsen, leben diese Arten an den Stämmen und auf den Ästen der großen Bäume. Hierzu treiben sie Luftwurzeln, mit denen sie sich am Wirtsbaum verankern und die ihnen eine leichte Feuchtigkeitsaufnahme ermöglichen. Der Wirtsbaum wird dabei nicht geschädigt, sodass man hier nicht von Schmarotzerpflanzen spricht. Lediglich, wenn ein Ast übervoll mit Epiphyten bewachsen ist, kann es passieren, dass dieser unter dem Gewicht abbricht.

Echte Schmarotzerpflanzen hingegen sind Würgefeigen (*Ficus* spp.). Ihr Leben beginnen sie häufig als aufsitzende Jungpflanze, die am Anfang den Wirtsbaum in keiner Weise schädigt, ähnlich wie dies bei den Epiphyten der Fall ist. Im Gegensatz zu diesen treiben Würgefeigen ihre Luftwurzeln allerdings bis in den Bodengrund, sodass der Wirtsbaum nach und nach von einem Wurzelgeflecht umschlossen wird. Nach langen Jahren endet dies mit dem Absterben des Wirtsbaumes, der im Innern des Wurzelgeflechts verrottet und letztendlich einen von den Wurzeln der Würgefeige umschlossenen Hohlraum hinterlässt. Es gibt eine Vielzahl von Würgefeigen der Gattung *Ficus*, wobei jede einzelne Art einen spezifischen Bestäuber hat. Die Früchte werden von Vögeln und Flughunden über weite Gebiete verbreitet und sichern so das Fortbestehen der Art.

## Afro-alpine Vegetation

In den Hochregionen der ostafrikanischen Bergwelt findet man einen Vegetationstyp, der an die starke Sonnenexposition und die heftigen Klimaschwankungen – insbesondere der Temperatur – angepasst ist. Die meisten Arten haben im Vergleich zu ihren in den niedriger gelegenen Regionen lebenden Verwandten einen Riesenwuchs entwickelt. So findet man meterhohe Farne und Baumheide (*Erica arborea*) sowie Riesenkreuzkräuter und Riesenlobelien, wobei die beiden Letztgenannten die wohl markantesten Vertreter dieses Vegetationstyps sind.

Von weitem betrachtet muten einige Riesenkreuzkrautarten (*Senecio* spp.) wie gestielte Kohlköpfe an. An einem dicken Stamm, der mit abgestorbenen Blättern überzogen sein kann, befindet sich am oberen Teil das eigentliche Blattwerk. Besonders in den Hochregionen oberhalb 3.000 m ü. NN des Mt. Kenya, Ruwenzori und des Kilimandscharo sind diese Arten zu finden.

Riesenlobelien (*Lobelia* spp.) wachsen geradlinig aufwärts und bilden keine Seitentriebe. Die Vielzahl der kleinen Blätter schützt den hohlen Stamm vor Erfrierungen. Die Blätter stehen tagsüber vom Stamm ab und legen sich während der Nacht eng an ihn an. Zwischen den Blättern entwickeln sich die Blüten, die von Insekten und kleinenVögeln wie den Nektarvogelarten aufgesucht werden.

Neben den Riesenformen wachsen in den Hochlagen vor allem Mattengräser. In der Mattenregion leben vereinzelt auch Blütenpflanzen. Als besonders attraktive Vertreter der Hochlagen seien hier Fackellilien (*Kniphofia* spp.), Kaprosen (*Protea* spp.) sowie Gladiolen (*Gladiolus* spp.) neben einigen Anemonengewächsen und Distelarten erwähnt. In den Ödlandschaften oberhalb 4.000 m sind Flechten und Moose bestimmend. Nur wenige Blütenpflanzen wie Strohblumen (*Helichrysum* spec.) sind an diese extremen klimatischen Bedingungen angepasst.

**Verschiedene Riesenkreuzkrautarten wachsen in den Hochlagen von Mt. Kilimanjaro, Mt. Kenya und im Ruwenzorigebirge** Foto: W. Denzer

**Kaprose am Mt. Kilimanjaro** Foto: W. Denzer

## Zierhölzer und Nutzpflanzen

Einer Reihe von Bäumen, die sich durch auffällige Blütenstände auszeichnen, begegnet man immer wieder entlang den Straßen und in Parkanlagen. Oftmals handelt es sich um exotische – sprich nicht einheimische – Ziergewächse, aber einige Arten sind in der Region beheimatet, jedoch in den eigentlichen Habitaten bereits stark dezimiert.

Ähnliche gefiederte Blätter wie die Akazien – jedoch keine Dornen – besitzen die Kassien aus der Familie der Johannisbrotgewächse (Caesalpiniaceae). Sie wachsen meist strauchartig und sind während der Blütezeit mit gelben Blütentrauben übersät, die an langen, das Blattwerk überragenden Stängeln wachsen. Die häufigste Art ist die etwa 3 m hohe Erdnusskassie (*Cassia* = *Senna didymobotrya*). Ihre Blätter verströmen einen Geruch, der an ranzige Erdnüsse erinnert. Der 10–15 m hohe Flamboyant oder Feuerbaum (*Delonix regia*) aus derselben Familie stammt ursprünglich von Madagaskar, hat sich aber stark in Ostafrika ausgebreitet. Meist ist er als Straßenbaum oder in Parks anzutreffen. Da aber offensichtlich das Klima seinen Ansprüchen gerecht wird, ist diese Art verwildert und auch in Nationalparks zu finden. Die Blütenstände sind feuerrot, und die gefiederten Blätter falten sich bei Sonnenuntergang zusammen.

Aus der Familie der Trompetenbaumgewächse (Bignoniaceae) stammt der Afrikanische Tulpenbaum (*Spathodea campanulata*). Er trägt seinen Namen nach den roten tulpenartigen, aufrecht wachsenden Blütenständen, die schon von weitem sichtbar sind. Die Blütenknospen sammeln nach Regenfällen Wasser an und werden von den einheimischen Kindern dann gern zu Wasserpistolen umfunktioniert. Alte Exemplare des Tulpenbaums können beachtliche Höhen von 25 m erreichen. Ebenfalls auffällig rote Blütenstände hat der Korallenbaum (*Erythrina abessinica*) aus Familie der Papilionaceae. Diese Art ist laubabwerfend und treibt ihre Blüten bereits, bevor die Blätter der Folgegeneration erscheinen. Die länglichen Blüten wachsen in Trauben aus den Astspitzen.

Eine Reihe von Pflanzen wird landwirtschaftlich genutzt und exportiert. Vor allem ostafrikanischer Kaffee ist ein bedeutendes Wirtschaftsgut der Region. Kaffee (*Coffea arabica*) wird in industriellem Maßstab auf den Plantagen des Hochlandes angebaut. Seine Qualität gilt weltweit als sehr hochwertig, allerdings sind die Kaffeepreise insgesamt stark gefallen. In einigen Hochlandregionen wird auch Tee angebaut, aber in weit geringerem Maße als Kaffee. Da insbesondere europäische Länder in den Wintermonaten auf einige Gemüsesorten verzichten müssen, werden diese aus Ostafrika importiert. Hier sind besonders die Kenia-Bohnen zu erwähnen.

Stellenweise fährt man auch an Sisalplantagen vorüber, die bis an den Horizont heranreichen. Diese Art der Monokultur laugt die Böden aus und führt mit der Zeit zur Verödung der Region. Ein weiterer artfremder Vertreter unter den kultivierten Pflanzen ist der Eukalyptusbaum. Wegen seines geraden, schnellen Wuchses wurde Eukalyptus lange Zeit in vielen tropischen Ländern zur Wiederaufforstung sowie für die Holz- und Papierindustrie eingesetzt. Eukalyptus wächst jedoch nur in Monokultur und entzieht dem Boden lebenswichtiges Grundwasser. Sind diese Plantagen aus wirtschaftlicher Sicht nicht mehr tragbar, werden sie sich selbst überlassen. Erst nach vielen Jahren sind die Böden wieder fruchtbar genug, um sie erneut landwirtschaftlich zu nutzen.

Kleinbauern beschränken sich meist auf Maisanbau und Bananen sowie in geringe-

**Afrikanischer Tulpenbaum (*Spathodea campanulata*)** Foto: W. Denzer

**Korallenbaum (*Erythrina abyssinica*)** Foto: W. Denzer

rem Maße auf Obst- und Gemüseanbau für den Eigenbedarf. Mangobäume erfreuen sich hierbei besonderer Popularität. Die Zahl der Nutzpflanzen ist riesig, und die unterschiedlichen klimatischen Bedingungen lassen den Anbau nahezu jeder Pflanze zu.

Weiterführende Literatur zu diesem Thema:
KNAPP (1973): Die Vegetation von Afrika
NOAD & BIRNIE (1989): Trees of Kenya.
BLUNDELL (1987): Wild flowers of East Africa.

**Kaffeestrauch (*Coffea* cf. *arabica*)** Foto: W. Denzer

# Fauna

## Säugetiere

### „Big Five"

Eine Safari durch Ostafrika gilt landläufig als erfolgreich, falls es einem gelingt, die so genannten „Big Five" zu Gesicht zu bekommen. Zu diesen zählen Elefant, Nashorn, Büffel, Löwe und Leopard. Da dieser Ausdruck immer wieder auftaucht, soll auch an dieser Stelle mit der Besprechung der genannten Arten begonnen werden, obwohl es aus klassifikatorischer Sicht keinerlei Sinn ergibt. Die daran anschließende nähere Vorstellung weiterer Säugetierarten richtet sich dann aber nach der zoologischen Verwandtschaft.

### Afrikanischer Elefant (Loxodonta africana)/Rüsseltiere (Proboscidea)

Afrikanische Elefanten sind die größten landlebenden Säuger bzw. Tiere überhaupt. Ausgewachsene Exemplare weisen Höhen über 3 m auf und können mehr als 4.000 kg wiegen. Um diesen massiven Körper am Leben zu erhalten, benötigen Elefanten etwa 200 kg Futter und 100 l Wasser täglich. Derartige Mengen lassen sich nur schwer im Laufe eines normalen, äquatorialen Tages mit 12 Stunden Helligkeit aufnehmen, sodass die Tiere auch in den Nachtstunden mit der Nahrungsaufnahme beschäftigt sind. Typischerweise sind Elefanten daher etwa 18 Stunden täglich aktiv. Ihre Nahrung ist vielfältig: Sie fressen Gras, Büsche, junge Bäume und Rinde ebenso wie Früchte, Blüten und Blätter. Mit ihrem Rüssel sind sie in der Lage, einzelne Blätter zu greifen oder Früchte vom Boden aufzusammeln

Elefanten leben in Familienverbänden, wobei das älteste und erfahrenste Weibchen

**Afrinkanischer Elefant (*Loxodonta africana*), Massai Mara, Kenia** Foto: W. Denzer

die Gruppe anführt. Diese Gruppen bestehen meist aus mehreren Weibchen und Jungtieren verschiedenen Alters. Junge Bullen werden in der Gruppe geduldet, adulte Männchen halten sich aber meist nur kurzfristig in den Verbänden auf, um die Paarungsbereitschaft geschlechtsreifer Weibchen zu überprüfen. Die Bullen leben als Junggesellen entweder einzeln oder schließen sich zu kleinen Verbänden zusammen.

Ein typischer Familienverband besteht aus Schwestern der Leitkuh sowie ihren Cousinen. Wird die Gruppe zu groß, verlässt die vom Rang her nachgestellte Kuh mit einigen Tieren die Gruppe und bildet so ihren eigenen Familienverband. Jahreszeitlich bedingt und abhängig vom Futterangebot findet man manchmal Herden von mehreren hundert Tieren, die zu denselben Futtergründen wandern. Bei genauerem Hinsehen kann man aber auch hier die einzelnen Verbände ausmachen, die häufig in geringem Abstand zueinander wandern. Schließen sich zwei Verbände zeitweilig zusammen, so resultiert dies meist aus einem bestehenden Verwandtschaftsverhältnis. Elefanten geben eine Vielzahl von Lautäußerungen ab. Dazu zählt das über weite Strecken hörbare Brüllen, das auch bei Scheinangriffen zur Warnung abgegeben wird. Die eigentliche Kommunikation innerhalb der Herden geschieht allerdings in dem vom Menschen nicht hörbaren Infraschallbereich unterhalb 20 Hz.

Zu bestimmten Jahreszeiten geraten die Männchen in „Musth". Äußerlich ist dies an einem Sekretfluss im Schläfenbereich zu erkennen. Die Musth ist ein Zustand, in dem die Männchen sehr aggressiv werden, und sie gibt der Wissenschaft noch immer Rätsel auf. Lange Zeit wurde angenommen, dass es sich um ein Zeichen für Paarungsbereitschaft handle. Die Fortpflanzung geschieht jedoch ganzjährig. Die Kühe bringen nach ca. 22 Monaten Tragzeit ihre Jungen zur Welt. Ein Elefantenjunges wiegt bei der Geburt bereits 100 kg und ist ca. 80 cm groß. Die Jungen bleiben bei der Mutter und werden bis zu zwei Jahre gesäugt. Stoßzähne sind bei beiden Geschlechtern vorhanden und beginnen ab einem Alter von etwa vier Jahren zu wachsen. Die Stoßzähne wachsen erst schräg nach unten; kurze, bereits nach oben gebogene Stoßzähne deuten auf ein Alter von bereits 8–10 Jahren hin.

Elefantenpopulationen in Afrika scheinen langsam wieder im Aufwind zu sein. Nachdem durch den weltweiten Bann des Elfenbeinhandels im Jahre 1989 der offizielle Markt zusammenbrach, begann sich der Druck durch Wilderei zu verringern, was seitdem zu einer ständigen Populationszunahme innerhalb der Schutzgebiete führte. Heutzutage spielt die Wilderei eine eher untergeordnete Rolle; vielmehr der stetige Rückgang an geeigneten Habitaten bedroht diesen Riesen unter den Tieren. Umgekehrt können Elefanten große Schäden anrichten und sogar eine Landschaft völlig verändern. Durch das Abfressen von Baumrinde und das Umwerfen von Bäumen werden kleine Waldgebiete zu Buschsavanne reduziert.

Große und stabile Populationen existieren im Amboseli-Nationalpark in Kenia sowie im Tarangire-Nationalpark in Tansania. Ähnliches gilt für die Serengeti und den Tsavo-Nationalpark. In diesen Parks dürfte es schwerfallen, keinen Elefanten zu sehen!

### Nashörner (Rhinocerotidae)/ Unpaarhufer (Perissodactyla)

Nashörner gehören zu den bedrohtesten Tierarten weltweit. Wegen ihrer Hörner wurden sie vom Menschen schon zu Beginn des 20. Jahrhunderts nahezu ausgerottet. Aufgrund intensiver Schutzmaßnahmen haben sich die Populationen etwas erholt, und man kann diese imposanten Urzeittiere vermehrt in Nationalparks beobachten.

In Ostafrika leben zwei Nashornarten: Breitmaulnashorn (*Ceratotherium simum*) und Spitzmaulnashorn (*Diceros bicornis michaeli*). Die afrikanischen Gesamtbestände der beiden Arten werden auf 6.000 bzw. 2.400 Exemplare geschätzt, mit jeweils einigen hundert Tieren in Kenia und Tansania.

Nashörner zählen zu den größten Landsäugetieren überhaupt. Breitmaulnashörner erreichen eine Schulterhöhe von 1,80 m und können dann 2 t wiegen. Spitzmaulnashörner sind kleiner, bringen aber auch nahezu 1 t auf die Waage. Der wesentliche Unterschied zwischen den beiden Arten ergibt sich bereits aus der deutschen Namensgebung: Breitmaulnashörner haben ein breites, fast viereckiges Maul, während Spitzmaulnashörner eine deutlich zugespitzte, bewegliche Oberlippe besitzen. Ein weiteres Unterscheidungsmerkmal im Feld ist die Ausformung des Nackenbereiches. Breitmaulnashörner haben einen deutlichen Buckel am Hals. Hörner sind bei beiden Geschlechtern ausgebildet, und in den meisten Fällen ist das vordere Horn länger.

Die bevorzugten Lebensräume der beiden Arten unterscheiden sich zwar, aber aufgrund des Habitatrückganges gibt es auch Gebiete, in denen beide Arten sympatrisch angetroffen werden können. Breitmaulnashörner bewohnen mit Vorliebe

**Breitmaulnashorn (*Ceratotherium simum*), Lake Nakuru, Kenia** Foto: W. Denzer

Trockensavannen mit Akazienbewuchs und permanenten Wasser- oder Schlammlöchern. Spitzmaulnashörner besiedeln in Ostafrika bewaldete Gebiete mit dichter Vegetation. Aufgrund dieser unterschiedlichen Habitatwahl ist auch die Nahrungspräferenz verschieden. Breitmaulnashörner bevorzugen Kurzgräser, Spitzmaulnashörner Blätter und Äste.

Die Sozialstruktur innerhalb einer Population ist bei beiden Arten recht ähnlich. Männliche Tiere haben Reviere, die sie durch Marken kennzeichnen. Innerhalb dieser Grenzen werden Weibchen und junge Bullen geduldet. Sowohl Männchen als auch Weibchen sind meist Einzelgänger und schließen sich nur zur Paarungszeit zusammen. Dies ist aber nur eine Regel, die offensichtlich nicht allen Nashörnern bekannt ist. In einigen Nationalparks kann man Familiengruppen von 5–10 Tieren beobachten. Diese bestehen aus einem Männchen sowie 1–2 Weibchen und Jungtieren unterschiedlichen Alters. Weibchen erreichen mit etwa sieben Jahren die Geschlechtsreife und kalben erst 15 Monate nach der Befruchtung. Die Jungen bleiben dann für 2–3 Jahre bei den Kühen. Übersteigt die Individuenanzahl das Futterangebot, kommt es zwischen den dominanten Männchen und nachrangigen Tieren zu heftigen Kämpfen, die im Falle der Spitzmaulnashörner auch tödlich für einen Kontrahenten enden können.

Das Sehvermögen von Nashörnern ist nicht sonderlich gut ausgeprägt, im Gegensatz zum Geruchs- und Gehörsinn. Fühlt sich ein Nashorn gestört, so beginnt es zu schnauben. Ist das Tier derart erregt, ist es besser, den Rückzug anzutreten. Safarifahrzeuge sind keineswegs sicher gegen die Angriffe ausgewachsener Männchen. Für gewöhnlich kann man sich den Tieren allerdings gut nähern. Es sollte aber darauf geachtet werden, niemals zwischen ein Muttertier und ihr Junges zu geraten. Trotz ihrer Größe und ihres Gewichtes können die Nashörner Geschwindigkeiten von 25 km/h erreichen. Während der heißen Mittagsstunden verbergen sich die Tiere im schattigen Dickicht. Die Nahrungssuche erfolgt in den frühen Morgen- bzw. späten Nachmittagsstunden sowie nachts.

Die Begegnung mit Nashörnern zählt sicherlich zu den beeindruckendsten Erlebnissen einer Ostafrika-Safari. Obwohl ihre Zahl nur noch recht gering ist und die Verbreitung sich auf wenige Schutzgebiete beschränkt, hat man gute Chancen, auf einer mehrtägigen Safari diese imposanten Tiere zu Gesicht zu bekommen. Besonders zu empfehlen ist der Lake-Nakuru-Nationalpark in Kenia, der beide Arten in genügend hoher Zahl beherbergt, sodass Sichtungen fast an der Tagesordnung sind.

### Afrikanischer Büffel (Syncerus caffer caffer)/Hornträger (Bovidae)

In vielen Büchern ist der Afrikanische Büffel noch unter seinem heutzutage politisch inkorrekten Namen „Kaffernbüffel“ zu finden. In Ostafrika lebt größtenteils die Nominatform (diejenige Unterart, von der ein Exemplar der Erstbeschreibung zugrunde gelegt wurde), die sich durch ein dunkles, fast schwarzes Fell auszeichnet. Afrikanische Büffel sind mit einer Schulterhöhe von etwa 1,4 m und einem Gewicht von bis zu 800 kg sehr imposante Tiere. Die mächtigen Hörner mit einer

Spannweite von 1 m und die verdickten Hornplatten am Kopf runden das Bild eines „gefährlichen" Savannenbewohners ab. Aufgrund der stattlichen Größe der Tiere und ihrer Aggressivität kann von einer Büffelherde schnell eine Bedrohung für den Beobachter ausgehen.

In Ostafrika kommen Büffel in den unterschiedlichsten Habitaten vor, sofern genügend Futter vorhanden ist. So findet man sie in den Shimba Hills nahe der Küste, aber auch in den Hochregionen der Aberdares und des Kilimandscharo. Neben dem Grasland benötigen sie Wald, in den sie sich während des Tages zurückziehen können, sowie permanente Wasserstellen zum Trinken und Schlammsuhlen. Das Suhlen dient vor allem dazu, lästige Hautparasiten zu entfernen. Oftmals kann man aber auch Madenhacker (*Buphagus* sp./Familie Sturnidae) bei dieser Arbeit beobachten. Diese Vögel werden von den Büffeln gern geduldet. Ein weiterer Vogel, der immer in der Nähe von Büffelherden zu finden ist, ist der Kuhreiher (*Bubulcus ibis ibis*). Er zieht seinen Nutzen aus der Tatsache, dass die Büffel auf ihren Märschen allerlei kleine Tiere aufstöbern, die er dann geschickt mit seinem langen Schnabel erbeutet.

Büffel leben in Herden mit manchmal mehreren hundert Tieren. Die Weidegebiete einzelner Herden überschneiden sich in der Regel nicht. Ökologisch erfüllen Büffel eine wichtige Aufgabe, indem sie neue Futtergründe für andere Arten eröffnen. Sie ernähren sich bevorzugt von Langgräsern, die

**Afrikanischer Büffel, Kaffernbüffel (*Syncerus caffer caffer*), Lake Nakuru, Kenia**
Foto: W. Denzer

sie inklusive der Wurzeln fressen. Auf diese Weise bleiben Kurzgräser stehen und bieten anderen Arten die Möglichkeit, das Gebiet zu nutzen. Büffelherden sind gemischtgeschlechtlich, und nur während der Fortpflanzungsperiode werden Hierarchiekämpfe unter den Bullen beobachtet. Wenn Nahrungsknappheit besteht – z. B. in Dürreperioden –, verlassen die Altbullen mit den Junggesellen die Herde und bilden kleine Bullenverbände von meist 10–20 Exemplaren. Ranghohe Männchen urinieren in die Suhlen und zeigen auf diese Weise eine Art Territorialverhalten. Dies geht aber nicht so weit, dass die Suhlen nicht von anderen Männchen genutzt werden dürften.
Die Fortpflanzungszeit ist ganzjährig, jedoch mit vermehrten Paarungen in der Regenzeit (März/April). Nach elfmonatiger Tragzeit wird ein einzelnes Kalb geboren und sofort in den Herdenverband eingeführt. Die Kälber bleiben eng mit der Mutter verbunden. Wenn sie von den Kühen getrennt werden oder sich in Gefahr glauben, lassen sie einen Angstruf hören, auf den auch andere Mitglieder der Herde reagieren. Wenn eine Herde von Raubtieren angegriffen wird, versammeln sich oft alle Tiere in einem Halbkreis um die Jungen und bilden auf diese Weise eine undurchdringliche Mauer. Üblicherweise versuchen Löwengruppen einen einzelnen Büffel zu isolieren und dann anzugreifen. In diesen Fällen wurde beobachtet, dass andere Büffel dem bedrohten Tier zu helfen versuchen. Mit ihren Hörnern sind Büffel ohne weiteres in der Lage, den Angreifern erhebliche Verletzungen zuzufügen und sie in die Flucht zu schlagen.
Büffel können in verschiedenen Nationalparks beobachtet werden. Besonders in den Shimba Hills, am Lake Nakuru und im Ngorongoro-Krater sind sie leicht auf ihren Weidegründen auszumachen. Die beste Zeit für Beobachtungen sind der frühe Morgen und der späte Nachmittag. Während der heißen Stunden des Tages bleiben sie oft im hohen Gras, im Wald oder in ihren Suhlen verborgen.

**Löwen (*Panthera leo*), Ngorongoro, Tansania**
Foto: W. Denzer

### Löwe (Panthera leo)/Katzen (Felidae)

Der Löwe gilt landläufig als der „König der Tiere". Die Schulterhöhe ausgewachsener Männchen kann 1,2 m übersteigen, und das Tier wiegt dann nahezu 200 kg. Weibchen bleiben kleiner, können aber auch gut 125 kg Gewicht erreichen. Nicht nur die Größe unterscheidet die Geschlechter, insbesondere auch die lange Mähne zeichnet ein prächtiges Männchen aus. Löwen hatten ehemals ein sehr großes Verbreitungsgebiet in Afrika, Asien und Teilen Europas. Heute findet man gesunde Populationen nur noch im Nordwesten Indiens sowie in afrikanischen Nationalparks. Bezüglich ihres Lebensraumes sind Löwen nicht sonderlich wählerisch; abgesehen von Regenwäldern und Sandwüsten, die sie meiden, sind sie in nahezu allen anderen afrikanischen Vegetationszonen vertreten, insbesondere den unterschiedlichen Savannentypen.

Unter den Katzen sind Löwen die einzigen, die längerfristige Bindungen in Rudeln eingehen. Ein typisches Löwenrudel besteht aus mehreren verwandten Weibchen mit ihren Jungen (insgesamt 6–12 Tiere) sowie einem dazugehörigen lockeren Männchenverband (2–5 Tiere). Tagsüber kann man sie häufig „faulenzend" im Gras beobachten; nur die Jungen sind ständig damit beschäftigt, in irgendeiner Weise Unruhe in die Idylle zu bringen. Die Mitglieder eines Rudels „grüßen" sich gegenseitig, indem sie ihren Kopf an der Flanke des anderen reiben.

Weder in den Männchen- noch in den Weibchenrudeln gibt es dominante Tiere. Alle sind gleichgestellt, wenn es um die Paarung geht. Lediglich beim Verzehren der Beute werden den Männchen vorrangige Rechte eingeräumt und dies, obwohl die Beutejagd meist den Weibchen vorbehalten bleibt. Als Beutetiere kommen vor allem Gnus und Zebras in Betracht, aber auch Gazellen und Impalas stehen auf dem Speiseplan der Löwen. Die Jagd erfolgt in einer gemeinschaftlichen Aktion: Mehrere Weibchen umzingeln ein ausgesuchtes Beutetier und pirschen sich bis auf etwa 100 m an, bevor sie zum Angriff übergehen. Bei größeren Beutetieren versuchen einzelne Weibchen, auf den Rücken zu springen, um einen Biss in den Hals anzubringen. Da Löwen der Beutejagd überwiegend nachts nachgehen, hat man leider nur selten die Möglichkeit, dieses beeindruckende Naturschauspiel zu verfolgen.

Die Fortpflanzung findet ganzjährig statt, jedoch trifft man nach Beginn der Regenzeit vermehrt Junge an. Die Tragzeit beträgt etwa 3,5 Monate, und ein Wurf kann bis zu sechs Jungtiere umfassen. Die Jungen haben eine Fleckenzeichnung, die besonders an den Flanken und den Schenkeln deutlich erkennbar ist. Meist verblasst sie nach wenigen Monaten, bei manchen Tieren bleibt sie aber auch erhalten. Junge Löwen werden anfangs vom Weibchen in Verstecken gehalten und nach etwa einem Monat in das Rudel eingeführt; weibliche Jungtiere bleiben dort im Allgemeinen ihr ganzes Leben lang. Die Weibchen eines Rudels werfen häufig zeitgleich und sind bereit, auch die Jungen eines verwandten Weibchens zu säugen. Zeitweise werden regelrechte Mutter-Kind-Verbände gebildet.

Während die Weibchen nur bei Nahrungsknappheit das Rudel verlassen, werden junge Männchen im Alter von etwa drei Jahren von den adulten Männchen vertrieben. Sie bilden dann Junggesellenkoalitionen, die auf ihre Chance warten, ein Rudel zu übernehmen. Hierbei kann es zu tödlichen Kämpfen kommen, bei denen häufig auch die Jungen eines Rudels von der neuen Männchenkoalition getötet werden. Dies erscheint grausam, bedeutet aber rein wissenschaftlich betrachtet nichts anderes, als einen neuen Genpool zu eröffnen – also „neues Blut" in ein Rudel zu bringen.

Löwen kann man in fast allen ostafrikanischen Nationalparks bewundern. Besonders große Rudel findet man im Serengeti-Mara-Ökosystem; die Löwen des Ngorongoro-Kraters sind bekannt für ihre dunklen Mähnen.

## Leopard (Panthera pardus)/ Katzen (Felidae)

Unter den „Big Five“ sind Leoparden am schwierigsten zu entdecken. Ihr fleckiges Fell lässt sie mit der Umgebung verschmelzen. Diese Tarnung ist so perfekt, dass selbst ein einmal gesichteter Leopard oft binnen Sekunden nicht mehr auffindbar ist. Ein Tier mit vollständig schwarzer Fellfärbung wird „Schwarzer Panther“ genannt. Leoparden zählen zu den schönsten Raubkatzen der Welt und besitzen das größte Verbreitungsgebiet. Man findet sie in weiten Teilen Asiens und auf dem afrikanischen Kontinent. Wegen ihres prächtigen Fells waren sie seit jeher begehrte Trophäen, was zu einem starken Rückgang der Art führte. In vielen Teilen ihres ehemaligen Verbreitungsgebietes sind sie bereits ausgerottet oder in ihrer Existenz bedroht. Nur in wohlbehüteten Nationalparks und Schutzgebieten ist es gelungen, den Fortbestand der Art zu sichern.

Ausgewachsene Leoparden können beachtliche Längen von 2 m bei einer Schulterhöhe von 80 cm und einem Gewicht von 80 kg erreichen. Die Weibchen bleiben bei dieser Raubkatze etwas kleiner. Bei der Habitatwahl sind Leoparden nicht sehr wählerisch; so findet man sie sowohl in trockenen Gebieten als auch in Waldregionen. Leoparden sind Einzelgänger und sehr territorial. Männliche Tiere können großräumige Reviere von 25 $km^2$ bewohnen, die sich mit den meist kleineren Revieren der Weibchen überschneiden. Die Markierung der Reviergrenzen geschieht durch Urinieren und Ankratzen der Rinde geeigneter Bäume.

**Leopard (*Panthera pardus*), Samburu, Kenia** Foto: W. Denzer

Die Tarnzeichnung erlaubt es den Leoparden, sich sehr nahe an Beutetiere heranzupirschen. Mit einem gewaltigen Sprung wird die Beute angegriffen und sofort in den Hals gebissen. Bei der Auswahl der Opfer sind Leoparden normalerweise nicht sehr wählerisch, jedoch scheinen sie in einigen Gebieten eine Vorliebe für Impalas entwickelt zu haben. Kleine Beutetiere werden sofort verspeist, größere dagegen auf einen Baum geschleppt. Hierdurch verschafft sich der Leopard den Vorteil, dass er sich die Beute nicht mit Aasfressern teilen oder gegen andere Raubtiere verteidigen muss. Abgesehen von diesem Fressverhalten sind Leoparden eher am Boden zu finden, wo sie sich entweder während des Tages im Dickicht verbergen oder auf der Suche nach Nahrung in den Dämmerungsphasen umherstreifen.

Die Fortpflanzung erfolgt ganzjährig. Nur während der Paarungszeit kann man Pärchen für wenige Tage zusammen beobachten. Nach einer Tragzeit von nur 100 Tagen werden bis zu drei Junge geworfen. Dies geschieht in selbst gegrabenen Höhlen oder gut versteckten Erdlöchern. Die Jungen werden etwa vier Monate gesäugt, aber bereits nach zwei Monaten auch mit fester Nahrung versorgt. Zur Jagd lässt das Weibchen die Jungen auf sich selbst gestellt, sodass diese nicht selten anderen Räubern wie Hyänen zum Opfer fallen. Von Zeit zu Zeit wird das Versteck der Jungen gewechselt, um nicht durch Gerüche auf die Nachzucht aufmerksam zu machen. Im Alter von etwa acht Monaten werden die Jungen in die Jagdkunst eingeführt und bereits nach einem Jahr von der Mutter verstoßen, wenn sie abermals brünstig wird.

Große Chancen, Leoparden zu beobachten, hat man in den Akazienwäldern rund um den Lake Nakuru sowie in den nördlichen Parks Samburu und Shaba. Einige Lodges haben Futterstellen eingerichtet, die ständig Leoparden anlocken. Auch wenn dies vielleicht kein „echtes" Safarierlebnis ist, sind Sichtungen hier fast sichergestellt. Üblicherweise sind der frühe Morgen und die späten Nachmittagstunden am geeignetsten, um nach Leoparden Ausschau zu halten, da sie um diese Zeit häufig auf Pirsch gehen. Bei der Suche nach Leoparden kann es auch sehr hilfreich sein, von Zeit zu Zeit den Motor abzustellen und auf tiefe „Hustgeräusche" zu achten. Oftmals verraten Leoparden ihren Standort dadurch, besonders wenn sie sich auf der Pirsch befinden oder mit Artgenossen kommunizieren.

### Die Heerschar weiterer Säugetiere

Neben den „Big Five" gibt es noch viele weitere Säugetiere in Ostafrika, von denen einige hier vorgestellt werden sollen. Die Auswahl beschränkt sich auf Arten, die auf einer etwa zweiwöchigen Safari durch die verschiedenen Lebensräume mit einiger Wahrscheinlichkeit beobachtet werden können, sowie auf einige seltene oder besonders interessante Arten, die man eher nur zufällig entdeckt.

### Fledertiere (Chiroptera)

Fledertiere sind nacktaktive, flugfähige Säuger, die man in Fledermäuse (Microptera) und Flughunde (Megachiroptera) unterteilt. Fledermäuse zeichnen sich im Allgemeinen durch große Ohren und eigentümlich geformte Nasen aus. Sie orientieren sich über Echolot. Hierzu stoßen

**Langflügel-Fledermaus (*Miniopterus schreibersii*)** Foto: W. Denzer

sie Töne aus, die im Ultraschallbereich liegen, und registrieren das reflektierte Signal. Dies kann ein Hindernis oder auch ein Beute-Insekt sein. Diese Art der Orientierung ist besonders den Höhlen bewohnenden Fledermausarten hilfreich. Flughunde besitzen dagegen ein hundeähnliches Gesicht mit großen Augen und bewohnen bevorzugt große Bäume, an denen sie am Tag kopfüber an Ästen hängend ihre Ruhephase verbringen. Sie orientieren im Flug sich über ihren hervorragenden Seh- und Geruchssinn. Die Nahrung der Flughunde besteht im Gegensatz zu den Fledermäusen vollständig aus vegetarischen Bestandteilen wie Früchten, Blüten, Blättern und Pollen. Diese Ernährung macht Flughunde zu einem wichtigen Pflanzenbestäuber. Auf ihren nächtlichen Ausflügen tragen sie Pollen in ihrem Fell über weite Strecken; durch die Ausscheidung von unverdauten Samenkapseln tragen sie außerdem zur Ausbreitung von Pflanzenarten bei.

Die Anzahl der Fledertierarten wird für Afrika auf über 200 geschätzt, wobei 40 Arten auf die Flughunde entfallen. Am weitesten ist der Nil-Flughund (*Rousettus aegyptiacus*) verbreitet. Er lebt in Wäldern entlang den Flüssen von Ägypten bis Südafrika. Der Körper eines ausgewachsenen Nilflughundes ist ca. 15 cm lang. Die Spannweite beträgt dann etwa 60 cm. Nilflughunde leben in Kolonien von über 1.000 Tieren. Ihr Schlafplatz liegt meist in Höhlen, die von der ganzen Kolonie fast gleichzeitig bei Anbruch der Dunkelheit verlassen wird. Um an ihre Futterstellen zu gelangen, müssen Flughunde manchmal pro Nacht Strecken von über 100 km zurücklegen.

Mit 75 cm Spannweite ist der Palmen-Flughund (*Eidolon helvum*) die größte Art der Region. Palmenflughunde bevorzugen Waldgebiete und können Koloniegrößen von mehreren Tausend Tieren umfassen. Da sie Früchte bevorzugen, sind sie auch häufig in Plantagen oder Städten mit Parkanlagen zu finden.

Beide genannten Flughundarten bringen nur ein einziges Junges zur Welt, das so lange von der Mutter getragen wird, bis es sich selbstständig ernähren kann. Eine Besonderheit unter den Flughunden ist, dass sich Nil-Flughunde zusätzlich über eine Art Echolokalisierung orientieren können. Die hierzu benötigten Töne werden durch ein Schnalzen mit der Zunge erzeugt.

Die Langflügel-Fledermaus (*Miniopterus schreibersii*) aus der Familie der Glattnasen-Fledermäuse (Vespertilionidae) ist in ganz Afrika sowie Asien und Australien zu finden. Mit nur etwa 10 cm Länge und einem Gewicht von 10 g zählt sie bereits zu den mittelgroßen Arten. Langflügelfledermäuse sind extrem gesellig. Es sind Kolonien von 300.000 Exemplaren bekannt. Wenn eine große Kolonie ihre Schlafhöhle in einer konzertierten Aktion verlässt, verdunkelt sich der Himmel. Als Nahrung bevorzugen sie Insekten, die sie im Flug meist nahe der Wasseroberfläche erbeuten. Sie tragen damit stark zur Reduzierung von Mücken bei. Weibchen bringen nur ein einziges Junges nach etwa acht Monaten Tragzeit zur Welt, das sie während der nächtlichen Futtersuche in der Höhle zurücklassen. In den Kolonien existieren für die Mütter so genannte „Wochenstuben", in denen sie sich mit ihren Jungtieren ungestört vom Rest der Kolonie aufhalten können. In Größe und Gewicht sehr ähnlich wie die Langflügelfledermaus ist die zu den Schlitznasen-Fledermäusen (Nycteridae) zu zählende Geoffroy-Schlitznase (*Nycteris thebaica*). Auffallend sind die großen, behaarten Ohren und eine in der Mitte geteilte Nase. Diese Art bildet mittelgroße Kolonien von bis zu 600 Tieren. Kleinere Gruppen leben in abgestorbenen Bäumen oder Höhlen. Insekten werden im Flug erbeutet und gefressen; es werden aber auch Tiere am Boden oder an Bäumen gejagt, wie etwa Spinnen und Skorpione.

Die größten Chancen, Fledertiere zu beobachten, hat man auf Höhlentouren sowie in Lodges nahe den Flüssen. Bei Anbruch der Dämmerung beginnen sie mit ihrer Jagd auf Insekten, die durch die Lampen angezogen werden. Fledermäuse haben keine Scheu vor Menschen. Manchmal verspürt man einfach nur einen leichten Luftzug am Kopf, und im nächsten Moment verschwindet ein kleines, schnell fliegendes Objekt aus dem Blickfeld. Da die Ortung im Ultraschallbereich erfolgt, ist sie für den Menschen nicht hörbar; wenn man jedoch eine Kolonie aufschreckt, so geben viele Arten hörbare, hohe Warnschreie von sich.

### Insektenfresser (Insectivora) und Rüsselspringer (Macroscelidea)

Wie alle Insektenfresser führen auch die ostafrikanischen Vertreter ein Leben im Verborgenen. Am ehesten wird man noch den Weißbauchigel (*Atelerix albiventris*) zu Gesicht bekommen, der unserem einheimischen Igel sehr ähnlich sieht. Igel sind Allesfresser, die täglich etwa ein Drittel ihres Körpergewichtes an Nahrung aufnehmen müssen. Die Beutesuche erfolgt über den hervorragenden Geruchsinn und das Gehör. Jegliches Rascheln wird registriert und verfolgt. Durch ihre Stacheln sind sie vor Angreifern gut geschützt. Zudem besitzen Igel ein sehr gutes Reaktionsvermögen und sind gegenüber geringen Giftmengen tolerant, sodass sie auch Skorpione und Giftschlangen fressen können.

Zu den Insektenfressern gehören auch die Spitzmäuse (Soricidae), die in Ostafrika vor allem mit der Gattung *Crocidura* vertreten ist. Die meisten Arten bleiben mit etwa 5–8 cm und nur wenigen Gramm Gewicht recht klein. Die Hälfte der Größe entfällt dabei gar noch auf den Schwanz. Spitzmäuse sind im Allgemeinen Einzeltiere, jedoch existiert ein Phänomen, das „Spitzmauskarawane" genannt wird. Hierbei handelt es sich um weibliche Tiere mit Jungtieren, die der Mutter folgen und sich an ihr bzw. dem vorderen Geschwisterteil festhalten.

Rüsselspringer sehen ein wenig aus wie Spitzmäuse, die sich nach Känguruart fortbewegen. Zoologisch betrachtet sind Spitzmäuse (Insectivora) und Rüsselspringer (Macroscelidea) nicht miteinander verwandt, sondern werden in unterschiedliche Ordnungen gestellt. Die deutschen Trivialnamen der einzelnen Arten bringen dies allerdings nicht zur Geltung. So werden z. B. die

Rüsselspringer der Gattung *Elephantulus* im Deutschen als „Elefantenspitzmäuse“ bezeichnet.

Über die Ökologie der Rüsselspringer ist nur wenig bekannt. Die häufigste Art in Ostafrika ist die 10–15 cm große Rotbraune Elefantenspitzmaus (*Elephantulus rufescens*). Sie bewohnt trockene Gebiete mit Akazienbüschen, unter denen sie Schutz sucht. Da diese Art keine Baue anlegt oder die Baue anderer Arten bewohnt, ist sie ständig im offenen Gelände unterwegs. Sie nutzt innerhalb ihres Territoriums immer dieselben Wege. Das Wegesystem wird von Laub und Ästen befreit und ständig kontrolliert. Als Nahrung bevorzugen Elefantenspitzmäuse Insekten. Von Nagetieren wie Mäusen oder anderen Insektenfressern wie den Echten Spitzmäusen ist sie durch ihre großen, weiß umrandeten Augen und den hochbeinigen Gang schnell zu unterscheiden. Eine verwandte Art – die Goldrücken-Rüsselhündchen (*Rhynchocyon chrysopygus*) – lebt noch in einem kleinen Areal der verbliebenen Küstenregenwälder nördlich von Mombasa. Die Goldrücken-Rüsselhündchen ist mit etwa 25 cm erheblich größer als ihre rotbraune Verwandte und kann mit etwas Glück auf Wanderungen durch den Arabuko-Sokoke-Wald beobachtet werden.

### Hasenartige (Lagomorpha) und Nager (Rodentia)

Aus der Familie der Hasen und Kaninchen (Leporidae) trifft man auf Safaris immer wieder auf zwei Arten: Kaphasen (*Lepus capensis*) und Steppenhasen (*Lepus victoriae*). Die beiden Arten sind im Feld nur schwer voneinander zu unterscheiden. Kaphasen scheinen abgesehen von offenen Landschaftsformen keine Habitatpräferenzen zu besitzen. In Ostafrika sind sie von der Küste bis in die Montanregionen verbreitet. Steppenhasen leben in Feuchtsavannen und sind oftmals auch in landwirtschaftlich genutzten Gebieten zu beobachten. Beide Arten bringen nach sechswöchiger Tragzeit 1–2 Junge zur Welt. Kaphasen können bis zu sechs Würfe pro Jahr produzieren. Nur zur Paarung bleiben Männchen und Weibchen kurzfristig zusammen; die übrige Zeit leben die Hasen als Einzelgänger und sind überwiegend nachtaktiv. Wenn sie sich gestört fühlen, legen die beiden Hasenarten ein unterschiedliches Fluchtverhalten an den Tag, das bei der Artindentifizierung hilfreich ist: Kaphasen rennen ein kurzes Stück und bleiben dann unbeweglich liegen; Steppenhasen dagegen laufen weitere Strecken, bis sie geeignetes Buschwerk finden, unter dem sie Schutz suchen.

Sowohl in Savannengebieten als auch in den Wäldern leben Hörnchen (Familie Sciuridae). In den Trockensavannen fin-

**Vierstreifenmaus (*Rhabdomys pumilio*)**
Foto: W. Denzer

det man das Borstenhörnchen (*Xerus rutilus*). Das Fell ist rötlich braun, und um die Augen hat es einen markanten weißen Ring. Borstenhörnchen sind tagaktiv und halten sich ausschließlich am Boden auf. Sie ernähren sich von Samen, Früchten und Wurzeln, die sie aus dem Boden ausgraben. Nachts und bei Gefahr ziehen sie sich in Erdbaue zurück. Die Tunnel sind 1–2 m lang und haben meist mehrere Ausgänge. Außerhalb der Paarungszeit sind die Tiere Einzelgänger, wobei allerdings die Populationsdichte in einigen Vorkommen sehr hoch sein kann. Eine schon eher arboreale Lebensweise führen die Buschhörnchen (*Paraxerus ochraceus*). Sie begeben sich nur zur Nahrungsaufnahme auf den Boden und ziehen sich bei Gefahr auf Bäume zurück, wo sie sich eng an einen Ast schmiegen. Vom Fell her sind sich beide Arten recht ähnlich, Buschhörnchen bleiben aber mit einer Gesamtlänge von maximal 30 cm deutlich kleiner als Borstenhörnchen. Buschhörnchen leben manchmal in kleinen Familiengruppen. Meist sind dies Weibchen mit heranwachsenden Jungen, die ihre Mutter auf der Nahrungssuche begleiten, aber bereits eigenständig fressen.

**Buschhörnchen (*Paraxerus palliatus*)**
Foto: W. Denzer

Die Altweltlichen Stachelschweine (Hystricidae) sind eine eigenständige Familie innerhalb der Nagetiere. Am weitesten verbreitet ist das Südafrikanische Stachelschwein (*Hystrix africaeaustralis*). Es ist von allen anderen Tieren der Region leicht an den langen, schwarzweiß gebänderten Rückenstacheln zu unterscheiden. Stachelschweine sind nachtaktiv und ernähren sich vegetarisch. Tagsüber und zur Jungtieraufzucht begeben sie sich in Erdhöhlen. Diese werden allerdings nicht von den Stachelschweinen selbst gegraben, sondern verlassene Baue werden übernommen und den eigenen Ansprüchen angepasst. Üblicherweise lebt die Art in Familiengruppen, wobei nur ein dominantes Pärchen reproduktionsfähig ist. Innerhalb ihres Reviers haben sie meist mehrere Baue, in die sie sich bei Gefahr zurückziehen können. Ihre Vorliebe für Melonen und Kartoffeln macht sie insbesondere bei Kleinbauern äußerst unbeliebt. Wenn sich Stachelschweine bedroht fühlen, richten sie ihre Borsten auf, rasseln mit dem Schwanz und trampeln mit den Füßen. Ausgewachsene Tiere werden etwa 70 cm groß und wiegen über 20 kg. Nach einer Tragzeit von ca. drei Monaten gebären die Weibchen meist nur ein Junges, das bereits mit kurzen Borsten zur Welt kommt.

Mäusen (Muridae) begegnet man in den unterschiedlichsten Habitaten. Eine Art, die sich in nahezu jeder Umgebung wohl fühlt und demnach auch in Städten zu finden ist, ist die Vielzitzenmaus (*Mastomys natalensis*). Ihr ursprüngliches Verbreitungsgebiet erstreckte sich von Südtansania bis Südafrika. Heutzutage dringt sie allerdings immer weiter auch in den Norden vor. Die Vielzit-

**Afrikanischer Quastenstachler (*Atherurus africanus*)** Foto: W. Denzer

zenmaus ist relativ groß. Sowohl der Körper als auch die Schwanzlänge können mehr als 10 cm erreichen. Ihren Namen verdanken die Tiere der hohen Anzahl von Zitzen: Einige Weibchen besitzen 12 Paare davon. Die Vermehrung findet ganzjährig statt, und bereits nach drei Wochen kommen die 6–12 Jungen zur Welt. Da die Art besonders gern Samenkapseln verspeist, wird sie in der Landwirtschaft schnell zu einer Plage.

Bei Wanderungen im Hochgebirge kann man immer wieder die Vierstreifen-Grasmaus (*Rhabdomys pumilio*) beobachten. Auch sie ist ein Allesfresser und in hoher Dichte entlang den Wanderwegen und nahe den Hütten besonders häufig. Recht ausgefallen für einen Nager ist bei dieser Art, dass sie die Pollen der Kaprosen (*Protea* spp.) auf ihren Streifzügen durch die Hochmoore im Fell aufnimmt und so zur Vermehrung und Ausbreitung dieser Pflanze beiträgt.

Ein Kuriosum unter den afrikanischen Nagetieren ist der Nacktmull (*Heterocephalus glaber*) aus der Familie der Sandgräber (Bathyergidae). Im Aussehen könnte man ihn mit einer frischgeborenen haarlosen Maus mit überproportional entwickeltem Kopf und vorstehenden Schneidezähnen beschreiben. Nacktmulle sind allerdings nicht völlig „nackt“; einige wenige Haare sind über den gesamten Körper verstreut und dienen als Tastorgane. Abgesehen von ihrem skurrilen Aussehen sind Nacktmulle wegen ihres Soziallebens bekannt. Sie bewohnen Trockengebiete und leben dort in unterirdischen Kolonien mit weit verzweigten Wegesystemen. Kolonien können Individuenzahlen von 300 Tieren aufweisen, denen unterschiedliche Aufgaben wie z. B. die Bewachung der Kolonie zufallen. Nur einige der Tiere sind zur Vermehrung befähigt. Im Allgemeinen setzt ein ranghohes Weibchen mehrere Würfe mit je zehn Jungen pro Jahr ab, die dann von

Riesengalago (*Galago crassicaudatus*)
Foto: W. Denzer

den unfruchtbaren Mitgliedern der Kolonie umsorgt werden. Die Sozialstruktur erinnert stark an das Verhalten von Ameisen oder Termiten und ist in dieser Koloniegröße einzigartig in der Welt der Nager.

Grüne Meerkatze (*Cercopithecus aethiops*)
Foto: W. Denzer

### Ordnung Herrentiere (Primates)

Galagos oder Bushbabys (Galagonidae = Lorisidae) sind nachtaktive Halbaffen, die sich durch besonders große Augen und unabhängig voneinander bewegliche Ohren auszeichnen. In den Nächten hört man häufig ihre Rufe, die im Falle des Riesengalagos (*Galago (Otolemur) crassicaudatus*) sehr stark an das Schreien eines Kindes erinnern. Riesengalagos erreichen Körperlängen von 35 cm und besitzen einen etwa 40 cm langen, buschigen Schwanz. Das Rückenfell ist grau und die Bauchseite weiß gefärbt. Beide Geschlechter sind territorial, wobei die Reviere der Männchen groß genug sind, um die Wohnbezirke mehrerer Weibchen einzuschließen. Die Weibchen leben mit ihren Jungen zusammen, und jüngere Männchen werden in den Revieren toleriert. Die Weibchen paaren sich während der Brunst mit mehreren Partnern und bringen nach vier Monaten 1–3 Junge zur Welt. Riesengalagos bevorzugen dichte, immergrüne Wälder, werden manchmal aber auch in Gartenanlagen und Plantagen gefunden.

In den Galeriewäldern und Akazienhainen lebt der Senegalgalago (*Galago (Galago) senegalensis*). Er bleibt mit 15 cm Körperlänge und einem etwa 20 cm langen Schwanz erheblich kleiner als der Riesengalago. Senegalgalagos leben in Familienverbänden; zur Futtersuche verstreuen sich die Mitglieder jedoch in verschiedene Richtungen. Bei Tagesanbruch treffen sie sich wieder und schlafen gemeinsam in Baumhöhlen oder Blattnestern. Beide Galagoarten ernähren sich von Insekten, Früchten und Akazien-Gummi, das mit nach vorn gerichteten Zähnen vom Baum abgenagt wird.

**Diademmeerkatze (*Cercopithecus mitis*)**
Foto: W. Denzer

Die meisten Affenarten Ostafrikas sind in der Verwandtschaftsgruppe der Meerkatzenartigen (Cercopithecidae) zu finden. Meerkatzen und Paviane sind soziale Primaten, die in Familienverbänden zusammenleben, wobei allerdings die Sozialstruktur innerhalb der Trupps von Art zu Art verschieden ist.

Die wohl häufigste Art in Ostafrika ist die Grüne Meerkatze (*Cercopithecus aethiops*). Die Rückenseite ist gelb-oliv, die Bauchseite weiß behaart. Das schwarze Gesicht ist von weißen Haaren umgeben. Grünmeerkatzen bewohnen bewaldetes Gebiet, meiden aber Regenwälder. Bevorzugtes Terrain sind Galeriewälder entlang den Flussläufen sowie Waldstücke in der Nähe permanenter Wasserstellen. Die Verbandgröße variiert stark und kann 100 Exemplare übersteigen. Eine typische Gruppe besteht aus mehreren Männchen und Weibchen mit ihren Jungtieren. Die Männchen verlassen kurz vor der Geschlechtsreife –meist noch im pubertierenden Alter – die Gruppe und bilden neue Trupps. Auf diese Weise sind die ausgewachsenen Männchen niemals mit geschlechtsreifen Weibchen einer Gruppe verwandt. Beide Geschlechter sind innerhalb der Gruppe altersbedingt hierarchisch organisiert. Weibchen finden sich manchmal zu „Frauengruppen" zusammen, die gegen andere Frauengruppen und dominante Männchen koalieren. Die Geschlechtsteile der Männchen sind auffällig gefärbt und werden sozial tiefer gestellten Mitgliedern präsentiert. Der Penis ist rot und die Hodenregion kräftig hellblau gefärbt. Grünmeerkatzen sind Allesfresser, die eine besondere Vorliebe für bestimmte reife Früchte haben. Versuche haben gezeigt, dass sie den Reifegrad einer Frucht an der Färbung erkennen können.

Die Diademmeerkatze (*Cercopithecus mitis*) ist kräftiger gebaut als die Grünmeerkatze. Die Rückenfärbung ist varia-

**Anubispavian (*Papio cynocephalus anubis*)**
Foto: W. Denzer

bel und kann ebenfalls gelb-oliv ausfallen. Meist tendiert sie aber eher zu Grautönen. Diademmeerkatzen haben ausgeprägte Augenbrauenbögen. Die Haare über den Augenbrauen und am Vorderkopf bilden manchmal ein Diadem, was zur Namensgebung führte. In Kenia und Tansania leben mehrere Unterarten, die sich in ihrer Zeichnung und Färbung unterscheiden. In der Mt.-Kenya-Region findet man *C. m. kolbi*, der ein auffällig weißes Kehlband, schwarze Schulterpartien und rötliche Rückenfärbung besitzt, und in Westkenia lebt *C. m. stuhlmanni*, der sich durch einen blaugrauen Rücken und schwarze Arme sowie ein schwarzes Haupt auszeichnet. Im Übrigen wird die Region von der Unterart *C. m. albogularis* bewohnt.

Die Verbände bestehen aus 10–40 Tieren, denen ein Männchen vorsteht. Die Weibchen eines Trupps sind verwandt miteinander und haben eine altersbedingte hierarchische Stellung inne. Heranwachsende Männchen werden bei Erreichen der Geschlechtsreife ausgestoßen und bilden Junggesellengruppen. Wenn ein Verband zu groß wird, teilt er sich. Das rangniedrigere Tier zieht dann mit seiner Gruppe in neue Reviergründe. Die Reviere dieser Schwestergruppen werden auch gegen ihre ehemaligen Verwandten verteidigt. Hauptnahrung der Diademmeerkatzen sind Früchte, Blüten und Blätter. Nur etwa 10 % der Nahrung sind Insekten, die besonders von trächtigen und stillenden Weibchen gefressen werden, um den Proteinbedarf zu decken. Die Nahrungsaufnahme unterliegt einer zeitlichen Ordnung: Morgens fressen die Tiere zuerst Früchte, darauf folgen Blätter und abends eine Mischung aus Blättern und Früchten. Wahrscheinlich dient das vormittägliche Blattfressen der Verdauung, da der Fermentationsprozess dann während einer Ruhephase in der Mittagszeit stattfinden kann.

**Gelber Babuin (*Papio c. cynocephalus*)** Foto: W. Denzer

Die beiden in Ostafrika vorkommenden Pavianformen wurden früher als eigenständige Spezies behandelt. Heutzutage betrachtet man sie als Unterarten. Der Anubispavian oder Grüne Pavian (*Papio cynocephalus anubis*) lebt in Uganda, im westlichen Kenia und Nordtansania und wird im Osten und Süden vom Gelben Babuin (*Papio c. cynocephalus*) abgelöst. In der Fellfärbung und im Körperbau sind eindeutige Unterschiede erkennbar. Der Anubispavian ist dunkeloliv gefärbt und hat einen recht massigen Körper, was durch eine Mähne im Schulter und Brustbereich noch unterstrichen wird. Der Gelbe Babuin ist schlanker und hat ein beiges Fell. Die Habitate der beiden Unterarten überschneiden sich im Wesentlichen nicht. In Gebieten, in denen beide Unterarten sympatrisch – aber nicht syntop – vorkommen, bevorzugen Anubispaviane die höher gelegenen Regionen; sie leben also nicht im gleichen Habitat und haben daher keine Berührungspunkte.

Paviane bewohnen Savannengebiete mit Baumbestand und sind Allesfresser, wobei ein Hauptaugenmerk auf vegetarischer Nahrung liegt. Zeitweise bilden sie große Verbände von über 100 Tieren, die sich aus einzelnen Familienverbänden zusammensetzen. Die Weibchen eines Verbandes sind miteinander verwandt und unterwerfen sich einer altersbedingten Rangordnung. Dominante Männchen dulden rangniedrigere Tiere nur bis Erreichen der Geschlechtsreife. Bei der Wasser- und Nahrungsaufnahme genießen höher gestellte Paviane den Vorrang. Wie bei vielen Affenarten dient gegenseitiges Putzen der sozialen Bindung. Wenn ein Trupp sich auf einer Lichtung aufhält, versammeln sich die Weibchen mit ihren Jungen und dem dominanten Männchen in der Mitte, während einige Tiere auf erhöhten Beobachtungsposten wie Termitenhügeln oder Felsen zurückbleiben und die Umgebung überwachen. Bei drohender Gefahr warnen sie den Rest der Truppe durch Rufe.

**Roter Stummelaffe (*Procolobus badius*)**
Foto: W. Denzer

Der Verbleib in einem Verband bietet Pavianen Sicherheit gegenüber Feinden. Andererseits bedeutet es aber vor allem für junge Männchen, dass sie sich bei der Nahrungsaufnahme unterzuordnen haben und nicht in der Lage sind, eigene Harems aufzubauen. Während bei den meisten anderen Affenarten Dominanzkämpfe zwischen einzelnen Tieren ausgetragen werden, bilden Paviane manchmal kooperierende Trupps, die gegen ein ranghöheres Tier vorgehen. Paarungen finden ganzjährig statt, und einzelne Jungtiere erblicken nach etwa fünf Monaten Tragzeit das Licht der Welt. Weibchen legen während der Jungtieraufzucht häufig eine

**Guarezas (*Colobus guareza*)**
Foto: W. Denzer

„Schwangerschaftspause" von zwei Jahren ein. Zu Beginn werden die Jungen am Bauch, später auf dem Rücken getragen. Nach der Entwöhnung gliedern sie sich in den Verband ein und festigen nach und nach ihre Stellung.

In den wenigen verbliebenen Regenwäldern Ostafrikas gibt es kleine Restpopulationen der Hutmangabe (*Cercocebus galeritus*). Mangaben sind Verwandte der Paviane; sie haben einen schlanken Körperbau und einen langen, nicht zum Greifen befähigten Schwanz. Die Kopfbehaarung von Hutmangaben ist länger als das restliche Fell und bildet häufig einen Kranz. Hutmangaben bilden Gruppen von 10–20 Tieren, über deren Sozialstruktur nur wenig bekannt ist. Sie durchstreifen den Regenwald auf der Suche nach Früchten, Samen und Insekten und suchen dabei auch den Boden auf. Mangaben sind sehr scheu und daher nur selten zu beobachten.

Aus der Familie der Schlankaffen (Colobidae) sind vor allem die Vertreter der Stummelaffen häufiger zu beobachten. Ihren Namen (colobos gr. = verstümmelt) verdanken sie der Tatsache, dass sie nur vier vollständig ausgebildete Finger besitzen; der Daumen ist nur rudimentär vorhanden. Guarezas und Mantelaffen unterscheiden sich von allen anderen ostafrikanischen Affen durch ihre lange weiße Haartracht auf dem Rücken und den weißen Schweif. Guarezas (*Colobus guareza*) leben meist in Gruppen von 5–10 Tieren zusammen, die innerhalb eines Waldgebietes abgegrenzte Territorien bewohnen. Innerhalb einer Gruppe gibt es nur geringfügige Sozialstrukturen, jedoch übernimmt das stärkste Männchen die Rolle als Leitaffe. Typische Gruppen bestehen aus einem Männchen, drei Weibchen und deren Jungtieren. Territoriale Männchen geben laute Rufe von sich, die durch einen stark vergrößerten Kehlkopf verstärkt werden. Da die Populationsdichten stellenweise sehr hoch sind und 100 Individuen pro km² übersteigen können, wird anderen Artgenossen auf diese Weise die Position bekannt gegeben. In Südost-Kenia und den Eastern-Arc-Bergen Tansanias wird der Guareza durch den Mantelaffen (*Colobus angolensis*) abgelöst. Er hat ein sehr ähnliches Aussehen, jedoch sind die langen, weißen Haare auf den Schulterbereich beschränkt. Guarezas und Mantelaffen leben in den verschiedensten Waldtypen vom Küstenwald bis hinauf in die Montanwälder. Ein naher Verwandter der beiden vorgenannten Arten ist der seltene Rote Stummelaffe *(Procolobus badius)*, der in Kenia nur noch in den Galeriewäldern entlang des Tanaflusses zu finden ist.

In den Waldgebieten Ugandas und an den Ufern des Lake Tanganyika leben einige der letzten verbliebenen Schimpansenpopulationen (*Pan troglodytes schweinfurthii*). Schimpansen gehören zu den nächsten Verwandten des Menschen, wobei mehr als 95 % ihres Erbgutes mit dem unsrigen übereinstimmen. Eine Population im Gombe-Stream-Nationalpark gelangte zu Weltruhm, da die englische Forscherin Jane Goodall Verhaltensstudien im Freiland an ihnen durchführte. Neben einem ausgeprägten Sozialsinn innerhalb der Gruppen und z. T. kriegerischer Abgrenzung gegenüber anderen Schimpansengruppen konnte sie auch den Gebrauch von Werkzeugen beobachten. Das bekannteste Beispiel dafür ist die Nutzung von kleinen Zweigen, um an heiß begehrte Termiten heranzukommen. Zunächst wird ein geeigneter Zweig gesucht, dann sorgfältig entlaubt und mit Speichel bedeckt. Danach manövriert der Schimpanse ihn in das Innere des Termitenbaus und zieht ihn nach kurzer Zeit wieder heraus. Am Zweig hängen dann zahlreiche Termiten, die von dem Affen genüsslich abgeleckt werden.

**Schimpansen-Weibchen und Junges (*Pan troglodytes*) verzehren Früchte eines Feigenbaumes, Mahale-Mts.-Nationalpark, Tansania** Foto: G. Ziesler

Wenn man Schimpansen beobachtet, stellt man schnell sehr große Übereinstimmung mit unserem Sozialverhalten fest. Insbesondere gilt dies für den Umgang mit Jungtieren und das Gruppenverhalten. Schimpansen in der freien Natur anzutreffen, ist ein einzigartiges Erlebnis und sei jedem Naturreisenden ans Herz gelegt.

Eines der imposantesten Tiere Ostafrikas ist der Berggorilla (*Gorilla gorilla beringei*). Erwachsene Männchen können bis zu 1,90 m erreichen und dabei 150–180 kg wiegen. Leider wurde das natürliche Habitat der letzten Berggorillas derart eingeschränkt, dass nur noch etwa 600 Exemplare in freier Natur leben. Die Tiere verteilen sich im Wesentlichen auf zwei Populationen; ca. 300 Tiere leben im Virunga-Gebiet (Grenzgebiet zwischen Ruanda, DR Kongo und Uganda), die restlichen Tiere in Uganda im Bwindi Impenetrable Forest. Da die Region zwischen den beiden Populationen bereits seit langer Zeit abgeholzt ist, funktioniert der natürliche Genaustausch nicht mehr.

Ob es sich bei den Tieren aus Bwindi um Berggorillas handelt, war lange Zeit Gegenstand wissenschaftlicher Diskussionen. Erst genetische Methoden erbrachten den Nachweis. Die Bwindi-Gorillas sind allerdings etwas kleiner als ihre Verwandten aus dem Virunga-Massiv. Wahrscheinlich ist dies auf die schon lange zurückliegende Abspaltung der Population zurückzuführen und stellt eine ökologische Anpassung dar. Die von den Bwindi-Gorillas bewohnte Region liegt höhenmäßig weit unter den Habitaten des Virunga-Gebietes. Bei vielen anderen Arten ist ebenfalls bekannt, dass die im Hochland lebenden Tiere größer sind.

Berggorillas haben ein langes, meist blauschwarzes Fell, das sie vor Kälte und z. T. auch vor dem Regen schützt. In diesem Punkt unterscheiden sie sich von den Tieflandgorillas. Weitere Unterscheidungs-

**Berggorilla (*Gorilla g. beringei*)** Foto: W. Denzer

merkmale sind ein größerer Kiefer, eine kleinere Nase sowie kürzere Arme.

Gorillas leben in Familienverbänden, die aus 10–30 Tieren bestehen. Typischerweise setzt sich eine Gruppe aus ein oder zwei männlichen „Silberrücken", mehreren Weibchen und den dazugehörigen Jungtieren zusammen. Silberrücken sind ältere Männchen, deren Rückenbehaarung einen silbernen Glanz besitzt. Leben in einer Gruppe mehrere Silberrücken, so ist nur einer von ihnen dominant. Die anderen werden geduldet und sind meist eng mit dem Alphatier verwandt. Die Weibchen einer Gruppe pflegen enge Beziehungen zum Alphatier. Dem dominanten Silberrücken gebührt bei Paarungen der Vortritt, sodass er der Vater der meisten Jungtiere ist. Die Schwangerschaft eines Gorillaweibchens dauert 8,5 Monate. Jungtiere werden vollständig in die Gruppe integriert. Bei Erreichen der Geschlechtsreife nach etwa acht Jahren verlassen die meisten Männchen wie auch einige Weibchen die Gruppe. Die Weibchen schließen sich anderen Gruppen oder einzelnen Männchen an, und die „halbstarken" Männchen versuchen, Alphatiere aus bestehenden Gruppen zu vertreiben oder das eine oder andere Weibchen aus einer Gruppe zu entführen. Ist ein „entführtes" Weibchen trächtig oder besitzt gar ein Junges von dem ehemaligen Silberrücken einer Gruppe, so wird das Jungtier in den meisten Fällen getötet. Auf diese Weise stellt das neue Alphatier sicher, dass sein Erbgut weitergegeben wird. Die Tiere einer neu gebildeten Gruppe sind untereinander nicht verwandt, sodass der Inzucht entgegengewirkt wird.

**Landraubtiere (Carnivora)**

Landraubtiere werden in katzenartige und hundeartige Formen eingeteilt, sodass so unterschiedliche Tiere wie Löwen und Schakale zoologisch betrachtet in die gleiche Ordnung gehören. Zu den Katzenartigen (Feloidea) werden die Familien der Schleichkatzen (Viverridae), Mangusten (Herpestidae), Hyänen (Hyaenidae) und Katzen (Felidae) gezählt. Die Hundeartigen (Canoidea) sind in Ostafrika durch die Wieselverwandten (Mustelidae) und die Hundeverwandten (Canidae) vertreten.

Schleichkatzen (Viverridae) führen ein nächtliches Leben und werden deshalb nur selten gesichtet. Leider findet man bei morgendlichen Fahrten auf den viel befahrenen Straßen zahlreiche tote Exemplare, die davon zeugen, dass sie keineswegs selten sind. Trotz ihrer Zugehörigkeit zu den Landraubtieren gibt es Arten wie den Palmroller (*Nandinia binotata*), die sich überwiegend von Früchten ernähren. Großfleck-Ginsterkatzen (*Genetta tigrina*) und Kleinfleck-Ginsterkatzen (*Genetta genetta*) bevorzugen Waldgebiete und dichtes Buschwerk. Ihre Lebensweise ist vornehmlich baumbewohnend. Tagsüber ruhen sie sich auf Bäumen aus oder suchen Unterschlupf in Termitenhügeln. Nachts gehen sie auf die Jagd nach Insekten, Kleinsäugern, Reptilien und Amphibien. Während die Kleinfleck-Ginsterkatze in trockenen Habitaten zu finden ist, scheint die Großfleck-Ginsterkatze an permanente Wasserstellen mit dichter Ufervegetation gebunden zu sein. Ginsterkatzen erreichen Längen von nahezu einem Meter; etwa die Hälfte davon entfällt allerdings auf den buschigen Schwanz. Die Artunterscheidung ist nachts recht schwer; die Fleckengröße ist sicherlich das offensichtlichste Merkmal. Weiterhin besitzen Kleinfleck-Ginsterkatzen eine weiße Schwanzspitze. Beide Arten sind Einzelgänger, die sich nur während der Paarungszeit zu kleinen Gruppen zusammenschließen.

Trotz ihres hundeähnlichen Aussehens sind Hyänen in die Verwandtschaft der Schleichkatzen zu stellen. Drei Arten haben eine weite Verbreitung und können auf Safaris gesichtet werden: die Streifenhyäne (*Hyaena hyaena*), die Tüpfelhyäne (*Crocuta crocuta*) und der Erdwolf (*Proteles cristatus*). Die Streifenhyäne ist eine Art des nördlichen Afrikas und erreicht in Zentral-Tansania ihre südliche Verbreitungsgrenze. Erdwölfe sind sehr scheu und leben im Gegensatz zu den anderen beiden Arten als Einzelgänger oder in monogamen Paaren. Sie sind nachtaktiv und ernähren sich mit Vorliebe von Termiten, die sie mit der Zunge auflecken. Die Tüpfelhyäne ist nach dem Löwen das zweitgrößte afrikanische Landraubtier. Ausgewachsene Tiere ereichen eine Schulterhöhe von 85 cm und wiegen dann etwa 70 kg. Die Rufe der Tüpfelhyäne haben ihr auch den alternativen deutschen Namen „Lachende Hyäne" eingebracht. Dieses nächtliche Heulen gehört zu den authentischen Geräuschen einer Safari im afrikanischen Busch. Den Hyänen dient es zur Lokalisierung von Artgenossen.

Hyänen sind gesellige Tiere, die in großen Familienverbänden zusammenleben. An der Spitze eines Clans steht ein Alpha-Weibchen, das Vorrang bei der Nahrungsaufnahme genießt. Im Gegensatz zur landläufigen Auffassung sind Hyänen keine ausschließlichen Aasfresser. In Gruppen organisiert sind sie in der Lage, Gnus und Zebras zu erjagen. Hyänen sind ausgesprochen schnelle und ausdauernde Läufer, die selbst weite Strecken mit hoher Geschwindigkeit zurücklegen können. Aas wird allerdings nicht verschmäht, sondern gern genommen. Im Gegensatz zu den anderen Tieren sind Hyänen sogar in der Lage, die Knochen zu zerbeißen und zu verdauen.

Ein bemerkenswerter anatomischer Umstand hat dazu geführt, dass Hyänen in zahlreichen Legenden als Hermaphroditen angesehen wurden. Die weiblichen Fortpflanzungsorgane sind ein Abbild der männlichen. Dies beinhaltet eine wulstige Ausbildung der Schamlippen zu einer Art Hodensack sowie die Ausprägung eines Pseudopenis. Bei der Begegnung zweier Hyänen präsentieren sie sich gegenseitig ihre Genitalien und zeigen damit an, dass sie sich wohlgesonnen sind. Die

**Großfleck-Ginsterkatze (*Genetta tigrina*)** Foto: G. Ziesler

**Tüpfelhyäne (*Crocuta crocuta*)**
Foto: W. Denzer

Fortpflanzung findet ganzjährig statt, und nach einer Tragzeit von nur 90 Tagen werden 1–2 Junge geboren. Die Aufzucht der Jungen geschieht in Erdhöhlen. Sie werden bis zu einem Jahr gesäugt und verbleiben dann weitere sechs Monate im Bau, bevor sie sich der Gruppe anschließen.

Mangusten (Herpestidae) sind gesellige Tiere mit einem ausgeprägten Sozialsystem. In Ostafrika trifft man immer wieder auf zwei Arten: die Zebramanguste (*Mungos mungo*) und den Zwerg-Ichneumon (*Helogale parvula*). Die beiden Arten unterscheiden sich in Größe und Fellzeichnung. Zebramangusten werden etwa 45 cm lang und haben ein dunkelgraues Fell mit hellen und dunklen Rückenstreifen; der Zwerg-Ichneumon wird nur etwa 25 cm groß und hat ein einfarbig rotbraunes Fell. Beide Arten leben in Rudeln und bewohnen hohle Baumstämme oder Termitenhügel. Ihre Nahrung besteht überwiegend aus Wirbellosen, die sie auf ihren Streifzügen erbeuten oder ausgraben. Die soziale Struktur innerhalb der Rudel ist bei beiden Arten verschieden. Zebramangusten leben in Rudeln bis zu 40 Tieren, die meist paritätisch mit beiden Geschlechtern besetzt sind. Alle Weibchen, die älter als drei Jahre sind, übernehmen die Fortpflanzung. Jüngeren Weibchen wird dieses Recht vorenthalten. Die Jungen werden gemeinschaftlich von allen Rudelmitgliedern aufgezogen. Zwerg-Ichneumon-Rudel setzen sich im Durchschnitt nur aus neun Adulten und den Jungtieren eines Jahres zusammen. Die Fortpflanzung bleibt einem dominanten Alpha-Pärchen vorbehalten. Die übrigen Rudelmitglieder werden mit der Jungtieraufzucht betraut. Pro Jahr werden zwei Würfe mit jeweils 2–3 Jungen abgesetzt. Tiere einer Folgegeneration verlassen häufig im Alter von einem Jahr die Familiengruppe und schließen sich mit anderen zu neuen Rudeln zusammen.

Geparde (*Acinonyx jubatus*) sind die schnellsten Säugetiere der Welt. Ihr schlanker Körperbau und die langen Beine erlauben es ihnen, Sprintgeschwindigkeiten von über 100 km/h zu erreichen. Trotz dieser Schnelligkeit ist nicht jeder Beutezug erfolgreich, da es Geparden an Ausdauer fehlt. Impalas und Gazellen sind die häufigsten Beutetiere. Bevor Geparde zum Sprint ansetzen, fixieren sie die Beute bereits aus der Ferne und schleichen sich sehr langsam möglichst nah an. Sie sind dabei sehr geduldig und können minutenlang bewegungslos verharren. Ältere Gepardenmännchen sind Einzelgänger, jüngere Tiere leben in Geschwistergruppen. Weibchen verbringen etwa 18 Monate mit ihren Jungtieren und lehren sie die Kunst des Jagens. Männliche Geparde haben große Territorien, die sie durch Duftmarken begrenzen. Innerhalb dieser Territorien leben oftmals mehrere Weibchengruppen, die vom Männchen auf ihre Paarungsbereitschaft geprüft werden. Drei Monate nach der Paarung werden bis zu sechs Junge zur Welt gebracht. Die Aufzucht obliegt einzig dem Weibchen. Ihre ersten acht Lebenswochen verbringen die Jungen in einer Höhle und werden von der Mutter gesäugt. Mit dem Zeitpunkt der Entwöhnung verlassen sie den Bau und begleiten das Weibchen auf der Jagd.

Nur selten hat man das Glück, einem Serval (*Felis serval*) zu begegnen. Seine Fellzeichnung ist der des Gepards ähnlich, jedoch unterscheiden sich beide Arten in Größe und Körperbau eindeutig. Besonders der Kopf ist beim Serval viel katzenhafter. Die geschmeidigen Fleckenkatzen bewohnen offenes Savannengebiet, sind allerdings hauptsächlich nachts aktiv. Ihre Beute lokalisieren Servale im hohen Gras über ihren guten Gehörsinn. Danach schleichen sie sich langsam an; wenn sie Sichtkontakt haben und genügend nah an der Beute sind, erlegen sie diese im Sprung. Beliebte Futtertiere sind Nagetiere und Perlhühner, die sogar im Flug angesprungen werden. Servale sind Einzeltiere, die nur zur Paarungszeit kurzfristig eine Gemeinschaft bilden. Die 1–3 Jungen bleiben etwa ein Jahr bei der Mutter und suchen sich dann ihre eigenen Jagdgebiete. Innerhalb ihres Territoriums laufen sie ständig die gleichen Wege. Dabei setzen sie Duftmarken, die anderen Artgenossen ihre Anwesenheit anzeigen.

Noch seltener bekommt man die Chance, einen Karakal (*Felis caracal*) zu beobachten. Mit seinem rotbraunen Fell, das im hohen Gras eine effektive Tarnung darstellt, und seiner nächtlichen Lebensweise ist er nur schwer aufzuspüren. Karakale sind leicht an ihren „Pinselohren" zu erkennen, die sonst keine andere Raubkatze der Region besitzt, sowie an dem zeichnungslosen Fell. Sowohl Männchen als auch Weibchen sind Einzelgänger und bilden große Reviere. Die der Weibchen umfassen etwa 10 $km^2$, und Territorien von Männchen sind 20–50 $km^2$ groß, sodass sie mehrere weibliche Reviere einbeziehen.

**Zebramanguste (*Mungos mungo*)** Foto: W. Denzer

Schakale zählen zu den hundeartigen Landraubtieren. Vom Körperbau ähneln sie europäischen Füchsen. Ihr silbergrauer Rücken macht sie unverwechselbar. Mit Ausnahme der tropischen Wälder hat der Schabrackenschakal (*Canis mesomelas*) nahezu alle Lebensräume Ostafrikas besiedelt. Schabrackenschakale leben paarweise und sind vermutlich monogam. Jungtiere bleiben lange Zeit bei den Eltern und sind manchmal sogar bei der Betreuung der folgenden Generation behilflich. Die Paare überwachen Reviere, die sie durch Duftmarken kennzeichnen. Innerhalb dieser Reviere werden Familienmitglieder geduldet; mit fortschreitendem Alter verlassen die Nachkommen immer öfter die Reviere, bis sie einen geeigneten Partner finden und eine neue Familie bilden. Innerhalb der Reviere kommunizieren Schakale über Lautäußerungen, von denen das Heulen eine weithin hörbare Variante ist. Typische hundeartige Verhaltensweisen wie z. B. unterwürfige Körperhaltungen sind ebenfalls ausgeprägt. Meist gehen Schakale zu zweit auf Jagd. Kleinere Beute wie Nager und Reptilien wird blitzschnell angesprungen und sofort gefressen. Im Falle von größeren Beutetieren wie Gazellen schließen sich mehrere Tiere für die Jagd zusammen. Das Beutetier wird bis zur Erschöpfung gejagt und immer wieder von einzelnen Schakalen angegriffen. Wenn sich die Gelegenheit ergibt, wird auch Aas nicht verschmäht. In Zeiten, in denen die Beute das Fressbedürfnis übersteigt, werden Fleischreste zum späteren Verzehr versteckt. Jungtiere werden nur kurze Zeit gesäugt und dann von beiden Elternteilen mit ausgewürgter

**Gepard (*Acinonyx jubatus*)** Foto: W. Denzer

Nahrung versorgt. Bereits im Alter von drei Monaten gehen sie mit ihren Eltern auf die Jagd.

Der Afrikanische Wildhund (*Lycaeon pictus*) gilt als einer der geschicktesten Jäger im Tierreich und bewohnt bevorzugt baumbestandene Savannengebiete. Wildhunde werden etwa schäferhundgroß, haben große runde Ohren und sind recht hochbeinig. Die Fellzeichnung der Tiere ist individuell verschieden und im Wesentlichen ein Muster aus Braun, Schwarz und Weiß. Konstant sind lediglich eine weiße Schwanzspitze, ein dunkles Gesicht und helles Fell auf dem Kopf. Wildhunde leben in Rudeln mit 20–50 Tieren, die von einem dominanten Paar – dem Alpha-Paar – geführt werden. Üblicherweise ist es auch nur dem Alphapärchen gestattet, sich fortzupflanzen. Der Rest des Rudels ist für die Nahrungsbeschaffung und Jungtieraufzucht zuständig. Wildhunde sind eine nomadisierende Art, die nur bei Zuwachs in der Gruppe kurzfristig Aufzuchtbaue bewohnt. Mit Vorliebe spüren Wildhunde Impalas nach. Sie greifen gemeinschaftlich ganze Impalaherden an und versuchen, einzelne Tiere zu isolieren. Die Jagd ist innerhalb des Rudels organisiert; einige Tiere sind für das Einkreisen der Beute zuständig, andere nähern sich dem Beutetier und erlegen es. Wenn ein Rudel eine Gazelle erbeutet hat, wird diese sofort gefressen. Je nach Rudelgröße dauert dieser Vorgang gerade einmal 10 Minuten. Zur Welpenzeit wird ein Teil der Beute im Bau wieder ausgewürgt und an die Jungen verfüttert.

Den Afrikanische Wildhund hat aufgrund überhöhten Jagdeifers ein Schicksal ereilt, wie es nur wenige Säugetiere Afrikas erlei-

**Schabrackenschakal (*Canis mesomelas*)** Foto: W. Denzer

den mussten. In den letzen 30 Jahre ist er von den Artenlisten in 25 Ländern seines ehemals 39 Länder umfassenden Verbreitungsgebietes verschwunden. Man geht davon aus, dass es gerade einmal sechs Populationen mit mehr als 100 Exemplaren gibt. Insgesamt wird die Individuenzahl auf nur noch 5.000 Tiere geschätzt. Die heutigen Wildhundpopulationen erholen sich zwar, aber die Nähe zum Menschen birgt neue Gefahren in sich. Haushunde dringen in Wildhundgebiete ein und können Tollwut sowie Staupe übertragen. Durch die Ausbreitung der Landwirtschaft werden die benötigten großen Habitate fragmentiert und auf diese Weise Populationen geteilt und zur Inzucht verdammt. Trotz aller Schutzmaßnahmen zählt der Wildhund auch heute noch zu den gefährdetsten Säugetieren Afrikas.

**Afrikanischer Wildhund (*Lycaeon pictus*)**
Foto: W. Denzer

**Schliefer (Hyracoidea)**

Mit den Rüsseltieren (Proboscidea) – also den Elefanten – sind Schliefer eng verwandt. Diese Ordnung umfasst nur die Familie der Klippschliefer (Procaviidae), die sich in den etwa 45 Mio. Jahren seit ihrer Existenz evolutorisch kaum verändert hat. Die Verwandtschaft der Klippschliefer zu Elefanten zeigt sich in einigen anatomischen Gemeinsamkeiten: Beide Tierformen besitzen neben großen genetischen Übereinstimmungen elastische Fußsohlen, nachwachsende Schneidezähne und interne Hoden. Oberflächlich betrachtet sind sie sich jedoch in nichts ähnlich; da erinnern Klippschliefer eher an Murmeltiere, die den Nagetieren zugerechnet werden.

Über weite Teile Ostafrikas sind der Kap-Klippschliefer (*Procavia capensis*) und der Buschschliefer (*Heterohyrax brucei*) verbreitet. Die deutschen Namen deuten bereits auf die unterschiedlichen Lebensgewohnheiten dieser beiden Arten hin. Klippschliefer bevorzugen felsiges Terrain und Buschschliefer Bäume und Buschwerk. Sie leben in Familienverbänden mit Haremsstrukturen zusammen. Ein Männchen kann Herr über bis zu 20 Weibchen und deren Junge sein. Im Feld lassen sich Busch- und Klippschliefer leicht an ihrer Fellfärbung unterscheiden; Buschschliefer sind grau mit einer weißen Gesichtszeichnung, Klippschliefer hingegen vollständig braun. Außerdem werden Klippschliefer

**Kap-Klippschliefer (*Procavia capensis*)** Foto: W. Denzer

größer. Die Nahrung ist ausschließlich vegetarisch. Aufgrund der unterschiedlichen Lebensweisen können auch in Gebieten, wo beide Arten zusammenleben, verschiedenartige Nahrungsressourcen erschlossen werden. Beide Schlieferarten sind stellenweise im gleichen Habitat anzutreffen und können sogar kooperieren. Bei drohender Gefahr werden Warnrufe ausgestoßen, die nicht nur von Mitgliedern der eigenen Art verstanden werden, sondern auch die jeweils andere Art in erhöhte Aufmerksamkeit versetzen.

### Unpaarhufer (Perissodactyla)

Neben den bereits erwähnten Nashornarten (s. oben: „Big Five") gehören auch die Pferde (Equidae) zu den Unpaarhufern. Während Nashörner drei Zehen pro Extremität besitzen, haben Pferdeverwandte nur eine Hufe. In Ostafrika sind die Zebras die einzigen Vertreter der Familie, obwohl man oftmals einer Form des Afrikanischen Wildesels (*Equus africanus*) begegnet. Diese Tiere sind allerdings domestiziert und zählen nicht zu den eigentli chen wild lebenden Arten der Region.

In Ostafrika findet man zwei Zebraarten, deren Verbreitung nur wenig überlappt. Den Norden Kenias bewohnt das Grevy-Zebra (*Equus grevyi*), das dann in Zentralkenia nach Süden und Westen hin durch das Steppenzebra (*E. burchellii*) abgelöst wird. Die beiden Arten lassen sich leicht an ihrer Streifenzeichnung unterscheiden: Die Streifen des Grevy-Zebras sind zahlreicher und schmaler; außerdem enden sie abrupt an den Flanken. Das Steppenzebra hat breitere Streifen, die sich auch an den Seiten bis auf den Bauch fortsetzen. Nur in einigen Nationalparks Nordkenias (z. B. Samburu- und Meru-Nationalpark) kommen beide Arten syntop vor, also nebeneinander. Sie leben hier manchmal sogar in gemischten Herden. Vom Steppenzebra sind Unterarten bekannt, die sich in der Zeichnung unterscheiden. In Kenia, Tansania und Teilen Ugandas lebt Boehms Steppenzebra (*E. burchellii boehmi*).

Grevy-Zebras leben in der nördlichen Trockensavanne mit Akazienbestand. Sie entfernen sich selten mehr als eine Tageswanderung von Wasserstellen. Die Hengste sind territorial, und die Stärksten unter ihnen überwachen die besten Futtergründe und Wasserstellen. Grevy-Zebras leben in Gruppen von meist zehn verwandten Tieren. Die Kommunikation geschieht über Lautäußerungen, die dem Wiehern eines Esels sehr ähnlich sind. Die Paarung erfolgt meist in der Regenzeit, und die Stuten bringen nach 13-monatiger Tragzeit ein einziges Fohlen zur Welt.

Steppenzebras gehören zu den nomadisierenden Grasfressern Ostafrikas. Sie sind ständig auf der Suche nach neuen Futtergründen und nehmen auch an den großen Wanderungen teil (s. Kapitel „Die große Tierwanderung“ und Tarangire-Nationalpark). Die Hauptnahrung besteht aus kurzen Gräsern; im Allgemeinen entfernen sich Steppenzebras nur selten mehr als etwa 30 km von Wasserstellen. Sie sind somit stärker an Wasser gebunden als die Grevy-Zebras. Ist ein Gebiet überweidet oder das Gras vertrocknet, so wandert die Herde weiter. Obwohl Zebras dem Anschein nach in riesigen Herden leben, kann man bei genauerer Betrachtung innerhalb einer Herde Familiengruppen erkennen. Eine Familiengruppe besteht aus einem Hengst mit einer oder mehreren Stuten plus den dazugehörigen Fohlen. Junge Hengste leben in kleinen Junggesellengruppen von etwa zehn Tieren zusammen. Auf den Wanderungen schließen sich mehrere Familienverbände zusammen und vermischen sich mit Gnus. Paarung und Geburt finden zu Beginn und am Ende der Wanderung statt. Stuten tragen 12–13 Monate und bringen ein einzelnes Fohlen zur Welt. Die Fohlen

**Steppenzebra (*Equus burchellii*)** Foto: W. Denzer

**Grevyzebra (*Equus grevyi*)** Foto: W. Denzer

bleiben bis zum Beginn der nächsten Wanderperiode in der Nähe der Stute, die die Jungen nach etwa elf Monaten entwöhnt. Löwen und Hyänen sind die Hauptfeinde der Zebras. Die Sterblichkeitsrate ist besonders im ersten Lebensjahr recht hoch.

### Paarhufer (Artiodactyla)

Paarhufer besitzen eine gerade Zahl von Zehen und werden in drei verschiedene Unterordnungen unterteilt: Nicht-Wiederkäuer (Nonruminantia), Schwielensohler (Tylopoda) und Wiederkäuer (Ruminantia). Zu den Nicht-Wiederkäuern werden Schweine (Suidae) und Flusspferde (Hippopotamidae) gezählt. Die Schwielensohler beinhalten nur eine einzige Familie, nämlich die Kamele (Camelidae), die ebenfalls keine Wiederkäuer sind. Die meisten Wiederkäuer besitzen Hörner und werden daher auch unter den Horn- oder Stirnwaffenträgern (Pecora) zusammengefasst.

Mit hoch am Kopf sitzenden Augen, Gesichtswarzen und mächtigen, nach oben gekrümmten Stoßzähnen werden Warzenschweine (*Phacochoerus aethiopicus*) oftmals nicht gerade als die attraktivsten Säugetiere Afrikas angesehen. Trotz ihres äußeren Erscheinungsbildes ist es aber immer wieder interessant, eine Gruppe von ihnen zu beobachten. Prinzipiell schließen sie sich zu drei unterschiedlichen Verbänden zusammen: Junggesellengruppen, Trupps einjähriger Tiere sowie mehrere verwandte Sauen mit ihren Jungen. Die Eber leben meist als Einzelgänger und sind nur während der Paarungszeit in der Nähe der Weibchen zu finden. Nach einer Tragzeit von ca. sechs Monaten werden im Schnitt drei Frischlinge geworfen, die nach 12–18 Monaten geschlechtsreif werden. Savannen und offenes Waldgebiet mit Wasseransammlungen zum Trinken und Suhlen sind das bevorzugte Habitat, in dem die Tiere überwiegend grasen und nach Wurzeln, Knollen und Früchten suchen. Bei der Futtersuche „knien" Warzenschweine auf Schwielen an den Vorderbeinen. Beim Laufen richten sie ihren Schwanz in die Höhe, sodass es aussieht, als sei er eine Antenne. Wahrscheinlich dient der hoch gestreckte Schwanz einer Warzenschweingruppe dazu, auch im hohen Gras in Sichtkontakt miteinander zu bleiben. Warzenschweine sind tagaktiv und ziehen sich nachts in Erdbaue zurück. Sie benutzen dafür aber nicht selbstständig angelegte Baue, sondern beziehen diejenigen von Stachelschweinen und anderen Tieren.

Die Wälder der Region beheimaten noch eine weitere Art, die aufgrund ihrer scheuen und nächtlichen Lebensweise nur selten zu beobachten ist: Das Buschschwein (*Potamochoerus porcus*) lebt in Kleingruppen von 6–10 Tieren. Es ernährt sich von Wurzeln und Früchten und wird dementsprechend in Regionen, in denen waldnahe Landwirtschaft betrieben wird, als Schädling angesehen.

Das Flusspferd (*Hippopotamus amphibius*) – auch Nilpferd genannt – lebt überall in Ostafrika, wo es genügend permanente Gewässer mit angrenzenden Grasflächen gibt. Dies können Flüsse, Seen und Teiche in den Savannen sein. Ausgewachsene Flusspferde erreichen eine Länge von fast 4 m und können bis zu 2 t wiegen. Den Tag verbringen sie ruhend im Wasser und vermitteln den Eindruck eines sozialen Tieres. Die Gewässer werden jedoch von einer Reihe dominanter Männchen kontrolliert, die über Gruppen von mehreren Weibchen und untergeordneten Männchen wachen. Territorialkämpfe, bei denen die mächtigen Eck- und Schneidezähne zum Einsatz kommen, können immer wieder beobachtet werden. Weibchen bringen nach einer Tragzeit von etwa acht Monaten ein einzelnes Junges zur Welt. Die Geburt geschieht im flachen Wasser mit ausreichend dichter Vegetation. Das Weibchen bleibt mit dem Jungtier mehrere Tage im Verborgenen, bevor sich beide der Herde anschließen. Die Jungen werden unter Wasser gesäugt und erreichen erst nach fünf Jahren die Geschlechtsreife. Flusspferde sind in der Lage, mehrere Minuten unter Wasser zu bleiben. Hierzu atmen sie kräftig aus und lassen sich zu Boden sinken. Unter Wasser laufen sie eher über den Grund, als dass sie schwimmen.

**Warzenschwein (*Phacochoerus aethiopicus*)**
Foto: W. Denzer

**Flusspferd (*Hippopotamus ambhibius*)**
Foto: W. Denzer

Üblicherweise tauchen sie nach etwa 3–4 Minuten wieder auf. Nachts gehen Flusspferde an Land, um zu grasen. Die Nahrung besteht fast ausschließlich aus Kurzgräsern, die mit den Lippen abgerupft werden. Typischerweise sind Grasfresser Wiederkäuer – das Flusspferd bildet jedoch eine Ausnahme. Bei ihm übernehmen Mikroorganismen im Darm die Verdauung.

Trotz der Körperfülle und des „freundlichen" Aussehens sind Flusspferde keinesfalls friedliebende Tiere. Besonders nachts sollte man sehr vorsichtig sein, wenn man ihnen begegnet. Bei ihren Angriffen können die gewaltigen Tiere ungeahnte Geschwindigkeiten erreichen. Auch zu Wasser sollte mit den Booten ein ausreichender Sicherheitsabstand gewahrt bleiben, da einige Bullen immer wieder unvermittelt angreifen. In zahlreichen Büchern findet man immer wieder die nicht ganz korrekte Aussage, Flusspferde hielten sich tagsüber nicht an Land auf, um einem „Sonnenbrand" vorzubeugen. Zum einen sind Flusspferde oftmals selbst in der Mittagshitze an Land zu beobachten, und zum anderen enthält ihr Schweiß aber auch Pigmente, die als Sonnenschutz dienen, sodass sich die obige Aussage relativiert.

Giraffen werden zusammen mit den zentralafrikanischen Okapis (*Okapia johnstoni*) aufgrund morphologischer und anatomischer Merkmale in eine eigene Familie Giraffidae gestellt. Alle Giraffen gehören einer einzigen Art an, *Giraffa camelopardalis*, die in ihrem großen Verbreitungsgebiet Unterarten gebildet hat. In Kenia und Tansania trifft man auf drei unterschiedlich gezeichnete Giraffenunterarten: die Netzgiraffe (*G. c. reticulata*), die Massaigiraffe (*G. c. tippelskirchi*) sowie die seltene Rothschildgiraffe (*G. c. rothschildi*), deren Hauptverbreitungsgebiete in Uganda liegt. Netzgiraffen und

**Massai-Giraffe (*Giraffa camelopardalis tippelskirchi*)** Foto: W. Denzer

Rothschildgiraffen haben eine geometrische Netzzeichnung. Bei Netzgiraffen ist dieses Muster stark kontrastiert und besteht aus kastanienbraunen Flecken, die durch weiße Linien voneinander getrennt sind. Die Unterschenkel sind gesprenkelt. Bei der Rothschildgiraffe sind die Flecken dunkelbraun und die Trennlinien gelblich braun. Zudem haben sie vollständig weiße Unterschenkel. Die Massaigiraffe hat ein eher sternförmiges Muster aus rotbraunen Flecken, die durch hellbraune Linien voneinander getrennt sind. Ihre Unterschenkel sind gelblich und gesprenkelt. Da die Unterarten geographisch separiert leben, kann es kaum zu Verwechslungen kommen.

Giraffen sind die höchsten lebenden Säugetiere. Ausgewachsene Männchen wiegen mehr als eine Tonne und können eine Kopfhöhe von über 5 m erreichen. Ein Junges wiegt bei seiner Geburt bereits 100 kg. Die Tragzeit bis zur Geburt der meist einzelnen Jungen beträgt 15 Monate. Die Jungen werden acht Monate gesäugt und erreichen nach vier Jahren die Geschlechtsreife. Giraffen sind gesellig und leben in lockeren Verbänden. Manchmal schließen sich zwei Weibchen mit ihren Jungen zu Kindergruppen zusammen. Die Männchen bleiben selten längere Zeit bei einem Verband, sondern streifen zwischen den Gruppen umher, um die Paarungsbereitschaft der Weibchen zu überprüfen. Das bevorzugte Habitat der Giraffen ist die Savanne mit Akazienbäumen, deren Blätter, Blüten und Früchte als Nahrungsgrundlage dienen. Beim Fressen werden die Zweige mit der Zunge zum Maul geführt und die Blüten und Blätter mit den vorderen Zähnen vom Zweig entfernt. Das Trinkbedürfnis von Giraffen ist nicht sehr groß; Wasserstellen werden nur alle paar Tage aufgesucht. Aufgrund des stark verlängerten Halses ist es der Giraffe nicht möglich, einfach nur durch Vornüberbeugen zu trinken. Um an Wasser zu gelangen, muss sie die Vorderbeine weit auseinander spreizen oder eine kniende Position einnehmen. In dieser Stellung ist sie am ehesten eine leichte Beute für ihren Hauptfeind, den Löwen. Bevor eine Giraffe sich aber in eine derart gefährliche Situation begibt, hat sie die Umgebung eingehend geprüft. Auf Safaris verraten Giraffen dem Beobachter, wo Löwen verborgen sind. Wenn man auf eine oder mehrere Giraffen stößt, die stur in eine Richtung blicken, so haben sie eine Löwengruppe anvisiert.

**Kuhantilope/Kongoni (*Alcephalus buselaphus*)** Foto: W. Denzer

Die Familie der Hornträger (Bovidae) ist mit zahlreichen Arten in Ostafrika vertreten. Der Größte unter ihnen – der Afrikanische Büffel – zählt zu den „Big Five“ und wurde bereits weiter oben vorgestellt. Die häufigste Art ist das Gnu (*Connochaetes taurinus*), das in der Region mit zwei Unterarten vertreten ist: das Weißbartgnu (*C. t. albojuba-*

**Leierantilope/Topi (*Damaliscus lunatus*)**
Foto: W. Denzer

*tus*) im südlichen Kenia und Nord-Tansania sowie das Streifengnu (*C. t. taurinus*) Süd-Tansanias. Die beiden Unterarten unterscheiden sich insbesondere an den „Barthaaren" in der Kehlregion und der Fellfärbung. Weißbartgnus haben weiße Haare und ein graues Fellkleid, während Streifengnus schwarze Bärte und eine graubraune Fellfärbung zeigen. Gnus schließen sich auf ihren Wanderungen durch die Savanne zu Herden von mehreren tausend Tieren zusammen (s. Kapitel Serengeti). Ihre Nahrung besteht fast ausschließlich aus Gräsern, wobei Hafergras (*Themedra triandra*) mit Vorliebe genommen wird. Das Trinkbedürfnis der Gnus ist relativ hoch; typischerweise wird einmal täglich eine Wasserstelle aufgesucht. Dieses Verhalten kann dazu führen, dass tägliche Wanderungen von 50 km und mehr in Kauf genommen werden. Nur auf den weiten Wanderungen können sie in Ausnahmefällen einige Tage ohne Wasser auskommen. Auch wenn es den Anschein hat, als lebten Gnus nur in lockeren Verbänden zusammen, kann man in der Paarungszeit Haremsgruppen ausmachen. Einige wenige Bullen kontrollieren dann Weibchengruppen von bis zu 100 Tieren. Sie verteidigen diese „Reviere" gegen Eindringlinge selbst auf der Wanderschaft.

Kuhantilopen oder Kongonis (*Alcephalus buselaphus*) bevorzugen offenes Savannenland. Sie sind leicht an ihren lang gezogenen, kuhähnlichen Gesichtern und einem abfallenden Rücken zu erkennen. Das Fell ist im Rückenbereich rehbraun und unterseits beige. Kongonis sind Grasäser, die auf der Suche nach geeigneten Futterplätzen durch die Savanne wandern. Sie gehören zu den Sprintern unter den Antilopen. Auf der Flucht können sie kurzfristig Spitzengeschwindigkeiten von 70 km/h erreichen. Von der Gestalt her ist die Leierantilope oder Topi (*Damaliscus lunatus*) dem Kongoni sehr ähnlich, das Fell ist jedoch farbenprächtiger. Der Rücken ist rotbraun; Gesicht, Schulter und Widerrist sind nahezu schwarz – violett im Sonnenlicht – und die Beine gelblich. Das Sozialleben von Kongonis und Topis ist sehr ähnlich. Sie leben in kleinen Herden meist weiblicher Tiere mit ihren Jungen, die von einem territorialen Bullen kontrolliert werden. Junge Männchen werden bei Beginn der Geschlechtsreife nach etwa einem Jahr aus der Gruppe vertrieben und schließen sich zu Junggesellenverbänden zusammen. Oftmals sieht man Tiere auf erhöhten Beobachtungsposten wie Termitenhügeln oder Felsen. Auf diese Weise können sie Raubtiere, die die Kurzgrassavanne durchstreifen, bereits von weitem erkennen und sich zurückziehen.

Der Spießbock oder die Oryx (*Oryx gazella*) zeichnet sich durch mächtige, gerade Hörner in beiden Geschlechtern aus. In Ostafrika unterscheidet man Unterarten des Spießbocks: die Beisa-Oryx (*O. g. beisa*) Nord-Kenias und die Pinselohr-Oryx (*O. g. callotis*) südlich bis Tansania. Ihr Fell ist graubraun mit einer Tendenz zu Pink (Beisa-Unterart) oder rötlich braun; Gesicht und Beine sind schwarzweiß gemustert (stärker kontrastiert bei der Beisa-Oryx). Die Pinselohr-Oryx zeichnet sich durch Haarbüschel an den Ohrenden aus. Spießböcke bewohnen sehr trockene Gebiete und können lange Zeit ohne Wasser auskommen. Das Trinkbedürfnis wird meist durch Fressen von sukkulenten Pflanzen befriedigt. Männliche Spießböcke leben als Einzelgänger und sind territorial. Weibchen schließen sich zu Herden zusammen und durchstreifen die Territorien der Bullen. Paarungen wurden ganzjährig beobachtet. Nach neun Monaten Tragzeit wird ein einzelnes Kalb zur Welt gebracht. Das Fell der Jungen ist rötlicher als das der adulten Tiere und dient in den ersten Lebenswochen als Tarnung beim Liegen im Gras.

Die Pferdeantilope (*Hippotragus equinus*) ist mit 1,4 m Schulterhöhe eine der größten Antilopen in Afrika. Ihr ehemaliges Verbreitungsgebiet waren die Savannengebiete südlich der Sahara. Heutzutage ist diese majestätische Antilope in Ostafrika nur noch in einigen Reservaten zu bewundern. Sie bewohnt mit Vorliebe Miombewald und Gebiete mit hohen Gräsern. Pferdeantilopen zeichnen sich durch ein graues Fell mit hellbrauner Mähne und ein schwarzweiß gezeichnetes Gesicht aus. Jungtiere haben ein rotbraunes Fell. Beide Geschlechter tragen Hörner, wobei die der Bullen stärker gebogen sind und länger werden. Einzelne Bullen kontrollieren Haremsherden, in denen die Weibchen einer Rangordnung unterliegen. Eine noch eingeschränktere Verbreitung (Shimba-Hills-Naturreservat und Selous-Wildreservat) hat Roosevelts Rappenantilope (*Hippotragus niger roosevelti*). Sie sieht der Pferdeantilope sehr ähnlich, ist aber etwas kleiner, und ausgewachsene Männchen haben ein schwarzes Fell. Wegen ihres prächtigen Geweihs waren beide Arten früher als Jagdtrophäen sehr begehrt, was zu ihrer jetzigen nur noch punktuellen Verbreitung führte. Zwischen einzelnen Populationen gibt es keinen natürlichen Genaustausch mehr, da die Tiere nicht auf Wanderschaft gehen bzw. die Schutzgebiete nicht verlassen können.

Die Elenantilope (*Tragelaphus oryx*) ist die größte Antilopenart und gleicht von weitem eher einem Rind. Ausgewachsene Exempla-

**Kleiner Kudu (*Tragelaphus imberbis*)**
Foto: W. Denzer

re können eine Schulterhöhe von 1,7 m erreichen. Statur, hellbraunes bis graubraunes Fell und im unteren Drittel gedrehte Hörner sind unverwechselbare Merkmale dieser Art. Elenantilopen gehören zu den wandernden Arten der offenen Savannengebiete. Sie sind gesellig und schließen sich zu größeren Herden zusammen. Ihre Nahrung besteht aus Blättern und Ästen, die überwiegend nachts aufgenommen werden; das Trinkbedürfnis stillen die Tiere in trockenen Regionen durch Melonen und Blättern anhaftendem Tau. Der Verdunstung durch Schwitzen wird tagsüber durch Veränderung ihrer Körpertemperatur entgegengewirkt. Obwohl sie ständig auf Wanderschaft

**Thomsongazelle (*Gazella thomsonii*)**
Foto: W. Denzer

sind und dementsprechend Revierbildung unnötig erscheint, zeigen sich dominante Männchen innerhalb einer Herde als territorial. Sie überwachen eine begrenzte Zahl von Weibchen, die sie gegenüber anderen Männchen abzuschirmen versuchen. Neben diesen Haremsgruppen existieren Gruppen heranwachsender Männchen.

In den trockenen Dornbuschsavannen lebt der Kleine Kudu (*Tragelaphus imberbis*). Obwohl Kleine Kudus zu den großen Antilopen zu zählen sind, lassen sie sich nur schwer beobachten. Dies ist vor allem auf ihre Fellzeichnung zurückzuführen, die ihnen inmitten der Büsche eine perfekte Tarnung bietet. Männchen haben ein blaugraues und Weibchen ein rotbraunes Fell, das mit mehreren weißen Streifen (etwa 10–12) über den Rücken und die Flanken durchzogen ist. Bei den Kudus tragen nur die Männchen Hörner, die spiralförmig gedreht sind. Der Kleine Kudu lebt oftmals paarweise oder in kleinen Familiengruppen. Während der heißen Stunden des Tages bleiben Kudus im schattigen Dickicht verborgen. Die besten Chancen, Kudus zu beobachten, hat man in den Dämmerungsstunden, wenn sie auf Nahrungssuche gehen. Der Kleine Kudu lebt stellenweise in sehr trockenen Habitaten und kann lange Zeit ohne Wasser auskommen. Noch schwieriger zu entdecken ist der Große Kudu (*T. strepsiceros*). Trotz einer Schulterhöhe von 1,4 m und der riesigen gedrehten Hörner der Männchen verlieren sich ihre Konturen im Dickicht. Während der heißen Tageszeit liegen auch sie im Gebüsch und ruhen. Die Herden setzen sich aus Kühen und ihren Jungen zusammen. Die durchschnittliche Herdengröße bewegt sich um 6–8 Tiere. Männchen sind territorial und leben als Heranwachsende in Jungge-

sellengruppen zusammen. Nur zur Paarungszeit schließen sich die dominanten Männchen einer Weibchengruppe an.
Thomsongazellen (*Gazella thomsonii*) sind in Ostafrika die am häufigsten und leichtesten zu beobachtenden Hornträger. Von den Einheimischen und Safariführern werden sie kurz „Tommies" genannt. Sie sind leicht identifizierbar an ihrem dunklen Seitenstreifen, der den rehbraunen Rücken vom weißen Bauch trennt. Thomsongazellen bevorzugen Kurzgras-Savannen und sind demnach ständig exponiert und bereits von weitem sichtbar. Stellenweise sind sie das mit Abstand individuenreichste Wildtier. Allein die Population in der Serengeti wird auf über eine halbe Million Exemplare geschätzt. Auch außerhalb der Schutzgebiete sind sie anzutreffen und vermischen sich dort manchmal mit domestizierten Weidetieren. In der Regenzeit können Thomsongazellen auch weit abseits von Wasserstellen angetroffen werden. Ihren Flüssigkeitsbedarf decken sie dann über die feuchten Gräser und den morgendlichen Tau. In der Trockenzeit suchen sie alle 1–2 Tage eine Wasserstelle auf.
Herden von Thomsongazellen haben oftmals nur eine temporäre Struktur. Dominante Männchen können mit einer Gruppe von bis zu 50 Weibchen umherziehen. Die Verbände werden gewöhnlich von einem alten Weibchen angeführt. Aber schon bei der ersten Begegnung mit einer anderen Gruppe kann es zu Austausch von Tieren kommen, sodass Zusammensetzung und Größe der Verbände sich stündlich ändern können. Besonders alte Männchen sind territorial und markieren die Reviergrenzen mit Dung. Dieses Revierverhalten spielt eine interessante Rolle bei der Paarung. Ein Männchen beginnt mit dem Vorspiel und wandert innerhalb seines Reviers ständig an der Seite der auserwählten Geiß. Ist diese nicht paarungsbereit, so wird sie versuchen zu fliehen. Das Männchen hetzt sie bis an seine Reviergrenzen, dort wird sie von einem Konkurrenten übernommen und weiter verfolgt, bis sie endlich erschöpft ist. Interessanterweise ist dies dann auch genau der Punkt ihrer Paarungsbereitschaft. Die Geißen tragen etwa sechs Monate und bringen nur ein einzelnes Junges zur Welt. Die Sterblichkeitsrate der Jungtiere ist im ersten

**Gerenuk/Giraffengazelle (*Litocranius walleri*)** Foto: W. Denzer

Jahr sehr hoch, da sie häufig Geparden, Hyänen und Schakalen zum Opfer fallen.
Grantgazellen (*Gazella granti*) leben ebenfalls vorwiegend in Kurzgras-Savannen, oftmals in gemischten Herden mit Thomsongazellen. Sie sind etwas größer, haben meistens kein dunkles Seitenband, und das Fell in der Schwanzregion ist vollständig weiß. Grantgazellen leben in Haremsrudeln mit einem territorialen Männchen und bis zu zehn Weibchen samt Nachwuchs. Junge Männchen schließen sich zu Junggesellenverbänden zusammen. Wenn die Tiere auf der Suche nach neuen Futtergründen auf Wanderschaft gehen, marschieren sie in einer Reihe hintereinander. In der Trockenzeit versammeln sich Verbände und bilden gemischtgeschlechtliche Herden mit mehreren hundert Tieren. Zeitweise können sich diese Herden auch in Männchen- und Weibchenverbände auflösen. Beide Geschlechter sind horntragend; bei den Männchen sind die Hörner länger und dienen ritualisierten Territorialkämpfen. Die häufigste Variante eines Kampfes ist das Kreuzen der Geweihe mit anschließenden Dreh- und Drückbewegungen. Es ist am ehesten mit dem Armdrücken zu vergleichen: Unterlegen ist, wer der Kraft des Gegners nicht standhält und seinen Kopf zur Seite drehen muss. Paarungen finden ganzjährig statt, wobei in den Monaten Januar und August die meisten Paarungen beobachtet wurden. Geißen tragen etwa sieben Monate, und wie bei vielen Gazellen sind die Jungen bereits nach ca. 20 Minuten in der Lage zu stehen und Milch zu saugen.

**Impala/Schwarzfersenantilope (*Aepyceros melampus*)** Foto: W. Denzer

Eine etwas eigenartig anmutende Gazelle ist die Giraffengazelle oder Gerenuk (*Litocranius walleri*). Ihren Namen verdankt sie dem verlängerten Hals. Gerade aber aufgrund dieser Besonderheit kann sie andere Nahrungsgründe als die übrigen Gazellen erschließen. Der verlängerte Hals befähigt sie dazu, Blätter, Blüten und Knospen von Büschen zu erreichen. Beim Fressen stellt sie sich zudem fast senkrecht auf die Hinterbeine und stützt sich mit den Vorderbeinen am Buschwerk ab, um an weiter oben wachsende Nahrung zu gelangen. Wegen dieser Ernährungsweise sind Gerenuks in den halbtrockenen, buschbestanden Regionen beheimatetet. Gerenuks leben in kleinen Trupps aus einigen weiblichen Tieren mit ihren Jungen. Junge Böcke streifen zu zweit oder zu dritt umher, und adulte Böcke besitzen Reviere, die sie mit den Sekreten einer Stirndrüse markieren. Nur zur Paarung schließen sie sich kurzfristig den Weibchenverbänden an. Die Paarungszeit ist ganzjährig, und Jungtiere erblicken nach einer Tragzeit von etwa sieben Monaten das Licht der Welt.

Das Impala oder die Schwarzfersen-Antilope (*Aepyceros melampus*) ist eine grazile Antilope, die vor allem durch ihr hervorragendes Sprungvermögen bekannt ist. Sprünge von bis zu 3 m Höhe und 10 m Weite sind bei einer aufgescheuchten Herde keine Seltenheit. Die während des Sprunges angewinkelten Beine verleihen dem Tier eine besondere Eleganz. Impalas leben in Haremsherden, in denen ein Männchen etliche Weibchen mit ihren Jungen dominiert. Junge Böcke schließen sich zu Junggesellenverbänden zusammen und folgen den Haremsverbänden in der Absicht, dem dominanten Männchen einige Weibchen abspenstig zu machen. Dieses ist daher immer damit beschäftigt, seine Weibchen zu kontrollieren. Die Herden werden von einem erfahrenen Weibchen geführt und vom Männchen umkreist. Bei der Wanderung zu neuen Futtergründen wandern die Tiere in einer Reihe. Wenn junge Männchen im Alter von etwa einem Jahr die Geschlechtsreife erlangen, werden sie vom dominanten Männchen aus dem Verband ausgestoßen. Aber erst im Alter von 3–4 Jahren verlassen sie die Junggesellenverbände und beginnen mit dem Aufbau einer eigenen Herde. Hierzu müssen dann Weibchen aus einer bestehenden Gruppe ausgesondert werden, was zu Kämpfen mit dem territorialen Männchen führt. Eine saisonbedingte Paarungszeit existiert bei ostafrikanischen Impalas nicht. Die

**Wasserbock (*Kobus ellipsiprymnus*)** Foto: W. Denzer

Weibchen bringen nach sechs- bis siebenmonatiger Tragzeit ein Junges zur Welt. Junge Mütter schließen sich eine Zeit lang mit ihrem Nachwuchs Müttergruppen an, bevor sie zur Herde zurückkehren. In einigen Nationalparks kann man jahreszeitenabhängig große Herden mit 50–100 Tieren beobachten. Es ist ein besonders schöner Anblick, wenn sich die Mitglieder einer solchen Herde durch artistische Sprünge in alle Richtungen verteilen und nach kurzer Zeit wieder sammeln.

In Uganda werden die typischen Habitate des Impalas in weiten Teilen durch die Ugandagrasantilope – oder Ugandakob – (*Kobus kob thomasi*) ersetzt. Weibchen mit Jungtieren bilden Gruppen von bis zu 40 Tieren. Des Öfteren wurde beobachtet, dass die Weibchen in andere Gruppen wechseln,

**Oribi (*Ourebia ourebi*)** Foto: W. Denzer

sodass die Anzahl der Tiere in diesen Verbänden nicht konstant ist. Männchen schließen sich zu Junggesellenverbänden zusammen. Nur wenige dominante Männchen überwachen die eigentlichen Paarungsgründe – die so genannten Leks. Nahezu alle paarungsbereiten Weibchen suchen in der Brunst die Leks auf. Paarungen finden ganzjährig statt, und Jungtiere erblicken das Licht der Welt nach ca. 8 Monaten.

Wasserböcke (*Kobus ellipsiprymnus*) bevorzugen Habitate mit permanenten Wasserstellen und Sumpfwiesen. Sie sind an dem recht langen, dunkelbraunen Fell und einem weißen Ring um die Schwanzwurzel zu erkennen. In Ostafrika leben zwei Unterarten: der Ellipsen-Wasserbock (*K. e. ellipsiprymnus*) in weiten Teilen Tansanias und der Defassa-Wasserbock (*K. e. defassa*) in Kenia. Zu unterscheiden sind sie an der hellen Stelle am Hinterteil; während bei der Defassa-Unterart das gesamte Hinterteil weiß ist, umgibt bei der Nominatform ein elliptischer weißer Ring das braune Fell im Bereich der Schwanzwurzel. Wasserböcke fressen mit Vorliebe Gras, das sie besonders in den Sumpfwiesen zuhauf finden. Sie leben gesellig und schließen sich zu temporären Gruppen zusammen, deren Zusammensetzung ständigen Schwankungen unterliegt. Die Männchen besitzen Territorien, die sie gegen Artgenossen verteidigen. Halbwüchsige Männchen schließen sich zu Junggesellenverbänden zusammen und versuchen von Zeit zu Zeit in bestehende Territorien einzudringen, in denen Weibchengruppen umherstreifen. Paarungen werden ganzjährig beobachtet, und Jungtiere erblicken nach etwa neun Monaten das Licht der Welt. Im Allgemeinen wird nur ein Kalb geboren, aber öfter als bei anderen Antilopen kommen auch Zwillingsgeburten vor. Jungtiere werden anfangs von den Müttern im hohen Gras verborgen, bevor sie sich gemeinsam einer Gruppe anschließen.

Neben den bisher behandelten Großantilopen und Hornträgern gibt es eine Reihe von kleinen Formen, die unter dem Sammelbegriff Zwergantilopen zusammengefasst werden. Eine besonders an ihren Lebensraum angepasste Art ist der Klippspringer (*Oreotragus oreotragus*), der gerade einmal eine Schulterhöhe von 50–60 cm erreicht. Klippspringer bewohnen felsige Habitate vom Tiefland bis auf 4.500 m ü. NN und können als afrikanisches Gegenstück zu den europäischen Gämsen angesehen werden. Um sich auf dem harten Untergrund fortbewegen zu können, hat die Natur sie mit verlängerten Hufen ausgestattet. Aus der Nähe betrachtet sieht ein Klippspringer aus, als stehe er auf seinen „Zehenspitzen". Feinden können sie durch weite Sprünge leicht entkommen. Zwischen den Felsen sind sie sehr gut getarnt und meist nur zu entdecken, wenn sie auf dem höchsten Punkt stehen, um die Umgebung nach Feinden abzusuchen. Klippspringer ernähren sich überwiegend von den Zweigen und Blättern des Buschwerks. Sie nehmen kaum Wasser auf und müssen deshalb ihre schützende Umgebung nur selten verlassen. Zwischen einem Paar besteht eine enge Bindung, die von lebenslanger Dauer sein kann. Beide Partner sind territorial und verteidigen ihr Revier gegen Eindringlinge.

Etwa gleichgroß wie der Klippspringer ist das Moschusböckchen (*Neotragus moschatus*). Sein bevorzugtes Habitat sind dichte Wälder mit wenig Unterholz, in denen es den Waldboden nach Früchten, Blüten und frischen Blättern absucht. Moschusböckchen sind überwiegend dämmerungsaktiv und daher nur schwer zu beobachten. Im Wald verraten sie sich am ehesten auf der Flucht. Moschusböckchen sind an ihren großen, rosafarbenen Ohren zu erkennen. Die Männchen besitzen Reviere, in denen mehrere Weibchen leben. Trotzdem gehen Wissenschaftler davon aus, dass sich Paare bilden, die dauerhafte Bindungen eingehen. Seinen Namen bezieht das Moschusböckchen von seinen Augendrüsen, die ein stark nach Moschus riechendes Sekret aussondern. In freier Wildbahn dienen die Drüsen zur Markierung von Revieren und guten Futterstellen.

**Kirk-Dikdik (*Madoqua kirki*)** Foto: W. Denzer

Zu den kleinsten Antilopen zählt mit unter 40 cm Schulterhöhe das Kirk-Dikdik (*Madoqua kirki*). Kirk-Dikdiks sind leicht an den weiß umrandeten großen Augen und der verlängerten Nase zu erkennen. Letztere dient nicht nur dem Geruchssinn, sondern fungiert gleichzeitig als Wärmetauscher und zur Erzeugung von Rufen. Ihren Namen beziehen die Tiere von einem dieser Rufe, der einem Pfeifton ähnelt und sich wie „zick-zick“ anhört. Diese Lautäußerung warnt andere Artgenossen vor einer drohenden Gefahr. In einigen Gebieten zeigen sie nur geringe Scheu und haben recht hohe Populationsdichten. Mit Vorliebe bewohnen sie Savannengebiete mit dichtem Buschwerk, in das sie sich bei Gefahr zurückziehen können. Dikdiks gehen lebenslange Partnerbindungen ein und verteidigen gemeinsam ihr Revier. Meist sieht man zwei Tiere, da die Paare zusammen auf Futtersuche gehen. Als Nahrung dienen Blätter und Blüten; um ihre Lieblingsfrüchte zu erreichen, stellen sich Dikdiks auf die Hinterbeine. Während der Stillzeit begleitet sie ein einzelnes Kitz (selten sind es zwei), das aber schon nach drei Monaten entwöhnt wird und bereits mit acht Monaten geschlechtsreif ist. Reviere werden durch sekretierende Vorderaugendrüsen und Kotplätze markiert. Letztere werden in regelmäßigen Abständen aufgesucht und mit neuen Duftmarken überdeckt. Die Männchen koten dabei jedes Mal über die Ausscheidungen des Weibchens. Im südlichen Afrika werden die Kothaufen der Dikdiks folgendermaßen erklärt: Auf seinem Weg durch den Busch stolperte einst ein Dikdik über den Kot eines Elefanten. Darüber war es derart erbost, dass es sich entschloss, seinen Kot immer an derselben Stelle abzusetzen, auf dass ein Elefant darüber stolpern möge. Ob dies jemals gelungen ist, ist nicht überliefert.

In Uganda findet man das Oribi (*Ourebia ourebi*), eine Zwergantilope, die eher an eine Gazelle erinnert. Oribis erreichen eine Länge von bis zu 1,4 m und eine Schulterhöhe von etwa 60 cm. Sie leben gewöhnlich in monogamen Paaren zusammen, allerdings kommt es vor, dass sich mehrere Männchen ein Territorium sowie die darin lebenden Weibchen teilen. Die Paarung findest meist in der Trockenzeit statt, und Jungtiere werden ca. 7 Monate später während der Regenzeit geboren. Paare ziehen dann gemeinsam mit einem Jungtier über die Grassavanne und bleiben durch Pfeiflaute in ständigem Kontakt.

Paarhufer gehören sicherlich zu den am häufigsten und am leichtesten zu beobachtenden Tieren auf einer Safari. Insbesondere grosse Herden einiger Gazellenarten sind auf der weitläufigen Savannne nicht zu übersehen. Dennoch gibt es auch einige Arten, die mehr im Verborgenen leben wie z. B. Ducker (Cephalophini), die überwiegend Regenwaldgebiete besiedeln, oder die extrem seltenen Bongos und Nyalas der Hochlandregionen. Wer an der Boebachtung dieser Tiere interessiert ist, kommt nicht umhin sich eingehend mit der Literatur zu beschäftigen und die entsprechenden –meist abgelegenen- Gebiete aufzusuchen.

Weiterführende Literatur zu diesem Thema:

Alden, Estes, Schlitter & McBride (1995): Collins Guide – African Wildlife
Dorst & Dandelot (1970): A Field Guide to the Larger Mammals of Africa.
Mills & Hes (Hrsg.) (1999): Säugetiere des südlichen Afrikas

Massai-Strauß (*Struthio camelus massaicus*)
Foto: W. Denzer

## Vögel

Die Vogelwelt Ostafrikas gehört zu den vielfältigsten der Welt. Die Artenzahlen werden für Kenia mit 1.070, für Tansania mit 1.050 und für Uganda mit 1.013 Spezies beziffert, wobei es noch immer Erstnachweise und Neuentdeckungen zu verzeichnen gibt. Im Folgenden werden einige Familien der afrikanischen Vogelwelt stellvertretend für die große Artenzahl ausführlich besprochen.

Mit bis zu 2,5 m Höhe ist der **Strauß** (*Struthio camelus*) der größte und zu Land außerdem schnellste (50 bis max. 70 km/h) Vogel der Welt. Strauße sind flugunfähig, haben aber wegen ihrer Schnelligkeit im Erwachsenenalter kaum Feinde zu fürchten. Dies zeigt sich auch darin, dass einzelne Tiere bekannt sind, die nahezu 50 Jahre alt sind. Man kann Strauße leicht in Dornbuschsavannen und Halbwüsten beobachten. Ihre Fußabdrücke sind sehr charakteristisch, da sie nur zwei Zehen besitzen. In Ostafrika kommen zwei Unterarten vor: im Norden Kenias und Nordosten Ugandas der Somali-Strauß (*S. c. molybdophanes*) mit blauen Beinen und Hals, im Süden und in Tansania der Massai-Strauß (*S. c. massaicus*) mit rosa-orangen Beinen und Hals. Bei Straußen findet man einen ausgeprägten Geschlechtsunterschied bezüglich des Federkleides. Während Männchen ein tiefschwarzes Gefieder mit weißen Schwingenfedern besitzen, zeigen Weibchen nur ein durchgehend mittelbraunes Federkleid. Strauße leben in Familiengruppen von einem Männchen plus Weibchen mit ihren Jungen zusammen. Zur Paarung wird ein Balztanz aufgeführt. Die bis zu 1 kg schweren Eier werden manchmal von mehreren Weibchen in einem Nest abgelegt. Die Nester sind jedoch meistens einfach nur Mulden im Erdboden, sodass die Gelege offen herumliegen und von Feinden, insbesondere Schmutzgeiern, zerstört werden können. Jungtiere sind anfangs unscheinbar braun gefärbt und weisen eine weiße Streifenzeichnung auf. Besonders im ersten Jahr fallen sie Schakalen und Servalen zum Opfer. Spätestens bei Erreichen der Geschlechtsreife und ihrer vollen Größe im Alter von 2–3 Jahren (Männchen etwa später) werden die Elterntiere verlassen. Wurden Strauße früher wegen ihrer Federn gejagt, so werden sie heutzutage weltweit häufig in Farmen als Fleischlieferant gehalten. Auf diese Weise bleiben die natürlichen Vorkommen erhalten, und die imposanten Vögel sind leicht in freier Wildbahn zu beobachten.

Ebenfalls beachtliche Größen von über 1 m erreichen die **Flamingos** (Familie Phoenicopteridae). Diese Tiere fallen in der Natur aber nicht durch ihre Größe auf, sondern vielmehr dadurch, dass sie die von ihnen bewohnten Seen zu Tausenden bevölkern. Aus der Ferne sieht dies aus wie ein rosafarbener Teppich am Rande eines Sees. Flamingos leben in Salzseen und besetzen damit eine Nische, die kein anderer Vogel so vollständig ausnutzt. Man kann an einigen Seen beide Flamingo-Arten gleichzeitig beobachten, wird aber feststellen, dass sich die Populationen nur wenig mischen. Während Zwergflamingos (*Phoenicopterus minor*) sich überwiegend von Algen ernähren, die in recht salzhaltigem Wasser gedeihen, bevorzugen Rosaflamingos (*P. ruber*) Gliederfüßer, die im schwach alkalischen Wasser leben. Die Natur hat die beiden Flamingoarten hierfür eigens mit unterschiedlicher Schnabelmorphologie versehen, die ein Filtern und Seihen erlauben. Wegen der hohen Salzkonzentration in den Seen muss das Wasser erst aus dem Schnabel abfließen, bevor die Nahrung geschluckt wird. Flamingos sind sehr gesellige Tiere, die in riesigen Gruppen zeitgleich im seichten Wasser entlang dem Ufer nach Nahrung suchen können. Auch Nestbau und Brutpflege geschehen in einer konzertierten Aktion auf wenigen schlammigen Seen Ostafrikas. Die Brutkolonien können dabei über eine Million Exemplare umfassen. Die Nester werden aus Schlamm gebaut und befinden sich weit genug vom Ufer entfernt, sodass landgebundene Fressfeinde kaum Möglichkeit haben, sie zu erreichen. Der Rosaflamingo baut seine Schlammnester turmartig mit einer Mulde im oberen Teil, die genügend Platz für ein Ei aufweist. Obwohl ständig unzählige Jungtiere während extremer Trockenzeiten sterben, bevor sie flügge werden, kann sich die Flamingopopulation immer wieder erholen

**Zwergflamingos (*Pheonicopterus minor*)** Foto: W. Denzer

**Rosapelikan (*Pelecanus rufescens*)** Foto: W. Denzer

Häufig findet man **Pelikane** (Pelecanidae) mit Flamingos vergesellschaftet. In Ostafrika leben Rosapelikane (*Pelecanus rufescens*) und Weiße Pelikane (*P. onocrotalus*). Leider ist die Unterscheidung am Federkleid nicht so einfach, wie die deutschen Namen es versprechen. Die Rosafärbung des Rückens ist meist nur im Flug zu erkennen. Das beste, aber auch schwer auszumachende Merkmal sind die Füße: Weiße Pelikane besitzen gelblich orange Füße, Rosapelikane rosafarbene. Obwohl die Weißen Pelikane auf nahezu jedem Sodasee des Rift Valleys zu finden sind, beschränken sie sich zur Brut ähnlich wie die Flamingos auf einige wenige Seen. Der überwiegende Teil der in der Region ansässigen Pelikane geht seinem Brutgeschäft am Lake Elmenteita in Kenia nach.

Als Dritte im Bunde gesellen sich häufig noch **Kormorane** (Phalacrocoracidae) zu Flamingos und Pelikanen. In der Region leben Weißbrustkormorane (*Phalacrocorax carbo lucidus*) und Langschwanzkormorane (*P. a. africanus*). Während die Letzteren weit verbreitet ist, beschränkt sich das Vorkommen der Weißbrustkormorane im Wesentlichen auf die Region um den Lake Victoria und einige kenianische Seen (Naivasha, Nakuru, Turkana). Zur Beutejagd schwimmen sie an der Wasseroberfläche und tauchen dann blitzschnell Fischen hinterher. Da ihr Gefieder nicht völlig „wasserfest" ist, begeben sie sich immer wieder auf Bäume am Ufer, um sich mit ausgebreiteten Flügeln zu trocknen. Kormorane sind leicht mit **Schlangenhalsvögeln** (*Anhinga rufa*, Fam. Anhingidae) zu verwechseln. Das wesentliche Unterscheidungsmerkmal ist der pfeilartige Schnabel der letztgenannten Art. Beim Schwimmen sind Schlangenhalsvögel daran zu erkennen, dass von ihrem Körper meist nichts zu sehen ist als der Hals über der Wasseroberfläche.

Entlang der Flussläufe und in den Uferregionen der Seen sowie auf Sumpfwiesen

**Schlangenhalsvogel (*Anhinga rufa*)**
Foto: W. Denzer

**Goliathreiher (*Ardea goliath*)** Foto: W. Denzer

können immer wieder **Reiher** (Ardeidae) beobachtet werden. Der Kuhreiher (*Bubuculus i. ibis*) lebt in der Nähe von Tierherden und ist dort in großen Gruppen anzutreffen. Er folgt den Großtieren, um die von ihnen aufgescheuchten Insekten zu erbeuten. Durch die Ausbreitung von Viehzucht dringt er ständig in neue Regionen vor. Der größte Reiher der Welt ist der Goliathreiher (*Ardea goliath*) mit einer Höhe von 1,4 m. Wegen seiner Größe hat er den Vorteil gegenüber anderen Familienmitgliedern, dass er erstens größere Beutetiere erjagen und zweitens weiter vom Ufer entfernt nach Fischen suchen kann. Andere Nahrung, nämlich Insekten, Kleinsäuger und Reptilien, bevorzugt der Schwarzkopfreiher (*Ardea melanocephala*). Dementsprechend ist er oftmals weit entfernt vom Wasser zu beobachten. Ein interessantes Jagdverhalten findet man beim Schwarzen Reiher (*Egretta ardesiaca*). Um seine Beute besser erkennen zu können und die Fische in den Schatten zu locken, schattet er das einfallende Sonnenlicht ab, indem er einen Schirm mit seinen Flügeln bildet. Seine auffällig gelben Zehen bewegt er dabei unter Wasser und täuscht damit ein Beutetier vor. Die auf diese Weise angelockten Fische haben meist keine Chance, seinem schnellen Vorstoß zu entkommen.

**Kuhreiher (*Bubuculus i. ibis*)** Foto: W. Denzer

Der **Hammerkopf** (*Scopus u. umbretta*) ist zoologisch gesehen ein Bindeglied zwischen Reihern und Störchen. Mit den Reihern verbindet ihn die morphologische Besonderheit eines mittleren Zehennagels; vom biochemischen Standpunkt aus zeigen Proteinanalysen, dass er eng mit Störchen verwandt ist. Das Gefieder ist durchgehend dunkelbraun gefärbt. Der Kopf ist hammerförmig, der Hals kürzer und der Schnabel etwas breiter als bei Reihern. Seine riesigen runden Nester mit bis zu 2 m Durchmesser baut der Hammerkopf in Bäumen nahe dem Wasser. Als Nistmaterial verwendet er Zweige und Schlamm. Nur während der Paarungszeit sieht man Pärchen zusammen, den Rest des Jahres sind diese Vögel Einzelgänger.

Anders verhält es sich mit den **Kranichen** (Gruidae): Sie sind meist in Gruppen oder Familienverbänden zu beobachten, und nur während der Paarungszeit verlassen die Männchen die Familie, um anderen Weibchen mit ihrem Brauttanz zu imponieren. Kronenkraniche (*Balearica regulorum gibbericeps*) gehören aufgrund ihres farbenprächtigen Federkleides zu den auffälligsten Vögeln Ostafrikas. Ihren Namen beziehen sie von der buschigen Krone gelber Federn, die sie am Kopf ziert. Ein weiteres offenkundiges Merkmal ist der rote Kehllappen. Der Paarungstanz, bei dem die Tiere hochspringen und Grasballen sowie Zweige durch die Luft werfen, ist sehr beeindruckend und lang andauernd. Die Nahrung von Kranichen rekrutiert sich überwiegend aus Insekten, die durch Stampfen mit den Füßen aufgescheucht werden.

Die **Storchenfamilie** (Ciconiidae) ist in Afrika weit verbreitet. Der europäische

**Hammerkopf (*Scopus u. umbretta*)** Foto: W. Denzer

**Kronenkranich (*Balearica regulorum gibbericeps*)** Foto: W. Denzer

Weißstorch (*Ciconia c. ciconia*) ist für viele Besucher ein vertrauter, heimatlicher Anblick; aber es mutet schon etwas seltsam an, die Tiere vor dem Hintergrund endloser Savannen oder in der Nähe von Löwen zu sehen. Viele Exemplare wandern aus den nördlichen Regionen, in denen sie nisten, nach Ostafrika, um dort zu überwintern. Jedoch nicht alle Tiere kommen aus Europa. Einige Vögel leben ganzjährig in den Grassavannen und Sumpfwiesen der Serengeti.

Der Nimmersatt (*Mycteria ibis*) hat ein ähnliches Federkleid wie der Weißstorch, jedoch unterscheidet ihn insbesondere der lange, leicht gebogene gelbe Schnabel (im Gegensatz zum roten Schnabel des Weißstorchs) und die weiterreichende weißliche Färbung der Flügeldecke. Sattelstörche (*Ephippiorhynchus senegalensis*) haben ein überwiegend schwarzes Federkleid, wobei die Bauch- und Schulterpartien weiß sind. Am auffälligsten ist bei dieser Art der rote Schnabel, dessen Färbung von einem schwarzen Querband unterbrochen ist und der auf der Stirn eine gelbe Platte aufweist. Unverwechselbar ist der Marabu (*Leptoptilos crumeniferus*) mit seiner weißen Halskrause und dem ansonsten nackten, rosa Hals. Er gehört zu den Storchenvögeln, ernährt sich aber überwiegend von Aas. Häufig kann man ihn dabei beobachten, wie er mit Geiern die Überreste eines toten Tieres zerpflückt.

Der wissenschaftliche Name des Nimmersatt verleitet dazu, diesen Storch in die nähere Verwandtschaft zum „Heiligen" Ibis (*Threskiornis aethiopicus*) zu stellen. Dieser gehört jedoch nicht zur Storchenfamilie und ist durch seinen gebogenen Schnabel von deren Vertretern zu unterscheiden. Ein naher Verwandter der **Ibisse** (Threskiornithidae) ist jedoch der Löffler

**Nimmersatt (*Mycteria ibis*)** Foto: W. Denzer

(*Platalea alba*), der aufgrund seines löffelartig ausgeformten Schnabels leicht zu identifizieren ist. Ibisse und Löffler findet man in Marschen, Sumpfwiesen und an Süßwasserseen.

In derartigen Habitaten leben auch die Vertreter der **Entenvögel** (Anatidae). Die wohl häufigste Art ist die Nilgans (*Alopochon aegyptiacus*). In Ägypten galt sie vor langer Zeit als heilig, wurde dann aber in weiten Teilen ausgerottet. Aufgrund der landwirtschaftlichen Entwicklung südlich der Sahara, die mit dem Anlegen von Teichen verbunden ist, konnte sich die Nilgans immer weiter ausbreiten. Nilgänse leben in Gruppen, die Paarbildung hält allerdings ein ganzes Leben. Durch die hellbraunen Flügeldecken und eine gleichfarbige Augenumrandung ist diese Art leicht von anderen Entenvögeln zu unterscheiden. Die größte Art der Region ist die Sporengans (*Plectropterus g. gambensis*). Sie kann bis zu 1 m Höhe und ein Gewicht von über 6 kg erreichen. Die Flügeldecken sind bei beiden Geschlechtern schillernd dunkelgrün gefärbt und Gesicht sowie Halspartie weiß abgesetzt. Männchen besitzen einen Höcker zwischen den Augen. Eine weite Verbreitung hat auch die Weißgesicht-Pfeifente (*Dendrocygna viduata*), deren weißes Gesicht und Kehle sich deutlich vom schwarzen Hals absetzen. Der charakteristische Pfeifton wird meist nur während des Fluges oder bei Erregung abgegeben. Weißgesicht-Pfeifgänse leben in großen Gruppen und ziehen es vor, ihre Nahrung nachts zu sich zu nehmen. Den Tag verbringen sie schlafend auf Feuchtwiesen.

Nicht mit den Entenvögeln verwandt, aber wie diese oft in sumpfigen Teichen mit Wasserpflanzenbewuchs lebend ist das Afrikanische Jacana (*Actophilornis africanus*). Wegen seiner Fähigkeit, über Seerosen zu laufen, wird es auch als Blatthühnchen (Jacanidae) tituliert. Sein Gefieder ist kastanienbraun, Gesicht und der Hals sind weiß und Schnabel sowie Stirn auffällig blau, was ihm auch den alternativen deutschen Namen Blaustirnblatthühnchen eingebracht hat. In Sumpfgebieten und Marschen leben auch die scheuen **Rallen-**

**Nilgans (*Alopochon aegyptiacus*)**
Foto: W. Denzer

**Sekretär (*Sagittarius serpentarius*)**
Foto: W. Denzer

**vögel** (Rallidae). Hierzu gehören u. a. die Afrikanische Wasserralle (*Rallus caerulescens*) und Moorhühner (Gattung *Gallinula*). Aufgrund ihrer versteckten Lebensweise und der meist nur sehr eingeschränkten Vorkommen sind Sichtungen eher zufällig.

Ein markanter Vogel der Savannen ist der **Sekretär** (*Sagittarius serpentarius*) mit seinen langen Beinen, einer aufstellbaren Federhaube am Nacken und seinen langen Schwanzfedern. Er ist mit den Raubvögeln verwandt, wird jedoch als einzige Art in eine eigene Familie (Sagittariidae) gestellt. Seine Nahrung besteht überwiegend aus Schlangen. Meist sieht man ihn einzeln oder paarweise auf Nahrungssuche durch die Savanne schreiten. Selbst bei heftiger Störung versucht der Sekretär durch Laufen zu entkommen, bevor er sich endgültig in die Lüfte erhebt.

Die Familie der echten **Greifvögel** (Accipitridae) ist recht artenreich in Ostafrika. Auffällig sind vor allem die Geier, die in Gruppen über der Savanne kreisen. Die häufigsten Arten sind Weißrückengeier (*Gyps africanus*) und der Nubische oder Lappen-Geier (*Torgos tracheliotus*). Man findet sie häufig an frisch getöteten Tieren, wo sie sich mit Hyänen und anderen Aasfressern um die Überreste streiten. Mit etwas Glück kann man an einem Riss mehrere Geierarten gleichzeitig beobachten.

**Weißrückengeier (*Gyps africanus*)**
Foto: W. Denzer

Der Schmutzgeier (*Neophron percnopterus*) unterscheidet sich von den meisten anderen Geierarten vor allem dadurch, dass Hals und Kopf mit Federn bedeckt sind. Zudem ist er leicht an dem „schmutzig" weißen Federkleid und seinem gelben Gesicht zu erkennen. Neben Aas ist diese Geierart auf Vogeleier spezialisiert. Hierbei sind auch die riesigen Straußeneier nicht ausgeschlossen. Da er die Eier mit seinem Schnabel nicht öffnen kann, benutzt er Steine, die er immer wieder gegen das Ei schleudert, bis die Schale aufbricht. Eine völlig andere Nahrungspräferenz hat der Palmgeier (*Gypohierax angolensis*); neben Aas hat er seinen Speiseplan um die Früchte der Ölpalme erweitert. Da diese Pflanze überwiegend in der Küstenregion angebaut wird, ist hier auch sein Hauptverbreitungsgebiet zu finden.

Ein anderer Nahrungsspezialist unter den Greifvögeln ist der Afrikanischer Fischadler (*Haliaeetus vocifer*). Durch seine weißen Kopf- und Schulterfedern ist er nicht mit anderen Arten verwechselbar. Zum Beutefang benutzt er Bäume im Uferbereich als Ansitzplätze. Hat er einen Fisch erspäht, so lässt er sich heruntergleiten und bringt dabei die krallenbesetzten Füße nach vorne. Wenn er die Möglichkeit hat, erbeutet ein Fischadler auch junge Vögel, die sich im Wasser aufhalten. Der Bateleur oder Gaukler (*Teratho-*

Palmgeier (*Gypohierax angolensis*)
Foto: W. Denzer

*pius ecaudatus*) gilt weithin als der schönste Raubvogel Afrikas. Kopf, Unterseite und Flügelfedern sind dunkelbraun gefiedert, der Rücken dagegen rot und die Flügeldecken weiß. Der Schnabel ist kräftig rot mit einer gelben Spitze. Seinen Namen bezieht der Gaukler von den akrobatischen Einlagen während des Balzfluges. Dabei kann er sowohl Vorwärts- als auch Seitenrollen ausführen. Obwohl er den Schlangenadlern zugerechnet wird, besteht seine Nahrung eher aus Säugern bis zur Größe eines Dikdiks und Vögeln wie z. B. Perlhühnern, wobei Reptilien und auch Aas nicht verschmäht werden. Die eigentlichen Schlangenadler (*Circaetus* spp.) sind auf den Fang von Reptilien spezialisiert und schrecken auch vor ausgewachsenen Kobras und Mambas nicht zurück. Nach dem Fang versucht der Raubvogel, den Hals der Schlange zu greifen und den Kopf abzutrennen. Er ist ausschließlich auf seine Geschicklichkeit angewiesen, denn eine Immunität gegen Schlangengifte hat er entgegen dem landläufigen Glauben nicht!

Ein äußerst geschickter Raubvogel ist auch der Fledermaus-Gleitaar (*Macheiramphus alcinus anderssoni*). Er verlässt erst bei Einbruch der Dämmerung seinen Schlafbaum, um auf die Jagd nach Fledertieren und dämmerungsaktiven Vögeln zu gehen. Die Beute wird dabei im Flug erjagt und verschlungen. Mit einer Größe von 80 cm und einer Spannweite von 1,9 m ist der Kampfadler (*Polemaetus bellicosus*) der größte Adler der afrikanischen Savannen. Meist schwebt er sehr hoch über den Ebenen, die er nach Beutetieren absucht. Manchmal ist er auch dabei zu beobachten, wie er Klippen und hohe Bäume als Ansitz benutzt. Das Beutespektrum umfasst alles, was dieser mächtige Vogel glaubt bewältigen zu können. Dazu gehören Impalakälber und Dikdiks ebenso wie ausgewachsene Warane.

Afrikanischer Fischadler/Schreiseeadler (*Haliaeetus vocifer*) Foto: G. Ziesler

Die Familie der Falken (Falconidae) ist mit einer Reihe von Arten vertreten. Die meisten dieser Arten sind jedoch paläarktischen Ursprungs und verbringen nur die Monate Oktober bis März in Ostafrika. Während der Wintermonate ist auch der Wanderfalke (*Falco peregrinus*) häufig zu beobachten. Nahezu über die gesamte Region ist der nur etwa 25 cm große Zwergfalke (*Polihierax semitorquatus castanonotus*) verbreitet. Sein Verbreitungsgebiet entspricht exakt dem des Weißkopf-Büffelwebers (*Dinemellia dinemelli*). Zur Brut und Jungtieraufzucht nutzt er dessen verlassene Nester. Meist benutzen Zwergfalken einzeln stehende Bäume als Ansitz, um auf Insekten, Nager und Echsen zu lauern.

Beliebte Beute einiger Greifvögel und carnivorer (fleischfressender) Säuger sind Vertreter der **Fasanenfamilie** (Phasianidae). Hierzu gehören die Wachteln (Gattungen *Coturnix*) und Frankoline (Gattung *Francolinus*). Das unscheinbare Haubenfrankolin (*Francolinus sephaena*) ist in der gesamten Region verbreitet und bildet mehrere Unterarten. Wegen des braunen Federkleides mit weißen Streifen sind diese Vögel allerdings nur zu entdecken, wenn sie den Schutz des Grases verlassen. Etwas auffälliger hingegen ist das ebenfalls weit verbreitete Gelbkehlfrankolin (*Francolinus leucoscepus*). Meist kann man es in den frühen Morgen- oder späten Nachmittagsstunden beobachten. Das Futter besteht sowohl aus Samen als auch aus Insekten. Wie bei vielen anderen Tieren beinhaltet der Speiseplan auch fliegende Termiten. Wegen ihres Fleisches wurden Frankoline stark bejagt und sind heutzutage fast ausschließlich in Schutzgebieten zu finden.

Die **Perlhühner** werden zoologisch oft zu den Fasanen gestellt, sind heutzutage jedoch in der eigenständigen Familie Numididae untergebracht. In Ostafrika leben drei Arten, die alle unterschiedlichen Gattungen zugeschrieben werden. Die größte Verbreitung hat das Helmperlhuhn (*Numidia elegans*), gefolgt vom Geierperlhuhn (*Acryllium vulturinum*). Im Zentrum Kenias überschneiden sich ihre Verbreitungsgebiete, im Allgemeinen schließen sich gemeinsame Vorkommen allerdings aus. Nur entlang der Küste und in isolierten Inlandpopulationen lebt das Haubenperlhuhn (*Guttera pucherani*). Die Unterscheidung der Arten im Feld ist recht einfach: Das Helmperlhuhn trägt einen knochigen Fortsatz auf dem Kopf, das Haubenperlhuhn dagegen buschige Federn. Das Geierperlhuhn ziert keinerlei Kopfschmuck, dafür aber weiße verlängerte Federn am Hals. Alle drei Arten treten in großen Gruppen auf und sind häufig zu beobachten, wenn sie die Pisten im Nationalpark überqueren. Sobald sie auch nur einige Meter im Gras verschwunden sind, hat man keine Chance mehr, sie auszumachen.

**Singhabicht (*Melierax poliopterus*)**
Foto: W. Denzer

**Helmperlhuhn (*Numidia elegans*)** Foto: W. Denzer

In den Grassavannen begegnet man häufig **Trappen** (Otididae). Die Riesentrappe (*Ardeotis kori struthiunculus*) gehört mit einer Höhe von über 1 m und einem Gewicht von 20 kg zu den größten flugfähigen Vögeln der Erde. Meist schreiten sie majestätisch durch das Grasland und suchen nach Insekten und Reptilien. Zur Paarungszeit präsentiert sich das Männchen in voller Pracht. Es kann hierzu die Halsfedern abstrecken, die Kopffedern aufrichten und das Körpergefieder aufplustern. Die verwandten Schwarzbauchtrappen (*Eupodotis m. melanogaster*) und Senegaltrappen (*Eupodotis senegalensis canicollis*) sind mit 50–60 cm wesentlich kleiner. Senegaltrappen sind deutlich an ihren blau gefärbten Hälsen zu erkennen und meist paarweise unterwegs.

Ebenfalls bodenbewohnend sind **Flughühner** (Pteroclidae), die ein wenig wie eine Kreuzung aus Rebhuhn und Taube aussehen. Meist sind sie in Halbwüsten und Trockensavannen zu finden, wo sie sich von allerlei Samen und Getreide ernähren. Um ihren Flüssigkeitsbedarf zu decken, legen sie täglich lange Strecken zu Wasserstellen zurück. In Kenia und Tansania sind das Schwarzgesichtflughuhn (*Pterocles decoratus*) und das Gelbkehlflughuhn (*Pterocles gutturalis saturatior*) weit verbreitet. Gelbkehlflughühner sind tagaktiv, kleinere Gruppen von ihnen können häufig in der näheren Umgebung von Gazellen beobachtet werden. Schwarzgesichtflughühner verbringen

**Riesentrappe (*Ardeotis kori struthiunculus*)**
Foto: W. Denzer

den Tag im Schutz dichter Büsche und beginnen erst in der Dämmerung mit der Nahrungssuche. Zu ihren Wasserstellen fliegen sie nachts in kleinen Schwärmen. Beide Arten legen ihre Eier in die offene Landschaft, wo sie eine leichte Beute für Warane oder Eierschlangen darstellen. Beide Eltern verteidigen die Brut gegen potenzielle Eindringlinge.

In der Nähe von Wasserstellen sowie im offenen Grasland trifft man häufig auf **Kiebitze** (Charadriidae). Der Kronenkiebitz (*Vanellus coronatus*) wie auch der Waffenschmied (*Vanellus armatus*) fallen vor allem dadurch auf, dass man sie meist entlang den Pisten durch die Nationalparks sieht oder wenn sie vor dem Auto herlaufen. Erst bei beträchtlicher Störung fliegen sie auf und warnen mit ihren lauten Schreien andere Vögel sowie Großwild in unmittelbarer Nähe. Beide Arten sind leicht voneinander zu unterscheiden und für europäische Naturreisende sofort als Verwandte des Kiebitzes zu erkennen. Der Kronenkiebitz hat ein beige-graues Federkleid mit weißen Bauchfedern und einer schwarzweißen Kopfzeichnung. Zudem sind Beine und Schnabel rot. Der Waffenschmied hingegen besitzt schwarz und grau gemusterte Flügeldecken, einen schwarzen Halsbereich sowie schwarze Beine und einen schwarzen Schnabel. Kiebitze ernähren sich von Insekten wie Heuschrecken, Grillen und Käfern. Zwischen den Mahlzeiten kann man Kiebitze oft beobachten, wie sie in einer Mulde am Boden liegen. Die Nester beider Arten befinden sich am Boden. Wenn dem Gelege oder der Jungbrut Gefahr droht, versuchen die Vögel, den Eindringling dadurch abzulenken, dass sie die Aufmerksamkeit auf sich lenken und eine Verletzung vortäuschen.

**Waffenschmied (*Vanellus armatus*)**
Foto: W. Denzer

Eine Vielzahl von Habitaten wird von **Tauben** (Columbidae) bewohnt. Die Afrikanische Grüntaube (*Treron calva*) lebt in Küstenwäldern und bewaldeten Savannengebieten. Ihr grün gefiederter Kopf und das grüne Brustgefieder unterscheiden sie von den meisten anderen Tauben der Region. Außerdem ist ihr Ruf nicht ein taubentypisches Gurren, sondern ein hoher Pfeifton. Grüntauben sind gesellig und als Fruchtfresser meist in hohen Bäumen zu beobachten. Die Smaragdflecken-Holztaube (*Turtur chalcospilos*) dagegen nimmt ihre Nahrung am Boden auf und lebt in den Trockenregionen. Sie ist im Feld an den metallisch glänzenden, smaragdgrünen Flügelflecken zu erkennen. Die Afrikanische Gurrtaube (*Streptopelia decipiens*) gehört zu einer Gruppe sehr ähnlich aussehender Tauben, die alle einen dunklen Nackenstreifen aufweisen. Die verwandten Arten lassen sich häufig nur an ihrer Augenfarbe unterscheiden, sodass eine eindeutige Identifikation im Feld sehr schwer ist. Gurrtauben bewohnen bevorzugt akazienbestandene Savannen und Galeriewälder. Eine weite Verbreitung hat die Namaquataube (*Oena capensis*), die durch lange Schwanzfedern und ein schwarzes Gesicht sowie schwarzes Gefieder im Kehlbereich auf weißem Grund auffällt. Die Namaquataube bevorzugt trockene Habitate mit sandigem Untergrund, ist aber in der gesamten Region vertreten.

**Pfirsichköpfchen (*Agapornis fischeri*)**
Foto: W. Denzer

**Papageien** (Psittacidae) sind in Ostafrika nicht besonders häufig, und die Beobachtung dieser Tiere ist immer eine Besonderheit für Naturfreunde. Pfirsichköpfchen (*Agapornis fischeri*) gehören zu den farbenprächtigsten Kleinpapageien. Das Federkleid ist dunkelgrün an den Flügeln, leuchtend hellgrün im Bauchbereich, orange an der Kehle und rot am Kopf. In Europa wird diese Art häufig gehalten und ist unter dem Namen Fischers Unzertrennliche bekannt. Dies rührt daher, dass zusammen gehaltene Exemplare sich gegenseitig oft füttern und bei der Gefiederpflege unterstützen. Große Schwärme dieses geselligen Vogels kann man in der Olduvai Gorge und in der Serengeti beobachten. Ihre Nahrung suchen Pfirsichköpfe nur selten unweit von Dornbüschen, in die sie sich bei Gefahr sofort

**Graupapageien (*Psittacus erithacus*)**
Foto: G. Ziesler

**Weißbrauen-Spornkuckuck/Tiputip (*Centropus superciliosus*)** Foto: W. Denzer

zurückziehen können. Die Geselligkeit bleibt nicht nur auf die Nahrungssuche und gemeinsame Bäder beschränkt. Auch zur Brutzeit werden Nistkolonien in toten Baumstämmen oder Erdwällen gebildet. Obwohl die Art eigentlich auf ein kleines Verbreitungsgebiet im Norden Tansanias beschränkt ist, findet man sie auch an Kenias Südküste und am Lake Naivasha, wo sie eingeführt wurde.

Im Gegensatz zu den Pfirsichköpfchen ist der weit verbreitete Meyers oder Braunpapagei (*Poicephalus meyeri*) meist paarweise unterwegs. Braunpapageien werden etwa 25 cm und besitzen ein überwiegend graubraunes Federkleid. Bauch- und Brustgefieder sind grün, und an den Flügeln nahe der Schulter befindet sich beiderseits je ein auffälliger gelber Fleck. Mit ihrem kräftigen Schnabel sind sie in der Lage, auch hartschalige Nahrung wie Nüsse zu öffnen. Die Nester werden in Baumhöhlen angelegt, wo die Eltern 1–4 Jungvögel ausbrüten. Der größte afrikanische Papagei (über 30 cm) ist der Grau- oder Kongopapagei (*Psittacus e. erithacus*). Er lebt in Ostafrika nur noch in einer einzigen Population im Kakamega Forest in Kenia sowie einigen Waldgebieten Ugandas und ist eigentlich ein Vertreter der zentralafrikanischen Fauna. Früher wurde diese Art häufig über den Zoohandel nach Europa eingeführt. Heutzutage stehen die Tiere glücklicherweise unter strengem Schutz, und die Populationen beginnen sich zu erholen.

**Lärmvogel (*Corythaixoides leucogaster*)** Foto: W. Denzer

**Turakos** (Musophagidae = Bananenfresser) sind krähengroße Vögel, die entweder durch ihr farbenprächtiges Federkleid oder durch ihre lauten Rufe auffallen. Die farbenfrohen Arten sind Waldbewohner, die Lärmvögel bevorzugen die offene Savanne. Trotz des bunten Gefieders und ihrer Größe sind diese Vögel im Wald nur schwer zu entdecken. Den Hartlaub- oder Seidenhollen-Turako (*Tauraco hartlaubi*) findet man am ehesten, wenn man seinen Rufen folgt (wiederholtes „kwak, kwak"). Sie sind meist pärchenweise unterwegs und bleiben, wenn sie sich beobachtet fühlen, regungslos im Geäst sitzen. Der Seidenhollen-Turako ist ca. 40 cm groß und bewohnt die Feuchtwälder der Hochlandregionen wie Aberdares, Mt. Kenya oder Mt. Kilmanjaro. Das Federkleid ist olivgrün mit schillernd schwarzen Flügeldecken und einer gleichfarbigen Haube auf dem Kopf. Besonderes Kennzeichen ist ein

weißer Fleck vor den Augen. Ihre Nester bauen Turakos aus kleinen Ästen verborgen im Kronendach des Waldes. Bei der Nahrungssuche fliegen sie in wellenförmigem Flug schnell von einem Baum zum anderen. Neben dem Seidenhollen-Turako ist der Grünturako (*Tauraco persa*) in mehreren Unterarten in der Region verbreitet. Sein Lebensraum reicht vom Flachlandregenwald bis hin zu Montanwäldern. Durch seine roten Schwingenfedern und eine grüne Haube ist er leicht vom Seidenhollen-Turako zu unterscheiden.
In den offen Dornbuschsavannen und Akazienständen lebt der Weißbauch-Lärmvogel (*Corythaixoides leucogaster*). Diese Art ist im Vergleich zu seinen waldbewohnenden Verwandten unscheinbar gefärbt, aber nicht weniger attraktiv. Lärmvögel werden etwa 50 cm groß und haben graue Flügelfedern, violett schimmernde Federn am Nacken und einen weißen Bauch. Auf dem Kopf befindet sich eine ausgeprägte Haube. Diese Vögel machen sich durch laute krächzende Rufe bemerkbar (daher auch der Name) und sind zudem neugierig, sodass man recht nah an sie herankommt. Meist sind sie mit dem Fressen von Blüten oder Früchten beschäftigt, wobei eine deutliche Präferenz für leuchtende Farben erkennbar ist. Die Pflanzungen in den Gartenanlagen der Safari-Lodges üben offensichtlich eine besondere Anziehung auf diese Vögel an. Selbst bunte Blüten von exotischen Pflanzen werden verzehrt. Der verwandte Nacktkehl-Lärmvogel (*Corythaixoides personata*) kann in der Serengeti und in der Massai Mara beobachtet werden. Er ist vor allem an seinem schwarzen Gesicht und seinem hellbraunen Brustgefieder zu erkennen.

**Hildebrandts Glanzstar (*Lamprotornis hildebrandti*)**
Foto: W. Denzer

**Rabenvögel** (Corvidae) sind mit nur sieben Arten in der Region vertreten. Am ehesten sieht man in Südkenia und Tansania den Schildraben (*Corvus albus*), der sich durch eine auffällige weiße Bauch- und Nackenbinde auszeichnet. Der im nördlichen Kenia und Teilen Ugandas verbreitete Borstenrabe (*Corvus rhipidurus*) ist hingegen vollständig schwarz gefiedert. Beide Raben sind Kulturfolger und versammeln sich häufig in der Nähe von Müllkippen. In den offenen Savannen sind sie zwar noch zu beobachten, Städte scheinen heutzutage jedoch das bevorzugte Habitat zu sein.
Besonders prächtige, metallisch glänzende Gefieder haben die **Glanzstare** aus der Familie Sturnidae. In vielen Lodges und entlang den Pisten begegnet man dem Dreifarbenglanzstar (*Lamprotornis superbus*). Dieser gesellige Vogel zeigt in Ostafrika ein Verhalten ähnlich einem europäischen Hausspatzen, indem er keinerlei Scheu vor Menschen hat. Das Gefieder ist oberseits metallisch blau mit grün schillernden Flügeldecken; der Kopf ist schwarz, die Kehle dunkelgrün. Ein weißes Band grenzt den sonst orangen Bauchbereich ab. Außer in Waldge-

**Dorfweber (*Ploceus cucullatus*)** Foto: W. Denzer

bieten ist die Art fast überall anzutreffen. Ihre Nahrung sucht sie am Boden und ist oft unter Akazien zu beobachten. Eine verwandte Art ist Hildebrandts Glanzstar (*L. hildebrandti*), der jedoch Galeriewald bevorzugt und daher eher im Geäst zu entdecken ist. Er hat ein sehr ähnliches Gefieder, allerdings fehlt ihm der weiße Ring am Hals, und die Augen sind rot (im Gegensatz zu gelb beim Dreifarbenglanzstar). Ebenfalls zu den Staren zählen der Rotschnabel-Madenhacker (*Buphagus erythrorhynchus*) und der Gelbschnabel-Madenhacker (*Buphagus africanus*). Beide Arten unterscheiden sich – wie bereits der deutsche Name andeutet – in der Färbung des Schnabels. Während Gelbschnabel-Madenhacker einen gelben Schnabel mit roter Spitze besitzen, ist dieser bei Rotschnabel-Madenhackern vollständig rot. Rotschnäbel sind über die gesamte Region verbreitet, Gelbschnäbel treten dagegen eher lokal auf. Beide Arten sind immer mit Großwild oder Vieh assoziiert. Die Madenhacker befreien ihren Wirt von lästigen Hautparasiten und werden daher gern geduldet. Dies kann soweit gehen, dass selbst Raubtiere und Krokodile es den Vögeln gestatten, die Zahnzwischenräume von Nahrungsresten zu säubern.

**Ruwenzori-Nektarvogel (*Nectarinia chloropygia*)** Foto: W. Denzer

**Nektarvögel** (Nectariniidae) sind so etwas wie das afrikanische Gegenstück zu den Kolibris. Allerdings sind sie nicht in der Lage, deren Flugkünste zu imitieren. Bei den meisten Arten handelt es sich um kleine Vögel mit schillerndem Gefieder sowie auffällig langen und gebogenen Schnäbeln. Die Schnabelform ermöglicht es den unterschiedlichen Arten, bestimmte Futterpflanzen zu nutzen, an die sie sich im Laufe der Evolution angepasst haben. Die Nahrung wird nicht wie bei Kolibris im Flug aufgenommen, sondern auf einem Zweig sitzend oder an der Blüte hängend. Die Farbenpracht ist bei vielen Arten nur im männlichen Geschlecht ausgeprägt, sodass es schwer fällt, Weibchen und Jungtiere einer Art zuzuordnen. Schwierig ist auch die Identifizierung vieler überwiegend brauner Nektarvögel der Gattung *Nectarinia*, die den Weibchen der bunten Formen sehr ähnlich sehen. Weite Verbreitung hat der Gelbbauch-Nektarvogel (*Nectarinia venusta*), der leicht an seinem smaragdgrünen Kopf, einer violetten Brustbefiederung und der gelben Unterseite zu erkennen ist. Man findet ihn in vielen Gärten und an Waldrändern. Seine bevorzugten Nahrungspflanzen sind Löwenmäulchen (*Leonotis* spp.) sowie einige Akazienarten. Im gleichen Habitat lebt der Senegal- oder Rotbrust-Nektarvogel (*Nectarinia senegalensis*). Er hat ein dunkelbraunes Gefieder, das mit einem deutlichen roten Brustfleck versehen ist; die Kopfunterseite am Schnabelansatz ist zudem smaragdgrün. Der Strahlnektarvogel (*Anthreptes collaris*) ist oberseits schillernd grün und unterseits gelb gefiedert. Die smaragdgrüne Kehle wird gegenüber dem Bauchgefieder durch ein rotbraunes Halsband abgegrenzt, was dieser Art im Englischen auch den Namen „Collared Sunbird" (Halsband-Nektarvogel) eingebracht hat. In einigen Waldgebieten leben noch Formen, die lange Schwanzfedern besitzen. Hierzu zählen z. B. der Bronze-Nektarvogel (*Nectarinia kilimensis*) vom Mt. Kilimanjaro und der Goldflügel-Nektarvogel (*Nectarinia reichenowi*) aus den Hochlandregionen. Nektarvögel bauen ihre hängenden Nester an kleinen Ästen. Meist sehen die Nester aus wie kleine geflochtene Säckchen mit einem seitlichen Eingang. Um Nektarvögel zu beobachten, sucht man am besten Plätze mit vielen roten Blüten. Offensichtlich wird diese Farbe von den meisten Arten besonders gern angeflogen, so z. B. die Blüten von Aloen, Korallenbäumen und Löwenmäulchen.

Eine große Gruppe bilden die **Webervögel** (Ploceidae), die aufgrund ihrer kunstvollen Nestbauten und z. T. großen Kolonien nicht zu übersehen sind. Der Name Webervogel wird diesen Tieren wirklich gerecht: Das Nistmaterial aus Halmen, Zweigen oder Blättern wird im wahrsten Sinne des Wortes verwoben. Auf diese Weise entstehen Nester, die je nach Art kugelrund oder oval mit einem Einstiegsgang von unten oder auch einmal glockenförmig ausfallen können. Oftmals nisten Webervögel in Kolonien. Zur Futtersuche fliegen dann alle Tiere aus und kehren manchmal erst am Ende des Tages zum Nest zurück.

**Vieillots Schwarzer Weber (*Ploceus nigerrimus*) am Nest**
Foto: W. Denzer

Streng genommen gehören auch **Sperlinge** (Passeridae) wegen morphologischer bzw. anatomischer Merkmale und ihres Sozialverhaltens zu den Webervögeln. Von vielen Autoren werden sie jedoch in eine eigene Familie gestellt. In Ostafrika leben mehrere Sperlingsarten, die europäischen Spezies sehr ähneln. In der Küstenregion ist selbst der Haussperling (*Passer domesticus indicus*) zu finden. Ein spatzenähnliches Aussehen weisen einige Sperlingsweber der Gattung *Plocepasser* auf, die bereits zu den eigentlichen Webervögeln gerechnet werden.

Der weitaus häufigste Webervogel ist der Weißkopf-Büffelweber (*Dinemellia dinemelli*). Kopf- und Brustgefieder sind bei dieser Art weiß, die Flügeldecken braun mit weißer Musterung, und jeweils über und unter dem Schwanzansatz befindet sich ein auffälliger roter Punkt. Büffelweber sind sehr gesellig und besonders in der Umgebung ihrer Nistkolonien recht laut. Als Habitat bevorzugen sie trockenes Gelände mit Akazienbestand. Die Nistkolonien werden in hohen Bäumen angelegt; die Nester sind flach und manchmal über 1 m groß. Bei der Nahrungssuche vergesellschaften sich Büffelweber oft mit

Dreifarbenglanzstaren. Wenn Büffelweber zum Nest zurückkehren, geben offenbar alle bereits im Nest sitzenden Vögel Begrüßungsrufe ab, sodass ein lautes Kreischen zu vernehmen ist.

In Ostafrika gibt es eine Reihe von Webervögeln, die ein gelbes Gefieder sowie braune Gesichter besitzen. Diese Arten im Feld auseinander zu halten, gestaltet sich recht schwierig. Nahezu identisches Aussehen haben z. B. der Zwergmaskenweber (*Ploceus intermedius*) und der Dorfweber (*Ploceus cucullatus*). Am ehesten lassen sie sich noch an den unterschiedlich gefärbten Augen und dem Schnabel trennen: der Maskenweber besitzt einen weißen Augenring und einen schwach ausgeprägten Schnabel, der Dorfweber rote Augen und einen sehr kräftigen Schnabel. Bietet sich allerdings die Gelegenheit, diese Vögel am Nest zu beobachten, ist der Unterschied im Nestbau schon eher signifikant. Dorfweber benutzen frische Gräser, um ein glockenförmiges Nest zu bauen, während Maskenweber eher trockenes Material bevorzugen und eine runde Nistkammer mit einem seitlich nach unten verlängerten Einstieg bauen. Leider sind nicht alle Exemplare einer Kolonie „ordentliche" Nestbauer, sodass manche Nester auch schon mal auf den verlängerten Seiteneingang verzichten müssen. Andererseits stellen sich einige Dorfweber als wahre Künstler heraus. Um zur allgemeinen Verwirrung beizutragen, überschneiden sich die Verbreitungsgebiete beider Arten im südlichen Kenia mit noch weiteren sehr ähnlich gefärbten Arten.

Ausgesprochen attraktive Webervögel sind in der Gattung *Euplectes* (Feuerweber) zu finden. Der rot-schwarz gefiederte Oryxweber oder Rote Bischof (*Euplectes orix*) bildet nur kleine Kolonien, und der schwarz-gelb gefiederte Kapweber oder Gelbe Bischof (*Euplectes capensis*) lebt in Paaren. Zur Balz plustern sich die Männchen auf und stellen ihre farbigen Rückenfedern zur Schau.

Besonders auffällig innerhalb der Gattung *Euplectes* sind männliche Widavögel im Brutkleid. Im Gegensatz zu allen anderen Webervögeln besitzen sie extrem verlängerte Schwanzfedern, sehen sonst aber den Bischofswebern ähnlich. Eine weite Verbreitung in Ostafrika hat der Schildwida (*E. ardens*), der sich durch ein schwarzes Federkleid und eine blutrote Kopfbefiederung auszeichnet. Im ostafrikanischen Hochland leben außerdem der Hahnenschweifwida (*E. progne delamerei*) sowie Jacksons Wida (*E. jacksoni*). Im Brutkleid können die Schwanzfedern bei diesen Arten über 30 cm lang werden. Dieses Gegengewicht zum sonst verhältnismäßig kleinen Körper ist für den wellenförmigen Flug der Widavögel verantwortlich. Die meisten Widavögel sind Savannenbewohner und bauen kunstvolle Nester.

Lange Zeit wurden die ebenfalls langschwänzigen **Witwenvögel** (Viduinae) als Unterfamilie der Webervögel betrachtet; heutzutage stellt man sie in die Verwandtschaft der Prachtfinken (Estrildidae). Vogelinteressierte seien vorab bezüglich der englischen und deutschen Trivialnamen gewarnt: Während im Deutschen Viduinae als Witwenvögel bezeichnet werden, laufen sie in der englischsprachigen Literatur als „wydahs" (Wida). Umgekehrt gilt das Ähnliches für die be-

**Mausvogel (*Colius striatus*)**
Foto: W. Denzer

reits angesprochenen Widas, die im Englischen als „widowbirds“ bezeichnet werden. Dies führt leicht zu Verwirrungen. Witwenvögel (Viduinae) sind Brutschmarotzer bei ihren Verwandten, den Prachtfinken. Jede Witwenvogelart ist dabei mit einer Astrildenart assoziiert und legt ihre Eier einem Kuckuck gleich in deren Nestern ab. Weitaus wichtiger für die Jungvogelaufzucht ist es allerdings, dass das artfremde Jungtier dieselben Merkmale wie die Astrildenjungen aufweist. Bei Witwenvögeln geht dies soweit, dass sogar die Zeichnungsmuster im Rachen der Wirtsart imitiert werden, ebenso wie die den Fütterungsinstinkt auslösenden Gaumenflecken. Für die Wirtsvögel sind die fremden Jungen durch nichts von ihren eigenen zu unterscheiden, nicht einmal im Jugendkleid. Beide Arten wachsen gemeinsam miteinander auf, ohne dass der Wirt direkt geschädigt würde, wie dies beim Kuckuck der Fall ist, der seine „Mitbewohner“ aus dem Nest wirft. Natürlich aber investiert der Wirtsvogel Energie in die Aufzucht der Schmarotzer, die dann seiner eigenen Brut nicht zugute kommt. In Ostafrika haben drei Witwenvögel eine weite Verbreitung: die überwiegend schwarz gefiederte Glanzwitwe (*Vidua hypocherina*), die Dominikanerwitwe (*Vidua macroura*), die unterseits weiß gefiedert ist und schwarze Schwanzfedern besitzt, sowie die prachtvolle Paradieswitwe (*Vidua paradisaea*). Paradieswitwen sind oberseits und im Gesicht schwarz gefärbt, im Nackenbereich und am Bauch beige und im Brustbereich hellbraun gefiedert. Die Schwanzfedern sind schwarz und zu Beginn erhöht, bevor sie spitz zusammenlaufen.

**Mausvögel** (Coliidae) sind eine afrikanische Besonderheit, die in eine eigene Ordnung (Coliiformes) gestellt werden. Sie sind leicht an den langen Schwanzfedern, ihrem kräftigen Schnabel und einer Haube auf dem Kopf zu identifizieren. Am ehesten erkennt man Mausvögel im Ruhezustand oder beim Fressen. Im Gegensatz zu den meisten anderen Vögeln sitzen sie dabei nicht auf Ästen, sondern hängen an ihnen, was etwa so aussieht, als machten sie einen Klimmzug. Die Natur hat sie dafür mit hochbeweglichen Zehen ausgestattet, die ihnen einen besseren Halt bieten. Während alle anderen Vögel nur maximal drei Zehen nach vorne richten können, können Mausvögel entweder alle vier Zehen nach vorn ausrichten oder zwei nach vorn und zwei nach hinten. In

Ostafrika sind zwei Arten weit verbreitet: der Braunflügel-Mausvogel (*Colius striatus*) und der Blaunacken-Mausvogel (*Urocolius macrourus*). Das Gefieder des Braunflügel-Mausvogels ist überwiegend dunkelbraun, mit schwarzer Kehle und weißen Wangenflecken; Blaunacken-Mausvögel sind erheblich heller und zeichnen sich durch den namensgebenden blauen Nackenfleck sowie einen roten Schnabel aus. Beide Arten sind gesellig und fliegen in Trupps umher. Nachts ziehen sie sich eng aneinander geschmiegt in das Buschwerk zurück. Während der Blaunacken-Mausvogel ein Bewohner der Trockensavannen ist, bevorzugt der Braunflügel-Mausvogel baumbestandene, waldnahe Habitate.

Eine Reihe interessanter und attraktiver Vögel ist in der Ordnung der **Rackenvögel** (Coraciformes) angesiedelt. Hierunter fallen u. a. die Eisvögel, Racken, Bienenfresser und Nashornvögel.

**Eisvögel** (Alcedinidae) gehören zu den geschicktesten Jägern in der Vogelwelt. Viele Arten ernähren sich von Fischen, aber es gibt auch solche, die Insekten fressen. Alle Eisvögel besitzen einen langen, zugespitzten Schnabel und sind Ansitzjäger. Sie benutzen dafür einen Ast als Aussichtspunkt, meist direkt über dem Wasser, und stoßen blitzschnell im Sturzflug zu, wenn sie einen Fisch nahe der Oberfläche entdeckt haben. Eine weite Verbreitung in den Trockenregionen hat der Graukopfliest (*Halcyon leucocephala*). Der Rücken ist bei dieser Art kobaltblau, die Flügel sind blauschwarz, die Unterseite ist hellbraun und der Kopf oberseits grau, der Schnabel vollständig rot. Der Malachit-Eisvogel (*Alcedo cristata galerita*) sieht dem Europäischen Eisvogel (*Alcedo atthis*) sehr ähnlich. Oberseits ist er kräftig blau, unterseits orange, und er besitzt einen roten Schnabel. Er lebt immer dicht in der Nähe permanenter Wasserstellen, wo er nach Fischen und Libellenlarven Ausschau hält. Eine abweichende Ernährung findet man beim Zwergkönigsfischer (*Ipsidina picta*). Er hält sich oft weit entfernt von jeglichen Wasseransammlungen auf und jagt im Buschwerk und Grasland, wo seine bevorzugten Beutetiere wie Grillen und Heuschrecken leben. Vom Aussehen her gleicht er stark dem Malachit-Eisvogel. Der größte Königsfischer ist mit 40 cm Gesamtlänge der Rieseneisvogel (*Megaceryle maxima*), der in den westlichen Hochlandregionen lebt. Oberseits ist er schwarzweiß gesprenkelt, und die Bauchseite ist kastanienbraun gefiedert. Der Rieseneisvogel bevorzugt Fließgewässer und ist häufig in den Uferzonen von Galeriewäldern anzutreffen.

**Racken** (Coraciidae) sind farbenfrohe, großköpfige Insektenjäger. In Ostafrika sind vor allem Verwandte der Blauracken zu finden, die auch in Südeuropa vorkommen und z. T. in Afrika überwintern. Die wohl häufigste Art in den Buschsavannen ist die Gabelracke (*Coracias caudata*).

**Gabelracke (*Coracias caudata*)**
Foto: W. Denzer

Die Flügel sind bei dieser Art dunkelbraun mit blauen und violetten Markierungen an den Rändern, die Bauchseite ist türkisblau, Kehle und Brustbereich sind lila mit weißen Zwischenfedern. Racken sieht man häufig, wenn sie auf einem exponierten Ast sitzen und die Umgebung nach geeigneter Beute absuchen. Sie stoßen dann nur kurz von ihrem Ansitz herunter und kehren zum Fressen auf den Ast zurück. Wenn sie aufgescheucht werden, fliegen sie fast immer entgegen ihrer Sitzrichtung, was ein wenig so aussieht, als würden sie rückwärts abheben und sich vom Wind treiben lassen. Eine andere weit verbreitete Art ist die Weißnackenracke (*Coracias naevia*), deren Gefieder überwiegend rotbraun ist.

Während die Racken eine eher gedrungene Körperform haben, sind **Bienenfresser** oder Spinte (Meropidae) von schlanker Statur und besitzen einen langen, stark zugespitzten Schnabel. Alle Bienenfresser haben ein auffällig buntes Gefieder. Der Zwergspint (*Merops pusillus*) kommt in der gesamten Region vor, scheint aber die Trockengebiete zu bevorzugen. Sein Gefieder ist oberseits grün und unterseits orangebraun. Der Kehlbereich ist leuchtend gelb mit einem schwarzen Querband. Zu den schönsten Arten ist sicherlich der Scharlachspint (*Merops nubicus*) zu zählen, der in den kenianischen Küstengebieten lebt. Das Körpergefieder ist scharlachrot, die Federn in der Aftergegend sind blau, und das Gesicht ist blau mit einem schwarzen Augenstrich. Zudem besitzt er lange, gegabelte Schwanzfedern. Scharlachspinte gehören nicht zu den sesshaften Bienenfressern, sondern sind ständig auf der Wanderung.

Obwohl sie auch zu den Rackenverwandten gezählt werden, warten **Hornvögel** (Bucerotidae) nicht wie die im Vorangegangenen beschriebenen Arten mit einem bunten Federkleid auf. Hornvögel beeindrucken eher durch ihre Größe und einen mächtigen Schnabel. Die großen Arten sind Waldbewohner, die kleineren bevölkern die Savannen. Selbst in den Parks und Gärten der Städte sind Hornvögel als Kulturfolger zu finden. In der deutschsprachigen Literatur werden diese Vögel oft in Tokos, Echte Hornvögel und Hornraben eingeteilt.

Tokos (Gattung *Tockus*) sind mit immerhin noch etwa 50 cm Größe die kleinsten unter den Hornvögeln. Sie bewohnen die offenen Savannengebiete und sind leicht an ihrer Größe, dem Schnabel und dem Gefieder zu erkennen:

**Rotschnabeltoko**
**(*Tockus erythrorhynchus*)**
Foto: W. Denzer

Tokos sind zumeist unterseits an Bauch und Schwanz weiß gefiedert und besitzen schwarzweiß gezeichnete Flügeldecken sowie oberseits schwarze Schwanzfedern. Zur Unterscheidung der einzelnen Arten zieht man die Schnabelfärbung heran. So leben in Ostafrika Gelbschnabeltoko (*T. flavirostris*), Rotschnabeltoko (*T. erythrorhynchus*) und der schwarzgeschnäbelte Hemprichs Toko (*T. hemprichii*). Leider ist dieses Merkmal aber nicht immer artspezifisch, da es geschlechtsabhängige Unterschiede in der Schnabelfärbung gibt. So ist z. B. nur bei dem Männchen von Jacksons Toko (*T. jacksoni*) der Schnabel rot gefärbt, beim Weibchen dagegen ist er schwarz. Tokos tragen keine zusätzlichen großen Hornaufsätze am Schnabel, sondern besitzen einen gebogenen kräftigen Schnabel.

Die Echten Hornvögel (Gattung *Bycanistes*) erreichen beachtliche Größen von 90 cm und besitzen mächtige Hornaufsätze am Schnabel. Echte Hornvögel leben meist in Waldregionen und sind daher nicht so leicht zu beobachten wie Tokos. Den wohl größten Hornaufsatz hat der Silberwangenhornvogel (*B. brevis*). Dieses „Horn" übertrifft gar den mächtigen Schnabel an Größe und Gewicht. Ebenfalls riesige Schnabelaufsätze findet man beim Trompeterhornvogel (*B. buccinator*) und dem Helmhornvogel (*B. subcylindricus*). Die echten Hornvögel sind oberseits und im Brustbereich schwarz gefiedert und nur in der Aftergegend und an der Schwanzunterseite weiß gefärbt. Der Helmhornvogel besitzt zudem weiß endende Schwingenfedern. Alle Tokos und Hornvögel zeigen eine Besonderheit bei ihrem Brutgeschäft: Sie sind Höhlenbrüter, die ihre Weibchen einmauern. Dies kann in natürlichen Baumhöhlen oder auch an Lehmwänden geschehen. Der Eingang der Höhle ist derart eng, dass die Weibchen sich nicht selbst befreien können. Während der Brut und Jungvogelaufzucht bleibt das Weibchen die gesamte Zeit in der Höhle „gefangen" und wird wie die Jungvögel vom Männchen ernährt. Die kleine verbleibende Öffnung ist gerade einmal ausreichend, um

**Südlicher Hornrabe (*Bucorvus leadbeateri*)** Foto: W. Denzer

**Paradiesfliegenschnäpper (*Tersiphone viridis*)** Foto: W. Denzer

die Fütterung und das Säubern des Innern der Höhle sicherzustellen. Das Einmauern geschieht meist vermittels Lehm, der vom Männchen gesammelt wird. Für die in den trockeneren Regionen lebenden Tokos bedeutet dies, dass die Fortpflanzungsperiode mit der Regenzeit zusammenfällt. Die Weibchen nutzen die Zeit innerhalb der Höhle zu einer „Schnellmauser", bei der sie ihre Schwingen- und Schwanzfedern verlieren.

Ausnahmen unter den Hornvögeln bilden die Hornraben (Gattung *Bucorvus*), indem sie zum einen bodenbewohnend sind und zum anderen in offenen Baumhöhlen nisten. In Ostafrika leben der Nördliche Hornrabe (*B. abyssinicus*) und der Südliche Hornrabe (*B. leadbeateri*). Beide Arten können über 1 m groß werden. Im Aussehen sind sie sich sehr ähnlich, und nur der Kopf ist für die Identifizierung ausschlaggebend. Das Gefieder ist bei beiden Arten vollständig schwarz, und am Hals besitzen sie einen leuchtend roten Kropf. Bei dem Südlichen Hornraben ist das Gesicht im Bereich der Augen ebenfalls rot, bei der nördlichen Art dagegen blau gefärbt. Zudem besitzt der Nördliche Hornrabe einen erhöhten Schnabelaufsatz. Hornraben bevorzugen Savannengebiete, die sie auf der Suche nach Echsen und Schlangen durchstreifen. Das Brutgeschäft vollzieht sich in natürlichen Baumhöhlen. Aufgrund ihrer Größe benötigen Hornraben Bäume mit genügend Umfang. Hierdurch ist insbesondere die Verbreitung der nördlichen Art stark eingegrenzt, da dieser Baumtyp in den Trockenregionen kaum vorhanden ist. Die Verbreitung des Südlichen Hornraben geht weitgehend mit der von Affenbrotbäumen einher, die er für sein Brutgeschäft bevorzugt.

Wie bereits zu Beginn des Kapitels erklärt, gibt es im hier besprochenen Gebiet **Hunderte von Vogelarten**, die leider nicht alle hier Erwähnung finden können. Viele Arten sind nur schwer zu identifizieren, andere wird man nur in Ausnahmefällen entdecken. Eine verborgene, nachtaktive Lebensweise führen Vögel wie Eulen und Käuzchen (Familien Strigidae und Tytonidae) sowie Ziegenmelker (Caprimulgidae). Wenn man nicht gerade nachts unterwegs ist, begegnet man diesen Vögeln höchstens zufällig. Unzählige dieser hier nicht näher vorgestellten

Arten sind unscheinbar gefärbt. Insbesondere die Arten aus den Familien der Fliegenschnäpper (Muscicapidae) und Grasmücken (Sylviidae) besitzen meist nur ein bräunliches Federkleid und sind schwer zu identifizieren. In der Buschvegetation leben Schmätzer und Röteln aus der Verwandtschaftsgruppe der Amseln (Turdidae). Neben den vielen bereits aufgeführten Arten leben in sumpfigen Gebieten und in Küstennähe zahlreiche Vögel aus den Familien der Rennvögel (Glareolidae), Schnepfenvögel (Scolopacidae), Säbelschnäbler (Recurvirostridae) und Möwen (Laridae). Hier ist es den ornithologisch Interessierten, die mit einem gut bebilderten Feldführer ausgestattet sind, vorbehalten, die Arten genauer zu bestimmen.

Auf einer „normalen“ Safari werden Naturreisende aber immer auch einigen der im Vorangegangenen besprochenen Vögel begegnen. In den Savannengebieten sind dies die Perlhühner und Trappen sowie Kiebitze und Racken. Feuchtbiotope beherbergen Entenvögel sowie Reiher und Störche, und in den Wäldern kann man die farbenprächtigen Turakos beobachten. Aber auch in den Gartenanlagen der meisten Lodges befinden sich Futterstellen und farbige Blumenbeete, die Vögel anlocken; Blumenpflanzungen sind besonders zur Beobachtung von Nektarvögeln zu empfehlen. Nach einer Großwildsafari kann ein später Nachmittag mit Vogelbeobachtungen sehr zum entspannenden Tagesausklang beitragen.

Weiterführende Literatur zu diesem Thema:
ZIMMERMAN, TURNER & PEARSON (1999): Birds of Kenya and Northern Tanzania
WILLIAMS & ARLOTT (1992): Collins Field Guide. Birds of East Africa

## Reptilien und Amphibien

Die Artenzahl bei Amphibien und Reptilien ist wegen der Vielzahl unterschiedlicher Habitate hoch. Daher erst einmal ein paar Zahlen: für das kenianische Hoheitsgebiet sind 213 Reptilien- sowie 61 Amphibienarten nachgewiesen. In Tansania kennt man gar 300 Reptilien- und 104 Amphibienarten, in Uganda leben 141 Reptilien- und 108 Amphibienarten.

In allen Ökotopen gibt es speziell angepasste Formen, sodass man in Ostafrika Wüstenbewohner wie auch Regenwaldbewohner findet. Sowohl in Kenia als auch in Tansania und Uganda haben sich endemische Arten entwickelt. Insbesondere in den Bergregionen, die biogeographisch oder evolutorisch als Inseln angesehen werden können, ist dies zu beobachten. Als Beispiel hierfür mag das Vorkommen von Chamäleons in den Eastern Arc Mountains (Pare-, Usambara-, Uluguru- und Udzungwa-Berge) und anderen Hochlandregionen Ostafrikas dienen; in fast jedem dieser Gebirgszüge entwickelte sich im Laufe der Evolution eine nur dort vorkommende Art oder Unterart. Derartige Endemiten entstehen meist aus einer Urform, die verschiedene Habitate besiedelt. Aufgrund von Änderungen in Klima- oder Umweltbedingungen werden die einzelnen Populationen voneinander isoliert und unterliegen einer unter-

**Schwarz-weiße Kobra (*Naja melanoleuca*)** Foto: W. Denzer

schiedlichen Weiterentwicklung. Je nachdem, wie lange die Isolation zurückliegt, können sich Unterarten oder gar Arten ausbilden. Häufig spiegelt sich ein endemisches Vorkommen in der wissenschaftlichen Namensgebung der Erstbeschreibung wider. So gibt es Arten wie *Bradypodium fischeri uluguruensis* (Uluguru, Tansania) oder *Chamaeleo jacksonii merumontanus* (Mt. Meru, Tansania). Auch von einigen Schlangen wie den Buschvipern der Gattung *Atheris* sowie Riedfröschen der Gattung *Hyperolius* und vielen anderen Gruppen gibt es hier Endemiten.

Trotz der Artenvielfalt ist es nicht leicht, Reptilien und Amphibien zu beobachten. Im Wesentlichen liegt dies daran, dass eine Ostafrikareise meist auf Großtiere ausgelegt ist, die in Nationalparks leben, in denen Aussteigen aus dem Fahrzeug nicht gestattet ist. Oftmals ist aber die Landschaft in unmittelbarer Nähe zum Park sehr ähnlich strukturiert, sodass man sich dort auch zu Fuß auf die Suche nach diesen Tieren begeben kann. Am ehesten bekommt man Reptilien und Amphibien in den Waldreservaten zu Gesicht. Hier sind Wanderungen durch den Regenwald zumeist erlaubt und die einzige Möglichkeit, das Gebiet zu erkunden. Bachläufe, Tümpel, Höhlen und Astlöcher sind immer lohnende Untersuchungsobjekte. Ebenfalls sollte man sonnenbeschienene Lichtungen, exponierte Felsen und umgestürzte Bäume genauer unter die Lupe nehmen. Mit etwas Glück und einem guten Auge wird man Reptilien und Amphibien entdecken und so ganz nebenbei auch einige interessante Insekten.

Zur Identifizierung der Tiere empfiehlt es sich, ein Bestimmungsbuch dabei zu haben. Die Broschüren der Nationalparks beschränken sich meist auf die Beschreibung von ein oder zwei Arten und sind wenig hilfreich. Ähnlich ergeht es einem mit den Rangern, die in den wenigsten Fällen tiefer gehende Kenntnisse über diese Tiergruppe haben. Meistens sind sie neben Säugetieren auf die Vogelwelt und Schmetterlinge spezialisiert. Aus der Vielzahl der vorkommenden Arten werden im Folgenden einige Spezies eingehender vorgestellt, um einen groben Überblick über die Herpetofauna der Region zu geben.

### Schildkröten

**Landschildkröten** (Testudinidae) gehören zu den so genannten **Halsbergern** (Cryptodira). Halsberger bedeutet, dass die Tiere bei Gefahr den Kopf geradewegs in den Schutz des Panzers zurückziehen können.

In Ostafrika ist die Pantherschildkröte (*Geochelone pardalis*) weit verbreitet. Ihren Namen bezieht sie von den schwarzgelb gemusterten Schildplatten ihres Panzers. Die Zeichnung ist besonders in jungen Jahren stark kontrastreich. Alte Tiere sind eher einfarbig braun gefärbt. Die Pantherschildkröte bewohnt das südliche Kenia und die nördliche Hälfte von Tansania. Im zentralkenianischen Hochland scheint sie zu fehlen. Sehr alte Tiere wurden in den Trockenregionen gefunden und wiesen Panzergrößen von 70 cm auf. Pantherschildkröten sind tagaktiv und häufig nach Regenfällen zu beobachten. Die heißen Stunden des Tages verbringen sie im Schatten von Büschen. Um ihre rein vegetarische Ernährung sicherzustellen, müssen sie besonders in der Trockenzeit lange Wege zurücklegen. Eine andere

– jedoch mit maximal 22 cm viel kleinere – Landschildkröte ist die Glattrand-Gelenkschildkröte (*Kinixys belliana*). Ihr Panzer hat ein unregelmäßiges schwarzgelbes Schachbrett- oder Sternenmuster. Sie unterscheidet sich von der Pantherschildkröte durch den Bau ihres Panzers. Dieser ist weniger gewölbt und besitzt ein Scharnier am hinteren Panzerende, das es den Schildkröten ermöglicht, ihn zu schließen.

**Halswenderschildkröten** (Pleurodira) sind nicht in der Lage, ihren Kopf in den Panzer einzuziehen. Bei Gefahr legen sie Kopf und Hals seitlich gekrümmt unter den vorderen Teil des Panzers. Die am weitesten verbreiteten Halswenderschildkröten Ostafrikas sind die Pelomedusenschildkröten (Pelomedusidae). Die Starrbrust-Pelomeduse (*Pelomedusa subrufa*) bewohnt Trockensavannen, Halbwüsten und Sumpfgebiete. In ihrer Habitatwahl ist sie stark wassergebunden und demnach auch in den trockenen Regionen in der Nähe von Tümpeln oder kleinen Wasserläufen zu finden. Wenn eine Wasserstelle austrocknet, wandert diese Art auf der Suche nach neuen Lebensräumen über Land. Es ist bekannt, dass sie Wasser über weite Entfernungen „riechen" kann. Starrbrust-Pelomedusen werden etwa 25 cm groß und wiegen dann über 2 kg. Im Gegensatz zu vielen Schildkröten sollte man allerdings den näheren Umgang mit ihnen vermeiden. Bei Störung beginnen sie sofort zu beißen und einen faulig stinkenden Geruchsstoff abzusondern. Die Gezähnelte Pelomeduse (*Pelusios sinuatus*) gehört mit bis zu 55 cm zu den größten Wasserschildkröten. Sie lebt in Seen und Flüssen; am ehesten ist sie beim Sonnenbad auf Sandbänken oder abgestorbenen Baumstämmen zu beobachten. Bei Annäherung eines Feindes lässt sich diese Art sofort ins Wasser fallen und taucht ab. Die verwandte Braune Pelomeduse (*P. castanoides*) bevorzugt kleinere Tümpel mit Ufervegetation. Wenn während der Trockenzeit das Wasser verdunstet, graben sich die Tiere ein und übersommern bis zur folgenden Regenzeit.

Einige **Meeresschildkröten** (Cheloniidae) leben in den ostafrikanischen Küstengewässern und suchen auch die Strände zur Eiablage auf. Am häufigsten werden Exemplare und Nester der Suppenschildkröte (*Chelonia mydas*) gesichtet. Die Eiablagesaison beginnt im Dezember. In dieser Zeit kann man Suppenschildkröten beim Schnorcheln im flachen Wasser beobachten oder mit etwas Glück bei der nächtlichen Eiablage an den Sandstränden. Einzelne Tiere kommen sogar an Land, um sich in der Sonne aufzuheizen. Weitere Arten, die in der Region beobachtet werden können, sind die Karettschildkröte (*Caretta caretta*) und die Bastardseeschildkröte (*Eretmochelys imbricata*).

**Pantherschildkröte (*Geochelone pardalis*)**
Foto: W. Denzer

### Krokodile

Auch wer nicht besonders an Reptilien interessiert ist, wird sicherlich während einer Safari versuchen, Krokodile zu Gesicht zu bekommen. Dies gelingt nahezu jedem Besucher, da es stabile Populationen an vielen Seen und Flüssen gibt, inklusive der häufig aufgesuchten Parks wie Massai Mara.

Eine weite Verbreitung in Ostafrika hat das Nilkrokodil (*Crocodylus niloticus*). Diese mächtigen Reptilien können eine Größe von über 5 m erreichen. Meist werden aber nur Exemplare von 2,5–3 m beobachtet. Nilkrokodile sind sowohl tag- als auch nachtaktiv. Während des Tages sieht man sie oftmals auf Sandbänken, die Nacht wird überwiegend im Wasser verbracht. Trotz ihrer Größe und des behäbigen Erscheinungsbildes können sich Krokodile auch an Land schnell fortbewegen. Aufgrund ihres kräftigen Schwanzes sind sie hervorragende Schwimmer, die auch weiter entfernte Beutetiere schnell erreichen können. Meist lassen sie sich nahe der Oberfläche treiben, sodass nur die Nasenlöcher und Augen sowie einige der hochstehenden Rücken- und Schwanzschuppen zu erkennen sind. Es gelingt ihnen aber auch, bis zu 45 min unter Wasser zu verbringen. Mit Beharrlichkeit und sehr guten Augen ausgestattet, beobachten sie die Uferregionen. Tiere, die zum Trinken kommen, sind potenzielle Opfer. Das Krokodil schwimmt dann auf die Beute zu und taucht erst im letzten Moment auf. Größere Exemplare bevorzugen Zebras und Antilopen. Jungtiere ernähren sich von Fischen, Wasserschildkröten und Fröschen.

Die Paarung der Nilkrokodile vollzieht sich im Wasser. Die etwa 50 Eier werden vom Weibchen im Sand eingegraben; es bewacht das Nest dann bis zum Schlupf gegen Eierfresser wie Warane und Hyänen. Einige Weibchen tarnen das Nest mit Ästen und Blättern, wenn sie sich für kurze Zeit auf Nahrungssuche begeben. Kurz vor dem Schlupf geben die jungen Krokodile einen hohen Ruf ab, der das Weibchen veranlasst, das Nest zu öffnen. Mit großer Sorgfalt transportiert es dann jedes Jungtier mit dem Maul zum Wasser. Die Eischalen inklusive der Dotterreste werden vom Weibchen gefressen. Jungtiere haben viele Feinde; dazu zählen auch größere Artgenossen. Sie verbringen daher ihre ersten Lebensmonate in dichter Ufervegetation. Zu Beginn wachsen sie je nach Nahrungsangebot bis zu 50 cm pro Jahr. Ab einer Größe von ca. 1 m verlegen sie ihren Lebensmittelpunkt ebenfalls auf die offenen Gewässer, wo sie mit den adulten Krokodilen in Gemeinschaft leben.

Es wird wiederholt über menschenfressende Krokodile berichtet. Ausgewachsene Exemplare sind sicherlich leicht in der Lage, Menschen zu überwältigen; zudem passt ein am Ufer sitzender Mensch auch in das Futterschema eines Krokodils. Wer allerdings nicht gerade in „krokodilverseuchten" Gewässern badet, wird die Tiere eher nur von weitem auf einer Sandbank oder bei einer Bootsfahrt zu sehen bekommen. Dennoch ist bei Annäherung ans Wasser stets Vorsicht geboten.

### Echsen

Auf den Safaris begegnet man immer wieder zwei recht großen Echsen, die zu den **Waranen** (Familie Varanidae) gehören. Zum einen ist dies der Nilwaran (*Varanus* *niloticus*), der sich meist in Wassernähe aufhält, zum anderen der Weißkehl-Steppenwaran (*Varanus albigularis*), der die trockenen Savannenregionen bevorzugt. Beide Arten können beachtliche Größen von 1,5 m erreichen; vom Nilwaran sind sogar Exemplare mit 2,5 m bekannt geworden.

Der Nilwaran sucht seine Nahrung sowohl an Land als auch im Wasser. Beliebte Beutetiere sind Krabben, Insekten und kleine Säugetiere. In einigen touristischen Gegenden findet man ihn auch in der Nähe der Abfallhaufen, wo er nach Essensresten sucht. Während der Nistzeit der Krokodile versuchen Nilwarane, an die Eier zu gelangen. Selbst gut getarnte Nester können sie mit ihrem hervorragenden Geruchssinn ausfindig machen. Die starken Krallen ermöglichen es ihnen, das Nest schnell zu öffnen und an die begehrten Eier zu gelangen. Da sie sich an Land sehr schnell bewegen können, droht ihnen keine Gefahr von den Krokodilweibchen.

Junge Nilwarane besitzen eine deutliche gelbe Punktzeichnung auf dunklem Grund, die im Alter zu Bändern verschmilzt und im Kontrast nachlässt. Neben der Färbung lassen sich Nilwarane durch ihre Schädelausprägung von Weißkehlwaranen unterscheiden; der Kopf eines Nilwarans ist zugespitzt, während der eines Weißkehlwarans massig ist. Weißkehlwarane haben keine Bänderzeichnung über dem Rücken und sind meist weniger kontrastreich gefärbt. Das einfachste Unterscheidungsmerkmal ist jedoch die Lebensart: Weißkehlwarane leben in der Trockensavanne und sind selten in Wassernähe anzutreffen. Nilwarane bauen ihre Höhlen in den Böschungsbereich eines Flusses, Weißkehlwarane bewohnen hingegen Termitenbauten, geeignete Baumhöhlen oder Baue von Stachelschweinen. Die potenzielle Beute beider Arten rekrutiert sich aus allem, was zu überwältigen ist. Sie schrecken auch nicht davor zurück, Giftschlangen anzugreifen.

**Nilwaran (*Varanus niloticus*)** Foto: W. Denzer

Im Gegenzug sind Schlangen, Raubvögel und Mungos die gefährlichsten Feinde junger Warane.
Trotz der beachtlichen Größe sind Warane nicht gefährlich für Menschen, zumal sie bereits bei der geringsten Störung die Flucht ergreifen. In Lodges, in denen sich Warane angesiedelt haben, sollte man jedoch trotzdem vorsichtig sein und sich größeren Exemplaren nicht zu sehr nähern. Bei Bedrohung können Warane ihren kräftigen Schwanz als Peitsche einsetzen und schmerzhafte Verletzungen verursachen.
Die ersten Reptilien, die ein Reisender zu Gesicht bekommt, werden wahrscheinlich Vertreter der **Geckos** (Familie Gekkonidae) sein. An nahezu jeder Lichtquelle – sei es in der Stadt oder in irgendeiner Unterkunft auf einer Safari – versammeln sich allabendlich Geckos, um den vom Licht angezogenen Insekten aufzulauern. Diese so genannten Hausgeckos gehören meist zu den Halbzehern der Gattung *Hemidactylus*. In Ostafrika sind dies Brooks Gecko (*H. brooki*) und der Afrikanische Hausgecko (*H. mabouia*). Beide Arten sind nur schwer voneinander zu unterscheiden, da sie jeweils eine mittelbraune Fleckenzeichnung auf hellbraunem Grund aufweisen. Meist ist die Zeichnung bei Brooks Gecko etwas kontrastreicher; außerdem scheint er mit Pusteln übersät zu sein, die von tuberkelartigen weißen Schuppen herrühren. Hausgeckos sind überwiegend nachtaktiv , scheuen aber ein Sonnenbad zum Aufheizen in den frühen Morgen- und Abendstunden nicht.
Aber auch tagsüber kann man Geckos an Bäumen beobachten. Kleine, unscheinbar grau gefärbte Taggeckos der Gattung *Lygodactylus* sind in der Küstenregion und in Savannen zu finden. Als wichtiges Unterscheidungsmerkmal dient bei diesen Geckos die Kopf- und Nackenzeichnung. Der Kenia-Zwerggecko (*L. keniensis*) besitzt eine gelbliche Kopfoberseite mit braunen Sprenkeln, der Gelbkopf-Zwerggecko (*L. luteopicturatus*) hat einen kräftig gelben Kopf- und Nackenbereich mit braunen Streifen. Eine weitere häufige Art ist der Weißkopf-Zwerggecko (*L. picturatus*); er zeichnet sich durch einen weißen Kopf mit dunkelbraunen Flecken und Streifen aus.
Von nachtaktiven Geckos lassen sich Taggeckos durch ihre auch tagsüber runde Pupille unterscheiden. Die farbenprächtigen Taggeckos der Gattung *Phelsuma* haben ihre Hauptverbreitung auf Madagaskar und den Komoren; eine Art hat es jedoch auch geschafft, den afrikanischen Kontinent zu erreichen, nämlich *Phelsuma dubia*. Dieser Taggecko lebt im Küstenbereich Südkenias und Nordtansanias und kann dort hoch oben an Palmen beobachtet werden. Wegen seiner smaragdgrünen Körperfärbung mit roten Punkten ist er unverwechselbar. Ebenfalls tagaktiv sind die Waldgeckos der Gattung *Cnemaspis*. Alle Arten sind echte Regenwaldbewohner und leben an Bäumen. Die einzelnen Populationen sind bezüglich ihrer Verbreitung stark eingeschränkt und in mittleren Höhenlagen zu finden. Ihre kryptische Färbung ist dergestalt, dass sie sich kaum vor der Rinde abzeichnen.
**Chamäleons** (Familie Chamaeleonidae) gelten im Tierreich als „Meister der Tarnung“. Ihr Farbwechselvermögen, das skurrile Aussehen und ihr Verhalten macht sie zu beliebten Beobachtungsob-

jekten auf einer Wanderung. Aber gerade diese Attribute sorgen dafür, dass man Chamäleons nicht leicht entdeckt. In Ostafrika leben weit über 20 Arten dieser interessanten Echsen. Das Spektrum reicht von nur etwa 5 cm großen Zwergchamäleons der Gattung *Rampholeon* bis hin zu dem über 50 cm erreichenden Mellers Riesenchamäleon (*Chamaeleo melleri*).

Zwergchamäleons sind meist unscheinbar braun gefärbte Bodenbewohner. Ihre Färbung sorgt für eine perfekte Tarnung im Laub des Waldes. Alle Zwergchamäleons Ostafrikas zeichnen sich durch einen sehr kurzen Schwanz aus, was ihnen auch den deutschen Namen Stummelschwanzchamäleons eingebracht hat. Tagsüber bewegen sie sich im Laub oder Gras, um kleinen Beuteinsekten aufzulauern. Wie alle Chamäleons sind auch die Zwerge unter ihnen eher Ansitzjäger, d. h. sie warten, bis ein geeignetes Futterobjekt nahe genug ist, um es mit der langen Zunge zu erbeuten. Ihre Augen sind allerdings sehr scharfsichtig, und selbst die kleinste Bewegung veranlasst Chamäleons dazu, der Sache näher auf den Grund zu gehen. Sie pirschen sich dabei ungeheuer langsam an das Objekt an und wiegen den gesamten Körper in einer Schaukelbewegung hin und her. Dieses Verhalten nennt man Blattmimese, da es die Bewegung eines Blattes im Wind imitiert. Meist ist diese Art der Jagd erfolgreich, und eine einmal anvisierte Beute hat kaum eine Chance, dem zielsicheren Schuss mit der Zunge zu entkommen. Die am weitesten verbreitete Zwergchamäleonart ist Kerstens Stummelschwanzchamäleon (*Rampholeon kerstenii*). Diese Art bewohnt den Küstenwald und die Trockensavanne. Die Grundfärbung passt sich dem Habitat an und ist ein helles Braun mit zahlreichen Längsstreifen. Zwergchamäleons zeigen kein so ausgeprägtes Farbwechselvermögen wie ihre großen Verwandten; wenn sich allerdings zwei Männchen begegnen, sind auch sie in der Lage, einige farbenprächtige Muster zu produzieren. Weitere weit verbreitete Arten sind *R. brevicaudatus* und *R. brachyura*, die überwiegend in den Küstenregionen zu finden sind.

Die Männchen der Chamäleongattungen *Bradypodion* und *Chamaeleo* besitzen verschiedenartige, skurril anmutende Auswüchse im Bereich des Kopfes. So gibt es Arten mit einem, zwei oder drei rundlichen Hörnern, solche mit flachen Nasenanhängen und Arten, die Hautlappen am Hinterkopf tragen oder einen sehr hohen Helm besitzen. Bei weiblichen Tieren sind diese Merkmale häufig nur schwach oder gar nicht ausgeprägt, sodass deren Unterscheidung im Feld manchmal schwer fällt. Das größte Chamäleon der Region ist Mellers Riesenchamäleon (*Chamaeleo melleri*). Diese Art zeichnet sich neben ihrer Größe vor allem durch den Besitz eines Nasenhorns und Hautlappen am Hinterkopf aus. Letztere sehen ein wenig wie die Ohren von Elefanten aus, scheinen aber keinerlei funktionelle Bedeutung zu haben. Wahrscheinlich dienen sie nur zur Arterkennung und als sekundäres Geschlechtsmerkmal. Aufgrund der Größe und der Lebensweise in hohen Bäumen besteht die Beute von Mellers Riesenchamäleons aus großen Insekten und Spinnen. Es existieren unbestätigte Berichte, dass auch der ein oder andere Vogel dieser Echse zum Opfer fallen soll. Eine andere Art mit beachtlichen Größen

**Dreihornchamäleon (*Chameleo jacksonii*)**
Foto: W. Denzer

bis etwa 40 cm ist Fischers Chamäleon (*Bradypodion fischeri*). Die Männchen dieser Art besitzen zwei abgeflachte, parallele Hörner an der Schnauzenspitze. In der Region sind drei verschiedene Unterarten bekannt: in den östlichen Usambara-Bergen *B. f. fischeri* als größte Unterart, *B. f. multituberculatum* in den westlichen Usambaras und *B. f. uluguruensis* in den Uluguru-Bergen. Die Uluguru-Form zeichnet sich durch überwiegend braune Färbungsvarianten aus, während die beiden Usambara-Unterarten spektakuläre Farbwechsel mit Grün- und Blautönen vollziehen können. Diese Farbwechsel dienen entgegen landläufigen Auffassungen nicht der Tarnung, sondern reflektieren den Gemütszustand der Tiere. Während der Paarungszeit und bei Annäherung eines Artgenossen zeigen territoriale Chamäleons die buntesten Farbmuster.

Dem Fischerchamäleon sehr ähnlich ist das Taveta-Zweihornchameleon (*B. tavetanum*), jedoch bleibt es mit 15–20 cm weit hinter dessen Maximalgröße zurück. Außerdem lebt es etwas weiter westlich in den Pare-Bergen und der Umgebung des Mt. Kilimanjaro.

Besonders imposant sind Dreihornchamäleons. In der Region leben drei Arten, von denen Jacksons Dreihornchamäleon (*Chameleo jacksonii*) die häufigste ist. Man findet diese Art in mittleren Höhenlagen des kenianischen Hochlandes sowie am Mt. Meru in Tansania. Die Tiere werden etwa 25–30 cm lang, in Ausnahmefällen können sie auch auf bis zu 38 cm heranwachsen. Die Ausbildung der Hörner erinnert stark an prähistorische Saurier wie z. B. *Triceratops*. Wahrscheinlich dienen sie Territorialkämpfen. Interessanterweise findet man aber auch Weibchen, die recht kräftige Hörner besitzen. Wie viele Hochlandformen setzen weibliche Dreihornchamäleons lebende Jungtiere ab. Ebenfalls lebendgebärend und ähnliche Habitate bewohnend ist Höhnels Chamäleon (*C. hoehnelii*). Die Männchen besitzen einen hohen Helm, einen kleinen, hornförmigen Schnauzenfortsatz und Stachelschuppen in Form eines Bartes in der Kehlregion.

In trockeneren Savannengegenden leben einige Arten, die meist überwiegend grün gefärbt sind und sich nur schwer voneinander unterscheiden lassen. Hierzu zählen das Lappenchamäleon (*C. dilepis*) sowie *C. gracilis* und *C. laevigatus*. Alle Arten können etwa 25 cm Länge erreichen und bevorzugen Buschwerk und Dickicht als Lebensraum. Das Lappenchamäleon ist über fast ganz Ostafrika verbreitet und hält sich oft in Büschen der Gartenanlagen von Lodges auf, sodass man diese Art am ehesten zu Gesicht bekommt. Einheimische wissen meist genau, wo die Tiere sitzen. Bei anderen Arten, wie den seltenen „einhornigen" Chamäleons *Bradypodion tenue* oder *B. oxyrhinum,* wissen selbst die Führer nicht, wo diese zu finden sind.

Anders als mit den gut getarnten Chamäleons verhält es sich mit **Agamen** (Familie Agamidae). Sie liegen leicht erkennbar auf sonnenexponierten Felsen oder Wegen. Die Männchen haben bei ihren Vorzugstemperaturen ausgesprochen attraktive Färbungen. In weiten Teilen des östlichen Kenia und Tansania findet man die Siedleragame (*Agama agama*). Diese Art hat einen stahlblauen Körper und einen orangen Kopf. Eine ähnliche Art bewohnt die westlichen Savannenregionen wie Serengeti und Massai Mara. Es handelt sich dabei um die Felsagame (*A. mwanzae*). Diese Art zeigt am Kopf und im vorderen Körperdrittel schillernde Pinktöne und ist am Rest des Körpers blau gefärbt. Die Weibchen beider Arten sind unscheinbarer und besitzen nur einige orange oder helle Punkte auf meist braun gefärbtem Grund. Agamen leben häufig auch in den Anlagen der Unterkünfte. Man kann sie dort beim Sonnen auf Steinen und den Wegen beobachten. Die Blaukehlagame (*Acanthocerus atricollis*) bewohnt ähnliche Habitate wie die Felsenagame, hat jedoch eine baumbewohnende Lebensweise. Bei Fahrten durch die Massai Mara kann man diese Echsen beobachten. Meist sitzen sie kopfüber am Baumstamm und lassen ihre blaue Kehle erkennen. Weitere Agamenarten leben in den Halbwüsten des nördlichen Kenias und den Miombewäldern Tansanias.

Eine große Anzahl von Echsen wird von den **Skinken** (Familie Scincidae) gestellt. Viele Arten zeichnen sich durch ein glattes Schuppenkleid aus, das im Sonnenlicht glänzt. Einige Arten haben stark zurückgebildete Extremitäten und einen lang gezogenen Körper, der ihnen ein schlangenähnliches Aussehen verleiht. Diese oftmals nur lokal auftretenden Skinke leben zudem häufig im Verborgenen als grabende oder laubbewohnende Echsen. Hierunter fallen z. B. die beinlosen Schlangenskinke der Gattung *Melanoseps* sowie die Schlankskinke der Gattung *Leptosiaphos*.

Die häufigste Skinkart Ostafrikas ist der Streifenskink (*Mabuya striata*). Er ist deutlich durch seine braue Körperfärbung mit den zwei gelben Seitenrückenstreifen von allen anderen Arten zu unterscheiden. Der Streifenskink wird bis zu 25 cm lang, ist sonnenliebend und baumbewohnend. Man findet ihn in der Trockensavanne ebenso wie in Gärten und Städten. In den Städten lebt er an Mauern, die ausreichend Sonnenschein erhalten. Seine Beutetiere erjagt der Streifenskink am Boden. Die Weibchen fallen in den Sommermonaten aufgrund ihres großen Körperumfangs auf. Dies wird verständlich, wenn man berücksichtigt, dass diese Art bis zu neun lebende Junge zur Welt bringt. Ebenfalls ein großes Verbreitungsgebiet hat der Veränderliche Skink (*M. varia*). Wie der Name bereits andeutet, ist seine Färbung variabel. Im Allgemeinen ist der Grundton glänzend braun mit eingestreuten weißen Flecken, die Längsstreifen auf dem Rücken bilden können, jedoch niemals so deutlich wie beim Streifenskink. An den Flanken haben zahlreiche Exemplare eine deutlich sichtbare weiße Streifenzeichnung. Diese Art bevorzugt steiniges Terrain und ist bodenbewohnend. Mit maximal 18 cm bleibt sie auch deutlich kleiner als die zuvor genannte. Auch der Veränderliche Skink ist lebendgebärend; Jungtiere findet man zu jeder Jahreszeit.

Zwei weitere Arten kann man in felsigen Regionen immer wieder beobachten, nämlich den Fünfstreifenskink (*M. quinquetaeniata*) und den Regenbogenskink (*M. margaritifer*). Die ausgewachsenen Männchen dieser Arten sind leicht voneinander zu unterscheiden: Fünfstreifenskinke besitzen eine schwarze Grundfärbung, die mit hellblauen Punkten – besonders im Halsbereich – und einem gelben Streifen seitlich am Hals durchsetzt ist. Regenbogenskinke dagegen sind von einheitlich hellbrauner Färbung und einem dunkelbraunen Fleck mit gelblicher Streifung am Hals. Im Sonnenlicht schillern sie je nach Einfallswinkel in Regenbogenfarben. Schwierig ist es allerdings, die Weibchen und Jungtiere zu unterscheiden. Diese besitzen eine dunkle Körperfärbung mit einem beigen Rückenmittenstreifen und zwei deutlichen Rückenseitenstreifen sowie einem blauen Schwanz. Nur erfahrene Reptilienkenner können diese Tiere im Feld eindeutig bestimmen.

Eine Gruppe von Echsen, die auch in Europa weit verbreitet ist, ist die der **Echten Eidechsen** (Familie Lacertidae). In Ostafrika ist der Artenreichtum jedoch nicht so ausgeprägt wie in Europa oder Nordafrika. In den Wäldern des Hochlandes begegnet man Jacksons Waldeidechse (*Adolfus jacksoni*). Am Kilimandscharo kann man sie sogar bis auf etwa 3.000 Höhenmeter antreffen. Jacksons Waldeidechse ähnelt ein wenig europäischen Mauereidechsen der Gattung *Podarcis*. Häufig sitzt die Eidechse an erhöhten Sonnenplätzen wie Baumstümpfen oder Felsen. Die Art verlässt sich sehr stark auf ihre Tarnung und ist kaum aus der Ruhe zu bringen. Man kann sich den Tieren leicht bis auf einen Meter nähern. Im dichten Wald ist sie wegen ihrer Regungslosigkeit nur schwer zu entdecken, aber auf Lichtungen kann man sie kaum verfehlen. Jacksons Waldeidechse wird etwa 20 cm lang und ist schlank gebaut. Vom Kopf zieht sich ein deutliches helles, breites Band über Rücken und Schwanz.

**Fünfstreifenskink (*Mabuya quinquetaeniata*)**
Foto: W. Denzer

Eine völlig andere Lebensweise bevorzugt Boulengers Eidechse (*Nucrus boulengeri*). Sie lebt in buschbestandenen Gebieten und Miombewald. Bei der geringsten Gefahr sucht sie Schutz unter einem Busch oder in Nagetierbaue. Erwachsene Tiere sind graubraun mit einzelnen hellen Seitenpunkten, die zu einem Band verschmelzen können. Die Jungtiere sind sehr lebhaft gefärbt. Auf braunem Grund zeigen sie drei helle Rückenstreifen, gepunktete Flanken, und sie haben einen roten Schwanz. In Trockengebieten leben Sandeidechsen (*Heliobolus* spp.) und Langschwanzechsen (*Latastia longicaudata*). Bei beiden Arten übersteigt der Schwanz die Körperlänge um ein Mehrfaches. Oberflächlich sehen sie sich ähnlich, da beide eine hellbraune Rückenfärbung mit hellen Mustern zeigen. Bei genauerem Hinsehen entdeckt man allerdings, dass die weit verbreitete Spekes Sandeidechse (*Heliobolus spekii*) längs gestreift ist, während die Langschwanzechse eher ein Schachbrettmuster aufweist, dessen helle Anteile nicht zu Streifen verschmelzen. Beide Arten sind sehr scheu und können bei Gefahr mit großer Geschwindigkeit davonrennen.

Aus der Familie der **Gürtelechsen** (Cordylidae) ist besonders der Gürtelschweif (*Cordylus tropidosternum*) zu erwähnen, der sich durch seine rauen Schuppen und seinen stacheligen Schwanz von allen anderen Echsen der Region unterscheidet. Er hat eine arboreale Lebensweise und zieht sich bei Störung in Baumhöhlen zurück. Gürtelschweife gehören zur südafrikanischen Fauna und sind hier am nördlichsten Punkt ihrer Verbreitung. Eine stabile Population lebt im Arabuko Sokoke Forest. Da die Tiere bei Annäherung häufig unbeweglich verharren, sind sie dank ihrer braunen Farbe nicht von der Baumrinde zu unterscheiden und werden leicht übersehen.

Zu guter Letzt sollen noch die **Schildechsen** (Familie Gerrhosauridae) Erwähnung finden. Sie sind mit drei weit verbreiteten Arten vertreten: Gelbkehlschildechse (*Gerrhosaurus flavigularis*), Riesenschildechse (*G. major*) und Streifenschildechse (*G. nigrolineatus*). Schildechsen sind leicht an ihrer Größe (bis 55 cm bei *G. major*, sonst 40 cm) und den deutlich in Ringen über den Rücken laufenden Schuppenreihen zu erkennen. Bei genauerem Hinsehen erkennt man zusätzlich eine deutlich Seitenfalte am Bauch. Schildechsen sind tagaktiv und leben in offenem Gelände, wie man es z. B. an den Stränden vorfindet. Meist sind sie in der Nähe ihrer Baue zu finden, die sie entweder selbst graben oder von Säugetieren übernehmen, nachdem diese sie verlassen haben. Ausgewachsene Riesenschildechsen sind nahezu bronzefarben, die beiden anderen Arten haben deutliche Streifen an den Rückenseiten. Trotz ihrer Größe und des kräftigen Körperbaus handelt es sich bei Schildechsen um harmlose Zeitgenossen, die oft auch die Nähe menschlicher Ansiedlungen suchen.

### Ungiftige Schlangen

Die meisten ungiftigen Schlangen sind unter den Natternverwandten (Colubridae) zu finden; weitere im Gebiet vorkommende ungiftige Arten zählen zu den Wurmschlangen (Familien Typhlopidae und Leptotyphlopidae) sowie den Riesenschlangen (Familie Boidae).

**Riesenschlangen** aus der Familie der Boas und Pythons (Boidae) sind mit drei Arten vertreten. Die Sandboa (*Gongylophis colubrinus*) wird zwar maximal nur 1 m lang, ist aber aufgrund ihrer Morphologie und Anatomie zu den Boiden zu rechnen und somit systematisch gesehen eine Riesenschlange. Die Körperschuppen sind glatt und ermöglichen eine grabende Lebensweise. Häufig werden Sandboas beim Umgraben in landwirtschaftlich genutzten Gebieten gefunden, wo sie auf Jagd nach Kleinsäugern und Echsen gehen. Echte Riesenschlangen im Sinne des Wortes sind dagegen die Felsenpythons (*Python natalensis* und *P. sebae*), die Längen von über 5 m erreichen. Lange Zeit waren diese beiden Arten unter einem Namen zusammengefasst; heutzutage weiß man, dass es sich um zwei Arten handelt: den Zentralafrikanischen Felsenpython (*P. sebae*) aus Uganda, dem nördlichen Kenia, der Küstenregion sowie einigen westlichen Regionen und den Südlichen Felsenpython (*P. natalensis*) aus Südkenia und Tansania. Das Verbreitungsgebiet des Zentralafrikanische Felsenpythons erstreckt sich darüber hinaus bis nach Westafrika, das des Südlichen Felsenpythons bis nach Südafrika. Nur ein Fachmann kann diese beiden Arten im Feld voneinander unterscheiden. Felsenpythons sind hellbraun und besitzen eine dunkelbraune Musterung auf Rücken und Flanken. Die Zeichnung ist bei der zentralafrikanischen Art etwas kontrastierter, insbesondere eine helle Linie über dem Auge, die sich auch auf dem Körper fortsetzen kann, ist deutlicher ausgeprägt. In der Lebensweise unterscheiden sich die beiden Arten kaum.

Felsenpythons sind überwiegend nachtaktiv und häufig in der näheren Umgebung von Gewässern anzutreffen. Sowohl im Wasser als auch zu Land und auf Bäumen ist der Felsenpython trotz seiner Größe erstaunlich beweglich und schnell. Seine Nahrung setzt sich je nach Alter und Größe aus Fischen und Säugern zusammen. Ausgewachsene Exemplare sind in der Lage, Gazellen zu verschlingen. Der Tod des Beutetieres wird durch Würgen herbeigeführt. Felsenpythons sind dafür bekannt, dass sie mehrere Monate ohne Nahrung auskommen können. Wie überall, wo es Riesenschlangen gibt, existieren auch in

**Feilenschlange (*Mehelya capensis*)** Foto: W. Denzer

Ostafrika Gerüchte von 10 m langen, menschenfressenden Ungeheuern. Wegen des schönen Leders wird allerdings kaum eine Schlange jemals diese Größe erreichen, da sie vermutlich schon vorher zu Handtasche oder Gürtel verarbeitet sein wird – Tatsache ist, dass kein einziger Nachweis eines 10-m-Exemplars vorliegt und dass schon Exemplare über 6 m zu den absoluten Raritäten zählen.

**Nattern** (Familie Colubridae) besetzen in Ostafrika nahezu alle Nischen, und die Natur hat für alle Herausforderungen mindestens eine angepasste Art im Zuge der Evolution hervorgebracht.

Nicht jede grüne Schlange, auf die man trifft, ist eine giftige Grüne Mamba, obwohl viele Führer versuchen werden, diesen Eindruck zu vermitteln. Häufig handelt es sich dann um die harmlosen, nur etwas über 1 m großen Baumschlangen aus der Gattung *Philothamnus*. Insbesondere Battersbys Grüne Baumschlange (*Philothamnus battersbyi*) aus dem kenianischen Hochland wird of als Mamba bezeichnet. Bei genauerem Hinsehen erkennt man jedoch, dass diese Art einen erheblich kürzeren Kopf und ein leuchtenderes Grün aufweist. Insgesamt kennt man mehr als zehn Arten von grünen Baumschlangen, die alle eine ähnliche Lebensweise wie Mambas führen. Grüne Baumschlangen sind tagaktiv und buschbewohnend. Sie jagen nach Chamäleons, sonstigen Echsen und jungen Vögeln. Bei Bedrohung flachen sie ihren Vorderkörper ab, zischen und stoßen mit offenem Maul zu. Selbst dieses Abwehrverhalten entspricht dem einer Mamba. Neben dem erwähnten *P. battersbyi* sind die Südöstliche Grüne Baumschlange (*Philothamnus hoplogaster*) und die Gesprenkelte Grüne Baumschlange (*P. punctatus*) weit verbreitet.

Einige Nattern sind hochspezialisiert in Bezug auf ihre Nahrung. So leben in Ostafrika sowohl schnecken- als auch eierfressende Schlangen. Die Schneckennat-

**Schaufelnasennatter (*Scaphiophis albopunctatus*)** Foto: W. Denzer

ter (*Duberria lutrix*) wird nur etwa 35 cm lang und ist häufig in Gärten und auf Farmgelände zu finden. Ihre Rückenfärbung ist variabel und reicht von ziegelrot bis hellbraun. Schneckennattern sind harmlose Schlangen, die sich bei Störung spiralförmig aufrollen und ein übel riechendes Exkrement ausscheiden können. Eierschlangen (*Dasypeltis scabra*) sind in nahezu allen Habitaten zu finden, außer in Wüsten und hoch gelegenem Regenwald. Durchschnittlich erreichen sie eine Größe von 70 cm. Die hellbraune Färbung mit dunklen Bändern oder Tupfen ähnelt stark der Zeichnung einiger Nachtottern (Gattung *Causus*) wie auch der Teppichviper (*Echis pyramidum*) und lässt ein Mimikry vermuten. Die Nahrungsaufnahme einer Eierschlange ist ein beeindruckendes Schauspiel. Der Maul- und Halsbereich ist um ein Vielfaches dehnbar, sodass ein fingerdickes Exemplar in der Lage ist, Eier von der Größe eines Hühnereis zu verspeisen. Die Eier werden dabei im vorderen Körperdrittel durch verlängerte, in die Speiseröhre ragende Wirbelfortsätze aufgeschlitzt, der Inhalt wird geschluckt, die Schale ausgewürgt. Eine zweite Eierschlangenart ist *Dasypeltis atra*, deren Vorkommen auf die kenianischen Hochlagen zwischen Nairobi und Mt. Kenya beschränkt ist.

Eine weite Verbreitung in nahezu allen Lebensräumen hat die Afrikanische Hausschlange (*Lamprophis fuliginosus*), die auch in urbanen Gebieten zu finden ist. Die etwas über 1 m große Schlange ernährt sich von Echsen und Kleinsäugern und ist daher bei vielen Gartenbesitzern nicht unbeliebt. Von der Hausschlange

**Vogelnatter (*Thelotornis capensis*)**
Foto: W. Denzer

sind verschiedene Farbvarianten bekannt, die lokal auftreten. Man kennt vollständig olivgrüne Schlangen, rotbraune Exemplare und in Nordtansania braune Tiere mit weißen Seitenstreifen. Hausschlangen leben tagsüber in Erdlöchern oder unter Steinen und erscheinen erst in der Dämmerungsphase, um auf Jagd zu gehen.

Nur lokale Verbreitung haben die Arten der Feilenschlangen (*Mehelya* spp.), die leicht an ihrem dreieckigen Körper und einem abgeflachten Kopf zu erkennen sind. Feilennattern sind nachtaktiv und ernähren sich von anderen Reptilien – inklusive kleineren Schlangen – sowie Amphibien. In Ostafrika sind diese Schlangen wegen ihres urtümlichen Aussehens und der langsamen Fortbewegung vielerorts verhasst. Zum einen geht das Gerücht, dass das reine Erblicken schon zur Erblindung führe; zum anderen bringt angeblich eine Feilennatter im Haus großes Unglück über die Familie.

Haken oder Schaufelnasennattern (Gattung *Scaphiophis*) sind an ein unterirdisches Leben angepasst. Die Beschuppung auf der Schnauzenspitze besteht aus nur einer stark zugespitzten, großen Schuppe, die den Tieren das Graben ermöglicht. Die Nasenlöcher sind schlitzartig nach hinten gerichtet, um ein Eindringen von Schmutzpartikeln zu verhindern. Wegen ihrer verborgenen Lebensweise ist nur wenig über diese Schlangen bekannt. Man weiß jedoch, dass sie in Kleinsäugerbaue eindringen, wo sie die Beutetiere mit dem Maul ergreifen und dann mit ruckartigen Kopfbewegungen gegen die Wände des Baus schlagen, um sie zu töten. Eine nächtliche Lebensweise führen die Katzenaugennatter und die Tigernatter (*Telescopus dhara* und *T. semiannulata*). Die Katzenaugennatter ist dunkelbraun oder anthrazitfarben, während die Tigernatter rötlich mit schwarzer Bänderzeichnung gefärbt ist. Beide Arten haben eine schlanke Körperform und leben im Dickicht, wo sie nach Vögeln jagen.

Einige Nattern sind an ein Leben im Wasser angepasst. Smyths Wassernatter (*Grayia smythii*) lebt in den Uferzonen der großen Süßwasserseen, wo sie nach Amphibien und Fischen jagt. Die Sumpfnattern (*Natriciteres* spp.) bevorzugen Bäche und Tümpel. Wieder andere Arten – wie z. B. die Sandrennnattern (*Psammophis* spp.) – leben in ariden Habitaten, wo sie im Buschwerk auf Nahrungssuche nach Echsen und Kleinsäugern gehen.

Zu den „ungiftigen" Schlangen werden meist alle Arten gerechnet, die nicht aktiv Gift injizieren, also keinen Giftapparat in Form von Giftzähnen am vorderen Oberkiefer besitzen. Diese Klassifizierung als „ungiftig" gilt leider aber nur eingeschränkt, da es einige Arten gibt, die im hinteren Teil des Mauls Zähne besitzen, die verlängert sind und z. T. tödliche Giftmischungen absondern können. Im Allgemeinen dienen diese Zähne bzw. das Gift nur zum Festhalten und Lähmen bzw. Töten von Beutetieren sowie zur Unterstützung der Verdauung. Bei der Boomslang (*Dispholidus typus*) und den Vogelnattern (*Thelotornis* spp.) sind diese Gifte jedoch auch für den Menschen gefährlich. Die Boomslang ist eine bis zu 1,8 m lange, tagaktive Schlange, die Mambas recht ähnlich sieht. Man kennt grüne, graue und hellbraune Farbvarianten. Die Lebensweise ist zudem ebenfalls wie die der Mambas baumbewohnend; die Nahrung besteht aus Echsen – insbesondere Chamäleons – und jungen Vögeln. Vogelnattern sind auch tagaktiv und baumbewohnend. Meist erreichen sie nur eine Größe von 1,3 m. Wegen ihres schlanken Körperbaus werden sie auch oft als „Zweigschlange" bezeichnet. Die Grundfärbung ist oberseits Hellbraun, mit schwacher dunkler Bänderzeichnung auf dem Rücken, und unterseits Weiß mit dunklen Sprenkeln. Die Kopfoberseite ist grün, und am Hals befinden sich dunkle Flecken. Während Boomslangs große runde Pupillen haben, besitzen Vogelnattern waagerechte, längliche Pupillen. Bei Bedrohung sind Vertreter beider Gattungen in der Lage, ihren Hals seitlich abzuflachen und Zischlaute zu erzeugen. Vogelnattern strecken dann auch oftmals ihre knallrote Zunge aus. Der erste Biss wird häufig zur Warnung mit geschlossenem Maul ausgeführt, jedoch sollte man sich darauf nicht verlassen.

### Giftschlangen

Unter den Schlangen besitzen wohl die **Mambas** den höchsten Bekanntheitsgrad, da sie immer wieder in Reiseberichten und Erzählungen auftauchen, in denen von ihrer Schnelligkeit und Aggressivität berichtet wird. In Ostafrika sind sowohl die Grüne Mamba (*Dendroaspis angusticeps*) als auch die Schwarze Mamba (*Dendroaspis polylepis*) beheimatet. Die Grüne Mamba ist überwiegend in den Wäldern entlang der Küste zu finden,

**Grüne Mamba (*Dendroaspis angusticeps*)**
Foto: W. Denzer

während die Schwarze Mamba im gesamten Gebiet vorkommt. Beide Arten sind Baumbewohner und ernähren sich von Vögeln und kleinen Säugern. Ausgewachsene Exemplare der Schwarzen Mamba können Längen von über 3, maximal sogar 4 m erreichen, die Grüne Mamba von weit über 2 m. Fühlt sich eine Mamba bedroht, so stellt sie ihren Vorderkörper bis zu einem Drittel der Gesamtlänge auf.

**Kobras** gehören ebenfalls wie Mambas zu den Giftnattern (Elapidae), die sich durch recht kurze, unbewegliche Giftzähne und eine runde Pupille auszeichnen. In Ostafrika sind die Ägyptische Kobra *(Naja haje*) und Speikobras (*Naja mossambica, N. nigricollis*) weit verbreitet. Diese Arten bevorzugen Grasland und Savanne, sind jedoch auch häufig in landwirtschaftlich genutzten Gebieten anzutreffen, da dort kleine Nagetiere, die ihre Nahrung darstellen, vermehrt vorkommen. Kobras richten im Erregungszustand ihren Vorderkörper auf und spreizen ihren Hals. Speikobras sind in der Lage, ihr Gift aus modifizierten Zähnen etwa 3 m weit gezielt zu verspritzen. Im Allgemeinen versuchen sie, die Augen des Angreifers zu treffen, was zu einer Erblindung führen kann. Wer also nicht mit den Feinheiten der Kobrabestimmung vertraut ist, sollte beim Fotografieren genügend Abstand halten.

In vielen Waldgebieten existieren Populationen der Schwarzweißen Kobra (*Naja melanoleuca*). Sie ist oberseits schwarz gefärbt, mit einer mehr oder weniger deutlichen hellen Sprenkelung, und unterseits beige. An der Halsunterseite befinden sich schwarze Querbänder (im Gegensatz zur Ägyptischen Kobra mit nur einem breiten, dunklen Band), die bei Aufrichten des Vorderkörpers klar erkennbar sind. Waldkobras sind zwar überwiegend bodenbewohnend, andererseits aber auch für ihre Kletterkünste und Schwimmfähigkeit bekannt. Trotz ihres Namens sind sie nicht nur in Waldgebieten zu finden, sondern dringen auch in besiedelte Gebiete vor.

Eine Besonderheit unter den Kobras stellt die aquatisch lebende Gebänderte Wasserkobra (*Boulengerina annulata*) dar, die im Tanganyika-See zu finden ist. Sie ist ein hervorragender Schwimmer und Taucher und ernährt sich fast ausschließlich von Fischen.

**Weitere Vertreter der Familie der Giftnattern** sind die Afrikanischen Korallenschlangen (*Elapsoidea* spp.) sowie Golds Baumkobra (*Pseudohaje goldii*). Seeschlangen haben einen ähnlichen Giftapparat wie Giftnattern, werden aber in die eigenständige Familie Hydrophiidae gestellt. Ihnen begegnet man eher zufällig am Strand oder bei Tauchgängen und Schnorchelexkursionen. Die häufigste Art an ostafrikanischen Küsten ist die Plättchenseeschlange (*Pelamis platurus*), die leicht an ihrer schwarzen Oberseite und einem deutlichen gelben Seitenband zu erkennen ist.

**Puffotter (*Bitis arietans*)** Foto: W. Denzer

**Grubenottern** (Viperidae) besitzen lange Giftzähne, die im Oberkiefer angelegt werden können und erst beim Anbringen eines Bisses aufgerichtet werden. Viele Arten haben vertikale Pupillen, was auf eine nachtaktive Lebensweise hindeutet. Als weiteres, jedoch ebenfalls unsicheres Merkmal zur Vipernidentifizierung dient der dreieckige, stark vom Hals abgesetzte Kopf. Unter den afrikanischen Grubenottern ist wohl die Puffotter (*Bitis arietans*) die bekannteste. Sie ist in den verschiedensten Biotopen zu finden, von den Halbwüsten im Norden über Bergwälder bis in die Savannen. Da sie überwiegend nachtaktiv ist und tagsüber oft zusammengerollt unter Baumstämmen liegt, bekommt man sie nur selten zu Gesicht. Fühlt sie sich bedroht, stößt sie einen lauten Zischlaut zur Warnung aus. Wer dieses Geräusch einmal gehört hat, dem wird diese Schrecksekunde wohl für immer in seinem Gedächtnis haften. Die Fortbewegung von Puffottern ist untypisch für Schlangen und am ehesten mit der einer Raupe zu vergleichen. Die Spuren, die sie dabei im Untergrund hinterlässt, sind daher geradlinig. Ihre Nahrung setzt sich aus Säugern, Vögeln sowie Echsen zusammen. Auch bei der Jagd verlässt sich die Puffotter vollständig auf ihre Tarnung und wartet, bis ein potenzielles Beutetier vorbeikommt, dem dann mit den bis zu 18 mm langen Zähnen ein blitzartiger Giftbiss zugefügt wird. Puffottern sind für eine Reihe von Bissunfällen verantwortlich, die meist die Unterschenkel oder den Fuß treffen. Wer zu Fuß unterwegs ist, sollte daher genauestens darauf achten, wohin der nächste Schritt führt. Die bei einem Biss injizierte Giftmenge ist erheblich (100–350 mg), und schon 100 mg können fatale Folgen für den Menschen haben. Wie die meistern anderen Vipern bringen auch Puffottern lebende Junge zur Welt bringen. Etwa 100–120 cm lange Weibchen können über 100 Jungtiere absetzen.

Die längsten Giftzähne (bis zu 4 cm) im Schlangenreich besitzt die verwandte Gabunviper (*Bitis gabonica*), die farblich sicherlich zu den schönsten Schlangen Ostafrikas zählt. Das Rückenmuster besteht aus geometrisch anmutenden Flecken in den verschiedensten Farbtönen und sorgt für eine perfekte Tarnung der Schlange im Laub. Man muss schon sehr genau hinsehen, um sie zu entdecken. Einmal entdeckt, ist sie leicht an den kleinen hornartigen Fortsätzen auf der Schnauzenspitze sowie dem nahezu dreieckigen, abgeflachten Kopf zu erkennen. Trotz ihrer beeindruckenden Größe (bis 180 cm),

Plumpheit und der langen Giftzähne ist sie ein bei weitem angenehmerer Zeitgenosse als die Puffotter. Bei Störung stößt auch sie Zischlaute aus und versucht, ihrem Körper durch tiefes Ein- und Ausatmen ein noch größeres Aussehen zu vermitteln, aber nur selten beißt sie auch wirklich zu, wobei dann allerdings bis zu 500 mg eines sehr stark wirksamen Giftes abgegeben werden. Gabunvipern sind nachts aktiv, und selbst dann bleiben sie meist im Laub versteckt und lauern Beutetieren wie Säugern, Laufvögeln und Amphibien auf.

In einigen Gebieten Ostafrikas leben die kleinen (meist unter 50 cm) Nachtottern (Gattung *Causus*). Die auffälligsten Vertreter dieser Gruppe sind zwei grün gefärbte Arten: Lichtensteins Nachtotter (*Causus lichtensteini*) aus den Waldgebieten im westlichen Kenia und Uganda und die Grüne Nachtotter (*Causus resimus*) aus den Wald- und Buschregionen sowie den dicht bewachsenen Küstenwäldern im Osten. Beide Arten sind entgegen ihrem Namen überwiegend tag- und dämmerungsaktiv. Sie leben in den Laubschichten, wo sie nach Amphibien und anderen kleinen Wirbeltieren suchen. Bei Bedrohung blähen sich Nachtottern auf und geben zischende Laute von sich. Weitere Arten dieser Gattung mit weiter Verbreitung sind die Rhomben-Nachtotter (*C. rhombeatus*) sowie De Filippis Nachtotter (*C. defilippii*). Diese beiden Arten zeigen auf einer hellbraunen Grundfärbung eine dunkelbraune, weiß umrahmte Flecken- oder Bänderzeichnung. Als Habitat bevorzugen sie Feuchtsavannen und Graslandschaften.

Eine nahezu ausschließlich baumbewohnende Lebensweise besitzen die Buschvipern der Gattung *Atheris*. Alle Arten kommen nur lokal sehr beschränkt vor, da sie ausgesprochene Regenwaldbewohner der höheren Lagen sind. Es ist daher nicht verwunderlich, dass die einzelnen Populationen manchmal über Hunderte von Kilometern isoliert sind, wie z. B. in den Gebirgszügen der Eastern Arc Mountains. Ein Beispiel hierfür ist die Gehörnte Buschviper (*Atheris ceratophorus*), die in den Usambara-, Uluguru- und Udzungwa-Bergen gefunden wurde. Man kennt von ihr eine dunkelbraune sowie eine schwarz-gelb gemusterte Farbvariante. Ihren Namen bezieht sie von den verlänger-

**Grüne Nachtotter (*Causus resimus*)** Foto: W. Denzer

ten Hornschuppen über ihrem Auge. In westlichen Wäldern ist die Rauschuppige Buschviper (*A. hispida*) verbreitet. Auch von ihr sind zwei Färbungsvarianten bekannt: eine braune und eine grüngelbe Phase. Der Körper ist mit spitzen, sägezahnähnlichen Schuppen überdeckt. Am Mt. Kenya findet man die Mount-Kenya-Buschviper (*A. desaixi*), die überwiegend dunkelbraun gefärbt ist und eine schwach gelbe Musterung aufweist. Alle Buschvipern besitzen stark gekielte Schuppen sowie einen Greifschwanz, mit dem sie im Geäst Halt finden.

In den Trockengebieten Nordkenias lebt die gefürchtete Teppichviper (*Echis pyramidum*). Trotz ihrer geringen Größe von maximal 70 cm gilt sie als eine der gefährlichsten Giftschlangen weltweit. Ihren Ruf verdankt sie der Tatsache, dass sie in Afrika und Asien für eine Vielzahl von Bissunfällen verantwortlich ist, insbesondere aber auch ihrer „Aggressivität“. Teppichvipern stoßen bereits bei der geringsten Störung wiederholt zu und sind auch in der Lage, einen Angreifer anzuspringen. Sie rollen sich S-förmig zusammen und stoßen blitzschnell nach vorn, sodass sie den vermeintlichen Feind regelrecht im Flug angreifen. Einer derartigen Aktion geht jedoch meist eine Warnung voraus. Zusammengerollte Teppichvipern reiben ihre Schuppen gegeneinander, sodass ein Geräusch ähnlich dem vom Klapperschlangen zu vernehmen ist. Da sie mit ihrer braun-weißen Musterung im steinigen Habitat sehr gut getarnt sind, sollte man äußerst wachsam sein, wenn rasselnde Geräusche zu vernehmen sind.

Trotz der Vielfalt an Schlangen wird man auf einer typischen Safari nur wenigen Exemplaren begegnen. Am ehesten sieht man eine Puffotter, die langsam die Straße oder eine Piste überquert. Wer allerdings in den Waldgebieten oder im offenen Gelände zu Fuß unterwegs ist, hat große Chancen, die eine oder andere Art zu Gesicht zu bekommen.

### Frösche und Kröten

Froschlurche (Ordnung Salientia oder Anura, Frösche und Kröten) sind die einzigen Vertreter der Amphibien in Ostafrika neben einigen im Verborgenen lebenden Blindwühlen (Gymnophiona). Schwanzlurche (Salamander und Molche), wie wir sie aus Europa kennen, sind südlich der Sahara nicht verbreitet. Frösche und Kröten trifft man in Ostafrika überall an, wo es Wasser gibt. Nur in den Wüstengebieten Nordkenias hat man Probleme, Amphibien zu beobachten.

Der **Große Krallenfrosch** (*Xenopus laevis*, Familie Pipidae) ist ein echter Wasserbewohner, der die Trockenzeit im Schlamm vergraben überdauert. Nur nach sehr starken Regenfällen wandern einzelne Tiere in neue Gebiete ein. Dies ist die einzige Zeit, in der man Krallenfrösche an Land beobachten kann. Für seine aquatische Lebensweise ist der Krallenfrosch mit kräftigen Hinterbeinen und Schwimmhäuten zwischen den Zehen ausgestattet. Die Augen sind schräg nach oben gerichtet, da er sich meist im Schlamm aufhält. Krallenfrösche wurden außerhalb Afrikas vor allem durch ihren Einsatz als Labortier bekannt. Wird jungen Weibchen der Harn einer schwangeren Frau injiziert, so beginnen sie bereits wenige Stunden nach der Injektion mit dem Laichen. Dieser Vorgang beruht auf Hormonen, die

während einer Schwangerschaft produziert werden und sonst bei Frauen nicht vorhanden sind. Lange Zeit war dies der sicherste und schnellste Schwangerschaftstest. Weitere Vertreter dieser Gattung sind u. a. der weit verbreitete *Xenopus muelleri* und die im Hochgebirge anzutreffende Art *Xenopus ruwenzoriensis*.
Nachts kann man in der Nähe von Häusern und in Gartenanlagen an Lichtquellen oftmals **Kröten** (Familie Bufonidae) beobachten. In den meisten Fällen handelt es sich dabei um die etwa 11 cm große Pantherkröte (*Bufo regularis*). Ihre Rückenseite ist graubraun und weist dunkle Flecken auf, die ein wenig an die Musterung eines Leoparden erinnern, daher der Name. Kröten sind nachts aktiv und suchen dann nach Insekten. Pantherkröten sind in unterschiedlichen Lebensräumen zu finden und manchmal auch weit ab von Wasser. Zum Laichen benutzen sie temporäre Tümpel oder wandern zu permanenten Wasserstellen. Eine ebenfalls weite Verbreitung hat die verwandte Rote Kröte (*Bufo carens*). Wie der Name bereits andeutet, sind die Tiere rotbraun und besitzen zudem eine dunkelbraune Musterung. Mit 9 cm bleiben sie etwas kleiner als die Pantherkröten. Der Zwerg unter den Kröten Ostafrikas ist Lönnbergs Kröte (*B. lönnbergi*) mit nur etwa 40 mm Größe. Lönnbergs Kröte ist leicht daran zu erkennen, dass sie im Gegensatz zu den beiden vorgenannten Arten kein sichtbares Trommelfell besitzt. Dieses Merkmal hat sie mit nur wenigen anderen Vertretern der so genannten Taitakröten-Gruppe gemeinsam. Die hierfür namensgebende Art (*Bufo taitanus*) bewohnt die niederen Bergwaldregionen des südlichen Kenias und Tansanias.
Eine Besonderheit unter den Kröten und den Amphibien im Allgemeinen sind die lebendgebärenden Baumkröten der Gattung *Nectophrynoides*. Die Entwicklung zum Jungtier über eine vollständige Metamorphose erfolgt bei diesen Tieren in zusammengewachsenen unteren Eileitern, die eine gebärmutterähnliche Funktion übernehmen. Nach einer Dauer von neun Monaten werden bis zu 30 voll entwickelte Jungkröten abgesetzt. Baumkröten leben in Regenwaldgebieten der Eastern Arc Mountains und sind nur lokal verbreitet, weshalb sie strengsten Artenschutzbestimmungen unterliegen.
Der Schmuckfrosch (*Hildebrandtia ornata*) gehört zur Familie der **Echten Frösche** (Ranidae). Er ist oberseits dunkelbraun gefärbt und mit grünen sowie hellbraunen Streifen versehen. Mit seiner Länge von nur etwa 5 cm zählt er nicht gerade zu den großen Fröschen, aber seine eiförmige, kompakte Körperform lässt ihn wesentlich größer erscheinen. Der Schmuckfrosch ist ein Grabfrosch, der einen überwiegenden Teil seines Lebens im Schlamm vergraben verbringt und nur nach Regenfällen an die Oberfläche

**Pantherkröte (*Bufo regularis*)**
Foto: W. Denzer

kommt, um Nahrung aufzunehmen oder sich fortzupflanzen. Die Kaulquappen erreichen vor der Metamorphose die beachtliche Größe von 9 cm. Der bei weitem mächtigste Frosch Ostafrikas ist der Afrikanische Ochsenfrosch (*Pyxicephalus adspersus*) mit 24 cm bei Männchen und immerhin 12 cm bei Weibchen. Auch er verbringt lange Zeiträume im Boden vergraben. Die Natur hat ihn dazu mit einer speziellen Grabschwiele am Mittelfuß ausgestattet. Nach Einsetzen der Regenzeit versammeln sich die Frösche in kleinen Tümpeln, um sich zu paaren und zu laichen. Wegen seiner Größe setzt sich die bevorzugte Beute erwachsener Afrikanischer Ochsenfrösche aus Kleinsäugern und anderen Fröschen zusammen, während Jungtiere sich von allerlei Wirbellosen ernähren. Seine Größe ist aber auch der Grund dafür, dass er bei der einheimischen Bevölkerung des Öfteren auf dem Speiseplan steht.

Ebenfalls zur Familie Ranidae gehören die skurril anmutenden Schaufelnasenfrösche. Der Körper ist aufgebläht wie ein Ballon, und der unverhältnismäßig kleine Kopf ist stark zugespitzt. Diese Schnauzenform hat ihnen auch den alternativen Namen „Ferkelfrösche" eingebracht. Der Marmorierte Ferkelfrosch (*Hemisus marmoratus*) lebt in trockenen Regionen meist in der Nähe von Wasser. Seine Lebensweise ist überwiegend unterirdisch, und er ernährt sich von Termiten und Ameisen ernährt. Ihre Baue graben die Tiere mit der verhärteten Schnauze. Ihre Eier graben sie in einer eigens angelegten kleinen Eikammer nahe der Wasserstelle ein. Beim Schlupf der Kaulquappen wird die Verbindung zur Wasserstelle hergestellt, sodass die Larven ausgespült werden. Der Marmorierte Ferkelfrosch ist von brauner Grundfärbung und oberseits gelblich gesprenkelt. Der Maskarenen-Frosch (*Ptychadena mascareniensis*) ähnelt stark den europäischen Grünfröschen und besitzt ein ausgeprägtes Springvermögen. Auch seine Lebensweise ist der seiner Verwandten vergleichbar. Man findet ihn oft in Wassernähe und Ufervegetation oder im Sumpfland. Der Körper ist länglich und zeigt eine grüne oder braune Rückenfärbung, meist mit einem deutlichen hellgrünen Band in der Rückenmitte.

**Peters Greiffrosch (*Chiromantis petersi*)**
Foto: W. Denzer

Der Zweigestreifte **Wendehalsfrosch** (*Phrynomerus bifaciatus*, Familie Phrynomeridae) lebt tagsüber in selbst gegrabenen Löchern verborgen. Der gesamte Körper ist schwarzbraun und mit zwei dunkelrosa Rückenstreifen versehen. Wendehalsfrösche beziehen ihren Namen von der Fähigkeit, den Kopf seitlich zu drehen. Ihr Sprungvermögen ist sehr eingeschränkt, und die Fortbewegung ähnelt eher einem vierbeinigen Stolzieren. In der Regenzeit sammeln sich die Männchen in der Ufervegetation von Wasserstellen und versuchen mit ihren lauten Rufen die Weibchen anzulocken. Paarung und Eiablage geschehen im flachen Wasser. Der Laich treibt bis zum Schlupf der Kaulquappen an der Wasseroberfläche.

**Ruderfrösche** (Rhacophoridae) sind von Madagaskar und Asien bekannt; die Gattung *Chiromantis* hat aber auch den „Sprung“ auf das afrikanische Festland geschafft. Peters‘ Greiffrosch (*Chiromantis petersi*) ist ein Baum- und Buschbewohner. Er besitzt an den Spitzen verbreiterte Finger, die ihm das Greifen ermöglichen. Dies ist typisch für alle arborealen Ruderfrösche. Ebenfalls typisch ist das Laichverhalten: Die Eier werden nicht wie sonst üblich ins Wasser gelegt, sondern in ein Schaumnest, das an Ästen über dem Wasser hängt. Erst im „Freischwimmerstadium“ verlassen die Kaulquappen diese schützende Hülle und fallen ins Wasser. Neben Waldgebieten sind Greiffrösche aufgrund ihrer hohen Anpassungsfähigkeit auch in vielen Gartenanlagen zu finden. Sie sind nachtaktiv und sitzen tagsüber eng an Äste geschmiegt, wo sie mit ihrer graubraunen Färbung nur schwer auszumachen sind.

Die wohl artenreichste Froschfamilie Ostafrikas umfasst die **Riedfrösche** (Hyperoliidae). Viele Arten sind bunt gefärbt und recht klein bleibend. Den Namen Riedfrosch verdanken sie der Tatsache, dass viele Arten an den Blättern und Stängeln von Riedgräsern und Schilf leben.

Der Braune Waldsteigerfrosch (*Leptopelis argenteus concolor*) ist ein Frosch der Küstenwälder. Hier bewohnt er dichtes Buschwerk in der Nähe von Tümpeln. Die Zeichnung ist variabel, aber die meisten Tiere besitzen zwei dunkle Rückenstreifen auf hellbraunem Grund. Mit nur etwas über 30 mm zählt diese Art zu den kleineren Steigerfröschen.

Die Lebensweise von Bocages Waldsteigerfrosch (*L. bocagei*) aus den Savannengebieten weicht diametral von der seiner Verwandten ab. Bocages Waldsteiger ist eine bodenbewohnende und grabende Art. Der Körper ist rundlich, und die Finger sind nicht verbreitert. Auf dem Rücken ist manchmal eine deutliche U-förmige Zeichnung ausgeprägt. Mit über 60 mm wird *L. bocagei* deutlich größer als die vorgenannte Art. Einen überwiegenden Teil seines Lebens verbringt dieser Frosch im Schlamm vergraben und erscheint besonders nach heftigen Regenfällen an der Oberfläche, um dem Fortpflanzungsgeschäft nachzugehen.

Der Senegal-Rennfrosch (*Kassina senegalensis*) ist über weite Teile Afrikas verbreitet. Von dieser Art sind zahlreiche Zeichnungsvarianten bekannt, sodass es schwer ist, ein einheitliches Bild zu beschreiben. Die meisten Tiere sind oberseits hellbraun (manchmal weiß) mit einer dunkelbraunen bis schwarzen Musterung, die aus Flecken bestehen aber manchmal auch zu Rückenstreifen verschmelzen kann. Aus dem westlichen Kenia sind dunkelbraune Tiere bekannt, aus wieder anderen Teilen ihres Verbreitungsgebietes kennt man Exemplare, die nahezu keine Rückenzeichnung aufweisen. Seinen Namen verdankt

**Mamorierter Riedfrosch (*Hyperolius viridiflavus*)** Foto: W. Denzer

der Rennfrosch der Fähigkeit, hochbeinig zu laufen. Nach heftigen Regenfällen verlassen die Frösche ihre Verstecke, die sie unter Steinen und in Erdlöchern bezogen haben, um sich fortzupflanzen. Hierzu reichen ihnen selbst kleinste Pfützen. Die Eier werden an die Unterseite im Wasser befindlicher Pflanzen geklebt, wo sich schnell die Kaulquappen und Jungfrösche entwickeln, um nicht der Trockenheit zum Opfer zu fallen. Ebenfalls weite Verbreitung hat der Gefleckte Rennfrosch (*Kassina maculata*), der von einer gefleckten Zeichnungsvariante des Senegal-Rennfrosches kaum zu unterscheiden ist. Während der Senegal-Rennfrosch eher eine Savannenform ist, findet man den Gefleckten Rennfrosch allerdings in den Feuchtgebieten der Küstenregion.

Bananenfrösche (*Afrixalus* spp.) haben oftmals eine helle Zeichnung (beige oder gelb) auf rotbraunem Grund, also genau anders herum, als dies bei den Rennfröschen der Fall ist. Im Westen Kenias und Tansanias sowie Uganda findet man den Vierstreifen-Bananenfrosch (*Afrixalus quadrivittatus*), der entgegen seinem Namen nur drei goldgelbe Streifen auf dunkelbraunem Grund zeigt. In den östlichen Regionen, insbesondere dem Küstenbereich, lebt der Gestreifte Bananenfrosch (*Afrixalus fornasini*). Diese Art hat eine dunkelbraune Grundfärbung und breite, silberfarbene Seitenrückenbänder. Bananenfrösche legen ihre Eier vorwiegend an Halmen von Riedgräsern oder an schmalen Blättern oberhalb der Wasseroberfläche ab. Bei einigen Arten werden die Gelege in das Blatt „eingerollt" und verklebt. Erst wenn die Kaulquappen schlupfreif sind, lassen sie sich ins Wasser fallen, um dort ihre Entwicklung bis zum Jungfrosch zu vollziehen. Alle Bananenfrösche sind tag- und nachtaktiv und besonders nach heftigen Regenfällen leicht zu beobachten. Die meisten Arten bleiben in ihrer Größe deutlich unter 40 mm.

Echte Riedfrösche (Gattung *Hyperolius*) sind in Ostafrika mit einer Vielzahl von Arten vertreten. Einige Mitglieder dieser Froschgattung sind sich oberflächlich betrachtet sehr ähnlich und können nur von geübten Fachleuten auseinandergehalten werden. Riedfrösche gehören zu den kleineren Froschlurchen, die Größen von 25–30 mm selten überschreiten. Trotz ihrer Farbigkeit ist es daher nicht immer leicht, sie zu entdecken. So ist z. B. der Nasen-Riedfrosch (*Hyperolius nasutus*) durchsichtig grün mit gelben Seitenbändern. Wenn diese Tiere tagsüber an den Blättern oder Halmen sitzen, ist es nahezu unmöglich sie auszumachen. Ihre Färbung lässt sie vollends mit dem grünen Untergrund verschmelzen. Sehr ähnlich gefärbt ist der im gleichen Gebiet vorkommende Seerosen-Riedfrosch (*Hyperolius pusillus*). Am ehesten unterscheiden sich beide Arten in ihren bevorzugten Aufenthaltsorten. Im Gegensatz zum Nasen-Riedfrosch bewohnt der Seerosen-Riedfrosch überwiegend Schwimmpflanzen. In der Ruhestellung und bei Bedrohung schmiegt er sich an den Untergrund an. Beide Arten legen ihre Eier an Wasserpflanzen ab, der Nasenriedfrosch auf der Blattoberfläche und der Seerosen-Riedfrosch an der Blattunterseite. Beim Nasen-Riedfrosch sind bereits die Kaulquappen grün gefärbt.

Eine besonders hübsche Art ist der Rotpunkt-Riedfrosch (*Hyperolius rubrovermiculatus*) aus den Shimba Hills in Kenia. Die Grundfärbung ist oberseits Schwarz, mit intensiv roten Punkten und einer weißen Seitenrückenlinie; die Unterseite ist gelb, und Füße, Hän-

de sowie Kehle sind orangerot gefärbt. Der Rotpunkt-Riedfrosch ist ein ausgesprochener Waldbewohner und bisher nur von wenigen Fundorten bekannt. Der Argusriedfrosch (*Hyperolius argus*) gehört zu den Arten, bei denen sich Männchen und Weibchen in ihrer Färbung unterscheiden: Während die Männchen einen gesprenkelten gelblich grünen Rücken haben, sind die Weibchen hellbraun mit dunkel umrandeter, weißer Fleckenzeichnung. Argusriedfrösche sind Savannenbewohner, die in der Nähe von Tümpeln leben, deren Umgebung mit Bäumen bestanden ist. Es gibt noch eine Reihe weiterer Riedfrösche, die allesamt bunt gefärbt sind und in sumpfigen und bewaldeten Gebieten gefunden werden.
In vielen Lodges gibt es kleine Wasserläufe, an denen sich nach Sonnenuntergang eine Vielzahl von Amphibien versammelt. Häufig handelt es sich dabei um Riedfrösche und Kröten. Diese lassen sich dann in aller Ruhe beobachten und meist auch fotografieren. Sicherlich sind Frösche nicht für alle Touristen der Höhepunkt einer Safari, aber ein geneigter Beobachter wird schnell Gefallen an den bunten und laut rufenden Gesellen finden.

Weiterführende Literatur zu diesem Thema:
SPAWLS, HOWELL, DREWES & ASHE (2002): A Field Guide to the Reptiles of East Africa
SCHIOTZ (1975): The Treefrogs of Eastern Africa
HERMANN (1993): Ruder- und Riedfrösche
HEDGES (1983): Reptiles and Amphibians of East Africa

**Schlammspringer (*Periophthalmus koelreuteri*)** Foto: W. Denzer

## Fische

Die Unterwasserwelt Ostafrikas ist recht reichhaltig. Im Küstengebiet Kenias und Tansanias sind bisher über 700 Arten von Meeres- bzw. Brackwasserfischen nachgewiesen worden (Kenia: 692, Tansania: 765). Die Anzahl der Süßwasserfische beläuft sich auf 320 Arten für Kenia, 789 Arten für Tansania, und für Uganda sind immerhin noch 256 Fischarten nachgewiesen. Insbesondere in den großen Süßwasserseen herrscht eine immense Artenvielfalt. Allein aus dem Tanganyika-See kennt man mehr als 300 Fischarten.
Eine Besonderheit in der Tierwelt ist der ostafrikanische **Lungenfisch** (*Protopterus* spp.). Sein aalförmiger Körper und die fadenförmigen Seitenflossen lassen ihn als perfektes Bindeglied im Übergang vom Wasser- zum Landtier erscheinen. Diese Fische leben in temporären Gewässern, bei denen immer die Gefahr der Austrocknung besteht. Mit Beginn der Trockenzeit graben sie einen ausreichend tiefen Schacht in den Schlamm und bauen sich in etwa 80 cm Tiefe eine Höhle aus Lehm und Schleimabsonderungen, in der sie übersommern. Mit dem Einsetzen der

heftigen Regen füllt sich der See wieder, und die Fische gelangen erneut ins Wasser, worauf die Paarungszeit beginnt. Die Brut wird vom Männchen bewacht und gedeiht sehr schnell. Jungfische können in den wenigen Monaten bis zur nächsten Trockenzeit bis auf 35 cm heranwachsen. In Ostafrika leben drei Arten von Lungenfischen, von denen der Marmorierte Lungenfisch (*Protopterus aethiopicus*) mit einer Maximalgröße von 2 m und einem Gewicht von 17 kg zu den Riesen in der Fischwelt zu zählen ist. Weitere Arten sind der Ostafrikanische Lungenfisch (*P. amphibius*) vom Turkana-See sowie der Westafrikanische Lungenfisch (*P. annectens*) aus dem nördlichen Kenia in der Umgebung des Tana-Flusses und Teilen Ugandas.

Die Mangrovengebiete entlang der Küste werden von Mangroven-Schlammspringern (*Periophthalmus koelreuteri*) aus der Familie der **Grundeln** (Gobiidae) bewohnt. Diese Fische leben amphibisch, also teils im Wasser und teils an Land. Damit sich die Schlammspringer an Land fortbewegen können, hat die Natur sie mit verlängerten Brustflossen ausgestattet. Durch ruckartige Bewegungen dieser Brustflossen gelingt es ihnen, sich sprungartig auf dem Schlamm zu bewegen. Eine weitere Besonderheit sind die nach oben gerichteten Augen, die es den Schlammspringern ermöglichen, an der Wasseroberfläche treibend nach möglichen Beutetieren Ausschau zu halten. Die Rückenflossen von Schlammspringer sind aufstellbar und bei einigen Arten bunt gefärbt. Sie dienen zur innerartlichen Kommunikation, wobei sie mehrmals in kurzen Abständen aufgerichtet werden, um dem vermeintlichen Kontrahenten zu imponieren.

In den großen Seen Ostafrikas (Victoria, Tanganyika und Malawi) haben sich im Laufe der Evolution viele Arten entwickelt, die hoch spezialisiert sind und eine deutliche ökologische Einnischung aufweisen. Bei den **Buntbarschen** (Familie Cichlidae) ist dieses Phänomen sehr markant ausgeprägt. Im Tanganyika-See sind nahezu zwei Drittel aller Buntbarscharten Endemiten. Ihre Nischen unterscheiden sich bezüglich des genutzten Bereiches im See (z. B. verschiedene Tiefen, Uferbereich, einmündende Flüsse), Nahrung und Brutverhalten.

**Schlankcichlide (*Cyprichromis* sp.)** Foto: W. Denzer

Einige der meist farbenfrohen Tanganyika-Buntbarsche werden häufig in heimischen Aquarien gepflegt. Der Rote Buntbarsch (*Hemichromis bimaculatus*) diente Konrad Lorenz als Versuchsobjekt bei seinen Studien zum Aggressions- und Revierverhalten. Diese Art gilt als sehr territorial und greift auch größere Fische innerhalb seines Reviers an. Zur Eiablage reinigen die Männchen die Oberfläche eines Holzstückes oder Steins von Algen. Die Jungfische werden dann von beiden Elternteilen bewacht, und potenzielle Fressfeinde werden vehement in die Flucht geschlagen.

Ein anderes Brutpflegeverhalten zeigt der Tanganyika-Beulenkopf (*Cyphotilapia frontosa*). Er ist ein typischer Maulbrüter. Die Eiablage erfolgt in Höhlen, wobei das Männchen immer dicht hinter dem Weibchen bleibt. Nachdem das Weibchen einige wenige Eier abgelegt hat, schwimmt das Männchen darüber und besamt sie. Im Folgenden nimmt das Weibchen die Eier mit dem Maul auf und setzt weiteren Rogen ab. Die Jungtiere bleiben immer in der Nähe der Elterntiere und werden bei Gefahr schnell mit dem Maul aufgesammelt. Auf diese Weise ist zumindest das Heranwachsen der Brut bis zu einer gewissen Größe sichergestellt. Weitere Vertreter der maulbrütenden Buntbarsche finden sich u. a. in den artenreichen Gattungen *Haplochromis* sowie *Tropheus*.

Eine dritte Variante der Brutpflege findet man bei den so genannten Höhlenbrütern. Bei diesen Arten sucht das Männchen eine kleine Höhle mit nur einem Eingang aus. Die Brut bleibt immer in der Umgebung des Einganges, und Eindringlinge werden von beiden Elternteilen durch blitzschnelle Angriffe vertrieben. Zu den Höhlenbrütern zählen u. a. die Schlank-Cichliden (*Julidochromis* spp.) und die Arten der Gattung *Lamprologus*.

Der Mossambik-Buntbarsch (*Tilapia mossambica*) erreicht die stattliche Größe von 40 cm. Aus diesem Grunde wird er in vielen Teilen Afrikas als Speisefisch gezüchtet. Da er ein Maulbrüter ist, gelingt die Jungtieraufzucht recht einfach, wenn Fressfeinde ferngehalten werden. Meist werden die noch nicht ausgewachsenen Fische gemäß ihrer Größe in unterschiedlichen Becken gehalten, bis sie zur endgültigen Verwertbarkeit herangewachsen sind.

In den **Korallenriffen** vor der ostafrikanischen Küste leben farbenprächtige Unterwassergesellschaften. Auch wer eigentlich mehr an Großwild interessiert ist, sollte sich ein wenig Zeit zum Schnorcheln oder zum Besuch eines Meeresaquariums nehmen. Einige auffälligere und häufige Arten werden im Folgenden beschrieben.

Zu den größten Fischen gehören die **Zackenbarsche** (Unterfamilie Epinephelinae). Einige Arten können über 2 m groß werden. Besonders schön ist der Juwelenbarsch (*Cephalopholis miniata*) mit einer strahlend roten Körperfärbung und hellblauen Flecken. Häufig liegen Zackenbarsche am Grund einer Höhle und lauern auf Beute. Ebenfalls beachtliche Größen von über 2 m erreicht der Napoleonfisch (*Cheilinus undulatus*) aus der Familie der **Lippfische** (Labridae). Neben seiner Größe kann man ihn an seinen dicken Lippen und einer vorstehenden Stirnwulst erkennen. Wie bei vielen der großen Fische wird auch bei Lippfischen die „Körperpflege" von Putzerfischen (*Labroides* spp.) übernommen. Obwohl Lippfische neben niederen Tieren auch Fische als Nahrung nehmen, erlau-

**Leoparden-Drückerfisch (*Ballistoides conspicillum*)** Foto: W. Denzer

ben sie den Putzerfischen, die Mundhöhlen von Schmarotzern zu reinigen. Putzerfische haben meist ein Revier mit mehreren Wirtsfischen. Einige der kleineren Lippfischarten – die so genannten Junker (*Thalassoma* spp.) – gehören zu den farbenprächtigsten Wesen im Tierreich.

Knallbunte Exemplare findet man auch unter den **Fahnenbarschen** (Familie Serranidae). Der Gelbrücken-Fahnenbarsch (*Pseudanthias evansi*) zeigt eine blaue Grundfärbung und ist gelb gesprenkelt. Rücken sowie Rücken- und Schwanzflossen sind ebenfalls gelb. Fahnenbarsche ziehen in großen Schwärmen über die Korallenriffe und bieten somit einen sehr beeindruckenden Anblick. Interessanterweise sind Weibchen dazu befähigt, ihr Geschlecht zu verändern und somit die Anzahl der Männchen innerhalb eines Schwarms konstant zu halten. Fahnenbarsche tragen ihren Namen nach der stark antennenartig verlängerten Rückenflosse.

Meist orange mit weißer Streifung sind die Anemonen- oder Clownsfische (*Amphiprion* spp.), die zu den **Riffbarschen** (Pomacentridae) gehören. Sie leben mit Anemonen in Symbiose, indem sie den Wirt vor Fressfeinden schützen und ihrerseits in den Tentakeln der Anemone Schutz suchen. Das Nesselgift kann den Fischen nichts anhaben, da sie eine Schutzschicht auf ihrem Körper bilden. Auch Anemonenfische ändern ihr Geschlecht. Die junge Brut besteht ausschließlich aus männlichen Tieren, die sich später entsprechend ihrer Rangfolge umwandeln. An einer Anemone halten sich meist mehrere Exemplare auf, wobei das größte Tier ein dominantes Weibchen ist.

**Papageienfische** (Familie Scaridae) sind eng mit den Lippfischen verwandt. Ihren Namen tragen sie aufgrund ihres überständigen, schnabelartigen Maules, das dazu dient, Korallenstücke abzubeißen. Zudem sind viele Arten mindestens so farbenfroh gezeichnet wie Papageien. Meistens sind sie Einzelgänger, und man kann sie selbst unter Wasser hören, wenn sie Korallen abweiden. Den Fischen kommt es dabei nicht auf die Korallenstöcke an, die nur einen geringen Nährwert besitzen, sondern auf den darauf aufsitzenden Algenbewuchs. Einige Papageienfische produzieren nachts eine Schleimhülle, mit der sie sich umgeben. Man nimmt an, dass dies dem Schutz vor Fressfeinden dient. Ältere Weibchen sind in der Lage, ihr Geschlecht zu verändern. Um dann auch als Männchen erkannt zu werden, wird auch die Färbung geändert. Die Bestimmung von Papageienfischen gestaltet sich recht schwierig, da nahezu alle Arten alters- und geschlechtsbedingte Färbungen und Zeichnungen aufweisen.

**Drückerfische** (Familie Balistidae) sehen den Papageienfischen sehr ähnlich. Ein einfaches Unterscheidungsmerkmal ist jedoch die Rückenflosse. Während sie bei Papageienfischen durchgängig ist, besitzen Drückerfische eine Flosse kurz hinter dem Kopf sowie eine am Ende des Rückens, die bis nahe an den Schwanz heranreicht. Diese zweite Rückenflosse wie auch die gegenüberliegende Afterflosse nutzen Drückerfische als Antrieb. Beim Schwimmen bewegen sich die Säume der beiden Flossen wellenförmig. Zwar ernähren sich auch Drückerfische von Korallen, jedoch werden zusätzlich Fische und Krebstiere gern erbeutet. Ein besonders hübscher Vertreter ist der Leoparden-Drückerfisch (*Balistoides conspicillum*). Er hat eine schwarze Grundfärbung, die am Bauch weiß marmoriert ist. Am Rücken zeigt er ein Leopardenmuster, und das Maul ist orange-gelb. Am Rücken tragen Drückerfische zwei Dornen, die im Wesentlichen dazu dienen, sich nachts damit in ihren Schlafhöhlen zu verankern.

Eine eigentümliche Fortbewegung zeigen die **Doktorfische** (Acanthuridae). Sie schwimmen ausschließlich vermittels ihrer Brustflossen. Auf diese Weise scheinen sie ständig auf und ab zu schwimmen. Die meisten Arten besitzen einen ovalen Körper und dreieckige Schwanzflossen. Mit ihrem Maul raspeln sie Algen von Korallenstöcken ab, nehmen aber manchmal auch kleine Krebstiere zu sich. Eine anatomische Besonderheit sind bewegliche, messerscharfe Knochenfortsätze an der Schwanzflossenwurzel, die sie nur zur Verteidigung und zu Territorialkämpfen benutzen. Doktorfische bevorzugen flache Meeresregionen, in denen sie tagsüber auf Nahrungssuche gehen können und nachts Unterschlupf in Spalten und Aushöhlungen finden.

**Paletten-Doktorfisch (*Paracanthus hepatus*)** Foto: W. Denzer

**Kaiserfische** (Pomacanthidae) sind farbenprächtige Arten, die am Korallenriff leben. Zu den größten Arten mit etwa 50 cm gehört der Purpurmond-Kaiserfisch (*Pomacanthus maculosus*). Der ganze Körper ist azurblau, und im hinteren Drittel befindet sich ein großer, halbmondförmiger gelber Fleck. Die Rückenflosse ist stark verlängert und die Schwanzflosse weißlich. Der Dreipunkt-Zwergkaiserfisch (*Apolemichtys trimaculatus*) ist am ganzen Körper leuchtend gelb. Nur die Afterflosse ist schwarz umrandet, und auf der Stirn befindet sich eine schwarze Markierung. Die „Lippen" sehen wulstig aus und sind leuchtend blau. Zu den farbenprächtigsten Fischen überhaupt zählt der Imperator- oder Diadem-Kaiserfisch (*Pomacanthus imperator*). Im ausgewachsenen Stadium ist er alternierend blau-gelb schräg gestreift, mit gelber Schwanzflosse und blauer Afterflosse. Der Brustbereich ist tief dunkelblau. Oberhalb des Kopfes ist er gelb mit einem schwarzen Band, und der Bereich um das Maul ist hellblau. Wie viele Kaiserfische ist bei dieser Art auch ein starker Unterschied in der Erwachsenen- und in der Jugendzeichnung ausgeprägt. Jungtiere haben eine schwarze Grundfärbung, auf der sie zahlreiche weiße und hellblaue konzentrische Kreise und Kreisbögen zeigen. Bevor sie in die schräg gestreifte Adultphase übergehen, gibt es noch eine intermediäre blau-gelb marmorierte Zeichnungsphase. Alle Kaiserfische besitzen einen Kiemendeckelstachel, der oftmals farbig ist.

In Zeichnung und Färbung sind viele **Falterfische** (Familie Chaetodontidae) den Kaiserfischen sehr ähnlich. Insbesondere findet man zahlreiche leuchtend gelbe Arten mit dunklen Streifen. Zum einen besitzen Falterfische allerdings keinen Kiemendeckelstachel, und zum anderen weist eine Reihe von Arten pinzettartig verlängerte Mäuler auf. Letzteres ist besonders deutlich beim Röhrenmaul-Pinzettfisch (*Forcipiger flavissimus*) erkennbar. Die meisten Falterfische sind Zwitter und leben dementsprechend solitär. Tagsüber gehen sie auf Nahrungssuche, und die Nacht verbringen sie am Grund. Damit sie mit ihren leuchtenden Farben nicht Fressfeinden zum Opfer fallen, sind sie in der Lage, ihre Körperfärbung zu verändern.

**Pfauenkaiserfisch (*Pygoplites diacanthus*)** Foto: W. Denzer

Zu den **Skorpionfischen** (Familie Scorpaenidae) gehören zwei vom Aussehen her ganz unterschiedliche Fischgruppen. Zum einen sind dies extrem gut an den Untergrund angepasste Fische wie die Drachenköpfe (*Scorpaenopsis* spp.), zum anderen die auffällig bunten Feuerfische. Alle Skorpionfische sind verhältnismäßig schlechte Schwimmer, die sich oft am Grund oder auf Korallen aufhalten. Der über 20 cm große Buckel-Drachenkopf (*Scorpaenopsis diabolus*) ist grau, mit grünlicher, unregelmäßiger Punktzeichnung. Er imitiert auf diese Weise vollständig ein algenbewachsenes Korallenstück. Er verharrt unbeweglich, bis geeignete Beute an seinem Maul vorbeischwimmt, die er blitzschnell fängt. Durch ein ruckartiges Öffnen des Mauls entsteht eine Sogwirkung, die die Beute ins Maul befördert. Die gleiche Methode wenden auch die Feuerfische an, jedoch sind sie keine Lauerjäger, sondern treiben mit ihren langen Flossenstrahlen die Beute in die Enge. Feuerfische sind rot-weiß geringelt sowie mit langen Rückenstacheln und verlängerten Flossenstrahlen versehen. Sie werden u. a. an der Zahl und Form ihrer Stacheln unterschieden. In den ostafrikanischen Gewässern lebt der Zebra-Zwergfeuerfisch (*Dendrochinus zebra*), der mit 25 cm eher zu den größeren Arten zu rechnen ist. Ebenfalls weite Verbreitung hat der etwa 22 cm große Antennen-Feuerfisch (*Pterois antennata*). Während sich beim Zebra-Zwergfeuerfisch braunrote und rote Ringel abwechseln, die hellbraun gesäumt sind, zeigt der Antennen-Feuerfisch eine alternierende rot-weiße Bänderung, wobei die roten Bänder immer wesentlich breiter als die weißen sind. Bei allen Skorpionfischen ist größte Vorsicht geboten, da sie mit zahlreichen Giftstacheln versehen sind!

Eine Reihe von Fischen ist in der Lage, ihren Körper aufzublähen. Hierzu zählen die Familien der **Kugelfische** (Tetraodontidae) sowie der **Igelfische** (Diodontidae). Letztere haben stachelige Fortsätze über den ganzen Körper verteilt. Bei Gefahr blasen sich die Fische auf und vergrößern sich damit so weit, dass sie nicht mehr als Beute für viele potenzielle Fressfeinde in Frage kommen. Hierzu verfügen sie über eine Hautfalte am Bauch, die sich nach der Aufnahme von Wasser extrem ausdehnt. Der Genuss von Kugelfischen ist äußerst gefährlich für andere Fische und auch den Menschen, da einige Organe mit einem hochwirksamen Gift ausgestattet sind. Eine ähnliche, aber eher eckige Körperform haben die **Kofferfische** (Familie Ostracidae); jedoch sind diese Arten nicht dazu befähigt, ihren Körperumfang zu vergrößern.

**Muränen** (Familie Muraenidae) sind aalförmige Fische, die weder mit Bauch-, noch mit Rückenflossen ausgestattet sind. Stattdessen besitzen sie Flossensäume, die entlang dem Körper laufen. Ihre Fortbewegung ist dem Schlängeln ähnlich, aber einen überwiegenden Teil der Zeit verbringen sie ruhend in ihren Wohnhöhlen. Vor der Küste Ostafrikas lebt die Riesenmuräne (*Gymnothorax javanicus*), die beachtliche 2 m Länge zu erreichen vermag. Farblich allerdings kann sie mit anderen Arten kaum mithalten. Die Riesenmuräne ist mittelbraun mit feiner schwarzer Sprenkelung. Eine besonders schöne Muränenart ist dagegen die etwa 1 m lange Geistermuräne (*Rhinomuraena quaesita*).

Die Männchen sind am ganzen Körper himmelblau, mit einem gelben Rückenstreifen und gelbem Kopf. Weibchen können vollständig gelb bleiben. In der Jugendphase sind Geistermuränen schwarzgelb geringelt. Eine Besonderheit der Geistermuränen sind Fortsätze am Maul, die wahrscheinlich dazu dienen, potenzielle Beutetiere anzulocken.

Zu guter Letzt noch einige Worte zu den Haien. Streng zoologisch betrachtet hätten diese urtümlichen **Knorpelfische** (Chondrichtyes) zuerst besprochen werden müssen. In ostafrikanischen Gewässern begegnet man bei Tauchgängen mit etwas Glück oder Pech –je nach dem Standpunkt des Tauchers – Riffhaien aus der Familie der Menschenhaie (Carcharhinidae). Hierzu zählen der 2,3 m große Graue Riffhai (*Carcharhinus amblyrhynchos*) ebenso wie der etwa 1,7 m große Weißspitzen-Riffhai (*Triaenodon obesus*). Riffhaie besitzen Reviere am Rand der Korallenriffe, die sie ständig patrouillieren. Ihre Nahrung besteht überwiegend aus Fischen sowie Krebstieren und Tintenfischen. Der „König" der Meere unter den ebenfalls zu den Knorpelfischen zählenden Rochen ist sicherlich der planktonfressende Manta oder Teufelsrochen (*Manta birostris*). Mit Spannweiten von über 6 m und langsamen Schlägen scheint dieses Tier schwerelos durch das Wasser zu gleiten. Bei vielen Knorpelfischen ist Vorsicht geboten; bei Haien muss man auf Angriffe gefasst sein, während Stachelrochen giftige, mit Widerhaken besetzte Stacheln haben, die sehr schmerzhafte Wunden verursachen können. Einige Arten leben im sandigen Untergrund, und man läuft leicht Gefahr, auf sie zu treten.

Da die meisten Urlauber am Ende ihrer Safari noch einige Tage zur Erholung an der Küste verbringen, sei ihnen empfohlen, entweder mit Glasbodenbooten über die Riffe zu fahren oder besser noch in einem der vielen Tauch- und Schnorchelgebiete eine kleine Unterwassersafari anzuschließen. Die Ruhe und Farbenpracht der Unterwasserwelt sind recht beeindruckend, auch ohne in die großen Tiefen des Meeres vorzustoßen.

Weiterführende Literatur zu diesem Thema:
EICHLER (1995): Tropische Meerestiere
KOORNHOF (1997): The Dive Sites of Kenya and Tanzania

### Wirbellose Tiere (Invertebrata)

Unter dem zoologisch nicht ganz korrekten Begriff „wirbellose Tiere" werden hier die Abermillionen von Tierarten verstanden, die kein inneres Skelett ausgebildet haben. Im Allgemeinen fallen darunter beispielsweise Niedere Tiere wie Schwämme, Nesseltiere etc., Gliederfüßler, Weichtiere und Stachelhäuter. Im Folgenden werden Tiere aus den drei großen Klassen der Gliederfüßler (Arthropoda) besprochen, denen man immer wieder begegnet.

Aus der Klasse der **Tausendfüßer** (Myriapoda) begegnet man immer wieder zwei Vertretern, den Riesenschnurfüßern und den Bandfüßern. Zoologisch werden die eigentlichen Tausendfüßer als Doppelfüßer (Diplopoda) bezeichnet, da sie pro Körpersegment zwei Beinpaare besitzen. Im Gegensatz dazu haben Hundertfüßer oder Skolopender (Chilopoda) nur ein Gliedmaßenpaar pro Segment und mit Giftdrüsen versehene Klauen am Kopf.

**Seidenspinne (*Nephila* sp.)** Foto: W. Denzer

In Ostafrika ist die vielleicht häufigste Art der Riesenschnurfüßer (*Graphidostrepus* spp.). Er hat einen schwarzen Körper, orangefarbene Beine und etwa 100 sich überlappende Körperringe. Diese Art wird etwa 25 cm lang und ist bei den Einheimischen als „Mombasa Express" bekannt. Die Tiere sind überwiegend an Bäumen oder in verrottendem Laub zu finden. Bei Gefahr rollen sie sich zu einer Spirale zusammen und bleiben so eine Zeit lang bewegungslos liegen. Ein weiterer Doppelfüßer, der ein wenig einer „wandelnden Wirbelsäule" ähnelt, ist überwiegend in bewaldeten Gegenden zu finden. Diese bis zu 10 cm langen Tiere gehören zu den Bandfüßern (Polydesmidae) und sind leicht daran zu erkennen, dass sich ihre wenigen Körpersegmente nicht überlappen. Während der Paarungszeit sieht man des Öfteren zwei übereinander sitzende und sich trotzdem fortbewegende Bandfüßer über den Waldboden streifen. Um ihren Paarungserfolg zu sichern, bleiben die Männchen längere Zeit bei den Weibchen und lassen sich auf deren Rücken transportieren.

Die nächste hier vorgestellte Klasse bilden die **Spinnentiere** (Arachnida), worunter insbesondere Skorpione (Scorpiones) und Echte Spinnen (Aranea) fallen. Skorpione leben tagsüber meist verborgen in verrottendem Holz oder unter Steinen. Die größten Chancen, Skorpione zu entdecken, hat man in den trockenen Gebieten. Während der heißen Tageszeit verstecken

**Libellen (Fam. Libellulidae)** Foto: W. Denzer

sich die Tiere hier unter Steinen, die groß genug sind, um ein wenig Bodenfeuchtigkeit zu halten. Die Giftigkeit von Skorpionen wird allgemein stark überschätzt. Nur wenige Arten sind in der Lage, dem Menschen ernsthaften gesundheitlichen Schäden zuzufügen. Jedoch sollte man trotzdem vorsichtig sein, da ein Stich auch kleinerer Arten recht schmerzhaft sein kann.

Die häufigste Art ist der Schwarzschwanz-Skorpion (*Parabuthus leiosoma*), der einen gelblichen Körper sowie ein dunkelbraunes bis schwarzes Metasoma („Schwanz“) besitzt. Mit einer Körperlänge von bis zu 120 mm gehört er zu den großen und als recht giftig einzustufenden Arten. Diese Art bevorzugt semiaride Gebiete und ist ein Fels- bzw. Spaltenbewohner, der aber auch in natürlichen Bauen von Kleinsäugern zu finden ist.

Ebenfalls in trockenen Gebieten leben einige Vogelspinnenarten (Familie Theraphosidae). Die kenianische, ca. 9 cm große *Citharischius crawshayi* bevorzugt arides Buschland. Mit einer maximalen Beinspannweite von 18 cm ist sie die zweitgrößte Art Afrikas. Diese Art lebt terrestrisch, und ihre Baue liegen meist in der Nähe von Akazienbüschen. In ähnlichen Habitaten findet man die etwa 4–6 cm große *Eucratoscelus pachypus* in Tansania. Die am weitesten verbreitete Art ist ist die etwa gleichgroße *Pterinochilus murinus*. Kenianische Exemplare sind grau gefärbt, während Tiere aus der Region der Usambara-Berge hellorange sind. Tagsüber leben sie versteckt in ihrem Bau im Boden, um dann bei Anbruch der Dunkelheit auf die Jagd nach Insekten und kleinen Wirbeltieren zu gehen.

Unter den netzbauenden Spinnen sind die Seidenspinnen der Gattung *Nephila* wegen ihrer immensen Gespinste besonders herauszustellen. Vor allem in Küstenwäldern sind diese im weiblichen Geschlecht etwa 5 cm großen Spinnen verbreitet. Ihre Netze haben Durchmesser von über 1 m und sind mit einem sehr stabilen Faden gewoben. Selbst kleine Vögel oder gar Fledermäuse sind nicht in der Lage, sich zu befreien. Hochsymmetrische Netze werden von den skurril anmutenden Stachelspinnen (*Gasteracantha*) angelegt. Der Körper dieser Spinnen ist meist bunt und hat an den Rändern stachelartige Verlängerungen. Einige Arten werden wegen der langen seitlichen Dornen von den Einheimischen als „buffalo spider" bezeichnet, da ihr Aussehen stark an Büffelhörner erinnert.

Die wohl auffälligsten Vertreter der Gliederfüßer sind die **Insekten** oder Kerbtiere (Insecta) mit ihrer Vielzahl an bunten Libellen, Schrecken, Schmetterlingen, Käfern,sowie Ameisen und Termiten. Dazu gesellen sich unzählige Fliegen, Mücken oder auch Schaben u. a. Viele Insektenarten Ostafrikas harren auch heute noch der Entdeckung.

**Libellen** (Ordnung Odonata) werden in zwei unterschiedliche Unterordnungen eingeteilt: Kleinlibellen (Zygoptera) und Großlibellen (Anisoptera). Der Unterschied zwischen beiden ist anatomisch begründet. Kleinlibellen klappen ihre Flügel im Ruhezustand zusammen, bei Großlibellen bleiben sie dagegen auch in der Ruhestellung abgespreizt. In Ostafrika sind über 200 Arten von Libellen bekannt, die in den unterschiedlichsten Habitaten gefunden werden. Die auffälligsten Arten sind savannenbewohnend und unter den Kurzflügel-Libellen (Familie Libellulidae/ Anisoptera) zu finden. Häufig handelt es sich dabei um die prächtig gefärbten Blaupfeile (*Orthetrum* spp.), die in der Nähe permanenter wie auch temporärer Wasserstellen zu finden sind. Libellen sind geschickte Jäger, die ihre Beute im Flug ergreifen. Die Bindung an Wasser resultiert daraus, dass Eiablage und Larvenentwicklung im Wasser stattfinden. Bei der vorausgehenden Paarung kann man „Paarungskette und Paarungsräder" beobachten. Das Männchen ergreift zuerst von oben mit einer Art Zange am Ende seines Hinterkörpers den Kopf des Weibchens (Paarungskette); später biegt das Weibchen seinen Körper nach unten und vorn, um den Kopf des Männchens zu erreichen (Paarungsrad). Bei der Eiablage einiger Arten sieht man das Pärchen in der Kette, wobei das Weibchen mit schnellen, stichartigen Bewegungen die Eier im Flug ins Wasser legt. Libellen lassen sich eigentlich an jeder Wasserstelle beobachten, wenn der Randbereich Vegetation aufweist. Viele Arten sind prächtig rot, orange, blau oder violett gefärbt und beeindrucken durch ihre Flugkünste.

In der Ordnung **Schrecken** (Saltatoria) sind Laubheuschrecken (Tettigonioidea), Grillenverwandte (Grylloidea) und Kurzfühlerschrecken (Caelifera) zusammengefasst. Die wohl seit biblischen Zeiten bekanntesten Arten sind Wanderheuschrecke (*Locusta* cf. *migratoria*, Familie Acrididae) und Rote Wanderheuschrecke (*Nomadacris septemfasciata*, Familie Catantopidae), die periodisch für Heuschreckenplagen verantwortlich sind. Beide Arten sind Feuchtsavannenbewohner, die sich vegetarisch ernähren. Die Rote Wanderheuschrecke hat ein besonders großes Vorkommen im sumpfigen Rukwa-Gebiet Tansanias. Für gewöhnlich sind Wanderheuschrecken eigentlich gar keine geselligen Tiere, sondern leben eher solitär und durchstreifen eine Region auf der Suche

Blattschrecke (Fam. Tettigonidae)
Foto: W. Denzer

nach Nahrung. Sie können zwar fliegen, aber meistens setzen sie nur zu einem kräftigen Schwung an und lassen sich vom Wind treiben. Selten fliegen sie höher als einige Meter. Wenn die Populationsdichte in einem Gebiet

**Wanderheuschrecke (*Locusta* sp.)**
Foto: W. Denzer

aber zu hoch wird, wird bei Wanderheuschrecken offensichtlich durch das vermehrte Treffen von Artgenossen ein Verhalten initiiert, das sie zum Zusammenschluss eines „Superorganismus'„ veranlasst. Dieser Heuschreckenschwarm agiert wie ein solitär lebendes Tier. Innerhalb der Schwärme existiert keine Sozialstruktur, einzig die Befriedigung des Nahrungsbedürfnisses leitet den Schwarm.

Außer den Schrecken gehören auch die verwandten **Gespenstschrecken** (Ordnung Phasmida) zu den so genannten Geradflüglern (Orthoptera). Unter den Gespenstschrecken findet man viele Arten, die im Laufe der Evolution ihre Tarnung perfektioniert haben. Die Stabschrecken ähneln Zweigen und kleinen Ästen derart, dass sie nur bei genauester Betrachtung von ihrem Untergrund unterschieden werden können. Im Gegensatz zu den Schrecken sind Gespenstschrecken nicht dazu befähigt zu springen, sondern sie bewegen sich hochbeinig langsam vorwärts. Häufig führen sie dabei Schaukelbewegungen aus, die einen Zweig im Wind vortäuschen. Selbst ihre Feinde, wie Echsen oder auch Vögel, lassen sich auf diese Weise täuschen. Bei Bedrohung lassen sie sich oft einfach von einem Ast fallen, legen die Beine an den Körper an und sind dann im Bodensubstrat nicht mehr auszumachen. Gespenstschrecken sind sowohl tagsüber als auch nachts aktiv. Die Vermehrung geschieht über Eier, wobei von einigen Arten der Stabschrecken auch jungfräuliche Vermehrung (Parthenogenese) bekannt ist.

Eine große Gruppe von Insekten sind die **Schabenverwandten** (Blattia). Neben den allgemein nicht sehr beliebten eigentlichen Schaben (Blatteria), die in vielen Waldgebieten, aber auch einigen Unterkünften zu finden sind, zählen hierzu auch die Fangschrecken (Mantodea) sowie die Termiten (Isoptera).

Eine bekannte Erscheinungsform der sind Gottesanbeterinnen (Mantidae), die in verschiedenen Farben und Formen an die unterschiedlichen Habitate angepasst sind. Einige Arten leben in den Blüten von Orchideen, deren Zeichnung sie imitieren, und andere Arten sind in Bäumen, Gräsern und Büschen oder am Boden zu finden. Ihre Tarnung gestattet es den Gottesanbeterinnen, ruhig an einem Ort zu verharren und auf Beuteinsekten zu warten. Durch blitzschnelle Aktionen der zum Fangorgan ausgebildeten Vorderbeine wird die Beute ergriffen und sofort verspeist. Neben den spezialisierten Fangorganen fallen Gottesanbeterinnen auch durch ihre Aufmerksamkeit auf visuelle Reize auf. Der Kopf scheint überwiegend aus dem Augenpaar zu bestehen und ist sehr beweglich. Ein Beutetier oder einen vermeintlichen Angreifer behält eine Gottesanbeterin immer „im Auge". Während die Tiere tagsüber aufgrund ihrer Tarnung nur zufällig zu entdecken sind, kann man sie nachts in der Nähe von Lichtquellen finden, wo sie versuchen, die ebenfalls angelockten Nachtfalter zu erbeuten. In der Küstenregion ist *Parasphendale affinis* eine recht häufige Art. Wie bei vielen Gottesanbeterinnen ist auch hier das Weibchen kurzflügelig und flugunfähig, während die Männchen wenigsten kürzere Strecken fliegend zurücklegen können.

Trotz ihrer Ähnlichkeit mit Ameisen sind **Termiten** (Isoptera) viel näher mit den Schaben verwandt. Bereits 100 Mio. Jahre, bevor die Ameisen sich entwickelten, lebten Termiten auf der Erde. Ein wesentliches Unterscheidungsmerkmal sind vor allem die Flügel; die eigentlichen wissenschaftlichen Namen Isoptera (Gleichflügler) für Termiten und Hymenoptera (Hautflügler) für Ameisen und deren Verwandte (s. weiter unten) deuten schon darauf hin.

**Gottesanbeterin *Miomantis* cf. *mombasica***
Foto: W. Denzer

Termiten selbst bekommt man nur selten direkt zu Gesicht, ihre Bauten jedoch sind weithin sichtbar. Die meisten Arten leben unterirdisch, und die Termitenhügel dienen lediglich zur Ventilation des Riesenstaates. Alle Arten ernähren sich von pflanzlichen Stoffen insbesondere Holz, dessen Hauptbestandteil Zellulose ist.

Termiten leben in Sozialverbänden, die auch als Superorganismus bezeichnet werden, da die Gesamtheit des Staates einem einzigen vielzelligen Lebewesen gleicht. Die Termitengesellschaft ist in Kasten eingeteilt, wobei jeder Kaste eine unterschiedliche Aufgabe zufällt. An der Spitze des Staates steht eine Königin mit ihrem Männchen. Dieses Pärchen sorgt für den ständigen Nachwuchs innerhalb des Nestes. Einige Arbeiter sind damit beschäftigt, Pflanzenmaterial zu sammeln, wieder andere sind darauf spezialisiert, daraus den Nährboden für die Pilzkulturen zu produzieren. Diese Spezialisierung geht so weit, dass eine einzelne Makrotermite nicht in der Lage ist, sich selbst zu ernähren, weil ihr die „Kenntnis" zur Fermentierung des gesammelten Holzes fehlt. Nur im Sozialgefüge ist der Staat überlebensfähig. Seine Bewachung wird von den Soldaten übernommen, die übergroße Köpfe mit entsprechenden Beißwerkzeugen haben, um Angreifer abzuwehren. Eine Termitenstraße von Arbeitern, die auf Futtersuche sind, wird ebenfalls von Soldaten bewacht.

**Termitenbau (cf. *Odondotermes* sp.)**
Foto: W. Denzer

Neue Staaten werden von flugfähigen Geschlechtstieren gebildet. Zu Beginn der Regenzeit schwärmen Tausende geflügelter Termiten aus, um sich zu paaren. Die Paarbildung geschieht bei einigen Arten bereits im Flug; andere Arten landen an geeigneten Stellen und gehen erst auf Partnersuche, nachdem sie ihre Flügel abgeworfen haben. Danach gräbt sich das Paar eine Hochzeitskammer, in der die Begattung stattfindet. Mit steigendem Alter wächst der dehnbare Hinterleib der Königin, da die Eierstöcke anschwellen und die Anzahl der Eiröhren steigt. Eine Königin der Gattung *Odontotermes* kann eine Größe von über 10 cm erreichen und dann täglich mehrere Zehntausend Eier legen.

Besonders in Waldgebieten leben viele Arten unscheinbar in umgefallenen, verrottenden Bäumen. Sowohl in der Savanne als auch in Wäldern findet man verhältnismäßig kleine Konstruktionen, die einer Pagode ähneln. Diese Nester werden von Termiten der Gattung *Cubitermis* gebaut. Meist sind sie direkt an einen Baum angelehnt. Der Baum dient hierbei nicht nur als Nahrung, sondern auch der Wasserversorgung des Staates, indem bei Regen herunterrinnendes Wasser in das Nest abgeleitet wird. Übergroße runde Hügelnester von 5 m Durchmesser mit aufsitzendem Pflanzenbewuchs werden von der Makrotermiten-Gattung *Macrotermes* gebaut. Das von den Arbeitern gesammelte Material wird fermentiert und dann als Nährboden für eine Pilzkultur genutzt. In diesen so genannten Gärten werden Pilze der Gattung *Termitomyces* kultiviert, die dem Staat als Nahrung dienen.

In der Savanne sieht man immer wieder schornsteinähnliche Konstruktionen von mehreren Metern Höhe, die von einer weiteren Makrotermite, nämlich *Odontotermes* gebaut werden. Die 10–15 cm großen Löcher in den „Schornsteinen" sowie dem umgebenden Hügel dienen zur notwendigen Temperaturstabilisierung für die Pilzgärten. Da diese Öffnungen groß genug sind, werden Termitenhügel häufig von einer Reihe von Tieren als Unterschlupf genutzt. So ziehen sich tagsüber viele Schlangen dorthin zurück, einige Mungo-Arten sind gar als ständige Bewohner geduldet, und Vögel wie auch Affen nutzen die erhöhten Plätze als Aussichtspunkte. Eine sehr ähnliche Turmkonstruktion weist der Bau der Kriegertermiten (*Bellicositermes* = *Macrotermes bellicosus*) auf, jedoch reduziert sich die Ventilation hier auf einen einzelnen meterhohen „Schornstein". Die Arbeiter dieser Art gelangen nie an das Tageslicht. Selbst die Futtersuche findet entweder unterirdisch oder in eigens dafür konstruierten Lehmgängen statt. Da dementsprechend auch ausschließlich unterirdisch abgebautes Material zur Konstruktion des Turmes genutzt wird, kann dieser eine andere Farbe aufweisen als die umgebende Erdschicht. Dies wird besonders deutlich in Gegenden mit rotem, laterithaltigem Boden, wie er im südöstlichen Kenia vorherrscht; während die gesamte Umgebung oberflächlich rot ist, sieht man immer wieder Termitenhügel von grauweißer Farbe.

Aus der Ordnung der **Käfer** (Coleoptera) begegnet man wiederholt Pillendrehern aus der Familie der Scarabaeidae. Insgesamt gibt es wahrscheinlich über 1.000 verschiedene, meist schwarz gefärbte Pillendreherarten in Ostafrika, jedoch wurde dies nie eingehend untersucht. Die auffälligeren Arten sind oftmals grünlich gefärbt und schimmern in Regenbogenfarben, wenn sie ihrer mühevollen Arbeit in der sonnenbeschienenen Savanne nachgehen. Weibliche Pillendreher formen eine Kugel aus dem Dung von Säugetieren und befördern ihn dann in ihr Erdloch, um Eier – meist nur eines – darin abzulegen. Der Dung wird zuerst mit den Mundwerkzeugen herausgeschnitten und dann mit den Vorderbeinen zu einer Kugel geformt. Beim Transport durch die Savanne wird die Kugel mit den Hinterbeinen gehalten und gesteuert, während der Käfer kopfüber rückwärts läuft. Unüberwindbare Hindernisse werden umrollt oder in seltenen Fällen aus dem Weg geräumt.

**Pillendreher (*Scarabeus* sp.)** Foto: W. Denzer

Mit über 10 cm Körperlänge ist der Goliathkäfer (*Goliathus meleagris*) einer der größten Käfer Afrikas. Die Flügeldecken sind schwarz-weiß marmoriert, und der Halsschild ist schwarz-weiß gestreift. Die

Beine sind mit kräftigen Widerhaken versehen, sodass der Käfer leicht an Bäumen emporklettern kann. Goliathkäfer leben in den letzten Wäldern entlang der Küste und im Hochland. Ihre Hauptverbreitung liegt in Zentralafrika. Sie fliegen im Kronendach umher und suchen dort nach den Früchten wilder Feigen. Leider werden diese Käfer wegen ihrer stattlichen Größe noch immer gejagt und in Souvenirgeschäften an Touristen verkauft. In den Lodges werden nachts des Öfteren Hirschkäfer (Familie Lucanidae) vom Licht angezogen. Man erkennt sie an den stark vergrößerten Oberkiefern, deren Auswüchse manchmal wie ein Geweih anmuten. Hirschkäfer verbringen den größten Teil ihres Lebens als Larve in morschen Baumstämmen, wo sie zu mehreren Zentimeter langen Engerlingen heranwachsen. Die Oberkiefer der Weibchen sind nur wenig ausgeprägt; den Männchen hingegen dienen die langen Zangen als Waffen im Kampf gegen Artgenossen. Regelmäßig sieht man auch die mit langen Fühlern ausgestatteten Bockkäfer (Familie Cerambycidae). Diese Tiere legen ihre Eier unter die Baumrinde, wo die Larven große Schäden anrichten können.

Einige Käfer haben eine tropfenförmige Gestalt und einen rüsselartigen Fortsatz am Kopf – leicht sind sie daran als Rüsselkäfer (Familie Curculionidae) erkennen. Viele Rüsselkäfer schillern im Sonnenlicht in allen Farben. Sie ernähren sich hauptsächlich von Pflanzenteilen und bohren sich mit ihrem Fortsatz ins Holz, um an die nahrhaften Säfte zu gelangen. Weitere Käferarten, denen man begegnet, sind die in den Trockengebieten lebenden Schwarzkäfer (Familie Tenebrionidae), metallisch glänzende Prachtkäfer (Familie Buprestidae) und Schnellkäfer (Fa-

***Acrea cepheus*** **(Fam. Nymphalidae)** Foto: W. Denzer

milie Elateridae), die vermittels eines beweglichen dornartigen Fortsatzes an der Brust in der Lage sind, „Sprünge" auszuführen.

Die Zahl der **Schmetterlingsarten** (Lepidoptera) wird für Kenia mit 870 angegeben und liegt in Tansania bei über 900 Arten. In Uganda sind nur etwas mehr als 300 Spezies sicher nachgewiesen; diese relativ niedrige Zahl kann aber auch daher rühren, dass diese Tiergruppe in Uganda bisher wenig untersucht wurde. Neben den eher unscheinbaren Arten sind es vor allem immer wieder die großen, bunten und schillernden Tagfalter der Waldgebiete, die den Betrachter in Erstaunen versetzen. Eine Identifizierung im Feld ist oft sehr schwer, aber aufgrund einiger weniger Merkmale lässt sich meist zumindest die Familie ermitteln.

Relativ einfach sind die meisten Schwalbenschwänze oder **Ritterfalter** (Papilionidae) zu erkennen, die sich durch ihre schwanzförmigen Auswüchse an den Spitzen der Hinterflügel auszeichnen. Die äußeren und inneren Flügelränder sind zumeist dunkel gefärbt und durch ein schillerndes blaues, grünes oder gelbes Band unterbrochen.

Der Königsschwalbenschwanz (*Papilio rex*) ist mit einer Spannweite von über 20 cm einer der größten Schmetterlinge Ostafrikas. Seine Grundfarbe ist dunkelbraun mit eingestreuten weißen Punkten und einem orangen Fleck am Ansatz des Vorderflügels. Diese Art bevorzugt die Wälder des Hochlandes (1.400–2.600m ü. NN) und bewohnt die Kronenregion. Die größeren Männchen fliegen üblicherweise über den Baumkronen, die Weibchen im Schutz des Kronendachs. Eine verwandte und besonders interessante Art ist der Trugschwalbenschwanz ( *P. dardanus*

**Königsfalter (*Euphaedra rex*)** Foto: W. Denzer

ssp.). Er kommt in verschiedenen Unterarten in Ostafrika vor, wobei die Weibchen jeder Unterart die Mimikryform eines ungenießbaren Falters darstellen, wie z. B. des Monarchfalters (*Danaus chrysippus*). Auf diese Weise sind sie vor Fressfeinden gut geschützt. In vielen Fällen fliegen sie sogar in der Gesellschaft der anderen Art. Wegen ihrer gleitenden Flugbewegungen mit langsamen Flügelschlägen werden sie von den Einheimischen auch „Fliegende Taschentücher" (Flying Handkerchief) genannt.

Der Kaiserschwalbenschwanz (*Papilio ophidicephalus*) erinnert in seinem Aussehen sehr stark an den Europäischen Schwalbenschwanz (*Papilio machaon*). Die Flügeldecken sind schwarz mit gelber Zeichnung sowie einer Augenfleckzeichnung. Am Hinterflügel sitzt ein großer, am Ende abgerundeter Fortsatz mit gelben Punkten. Einige Arten der Gattung *Graphium* besitzen keine derartigen Fortsätze, was ihre Identifizierung erschwert. Die meisten Arten dieser Gattung haben allerdings spitz zulaufende Fortsätze, im Gegensatz zu den gerundeten der Gattung *Papilio*.

Schwalbenschwänze kann man oft an Pfützen im Wald beobachten, wo sie ihr Trinkbedürfnis stillen. Während sie bei der Nektaraufnahme an Blüten meist schnell mit den Flügeln schlagen, nehmen sie sich bei der Wasseraufnahme mehr Zeit und klappen ihre Flügel zusammen. Wenn die Sonne nach einem Regenschauer wieder erscheint, findet man um die Pfützen herum manchmal Dutzende von Schwalbenschwänzen unterschiedlicher Arten. Schwalbenschwänze sind sonnenliebend und werden auch nur an Sonnentagen beobachtet. Viele Arten in den kühleren Hochlandregionen sitzen lange Zeit mit aufgespannten Flügeln in der Morgensonne, bevor sie sich auf Nahrungssuche begeben.

**Weißlinge und Zitronenfalter** (Pieridae) sind weit verbreitet. Sie ähneln den europäischen Arten und sind demnach überwiegend weiß oder gelb gefärbt, mit schwarzen Flügelspitzen und dunklen Punkten. Pieriden sind savannenbewohnend und manchmal in großen gemischten Schwärmen zu finden. Wenn an geeigneten Stellen Futterpflanzen für die Schmetterlinge und ihre Larven in direkter Nähe zueinander wachsen, können mehrere Tausend Exemplare gleichzeitig beobachtet werden.

**Admiralfalter (*Antanartia schaeneia*, Fam. Nymphalidae)**
Foto: W. Denzer

Zu den **Bläulingen** (Lycaenidae) gehören einige ausgesprochen hübsche Zipfelfalter (Unterfamilie Theclinae) aus der Gattung *Spindasis*. Oberseits sind die Flügel von brauner Grundfärbung, mit orange und metallisch blau schimmernden Mustern, unterseits sind sie weiß, mit hellbrauner Punktierung und Bänderung. An den Hinterflügelenden besitzen sie einen Augenfleck sowie zwei dünne schwanzartige Fortsätze. *Spindasis*-Arten bewohnen sowohl Küstenwälder als auch Savannengebiete. Im Ruhezustand sitzen sie kopfüber mit zusammengeklappten Flügeln an Halmen. Auf diese Weise täuschen die Augenflecken und die zierlichen Schwanzfortsätze einen Kopf mit Fühlern vor.

Schwanzähnliche Flügelfortsätze wie bei Schwalbenschwänzen sind auch bei den Arten der Gattung *Charaxes* aus der Familie der **Nymphalidae** ausgeprägt. Bei näherem Hinsehen entdeckt man jedoch, dass sie kürzer sind als bei den Papilioniden und dass sich oberhalb meist noch ein weiterer Auswuchs befindet. *Charaxes* spp. gehören zu den variabelsten Faltern der Region. Im Sonnenlicht schillern viele Arten in den verschiedensten Blautönen. Andere Arten sind überwiegend orange oder rot, wieder andere gleichen in Färbung und Zeichnung der Laubschicht am Waldboden.

Zu den bekanntesten und am weitesten verbreiteten Arten (inklusive Asien und Teilen von Australien) gehört der Monarchfalter oder die „African Queen" (*Danaus chrysippus*). Typischerweise sind die Tiere oberseits orange gefärbt und besitzen an den Enden der Vorderflügel einen großen schwarzen Fleck mit weißer Musterung. Der afrikanische Monarchfalter zählt allerdings zu den polymorphen Arten, d. h., es gibt eine Reihe von Zeichnungs- und Färbungsvarianten. Die Art ist in fast allen Landschaftsformen zu finden und dringt sogar teilweise in besiedelte Gebiete vor. Monarchfalter werden von einer Reihe anderer Falter imitiert, da sie ungenießbar bzw. giftig sind. Diese Giftigkeit ist nicht aktiv, sondern passiv. Monarchfalter sind in der Lage, giftige Alkaloide in ihrem Gewebe zu speichern, die sie bereits als Larve über die Futterpflanze aufgenommen haben.

Zu den **Zweiflüglern** (Diptera) gehören Plagegeister wie Mücken und Fliegen. Zwei Arten müssen hier besonders herausgestellt werden, da sie für die Übertragung von Krankheiten und Viehseuchen verantwortlich sind. Zu den Fieber- oder Gabelmücken gehören die Arten der Gattung *Anopheles*. Sie sind Zwischenwirte für Plasmodien, die Erreger der Malaria. Von allen anderen Stechmücken sind *Anopheles* durch ihre Haltung zu unterscheiden; der Körper steht immer in einem schrägen Winkel zum Untergrund. Zu den Echten Fliegen (Muscidae) gehören die Tsetse- oder Zungenfliegen (*Glossina* spp.). Diese Arten übertragen die Naganaseuche auf Rinder und auch die für den Menschen gefährliche Schlafkrankheit. Aufgrund ihres Vorkommens sind ganze Landstriche Afrikas nicht besiedelt. Interessant ist die Vermehrung von Tsetsefliegen: Weibchen tragen nur eine Larve in einer gebärmutterähnlichen Bauchhöhle. Über das von Säugern entnommene Blut wird die Larve bis zur Geburt ernährt. Direkt nach der Geburt beginnt die Verpuppung, und nach einiger Zeit schlüpft eine weitere Tsetsefliege, die Tieren und Menschen zugleich das Leben erschwert.

Hoch organisierte Sozialstaaten ähnlich den Termiten werden auch von **Ameisen** gebildet. Der große Unterschied besteht darin, dass Ameisenstaaten matriachalisch sind und die Männchen nur der Befruchtung einer Königin dienen. Die Ausbreitung erfolgt über periodisches Ausfliegen geflügelter Männchen und Weibchen, die dann nach der Begattung einen neuen Staat erschaffen.

Im Wesentlichen lassen sich zwei Gruppen von Ameisen unterscheiden, nämlich die Ponerinen und Dorylinen. Bei beiden Gruppen handelt es sich im zoologischen Sinne um Unterfamilien. Ponerinen sind sesshafte, Kleinstaaten bildende Ameisen, deren Nester meist unterirdisch angelegt sind. Es handelt

**Safariameisen (*Dorylus nigricans*)**
Foto: W. Denzer

sich um Jagdameisen, die sich häufig auf bestimmte Beutetiere spezialisieren. So ernähren sich z. B. Ameisen der Gattung *Termitopone* von Termiten, die sie auf ihren Raubzügen in Termitenstaaten erbeuten. Ponerinen werden bis zu 30 mm groß und besitzen für die Jagd kräftige Kieferwerkzeuge sowie einen langen Stachel. Die Arbeiterinnen gehen einzeln auf Jagd und bringen die Beute zum Nest zurück. Hier wird sie zerkleinert und den Larven angeboten. Die Sozialstruktur innerhalb der Ponerinen ist nicht sonderlich ausgeprägt, sodass bei einigen Arten selbst die Königin zuweilen auf Jagd geht.

Dorylinen oder Treiberameisen sind dagegen hoch organisierte Wanderameisen, die nur kurzfristig Nester (Biwaks) bewohnen, um den Nachwuchs aufzuziehen. Die bekannteste afrikanische Arten sind die Safariameisen

**Ameise in Symbiose mit einer Flötenakazie (*Acacia depranolobum*)** Foto: W. Denzer

(*Anomma* spp., *Dorylus nigricans*), die Völker von mehreren Millionen Individuen aufweisen können. Das gesamte Volk geht auf Wanderschaft und überwältigt unterwegs alles, was sich ihm in den Weg stellt. Kein Lebewesen ist vor ihm sicher. Die Vorhut des Zuges besteht aus Kundschaftertrupps, auf deren Spuren das Millionenheer folgt. Die Schar besteht überwiegend aus Arbeiterinnen unterschiedlicher Größe, die für Fang, Transport oder Zerlegen der Beute verantwortlich sind. An den Rändern der Wanderpfade sieht man Soldaten mit überdimensionierten Köpfen, die mit kräftigen Beißwerkzeugen versehen sind. Die Soldaten dienen dem Schutz des Volkes und versuchen jeden Eindringling durch Bisse abzuwehren. Wenn man das „Treiben" von Safariameisen beobachten möchte, sollte genügend Abstand gehalten werden, um schmerzhaften Bissen seitens der Soldaten vorzubeugen.

Weitere interessante Ameisenarten gehören zu den Gattungen *Megaponera* und *Oecophylla*. *Megaponera*-Arten werden auch als „singende" Ameisen bezeichnet, da sie bei Störung einen Zischlaut von sich geben. *Oecophylla*-Arten sind Weberameisen, die bevorzugt in Mangobäumen siedeln. Sie bauen ihre Nester aus Blättern, die sie vermittels einer selbst produzierten Seide miteinander vernähen. Die Seide wird dabei nicht von den adulten Ameisen produziert, sondern nur von den Larven.

Weiterführende Literatur zu diesem Thema:

Grzimek (1970): Grzimeks Tierleben Bd. 2 Insekten
Kielland (1990): Butterflies of Tanzania
Larsen (1991): The Butterflies of Kenya and their natural history

# Kenia

Keniatouristen erreichen das Land meist über die internationalen Flughäfen von Nairobi oder Mombasa, die beide nur ca. 15 km von der jeweiligen Stadt entfernt liegen. Mombasa wird zudem von einigen Kreuzfahrtschiffen angefahren, die dort für einige Tage vor Anker gehen und den Reisenden Tagesausflüge in der Küstenregion ermöglichen. Auf dem Landweg ist Kenia von den meisten Nachbarländern aus –insbesondere Tansania und Uganda – zu erreichen (s. jeweiliges Landeskapitel).

Safaris in fast alle Landesteile Kenias werden von den Tourveranstaltern in Nairobi und Mombasa organisiert. Außerhalb dieser beiden Städte sind nur wenige Safariausrichter zu finden. Eine Touristeninformation existiert in Kenia nicht, jedoch sind die Veranstalter unter einem Dachverband zusammengefasst (KATO, Logonot Rd., Upper Hill, Nairobi; Tel.: 02-713348). Für Fragen bezüglich der Nationalparks und des Naturschutzes ist die Zentrale des Kenya Wildlife Service am Nairobi Nationalpark zuständig (KWS, Tel.: 02-501081).

Wegen der Größe des Landes und der großen Zahl an Schutzgebieten ist es kaum möglich, alle Facetten der kenianischen Natur in einer Safari zusammenzufassen. Die folgenden Kapitel sollen einen Einblick in die jeweiligen Regionen geben und dienen als Tourvorschläge für ein- bis zweiwöchige Safaris. Da zumindest die Anreise zu den viel besuchten Nationalparks recht einfach ist, lassen sich Safaris zusammenstellen, in denen jeweils ein Nationalpark einer Region besucht wird. Als Beispiel ist es möglich, ausgehend von Nairobi in die Hochlandregion der Aberdares oder des Mt. Kenya zu reisen, dann ein nördliches Trockengebiet wie etwa Shaba, Samburu oder Meru aufzusuchen und über einen der Riftseen in die Massai Mara mit ihren ausgedehnten Savannen zu fahren. Die zweite Woche führt dann über den Amboseli am Fuße des Kilimandscharo über den riesigen Tsavo-Nationalpark und die Waldregion der Shimba Hills an die Küste zum Schnorcheln oder Ausspannen. Auf einer derart ausgearbeiteten Route werden möglichst viele unterschiedliche Landschaftsformen besucht, und unter normalen Umständen wird man mit zahlreichen Tierbeobachtungen belohnt – darunter die „Big Five". Sinnvoller ist es natürlich, zwei volle Tage für jedes Schutzgebiet einzuplanen oder sich entsprechend der Interessenlage die am besten geeigneten Gebiete herauszusuchen.

Für entlegenere Gebiete wie die nördlichen Halbwüsten, die Waldregionen im Westen Kenias oder das Hochgebirge des Mt. Kenya muss entsprechend mehr Zeit eingeplant werden. Dies liegt zum einen an der umständlichen Anreise, zum anderen daran, dass die Gebiete auf Wanderungen oder Trekkingtouren erkundet werden müssen. Kenia bietet genügend lohnende Anlaufpunkte für Naturbegeisterte. Die folgenden Kapitel versuchen einen Überblick über mögliche Ziele und deren Besonderheiten zu geben.

## Nairobi und Umgebung

Die Millionenstadt Nairobi ist das Drehkreuz Ostafrikas. Hier werden Geschäfte getätigt, Visa verlängert, Erkundigungen eingezogen, Genehmigungen eingeholt und Touren organisiert. Wegen der Höhenlage in etwa 1.700 m ü. NN ist das Klima in Nairobi recht angenehm und gut zur Eingewöhnung geeignet. Allerdings ist die Luft durch das immense Verkehrsaufkommen nicht gerade als frisch zu bezeichnen. Naturreisende werden deshalb wohl nur kurze Zeit hier verbringen. Aber auch die Großstadt mit ihrer Umgebung hat einiges im Hinblick auf die Fauna und Flora des Landes zu bieten. Zu allererst lohnt sich ein Besuch im Nationalmuseum (P. O. Box 40658, Museum Hill Nairobi; Tel.: 02-3742131; tgl. 9.30–18.00 Uhr). Hier gibt es Ausstellungsräume mit Vögeln und einigen Säugetieren der Region sowie die wichtigsten Funde zur Frühgeschichte der Menschheit, die von der Paläontologenfamilie Leakey zusammengetragen wurden. Eine kleine – leider nicht optimal ausgestattete – Reptilienfarm (Snake Park) mit Krokodilen und Schlangen ist dem Museum angegliedert.

Etwas außerhalb, im Süden Nairobis an der Straße zu den Ngong Hills, liegt der Ort Karen. Hier befindet sich das African Butterfly Research Institute (P. O. Box 14308, 256 Dogetti Road, Karen, Nairobi; Tel.: 02-884972), das sich mit der Schmetterlingsfauna insbesondere des ostafrikanischen Raumes beschäftigt. Das etwa 500 ha große Ngong Forest Sanctuary liegt an der Straße zwischen Ngong und Kiserian. Hier wird ein letztes Stück des Waldes am Rand der Großstadt geschützt, der früher die Umgebung Nairobis bestimmte. Insgesamt wurden bisher mehr als 100 Vogelarten sowie zahlreiche Reptilien und Insekten registriert. An Säugetieren sind vor allem Meerkatzen und Buschböcke zu erwähnen. Zum Nutzen für die anwohnende Bevölkerung, aber zum Schaden für die Natur, werden am Waldrand neuerdings Eukalyptus-Bäume gepflanzt, die für den selektiven Holzeinschlag vorgesehen sind. Eukalyp-

**Mau Escarpment, Kedongtal** Foto: W. Denzer

tus ist als schnell wachsende Art sehr beliebt, laugt aber leider die Böden sehr rasch aus. Ein längerfristiger Nutzen ist nicht abzusehen; solange auf diese Weise der Wald geschützt bleibt, sollte man über dieses kleinere Übel jedoch hinwegsehen. Das Schutzgebiet wird vom Ngong Road Forest Sanctuary Trust (P. O. Box 14597 Nairobi; Tel.: 02-521360, Fax: 02-520692; E-Mail: ngong@rugkenya.com) verwaltet.

Zwischen Kiserian und dem Nairobi-Mombasa Highway (A104) liegt an der Straße C58 im Vorort Langata das Giraffenzentrum (African Fund for Endangered Wildlife, The Giraffe Centre, P. O. 15124, Langata, Nairobi; Tel.: 02-890952; www.giraffecentre.org). Hier werden die in Kenia stark gefährdeten Rothschildgiraffen gepflegt. Die restliche Strecke bis Nairobi führt nach Langata eine Zeit lang am Nairobi Nationalpark vorbei. Nur unweit vom Nationalparkeingang an der Langata Road befindet sich das Carnivore Restaurant (Tel.: 02-501775). Wer eine Nacht in Nairobi verbringt, der sollte versuchen, einen der heiß begehrten Plätze in diesem Restaurant zu ergattern. Hier wird afrikanisches Wild wie Impala, Zebra, Elenantilope und auch Krokodil vom Grill serviert. Leider liegt das Restaurant in einer wenig attraktiv anmutenden Ecke Nairobis, und für die Fahrt dorthin und zurück sollte man auf einen vertrauenswürdigen Fahrer zurückgreifen. Einige Reisebüros und Hotels bieten den Abendausflug inklusive Essen für etwa 30 US$ an.

## Nairobi-Nationalpark

Vor den Toren der kenianischen Hauptstadt Nairobi liegt in nur 7 km Entfernung der 117 $km^2$ bedeckende Nairobi-Nationalpark. Das Areal ist das älteste Schutzgebiet Kenias und existiert bereits seit 1946. Während im Hintergrund die Skyline der Großstadt sowie der Flughafen liegen, tummeln sich im Nationalparks viele Tiere, darunter mehr als 100 Säugetier- sowie über 400 Vogelarten.

Wer keine Zeit für ausgedehnte Safaris hat oder einen Zwischenstopp in Nairobi ein-

**Nairobi NP, Galeriewald am Athifluss** Foto: W. Denzer

**Buschböcke (*Tragelaphus scriptus*)** Foto: W. Denzer

legt, findet im Nairobi-Nationalpark eigentlich fast alles, was einige der „großen“ Parks auszeichnet: grasbewachsene Savanne, Schluchten mit Wasserläufen und angrenzendem Galeriewald. Die Tierwelt umfasst Spitzmaul-Nashorn, Büffel, Löwe und Leopard, also immerhin vier der „Big Five“. Einzig Elefanten sind im Park nicht zu finden, da die Savanne kaum Baumbestand aufweist.

Während der Monate Juli und August ist der Park Ziel größerer Herden von Weißbart-Gnus, Zebras und Elen-Antilopen, da die Savanne zu dieser Zeit besonders reichhaltigen Grasbewuchs aufweist. Dem Besucher bereitet dann allerdings das hohe Gras Schwierigkeiten bei der Beobachtung der Tiere. Von März bis Mai sowie November und Dezember wandern die Herden in südlicher Richtung aus dem Park in die Kitengela Game Conservation Area und auf die Athi-Ebene.

In den trockenen Monaten, wenn das Gras recht kurz ist, hat man sehr gute Chancen, Geparden zu beobachten. Die Population ist offensichtlich im Ansteigen begriffen, was dadurch belegt ist, dass es einer einzigen Gepardin in den letzten Jahren gelungen ist, sieben Jungtiere aufzuziehen.

Mit dem Rückgang des Grases wandern zwar viele Tiere aus dem Park, jedoch leben einige ganzjährig im Schutzgebiet. Neben den bereits erwähnten Arten kann man oftmals Massai-Strauße, Hartebeests, Massai-Giraffen sowie Thomson- und Grant-Gazellen sehen. Zu den ganzjährig ansässigen Arten zählt auch das Spitzmaul-Nashorn, sodass der Nairobi-Nationalpark zu den Parks zu rechnen ist, in denen man am ehesten diese vom Aussterben bedrohten Urgetüme bewundern kann. Garantiert sind Sichtungen allerdings nicht!

Viele Zugvögel nutzen von März bis Mai das Gebiet als Zwischenaufenthalt und ergänzen so die ohnehin reichhaltige Vogelwelt. Es ist schon ein eigenartiger Anblick Weiß-Störche, die man sonst aus dem mitteleuropäischen Raum kennt, am Äquator zwischen Giraffen, Zebras und Massai-Straußen zu sehen.

Im südlichen Teil des Parks gibt es einen kurzen Naturpfad entlang dem Athi-Fluss, auf dem man Flusspferde und Krokodile beobachten kann. In der Umgebung des Hippo-

Pools wachsen zahlreiche Fieberakazien, die an ihrer gelben Rinde zu erkennen sind. Zudem existiert ein Aussichtspunkt oberhalb eines Galeriewaldes, an dem häufig Klippschliefer anzutreffen sind. Im Dickicht des Waldes lassen sich aus der Entfernung Busch- und Wasserböcke ausmachen.

Ein berühmtes Ziel innerhalb des Parks ist die Stätte, an der Staatspräsident Daniel Arap Moi vor den Augen der Weltmedien 10 t Elfenbein verbrannte. Dies war der Höhepunkt der kenianischen Bestrebungen, Elefanten auf der Liste gefährdeter Arten zu etablieren und somit den weltweiten Elfenbeinhandel im Jahre 1989 vollständig zu unterbinden.

Am Haupteingang befindet sich eine Tierwaisenstation (Animal Orphanage), in der –soweit möglich – verwaiste oder verletzte Jungtiere aufgezogen und auf ein Leben in freier Natur vorbereitet werden. Neben einheimischen Tieren kann man hier auch eine Reihe von Raubkatzen aus aller Welt bewundern, die der Einrichtung im Laufe der Jahre geschenkt wurden.

Aus dem Konzept des Tierwaisenhauses wurde die Idee des Nairobi Safari Walk geboren – ebenfalls in der Nähe des Haupteinganges. In einem abgegrenzten Areal wurden die drei wichtigsten Ökosysteme (Savanne, Wald und Feuchtgebiet) nachempfunden und mit entsprechenden Tieren bestückt, die überwiegend aus dem Waisenhaus stammen. Es gibt keine Käfige, und die Tiere leben in naturnahen, großzügig ausgelegten Freigehegen. Der Safari Walk richtet sich vor allem an Kinder und wird ausgiebig von den Schulen aus und um Nairobi in Tagesausflügen besucht.

Neben den Toren zum Haupteingang befindet sich zudem die Zentrale des Kenya Wildlife Service (KWS). Wer also Sondergenehmigungen benötigt oder anderweitige Termine mit dem KWS hat, kann und sollte dies mit einem Besuch des Nationalparks verbinden. Selbst, wer meint, schon alles gesehen zu haben, wird positiv von dem Park überrascht sein.

## Fahrt durch das zentrale Hochland zu den Aberdares

Verlässt man Nairobi in nordöstlicher Richtung auf der A2, so gelangt man bald in die fruchtbaren und landwirtschaftlichen Anbaugebiete. Die nächste größere Stadt ist Thika, in deren Umgebung sich riesige Sisal- und Ananasplantagen befinden. Östlich von Thika liegt das nur 18 km² große Bergregenwaldgebiet Oldoinyo Sapuk, das weniger wegen seiner Großtiere als vielmehr wegen seines Vogel- und Kleintierreichtums interessant ist. An Großtieren sieht man vor allem Büffel. Landschaftlich ist besonders Fourteen Falls reizvoll, wo der Athi-Fluss in 14 Stufen am Berg hinunterfällt. Oldoinyo Sabuk ist über den Ort Kilima Mbogo an der A3 (Abzweigung nach rechts 2 km vor Thika) ca. 25 km östlich von Thika zu erreichen.

Folgt man der A2 von Thika ausgehend in nördlicher Richtung, so gelangt man vorbei an Kaffee- und Teeplantagen über Murang'a schließlich nach Nyeri, einem kleinen Ort zwischen den Aberdaresbergen und dem Mt. Kenya. Er dient als Ausgangspunkt für Touren in den Aberdares-Nationalpark. Im Wesentlichen gibt es zwei exklusive Hotels, die jeweils eine Baumhauslodge in den Bergen angegliedert haben. Zum einen ist dies das Outspan-Hotel mit der Treetops Lodge,

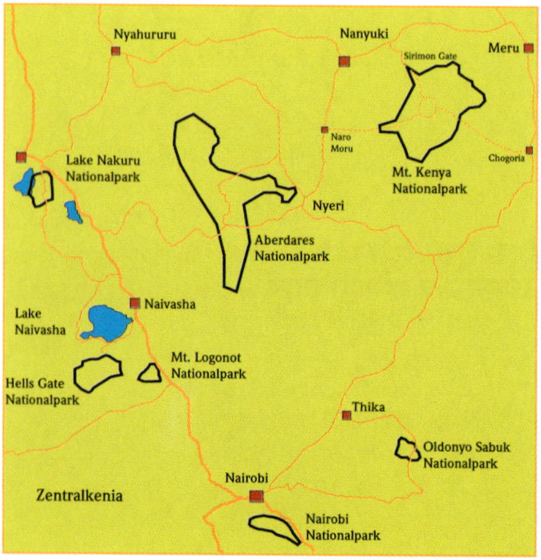


**Zentral-Kenia** Grafik: W. Denzer

betrieben von der Block Hotels Gruppe (Adresse und Kontakt e. Kapitel Unterbringung), zum anderen der Aberdare Country Club in Mweiga mit The Ark (Buchungen über Lonrho Hotels, Nairobi, Tel.: 02-216940, Fax: 02-216796, E-Mail: lonhotsm@form.net.com). Typischerweise verbringt man den Anreisetag im kolonial anmutenden Hotel, um dann am nächsten Tag in den Nationalpark transportiert zu werden, wo die Nacht mit Tierbeobachtungen verbracht wird.

## Aberdares-Nationalpark

Teile der Aberdares-Berge wurden schon 1950 zum Nationalpark erklärt und haben seitdem Weltruhm erlangt. Zum einen wurde hier Prinzessin Elisabeth über Nacht zu Königin Elisabeth II., zum anderen gilt die Treetops Lodge – 1954 während des Mau-Mau-Aufstandes abgebrannt und danach wieder aufgebaut – schon seit je-her als Inbegriff des extravaganten Safaritourismus. Viele Prominente steigen tageweise in der recht spartanisch ausgelegten Lodge ab, um von der Dachterrasse aus bei Cocktails und gutem Essen afrikanische Wildtiere an einer Wasserstelle zu beobachten. Wegen des großen Erfolgs dieser Inszenierung wild lebender Tiere in einer Atmosphäre aus Luxus und afrikanischer Authentizität längst vergangener Zeiten siedelte sich später das nicht minder bekannte The Ark in einem anderen Teil des Nationalparks an.

Der Aberdares-Nationalpark liegt in den angenehm kühlen Bergregionen zwischen dem Mt. Kenya im Osten und den Seen des Rift Valleys im Westen. Insgesamt wird ein Gebiet von 770 $km^2$ geschützt. Die unteren Regionen befinden sich auf einer Höhe von etwa 2.000 m ü. NN, und die höchsten Erhebungen sind der Kinangop (Nyandarua) mit 3.906 m am südlichen Ende des Nationalparks und der Oldonyo Lesatima mit 3.999 m im Norden. Auf einigen Karten ist dieser Gipfel interessanterweise mit 4.001 m ü. NN notiert. Entsprechend den unterschiedlichen Höhenlagen finden sich verschiedenartige Vegetationszonen, die vom Bergregenwald und Bambuswäldern über Heide- und Moorlandschaft bis zur subalpinen sowie tropisch alpinen Flora reichen. In dieser Hinsicht gleichen die Aberdares dem Mt. Kenya und dem Kilimandscharo. Die Niederschläge in der Aberdares-Region sind reichhaltig und überschreiten im Jahresmittel die 2.000-mm-Grenze. Eigentlich muss täglich mit Regen und Nebel gerechnet werden; trotzdem ist das Gebiet ganzjährig bereisbar, wobei allerdings in den Regenmonaten April und Mai recht kühles und feuchtes Wetter herrscht.

Es mutet eigenartig an, dass gerade dieser Ort von so vielen betuchten Gästen als Highlight einer Safari angeführt wird. Die Tierwelt ist zwar artenreich, beschränkt sich aber bei den Großtieren meist nur auf häufige Sichtungen von Elefanten, Büffeln sowie einigen Antilopenarten. Auf einer Fahrt durch den Park begegnet man zudem Guarezas, Diademmeerkatzen und zahlreichen Vögeln. In den Lodges und Broschüren wird immer noch mit den wenigen Spitzlippennashörnern des Parks sowie den extrem seltenen Bongos geworben; jedoch verirren sich Letztere wohl nur wenige Nächte pro Jahr zu den Wasserlöchern, da sie die höher gelegenen Bambuswälder als Lebensraum bevorzugen. Anfang 2004 wurde im Aberdares-Nationalpark eine Gruppe von 14 Bongos gesichtet. Nachdem ein Großteil der ursprünglichen Population in den 1980er-Jahren der Rinderpest zum Opfer fiel, muss die Sichtung dieser beachtlichen Gruppe sicherlich als Sensation betrachtet werden. Weitere Informationen findet man unter http://www.kws.org/news.htm. Spitzlippennashörner werden ebenfalls meist nur nachts an den Wasserlöchern gesichtet. Insgesamt wurden über 40 Säugetier- und mehr als 200 Vogelarten in den Aberdares beobachtet.

Die Möglichkeit, nachts Tiere zu beobachten, macht sicherlich den besonderen Reiz der Lodges in den Aberdares-Bergen aus. Die Wasserlöcher sind mit Flutlicht gut ausgeleuchtet, und unterirdische Gänge führen den Gast auf das gleiche Niveau wie die wild lebenden Tiere. Scheue Hyänen streifen über das Gelände, und beachtliche Gruppen von Elefanten und Büffeln kommen zeitweise zum Trinken heran, ebenso wie einzelne Antilopen (meist Buschböcke) und die seltenen Buschschweine. Wer nicht die ganze Nacht auf der zugigen Dachterrasse sitzen bleiben möchte, kann sich beruhigt schlafen legen und seine Tierwunschliste an der Rezeption abgeben. Wenn eines der Tiere, das auf der Liste verzeichnet ist, am Wasserloch auftaucht, wird man durch ein Klingelzeichen im Zimmer darauf aufmerksam gemacht. Je nach Tier (Elefant, Nashorn, Leopard etc.) gibt es unterschiedliche Klingelzeichen.

Durch den Nationalpark ziehen sich einige so genannte Tracks, die mit allradgetriebenen Fahrzeugen befahren werden können. Die Lodges bieten meist kurze Ausflüge in die höher gelegenen Regionen und Waldgebiete des Parks an. Mit einem Führer bzw. einem Ranger der Nationalparkverwaltung kann das Gebiet auch zu Fuß erkundet werden. Selbst Nachtexkursionen lassen sich organisieren.

**Kronentoko (*Tockus alboterminatus*)** Foto: W. Denzer

Thomson's Falls, Nyahururu (Aberdaresberge)
Foto: W. Denzer

Je nach der gebuchten Unterkunft gestaltet sich die Anreise in die Aberdares unterschiedlich. Gäste, die vorher im Outspan oder dem Aberdare Country Club übernachtet haben, werden mit einem Sammeltransport zum Treetops oder The Ark gebracht. Wer auf eigene Faust unterwegs ist, wählt von Nyeri die Straße in Richtung Mweiga. Bei Mweiga ist das Ark Gate ausgeschildert, das zur gleichnamigen Lodge gehört. Auf halbem Weg zwischen Nyeri und Mweiga befinden sich das Mountain National Parks Headquarter und gegenüber eine Piste, die zum Treetops führt. The Ark und Treetops liegen im niedrig gelegenen – Salient genannten – Teil des Nationalparks. In der Umgebung beider Lodges existieren einige Lehmpisten, die auf nachmittäglichen Safaris durch den Salient erkundet werden können. Diese kurzen Trips (2–3 Stunden) sind nicht in den Übernachtungspreisen enthalten und müssen daher zusätzlich vor Ort bezahlt werden.

Der eigentliche Eingang zum Park ist das Ruhurini Gate. Die Anfahrt zweigt wenige hundert Meter nördlich von Nyeri von der B6 nach links ab und ist gut ausgeschildert. Die Strecke bis zum Gate beträgt etwa 17 km. Ausgehend vom Ruhurini Gate führt der Track 9 aus dem Salient in die höheren Regionen. Hier befindet sich eine Salzleckstelle (Bongo salt lick). Kurz darauf teilt sich der Weg. Während die rechte Route (Track 10) nach Norden abzweigt und über das Wandare Gate letztendlich nach Mweiga zurückführt, kann über die linke (oder eher die Weiterführung der eigentlichen) Strecke der südliche Teil des Parks aufgesucht werden. Der Kenya Wildlife Service betreibt eine Selbstversorger-Lodge (Fishing Lodge) in diesem nur wenig besuchten Teil des Nationalparks. Die Lodge liegt inmitten der Moorregion mit den baumhohen Riesenheiden. Nahe den Chania-Wasserfällen existieren zudem noch einige Campingmöglichkeiten. Der Nationalpark kann durch das Kiandogoro Gate über den Track 8 wieder verlassen werden. Die Piste endet auf der D434, die nach Nyeri führt.

## Die Umgebung von Nyeri und Nanyuki

Nördlich des Aberdares-Nationalparks ergießen sich nahe dem höchstgelegenen Ort Nyahururu (2.360 m ü. NN) die Thomson's Falls. Ein eindrucksvoller Wasserfall stürzt hier mit lautem Getöse fast 80 m in die Tiefe. Nyahururu ist von Nyeri leicht über die B5 in westlicher Richtung erreichbar. Kurz bevor man in den Ort gelangt, wird der Äquator überschritten. Die Thomson's Falls sind ein Anziehungspunkt für in- und ausländische Touristen, werden aber meist nur als kurze Rast zwischen zwei Stationen angefahren. Oberhalb des Wasserfalls befinden sich eine Aussichtsplattform sowie ein geschäftiger kleiner Markt, auf dem allerlei Nützliches und Unnützliches feilgeboten wird. Für Getränke und Essen sorgt die Thomson's Falls Lodge, in der auch übernachtet werden kann. Auf einem unbefestigten und meist schlammigen Weg kann man an den Fuß des Wasserfalls gelangen. Der Weg ist lohnend, sieht man doch dort viele Vögel und Reptilien sowie Amphibien. Insbesondere Zweistreifenchamäleons und Jacksons Chamäleons sind hier häufig anzutreffen. In den Auffangbecken und deren Umgebung findet der Amphibienfreund ausreichend Betätigung für einen ganzen Nachmittag.

Nur etwa 60 km Luftlinie von den Aberdares entfernt erhebt sich der mächtige Mt. Kenya über das Hochland. Wenn man Nyeri in nördlicher Richtung auf der Hauptstraße A2 verlässt, gelangt man entlang einigen Tee- und Maisplantagen zuerst in den kleinen Ort Naro Moru. Naro Moru ist für viele Wanderer Ausgangspunkt für Ausflüge zum Mt. Kenya. Nur wenige Kilometer westlich der Hauptstraße liegt die Naro Moru River Lodge an einem fischreichen Fluss. Ausgehend vom Ort führt eine Piste (nur mit Allradantrieb zu befahren) in den Nationalpark Mt. Kenya zur meteorologischen Station auf 3.048 m ü. NN. Von hier aus zieht sich ein Trek zum Gipfel des Massivs. Das Gebiet ist aber auch für eine Tagestour interessant, da die Strecke bis zur Met Station nur 25 km lang ist und in einer Stunde zurückgelegt werden

**Äquator bei Nanyuki** Foto: W. Denzer

kann. Auf diese Weise können kurze Ausflüge nahe der Station gemacht werden, auf denen man herrliche Ausblicke auf die Umgebung hat. Bedenken Sie aber, dass auf einer solchen Tour innerhalb kürzester Zeit über 1.000 Höhenmeter überwunden werden. Dies führt nicht selten zu Übelkeit und Ermattung aufgrund des geringeren Sauerstoffgehaltes in hohen Lagen!
Weiter nördlich auf der A2 wird Nanyuki erreicht. Nanyuki liegt direkt auf dem Äquator, was durch zahlreiche Hinweiszeichen verdeutlicht wird. Die Schilder am Äquator werden sicherlich genauso oft fotografiert wie einige Tiere in den Nationalparks. Etwa 20 km östlich von Nanyuki liegt Sweetwaters Camp, ein privates Schutzgebiet, in dem Nashörner und Schimpansen bestaunt werden können.
Nanyuki ist der eigentliche Ausgangspunkt für Treks auf den Mt. Kenya. Im Ort werden Führer engagiert, Verpflegung gekauft und – falls nicht im Voraus geschehen – Genehmigungen eingeholt und Hütten gebucht. Dementsprechend mangelt es im Ort nicht an Unterkünften.

**Mount-Kenia-Nationalpark** Foto: J. Hinzen

## Nationalpark Mount Kenya

Der Mt. Kenya ist der höchste Berg Kenias und zugleich nach dem Kilimandscharo der zweithöchste Berg Afrikas. Der Missionar J. L. Krapf hat den Berg 1849 wohl als erster Europäer zu Gesicht bekommen. Auf die Frage bei den lokal ansässigen Kamba, wie denn der Berg heiße, wurde ihm gesagt „kiinyaa“, was er als „kenya“ verstand. Kiinyaa oder kirinyaga in der Sprache der Kikuyu bedeutet soviel wie die Gegend des Straußes, da die schwarz-weißen Schattierungen des schneebedeckten Gipfels an das Federkleid eines weiblichen Straußes erinnern. Im übertragenen Sinne wird dies heutzutage als „weißer Berg“ interpretiert. Berg und Land erhielten daraufhin den Namen Kenya!
Die Hochlagen des Mt. Kenya wurden bereits 1949 zum Nationalpark erklärt. Seit 1978 zählt das Gebiet zu den Biosphärenreservaten, und im Jahre 1997 wurde dem Nationalpark sowie den umgebenden Wäldern der Status eines Weltnaturerbes zuerkannt. Insgesamt wird eine Fläche von 1.420 km² geschützt, wobei jeweils etwa die Hälfte auf den Nationalpark und die Waldgebiete oberhalb 1.600 m ü. NN entfallen. Die Nationalparkgrenze befindet sich offiziell oberhalb der Höhenlinie von 3.200 m ü. NN.
Geologisch ist die Entstehung des Mt. Kenya auf vulkanische Aktivität vor mehr als 2,5 Mio. Jahren zurückzuführen. Die extrem zerklüftete Struktur der Gipfelregion ist durch spätere eiszeitliche Erosion entstanden, ebenso wie zahlreiche Gletschermoränen und Gletscherseen (engl. tarn). Die höchsten Gipfel des Mt. Kenya sind Batian (5.199 m), Nelion (5.188 m) und Point Lenana (4.986 m). Südlich des Nelion erstreckt sich der größte Gletscher (Lewis Glacier).

Die Vegetation des Berges ist klar zoniert und neben der Höhenlage stark von Regenfall abhängig. In der Region unterhalb 2.500 m ü. NN herrschen *Podocarpus*- und *Juniperus*-Wälder vor. Hier fallen im Mittel 1.200 mm Niederschlag pro Jahr. Oberhalb 2.500 m ü. NN erlauben erhöhte Niederschläge von über 2000 mm pro Jahr die Ausprägung von Bambuswäldern mit der vorherrschenden Bambusart *Arundinaria alpina*. An Bäumen findet man zwischen 2.000–3.500 m ü. NN überwiegend *Podocarpus*- und *Hagenia*-Arten. Ab etwa 3.400 m ü. NN beginnt die Moorzone mit Mattengräsern und klimatisch bedingtem Kleinwuchs der Bäume. Die afroalpine Zone beginnt bei etwa 3.800 m ü. NN und ist von Riesenlobelien (*Lobelia telekii* und *L. keniensis*) sowie Riesenkreuzkräutern (*Senecio keniodendron* und *S. brassica*) geprägt. In den hochalpinen Zonen wachsen nur noch Flechten und einige wenige Blütenpflanzen, wie Strohblumen. Das Klima in den Hochregionen ist recht unangenehm und wechselhaft. Niederschläge kommen oberhalb 4.500 m ü. NN meist als Schnee herunter, und die Temperaturen können unter den Gefrierpunkt sinken.

Die Tierwelt des Nationalparks ist reichhaltig, aber für nur wenige Touristen der Grund, den Park zu besuchen. An Großtieren ist besonders die in den unteren Wald- und Bambusregionen lebende stabile Population Afrikanischer Elefanten zu nennen. Daneben trifft man hier vor allem Riesenwaldschweine und Baumschliefer an. Von den kleinen Antilopen sind Suni und Ducker vertreten. Leoparden und Spitzlippennashörner zählen zur Fauna der Region, werden aber nur selten auf den Wanderungen gesichtet. Leoparden sollen sich zeitweise auch in der subalpinen Zone aufhalten, und es wird immer wieder von

**Mount-Kenia-Nationalpark** Foto: J. Hinzen

tiefschwarz gefärbten Exemplaren berichtet. In den Waldgebieten leben Guarezas und Meerkatzen. Aus der Vogelwelt sind vor allem farbenprächtige Turakos und Nektarvögel zu erwähnen. Eine Schwalbenart (*Apus melba africana*) dringt sogar in die Hochlagen vor. Auch einige Reptilien sind an die klimatischen Bedingungen am Berg angepasst. Mount-Kenya-Chamäleons sind in den bewaldeten Gebieten (1.500–1.800 m) zu finden, und zwischen 2.700 und 3.800 m ü. NN lebt die am Berg endemische Kenia-Bergviper. In der Mattenregion kommen Skinke und Kielechsen vor.

Zur Besteigung des Mt. Kenya stehen drei Routen zur Verfügung: Chogoria-, Naro-Moru- und Sirimon-Trek. Die Chogoria-Route kommt vom Osten her und wird nur sehr selten begangen. Der Trek startet im Ort Chogoria und führt zunächst durch das Gorgestal zur Minto's Hut an den Hall Tarns. Nähere Auskünfte sind bei der Nationalparkverwaltung und den Mountaineering Clubs erhältlich. Die Naro-Moru-Route startet nach einer Autofahrt an der meteorologischen Station – üblicherweise Metstation genannt –, von wo aus sie durch das Telekital zum Ranger's Post führt. Hier hat man nun die Wahl, den Gipfel entweder im Uhrzeigersinn oder umgekehrt zu umrunden. Der Rundweg führt vorbei an zahlreichen Gletscherseen und erstreckt sich im Uhrzeigersinn unterhalb des Lewis-Gletschers. Übernachtungsmöglichkeiten bieten Two Tarn Hut, Kami Hut oder Austrian Hut.

**Fackellilie (*Kniphofia thomsoni*)**
Foto: W. Denzer

Die am häufigsten begangene Route ist der Sirimontrek. Ausgehend von Nanyuki kann bei gutem Wetter das Old Moses Camp auf 3.250 m ü. NN angefahren werden. Typischerweise beginnt die Wanderung aber bereits an der Parkgrenze bei 2.600 m ü. NN. Der erste Teil der Tour bringt den Wanderer durch das Mackinder Valley und vorbei an den Shipton's Caves zur Kami Hut, wo übernachtet wird. Am folgenden Morgen beginnt die Gipfelumrundung. Zuerst führt die Strecke vorbei an Gletscherseen. Neben der normalen Route ist auch ein Umweg über den Hausberg Tarn und Nanyuki Tarn möglich. Die Routen finden kurz vor der Two Tarn Hut wieder zueinander. Im weiteren Routenverlauf trifft man nahe dem Ranger's Post auf die Naro-Moru- Route und wandert dann weiter bis zur Austrian Hut. Diese ist Ausgangspunkt für den Gipfelaufstieg. Während Nelion (5.188 m) und Batian (5.199 m) nur geübten Kletterern mit alpinistischer Erfahrung vorbehalten bleiben, brechen die meisten Wanderer des nachts zum Point Lenana (4.986 m) auf. Der Aufstieg hierher dauert je nach körperlicher Verfassung 4–5 Stunden. Die hohe Sonneneinstrahlung macht ihn tagsüber praktisch unmöglich und auch deshalb gefährlich, weil der Schnee schnell aufweicht.

Die Rücktour führt dann vorbei am Square Tarn, wo die Sirimonroute mit der Chogoriaroute zusammentrifft, und über Shipton's Camp letztendlich wieder zum Old Moses Camp und nach Nanyuki. Alternativ ist auch ein Abstieg zur Metstation am gleichen Tag möglich. Insgesamt sollten mindestens 3–4 Tage für den Mt.

Kenya eingeplant werden. Wer sich mehr Zeit lässt, hat auch mehr Gelegenheit, die wunderbare Landschaft und die Eigenheiten der hochmontanen Natur zu genießen.

Für eine Besteigung oder Gipfelumrundung benötigt man eine angemessene Ausrüstung aus trekkinggerechter Winterkleidung, gut eingelaufenen Wanderschuhen und Teleskop-Skistöcken, die bei Teilen des Aufstieges sehr hilfreich sein können. Für das leibliche Wohl sorgt die obligatorische Begleitmannschaft, die entweder vom Trekkingveranstalter oder in Naro Moru bzw. Nanyuki selbst zusammengestellt wird. Auskünfte erhält man beim Mountain Club of Kenya in Nairobi (P. O. Box 45741 Nairobi, Tel.: 02-501747).

Die Unterkünfte am Berg müssen vorab gebucht werden und sind mit den Genehmigungen erhältlich. Zusätzlich zu den Hütten entlang der Aufstiegsroute unterhält der Kenya Wildlife Service zwei Bandas (kleine Lodges), in denen man mehrere Tage verbringen kann. Zum einen ist dies Sirimon Bandas nahe dem Sirimon Gate, zum anderen das Warden's Cottage nahe dem Parkhaupteingang auf der Naro-Moru-Route. Beide Bandas sind mit allradgetriebenen Fahrzeugen erreichbar. Die Hütten sind auf Selbstversorger eingerichtet, die von hier aus Tagestouren unternehmen wollen. Informationen und Buchungen beim KWS in Nairobi.

**Riesenlobelie (*Lobelia* sp.)** Foto: W. Denzer

# Schutzgebiete in den nördlichen Trockenregionen

Ausgehend von Nanyuki schlängelt sich die Hauptstraße A2 nördlich am Fuß des Mt. Kenya vorbei. In diesem Gebiet werden hauptsächlich Mais und Gemüse angebaut. Zunächst erreicht man den kleinen Ort Timau und gelangt dann an eine Abzweigung in Richtung Osten, die über Kirua zum Ort Meru (B6) führt. Der Ort selbst liegt noch im Hochland an den östlichen Hängen des Mt. Kenya. Die B6 führt von Meru aus weiter nach Embu und dann zurück auf die A2 südlich des Bergmassivs. Auf diese Weise lässt sich der Mt. Kenya vollständig auf einer Autofahrt umrunden.

Meru ist Ausgangspunkt für Ausflüge in das Gebiet des Meru-Nationalparks. Hierzu verlässt man den Ort auf der C91 und fährt entlang dem Nyambeniwald auf die Ebene hinunter. Bei dem Ort Maua endet die asphaltierte Straße, und der Rest des Weges bis zum New Murera Gate führt über eine Schotterpiste. Der Meru-Nationalpark (Größe 780 $km^2$) bildet mit den angrenzenden Schutzgebieten Bisanadi, North Kitui, Kora und Rahole die zweitgrößte Schutzzone Kenias (insgesamt über 1.700 $km^2$). Obwohl diese Gebiete bereits in der Übergangszone zwischen nördlicher und südlicher Fauna liegen, und somit für Naturreisende interessant sein sollten, wird der Meru-Nationalpark nur selten besucht. Der Süden des Parks wird vom Tana-Fluss begrenzt, und im Innern des Schutzgebietes gibt es zahlreiche Wasserläufe. Die Galeriewälder und Sümpfe beherbergen eine Vielzahl von Tieren. Besondere Bekanntheit hat der Park durch George Adamson erlangt, der hier lange Zeit unter Löwen lebte. Die Infrastruktur im eigentlichen Nationalpark ist recht gut ausgebaut, mit einem gut befahrbaren Wegenetz und einigen Luxuslodges (Meru Mulika Lodge, Leopard Rock Lodge) sowie Campingmöglichkeiten.

Die Anfahrt zu den im Norden Kenias gelegenen Parks gestaltet sich streckenweise etwas schwierig. Zum einen liegt dies an den Straßenverhältnissen, zum anderen an der politischen Lage. In Richtung Samburu, Buffalo Springs und Shaba sowie Losai und Marsabit existiert nur eine Schotterpiste. Wer von Westen kommt, wählt am besten von vornherein die A2 über Nanyuki, wo man den Äquator überschreitet und nördlich am Mt. Kenya vorbeifährt; aus östlicher Richtung (Meru) kommend trifft man über die B6 am Ndare Forest auf die A2. Die recht gut ausgebaute Strecke führt dann weiter bis nach Isiolo, wo abrupt die Schotterpiste beginnt, die über Archer's Post und Marsabit nach Äthiopien führt.

In Isiolo ist man gezwungen, sich bei der Polizei zu melden. Der Polizei- und

„Grenzposten" befindet sich direkt an der Hauptstraße. Hier werden Fahrzeugtyp, Anzahl der Reisenden und geplanter Aufenthalt registriert. Wer nicht wieder über Isiolo aus dem Gebiet „ausreisen" will, muss dies dem Polizeiposten melden. Nördlich des Ortes beginnt ein Areal, in dem sich viele Flüchtlinge aus Somalia aufhalten. Diese werden hier von der kenianischen Regierung geduldet, dürfen aber nicht weiter in das Staatsgebiet einreisen. Wegen der dort herrschenden Armut hat sich leider auch eine angespannte Lage ergeben. Derzeit ist es nicht ratsam, wesentlich nördlicher als Archer's Post zu fahren. Höchstens vielleicht, um die Abkürzung in Richtung Maralal einzuschlagen. Es ist daher angebracht, sich vor Beginn einer Tour in den Marsabit-Nationalpark oder gar einer Weiterfahrt über die Nebenroute zum Lake Turkana bei den Behörden in Isiolo oder der Nationalparkverwaltung (KWS) in Nairobi genauestens nach der Sicherheitslage zu erkundigen. Von Zeit zu Zeit werden Autokonvois in dieses Gebiet zusammengestellt, die von Militär begleitet werden.

Die Samburu-, Buffalo-Springs- und Shaba-Naturreservate liegen in der halbwüstenartigen Trockenzone des nördlichen Kenias. Die Vegetation rekrutiert sich überwiegend aus trockener Dornbuschsavanne. Unter den Akazien sind die buschartigen Flötenakazien am häufigsten. Entlang den Flüssen wachsen Schirmakazien und Doumpalmen. Auffällige Blütenpflanzen sind die Wüstenrose und rot blühende Aloegewächse. Permanente Wasserstellen sind rar, und als Lebensader durchzieht der Uaso (Ewaso) Nyiro die drei Schutzgebiete. Das Gebiet erfährt pro Jahr nur etwa 250–500 mm Niederschlag, die am ehesten während der Monate April bis Juni niedergehen. Insgesamt steht eine Fläche von 532 $km^2$ unter Schutz, die aufgrund ihrer Tierwelt eine besondere Stellung unter den kenianischen Parks einnimmt.

Zoogeographisch liegen die Gebiete in der Übergangsregion zwischen der nördlichen äthiopischen Fauna und der Tierwelt der ostafrikanischen Savannen. Die Massaigiraffe wird durch die Netzgiraffe im Vorkommen ersetzt, das Steppenzebra durch das Grevyzebra und der Massaistrauß durch den Somalistrauß. Mit etwas Glück kann man beide Zebraarten zusammen beobachten. Anstelle des weit verbreiteten Helmperlhuhns findet man in den drei genannten Schutzgebieten das Geierperlhuhn. Zudem sind Arten, die eher an trockene Habitate angepasst sind, in größe-

**Nord-Kenia** Grafik: W. Denzer

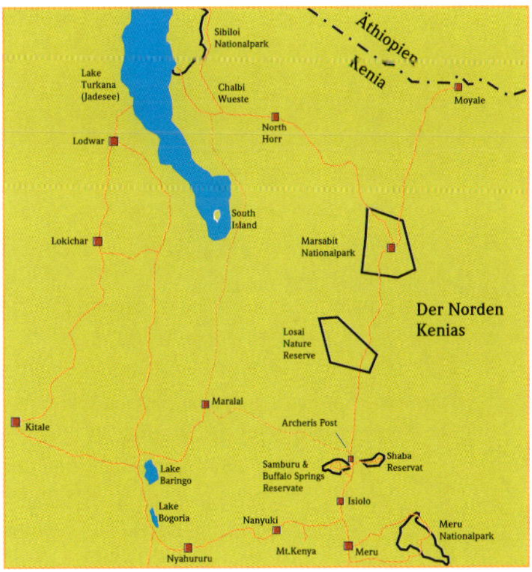

**Netzgiraffe (*Giraffa* c. *reticulatus*)**
Foto: W. Denzer

ren Populationen anzutreffen. Darunter fallen Oryxantilopen (Beisa-Spießböcke), Giraffenhalsgazellen und die scheuen Streifenhyänen. Als Nutztiere sieht man viele – z. T. auch halbwilde – Kamele und afrikanische Wildesel.

Besondere Bekanntheit erlangten die Reservate Buffalo Springs und Shaba durch das Forscherehepaar Joy und George Adamson. Bereits in den frühen 1960er-Jahren begann George Adamson als Wildhüter mit Tierbestandsaufnahmen im Buffalo-Springs-Reservat, bevor er später zusammen mit seiner Frau Joy in anderen Regionen arbeitete. Joy Adamson verbrachte den größten Teil ihrer Zeit im Shaba-Reservat, wo sie versuchte, ein verwaistes Leopardenjunges – Penny, „the Queen of Shaba" – zu rehabilitieren und auf ein Leben in der Freiheit vorzubereiten. Weltruhm erlangte Joy Adamson durch ihr Buch „Frei Geboren" über ihre Erlebnisse mit der Löwin Elsa. Im Januar 1980 wurde sie in der Nähe ihres Camps ermordet. George Adamson lebte bis zu seinem Tod im Kora-Reservat (Meru-Nationalpark) unter Löwen.

## Nationalreservate Samburu und Buffalo Springs

Diese beiden Reservate befinden sich westlich der Isiolo-Marsabitroute, etwa 325 km von Nairobi und 50 km von Isiolo entfernt. Einzig die politische Gliederung der Region führt zu der Zweiteilung des Gebietes: Das Samburu-Nationalreservat liegt im Amtsbereich des Samburu County Council in Maralal und Buffalo Springs im Bereich des Isiolo County Councils. Die Trennlinie zwischen den beiden Reservaten ist der Fluss Uaso Nyiro. Das nördlich des Uaso Nyiro gelegene Samburu-Reservat umfasst etwa 165 km² Buffalo Springs liegt südlich des Flusses und ist nur 128 km² groß. Die beiden Schutzgebiete gehören daher zu den kleinsten in Kenia. Wegen des reichlichen Wildbestandes und der ausgezeichneten Infrastruktur werden sie von vielen Veranstaltern im Zuge mehrtägiger Safaris angeboten.

In das Samburu-Reservat gelangt man entweder über das Chokaa Gate des Buffalo-Springs-Reservates oder direkt über eine Abzweigung am Archer's Post zum Archer's Post Gate. Die Hauptroute führt in westlicher Richtung durch den Park vorbei an einem Flugfeld, Larsen's Camp, bis zur Samburu Lodge. Etwa auf der Höhe des Flugfeldes zweigt nach Norden eine

Schotterpiste ab, die entlang dem Loga-Lowa-Mara-Fluss führt. Von dieser Route gehen wiederum Wege ab, die in der Nähe von Larsen's Camp enden. Die eigentliche Route zieht sich durch das Lolkotoi-Gebiet und endet bei der Samburu Lodge. Auf diesen Wegen ist es keine Seltenheit, Geparden und Löwen zu begegnen. Trotz der extremen Trockenheit finden sich große Oryxherden und Gerenukfamilien zwischen den dornigen Akazienbüschen. Sobald man in die Nähe der wasserführenden Flussläufe oder an Stellen mit hohem Grundwasser gelangt, ändert sich die sonst sehr trocken und unbelebt erscheinende Vegetation schlagartig. In den Galeriewäldern wachsen Akazien und zahlreiche Doumpalmen. Die schattigen Plätze werden besonders in der heißen Mittagszeit von vielen Tieren als Ruheort aufgesucht. Große Familienverbände von Büffeln und Elefanten kreuzen die Flussläufe mehrmals täglich.

Im Samburu-Nationalreservat wurde seit dem Winter 2001 eine Löwin wiederholt dabei beobachtet, wie sie junge Oryxantilopen „adoptiert“. Besonders interessant ist hierbei, dass im ersten Fall das Jungtier zum Säugen zur leiblichen Mutter zurückkehrte, aber einen erheblichen Teil des Tages mit der Löwin verbrachte – immer unter den Augen seiner Mutter. Das erste Jungtier wurde von einem Löwen getötet, woraufhin sich die Löwin eines anderen Antilopenjungen annahm. Offensichtlich hat hier der Mutterinstinkt über den Jagdinstinkt gesiegt. Das ungleiche Paar wurde im Frühjahr 2002 mehrmals Seite an Seite trottend im Park gesichtet.

Die Landschaft im Buffalo-Springs-Reservat ist der im Samburu sehr ähnlich. Das Reservat wird durch eine Hauptstrecke in Ost-West-Richtung vom Chokaa Gate nahe der A2 bis zum Buffalo Springs Airstrip bzw. der nördlich davon gelegenen Samburu Serena Lodge durchzogen. Etwa auf der Hälfte der

**Quelle im Nationalpark Buffalo Springs** Foto: W. Denzer

**Wüstenrose (*Adenium obesum*)**
Foto: W. Denzer

Strecke befindet sich noch eine Abzweigung in Richtung Süden, über die man das Reservat durch das Ngare Mara Gate verlassen oder betreten kann. Die eigentlichen Buffalo Springs liegen kurz hinter dem Chokaa Gate in einem sumpfigen Gebiet nördlich der Hauptstrecke. Etwa 2 km hinter dem Chokaa Gate zweigt in Richtung Süden eine Piste ab, die zu einer Reihe von Campingplätzen am Champagne Ridge führen. Folgt man der Hauptstrecke weitere 4 km, führt eine Nebenroute in nördlicher Richtung durch die Trockensavanne und an einem Fluss entlang. Diese Piste endet kurz vor dem Keromet River wieder auf der Hauptstraße, um nach Überfahren des Flusses wieder in Richtung Norden abzuzweigen. Letztendlich führt diese Nebenroute zur Samburu Serena Lodge.

Wie im Samburu-Reservat kann man in Buffalo Springs zahlreiche Wildtiere beobachten. In den offenen Buschgebieten sind dies vorwiegend Dikdiks und Gerenuks. Vor allem hier hat man die Chance, Steppenwarane zu sehen. Die großen Echsen streifen durch die Buschvegetation und halten Ausschau nach kleinen Nagern sowie Vogelnestern. In den bewaldeten Gebieten beiderseits der Flüsse sammeln sich Großtiere, um Wasser aufzunehmen. An den Sandbänken leben Krokodile, Nilwarane sowie eine Vielzahl von Vögeln.

An Unterkünften mangelt es in den beiden Schutzgebieten nicht. Die Block-Hotels-Gruppe betreibt die Samburu Lodge, die direkt am Fluss liegt. Hier lassen sich allabendlich Krokodile von der Terrasse aus beobachten, ebenso mit etwas Glück Leoparden auf der gegenüberliegenden Flussseite. Diese werden durch ein ausgelegtes Beutetier angelockt, sodass sie gerade rechtzeitig kurz vor dem Dinner der Lodgegäste zur Nahrungsaufnahme erscheinen. Zur gleichen Zeit ist es aber auch ein besonderes Schauspiel, den Fledermausgleitaaren bei ihrer Jagd in der Dämmerung zuzuschauen. Wenn in der Dämmerung die Fledermäuse ihre Schlafplätze verlassen, um auf Nahrungssuche zu gehen, werden sie von Gleitaaren angegriffen. Diese Raubvögel erreichen auf kurzen Distanzen extrem hohe Geschwindigkeiten und sind derart manövrierfähig, dass sie Fledertiere im Flug erbeuten können.

Einige Kilometer flussabwärts von der Samburu Lodge befindet sich das zur gleichen Gruppe gehörige Larsen's Camp. Hier kann der betuchte Reisende in einem Luxuszeltcamp mit „Out of Africa"-Flair übernachten. Im Buffalo-Springs-Reservat befindet sich unweit des Chokaa Gates die Buffalo Springs Lodge und weiter flussabwärts im äußersten Nordwesten des Reservates das Samburu Serena (ehemals Samburu River Lodge). Zudem gibt es zahlreiche Campingmöglichkeiten.

**Dromedar (*Camelus dromedarius*)** Foto: W. Denzer

## Shaba-Nationalreservat

Das Shabareservat liegt östlich der Isiolo-Marsabitroute etwa auf gleicher Höhe wie das Samburureservat. Es überdeckt eine Fläche von 239 km² und wird im Norden durch den Uaso-Nyiro-Fluss begrenzt. Trotz seiner Nähe zu den beiden zuvor beschriebenen Parks erscheint Shaba vielen Besuchern noch trockener. Klimatisch und bezüglich der Vegetation besteht zwar kein wesentlicher Unterschied, allerdings ist der Boden hier von feinkörnigem, weißem Sand überdeckt. In den trockenen Monaten wirbelt man schon bei geringer Geschwindigkeit mit dem Fahrzeug eine beachtliche Staubwolke auf, und nach Regenfällen sind einige Strecken schnell unpassierbar, da der Boden nicht in der Lage ist, das Wasser aufzunehmen. Ein wesentlicher Grund für die sehr trockenen Verhältnisse im Shaba-Reservat ist, dass im Gegensatz zu den beiden anderen Schutzgebieten nur wenige Flüsse entspringen, die den Uaso Nyiro speisen.

Um in das Reservat zu gelangen, fährt man die A2 entlang der Parkgrenze des Buffalo-Springs-Reservates vorbei am Chokaa Gate und biegt dann nach links (Hinweisschild zum Shaba-Reservat und zur Lodge) ab. Etwa 6 km nach der Abzweigung von der Hauptstraße erreicht man das Natorbe Gate. Etwas nördlich davon befindet sich die Sarova Shaba Lodge nahe dem Zusammenfluss von Uaso Nyiro und Lansoro. In dem dichten Buschwerk nahe dem Natorbe Gate wimmelt es geradezu von Kirk-Dikdiks. Immer wieder sieht man Paare und Jungtiere die Piste kreuzen. Dies ist erstaunlich, da die kleinen Dikdiks in anderen Schutzgebieten erheblich größere Reviere innehaben und gegen Artgenossen verteidigen. Trotz der augenscheinlich unwirtlichen Bedingungen im Shaba-Reservat ist das trockene Habitat offensichtlich geeignet, eine große Population in begrenzten Revieren zu beherbergen. Neben den Dikdiks fällt vor allem die ebenfalls große Zahl an Gelbschnabeltokos auf.

Das Shaba-Reservat wird von einer in Ost-West-Richtung verlaufenden Hauptroute durchzogen, von der mehrere Nebenrouten abzweigen. Vom Natorbe Gate ausgehend folgt man der Strecke zunächst in Richtung Osten. Nach wenigen hundert Metern zweigt rechts ein Weg zur Sarova Shaba Lodge ab. Auf der Hauptpiste folgt kurz darauf eine Gabelung. Der rechte Weg führt an den Fluss, der linke in den trockenen südlichen Teil des Parks. Wegen der geringen Größe des Reservates lassen sich die verschiedenen Routen in einer Halbtagestour zusammenfassen.

Kurz bevor man an das Shaba Gate gelangt, führt rechts eine Piste in Richtung Joy Adamsons Camp Site. Das ehemalige Lager befindet sich akazienbeschattet in der Nähe der Quelle des Flusses Laga Loko und nahe einem Sumpfgebiet. Die Stelle, an der die Autorin ermordet wurde, ist mit einer Bronzetafel versehen. Folgt man der Piste in Richtung Norden, so trifft man auf die Hauptstrecke, die den Park in Ost-West-Richtung durchteilt. Nach rechts geht es zum Gafarsa Gate, und nach links führt der Weg Richtung Natorbe Gate und letztendlich Archer's Post. Auf dieser Strecke befindet sich nach etwa 10 km eine weitere Abzweigung, die rechts (nördlich) an den Fluss zum Dadakima Camp Site führt. Am Uaso Nyiro lassen sich Krokodile beobachten sowie eine Reihe von Säugern, die hierher zum Trinken kommen. Die besten Zeiten für Tierbeobachtungen sind frühe Morgenstunden. In der Mittagshitze, die 40 $^{0}$C ohne weiteres übersteigen kann, findet sich hier kein Tier. Die Ufer des Uaso Nyiro sind mit Doumpalmen und Akazien bestanden. Aber bereits wenige Meter vom Ufer entfernt fin-

**Spießbock/Beisa-Oryx (*Oryx gazella beisa*)** Foto: W. Denzer

**Abendstimmung am Uaso-Nyiro-Fluss** Foto: W. Denzer

det man nur noch trockene Buschvegetation. Ausgehend von der Camp Site kann man entlang dem Fluss bis zum Ausgangspunkt (Kreuzung nahe des Natorbe Gates) zurückfahren, vorausgesetzt, es hat nicht vorher geregnet. Nach einem Regenschauer ist diese Route oftmals unpassierbar. Beiderseits des Flusses leben in den Palmenhainen zahlreiche Vögel. So kann man hier neben den allgegenwärtigen Weber- und Hornvögeln vor allem Eisvögel, Glanzstare und Bienenfresser beobachten. Am Ufer im seichten Wasser leben Reiher, Storchen- und Entenvögel.

Neben Campingplätzen befindet sich im Shaba-Reservat einzig das luxuriöse Sarova Shaba. Die Lodge liegt direkt am Fluss und ist in eine sehr schöne Gartenanlage eingegliedert. Nach der Rückkehr von einer Safari kann man sich hier im Schatten der Bäume nochmals auf kleine Exkursionen begeben. Am Ufer sind häufig Krokodile zu entdecken, und in den frühen Morgen- sowie späten Nachmittagsstunden kommen einige Tiere zur Wasseraufnahme. Im Garten wimmelt es von Agamen sowie Skinken, und besonders die Vogelwelt ist reichhaltig. Verschiedene Arten von Hornvögeln, Webervögeln und Staren sind leicht zu beobachten. Auf dem Gelände halten sich auch Grüne Meerkatzen auf, die von einem Mitarbeiter des Hotels in Samburutracht (eigens dafür angestellt) besonders während der Mahlzeiten vertrieben werden.

Weiterführende Literatur zu diesem Thema:
HEMSING, J. (1997): Beauty of Samburu, Shaba & Buffalo Springs.

## Losai-Reservat und Marsabit-Nationalpark

Nördlich der drei angesprochenen Reservate liegen entlang der Verbindungsstraße nach Äthiopien (A2) das Losai-Reservat sowie der Marsabit-Nationalpark und -Reservat. Wegen des Sicherheitsrisikos werden diese Naturschutzgebiete zurzeit von Safariveranstaltern nicht angefahren. Das Losai-Reservat hat mit 1.860 $km^2$ eine beachtliche Größe, besitzt allerdings keinerlei Infrastruktur. Das Losai-Gebiet kann nur in der Trockenzeit und selbst dann auch nur mit allradgetriebenen Fahrzeugen angefahren werden. Campen ist hier die einzige Übernachtungsmöglichkeit. Die Tierwelt des Losai-Reservates unterscheidet sich nicht wesentlich von der anderer Parks im nördlichen Kenia. Die Region wurde hauptsächlich wegen der dort vorkommenden Elefanten sowie Großen und Kleinen Kudus unter Schutz gestellt. Der Marsabit-Nationalpark ist eine grüne Oase inmitten der trockenen Halbwüsten Nordkenias. Die Hauptattraktion ist der Mt. Marsabit, der sich mit einer Höhe von 1.707 m ü. NN deutlich aus der Ebene abhebt und daher erheblich größere Regenmengen erhält als der Rest der Region. Mount Marsabit ist ein erloschener Vulkan, in dessen Kratern sich zahlreiche Seen gebildet haben und an dessen Hängen unberührter Wald wächst. In den Waldgebieten und den Ebenen um den Vulkan leben gesunde Populationen von Elefanten und Büffeln. Die relative Abgeschiedenheit des Gebietes hat dazu geführt, dass systematische zoologische und botanische Untersuchungen nur sporadisch durchgeführt wurden. So wundert es nicht, dass erst 1991 eine neue Chamäleonart (*Chameleo marsabitensis*) in den Montanwaldgebieten entdeckt wurde.

Das Marsabit-Schutzgebiet ist zweigeteilt: Der Berg und seine nähere Umgebung (360 $km^2$) wurden zum Nationalpark erklärt, das weitere Areal (1.198 $km^2$) ist als Reservat ausgewiesen. Mount Marsabit ist mit allradgetriebenen Fahrzeugen ohne Schwierigkeiten zu befahren. Der Hauptweg führt hinauf zum Sokorte Guda, einem wunderschönen Kratersee, der im Deutschen den Namen Paradiessee trägt. In der Ebene existieren weitere Fahrwege unterschiedlicher Qualität, die meist in die Nähe parasitärer Krater führen. Als Übernachtungsmöglichkeiten bieten sich Campingplätze und die Marsabit Lodge an (Tel.: 01-832044; Msafiri Inns, P. O. Box 42013, Nairobi; Tel.: 02-330820). Letztere kann evtl. bereits geschlossen sein, sodass Auskünfte zu alternativen Unterkünften eingeholt werden müssen.

Im Ort Marsabit zweigt in Richtung Nordwesten die Schotterstrecke C82 ab, die über North Horr an den Lake Turkana nach El Molo führt und dann weiter als C77/79 über Maralal zwischen dem Losai-Reservat und Samburu wieder auf der A2 endet. Auf diese Weise kann man – soweit es die politische und die Sicherheitslage zulassen – alle nördlichen Nationalparks in einer Rundreise miteinander verbinden. Es bleibt zu hoffen, dass sich die Lage in Nordkenia entspannt und diese abgelegenen Parks wieder problemlos bereisbar werden.

## Die Seen des Rift Valleys und der Westen Kenias

Die Seen im afrikanischen Graben sind Anziehungspunkt für eine Vielzahl von Tieren, und dementsprechend sind die meisten als Schutzgebiete ausgewiesen. Entlang der Hauptverbindung zwischen Nairobi und dem benachbarten Uganda (Transafrica Highway A104) sowie der gut ausgebauten Nebenstrecke (B4) sind diese Schutzgebiete an einer „Schnur" aufgereiht und können leicht erreicht werden. Ein großer Vorteil ist, dass jedes der Gebiete unterschiedliche Besonderheiten im Hinblick auf Landschaft bzw. Tiergemeinschaften aufweist, da sich zum einem Süßwasserseen und salzhaltige Seen abwechseln und zum anderen die Route vom zentralkenianischen Hochland in die tiefer gelegenen nördlichen Trockensavannen und Halbwüsten führt. Eine Seentour lässt sich sehr gut mit einem Besuch der im Westen Kenias gelegenen Parks zu einer Rundtour kombinieren. Für den Besuch der einzelnen Schutzgebiete sollte man jeweils einen Tag inklusive Anreise vorsehen. Für die Strecke in den Westen Kenias sollte ein zusätzlicher Reisetag eingeplant werden. Eine mögliche Tour startet in Nairobi und führt über den Lake Naivasha zum Lake Nakuru. Von dort aus werden die Seen Baringo und Bogoria angefahren. Die Tour führt dann in die westliche Provinz in die Umgebung von Kitale, wo sich der Nationalpark Mt. Elgon und der Saiwa-Swamp-Nationalpark befinden. Anschließend ergibt sich die Möglichkeit, den letzten Rest zentralafrikanischen Regenwaldes im Kakamega-Schutzgebiet zu erkunden, um schließlich über Kisumu am Lake Victoria nach Nakuru oder Nairobi zurückzukehren. Eine derartige Rundtour gewährt einen sehr guten Einblick in die Natur entlang dem Grabenbruch sowie in die Flora und Fauna des westlichen Kenias. Die beiden Süßwasserseen (Naivasha und Baringo) sind wegen ihres Vogelreichtums herauszustellen. Das Gebiet um Lake Nakuru beherbergt neben unzähligen Flamingos stabile Populationen beider Nashornarten sowie der seltenen Rothschildgiraffen, die Region des Lake Bogoria ist bekannt für das Vorkommen der Großen Kudus, zahlreicher Flamingos sowie oberflächliche vulkanische Aktivität. Nahe Kitale lassen sich am Mt. Elgon die unterschiedlichen Formen von Montanvegetation erkunden sowie in den ebenfalls dort gelegenen Saiwa Swamps die sehr seltenen Sitatunga-Antilopen. Ein besonders reizvolles Ziel imWesten Kenias ist der Kakamega Forest, der als letztes Relikt zentralafrikanischen Regenwaldes in Kenia erhalten ist. Hier leben viele Arten, die sonst nirgends in Kenia vorkommen; außerdem hat man die einmalige Möglichkeit, einen Einblick in die Struktur eines Regenwaldes zu erhalten.

**Famingos** Foto: W. Denzer

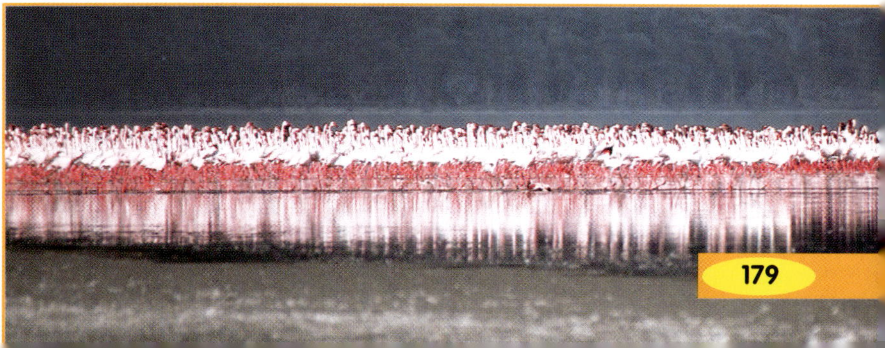

**Hells Gate Nationalpark** Foto: J. Hinzen

## Lake Naivasha und Umgebung

Der Lake Naivasha liegt nur etwa 90 km nördlich von Nairobi bei dem Ort Naivasha. Über die teilweise gut ausgebaute, aber viel befahrene Straße A104 ist er von der Hauptstadt in etwa einer Stunde zu erreichen. Auf dem Weg dorthin bieten sich Abstecher in den Nationalpark Hell's Gate oder zum Mount Longonot an, die etwas südlich des Sees liegen und an der Hauptstraße ausgeschildert sind (s. u.).

Mit einer Größe von 170 km$^2$ ist der 1.890 m ü. NN gelegene Lake Naivasha der größte Süßwassersee Kenias. Er liegt inmitten einer landwirtschaftlich stark genutzten Region, deren Böden vulkanischen Ursrpungs und somit äußerst fruchtbar sind. Überwiegend wird hier Nelkenanbau betrieben. Als einer der wenigen fischreichen Süßwasserseen zieht Lake Naivasha zahlreiche Vögel an. Neben Reihern und Entenvögeln halten sich meist große Gruppen von Pelikanen am See auf. Vor dem Ostufer des Sees liegt die kleine Insel Crescent Island, auf der sich ein Tierreservat befindet, in dem vor allem Impalas, Zebras und Wasserböcke leben. Der Lake Naivasha lässt sich auf einer gut ausgebauten Straße umrunden, sodass man die Landschaft genießen und die Vogelwelt ausgiebig erkunden kann. Die direkte Zufahrt an den See ist nicht möglich, da sich fast das gesamte Seeufer in Privatbesitz befindet. Man kann allerdings am Lake-Naivasha-Hotel ein Boot mieten und die Uferregion vom Wasser aus erkunden oder sich nach Crescent Island übersetzen lassen.

Südlich des Lake Naivasha liegen zwei Nationalparks, die eher durch ihre Landschaft als durch ihre Tierwelt bestechen. Der Mount-Logonot-Nationalpark ist nur etwa 50 km$^2$ groß und besteht im Wesentlichen aus einem frei stehenden Vulkankegel. Mit einer Höhe von 2.776 m ü. NN übersteigt er die Umgebung des Lake Naivasha um weitere 1.000 m. Ein besonderer Reiz dieses Parks ist es, dass man ihn zu Fuß erkunden kann (am sichersten mit einem Führer, dessen Dienste am Parkeingang gebucht werden können). Mehrere Wege führen zum Rand des Kraters und durchziehen dabei verschiedene Vegetationsformen. Ornithologisch interessierte Besucher werden auf eine Vielzahl von Vögeln stoßen, aber auch sonst ist der etwa einstündige Aufstieg lohnend. Man erhält einen Blick in das Kraterinnere, in dem Büffelherden und Leoparden leben. Die Umrundung des Kraters nimmt etwa drei Stunden in Anspruch und eröffnet schöne Ausblicke auf die Region inklusive des Lake Naivasha und die Umgebung der Njorowa-Schlucht.

Die Njowora-Schlucht ist besser bekannt

unter dem Namen Hell's-Gate-Nationalpark. Die beeindruckenden Felsformationen sind wesentlicher Bestandteil dieses 68 km² großen Parks, der vor allem dem Schutz der seltenen Lämmergeier dient. Auch dieser Park kann zu Fuß erkundet werden; wegen der Vorkommen von Gnus und Büffeln sollte man jedoch Vorsicht walten lassen oder einen Führer anheuern. Greifvögel zählen hier sicherlich zu den Attraktionen. Neben den bereits erwähnten Lämmergeiern nisten in den Felswänden auch Bartgeier und Sperbergeier. Nur an wenigen anderen Stellen Ostafrikas hat man die Möglichkeit, diese Tiere so gut zu beobachten.

Fährt man von Naivasha weiter in Richtung Lake Nakuru (A 104) oder wählt die Umrundung des Lake Naivasha, so erreicht man den kleinen Ort Gilgil. Nur wenige Kilometer nördlich des Ortes liegt die Kariandusi Pre-Historic Site, an der verschiedene Steinzeitwerkzeuge sowie fossile Elefantenzähne gefunden wurden. Etwa auf gleicher Höhe wie Kariandusi liegt westlich der Hauptstraße der Lake Elmenteita. Es handelt sich dabei um einen Salzsee, auf dessen Inseln inmitten des Sees zahlreiche Vogelarten nisten. Kurz vor Erreichen der Stadt Nakuru bietet sich eine weitere Möglichkeit zur Besichtigung einer prähistorischen Ausgrabungsstelle. Am Hyrax Hill entdeckte man Beerdigungsstätten und Werkzeuge, die etwa 3.000 Jahre zurückdatieren.

## Nationalpark Lake Nakuru

Der Haupteingang zum Lake-Nakuru-Nationalpark liegt unmittelbar bei der Stadt Nakuru. Da diese jedoch als Marktplatz der Region dient, somit meist überfüllt mit Menschen und Fahrzeugen und zudem die Beschilderung zum Nationalpark nur unzureichend ist, sollte man eines der beiden weiter südlich gelegenen Gates benutzen (s. u.). Das Gebiet um den See wurde 1960 zum ersten Vogelschutzgebiet Afrikas erklärt und avancierte 1967 zum Nationalpark. Insgesamt beträgt die Fläche 188 km², wovon ein Drittel auf den

**Blick von den Baboon Cliffs** Foto: W. Denzer

**Kandelabereuphorbie (*Euphorbia candelabrum*)** Foto: W. Denzer

See entfällt. Der Nakurusee gehört zu den salzhaltigen Seen und zieht dementsprechend zeitweise bis zu 300.000 Flamingos an. Als weiteres Glanzlicht muss die hohe Individuenzahl an Nashörnern beider Arten herausgestellt werden. Der Lake-Nakuru-Nationalpark zählt zu den wenigen Nashornschutzgebieten (Rhino Sanctuary) Ostafrikas. Das Gebiet ist landschaftlich sehr reizvoll, da der See von bewaldeten Bergen umgeben ist. An den südlichen Hängen wächst der wahrscheinlich größte Kandelabereuphorbien-Wald, und rund um den See ziehen sich Sumpfwiesen und Wälder mit Fieberakazien.

Lange Zeit galt die Flamingopopulation des Lake Nakuru als größtes Vogelspektakel der Welt, das auf über eine Million dieser Tiere geschätzt wurde. Die Anzahl von Flamingos ist zwar immer noch beeindruckend, allerdings ist die Individuenzahl rückläufig. Hierfür sind eine Reihe von Umweltveränderungen in den letzten Jahrzehnten verantwortlich. Zum einen wurden lange Zeit die Abwässer der Stadt Nakuru in den See eingeleitet. Erst Anfang der 1990er-Jahre wurde eine moderne Kläranlage errichtet, deren gereinigtes Wasser allerdings nicht dem See zugeführt wurde. In Verbindung mit ausbleibenden Regenfällen fiel Lake Nakuru 1996 fast vollständig trocken, was zum Abwandern insbesondere der Vogelwelt führte. Andererseits mag ein Teil des Rückgangs in der Flamingopopulation aber auch darauf zurückzuführen sein, dass in den 1960er-Jahren salzwassertolerante Buntbarsche (*Tilapia grahami*) im See ausgesetzt wurden, die vor allem zur Reduzierung der Mücken beitragen sollten. Nach „Auftragserledigung" schwenkten sie allerdings auf die *Spirulina*-Algen als Vorzugsnahrung um. Gerade diese blaugrünen Algen sind aber die Lebensgrundlage der Flamingos. Anfangs wurde keine Nahrungskonkurrenz festgestellt, jedoch lassen die rückgängigen Flamingozahlen auf ein unzureichendes Futterangebot schließen. Im Gegenzug bevölkern nun mehr und mehr fischfressende Vogelarten den ehemals fischlosen See. Ob all dies allein den von Menschen verursachten Umweltveränderungen zuzuschreiben ist, kann nicht vollständig geklärt werden. Ein Großteil ist sicherlich darauf zurückzuführen; man weiß aber auch, dass der See auch schon früher immer wieder ganz oder teilweise austrocknete.

Die faunistische Zusammensetzung des Lake-Nakuru-Nationalparks entspricht auch an Land nicht vollständig den natürlichen Gegebenheiten. So wurden Ende der 1980er-Jahre Spitzmaulnashörner im Schutzgebiet angesiedelt, die in anderen Regionen Kenias gefangen worden waren. Offensichtlich ist dieses Experiment gelungen, da man inzwischen immer wieder Jungtiere zu Gesicht bekommt. Neben dem Spitzmaulnashorn kommt im Park auch das Breitmaulnashorn vor, sodass man hier eine gute Chance hat, beide Arten zu beobachten. Insgesamt sollen hier etwa 40 Nashörner leben. Bereits 1977 wurde eine kleine Herde der seltenen Rothschildgiraffen in den Park umgesiedelt. Die Tiere stammen aus der Soy-Region im Westen Kenias und sind sonst nur noch in Uganda beheimatet beziehungsweise im Langata-Giraffenzentrum bei Nairobi zu besichtigen. Rothschild- oder Baringo-Giraffen sehen den nördlichen Netzgiraffen recht ähnlich, jedoch ist ihre Zeichnung weniger kontrastreich (das geometrische Muster ist nicht so klar), und die Unterschenkel sind rein weiß (im Gegensatz zu einer rötlichen Sprenkelung bei der Netzgiraffe). Die Population im Nakuru-Nationalpark ist stabil, Sichtungen sind dennoch nicht an der Tagesordnung. Um einem Abwandern der seltenen Tiere vorzubeugen, wurde der Nakuru-Nationalpark umzäunt.

Der Lake-Nakuru-Nationalpark besitzt ein ausgedehntes Wegenetz, das sich rings um den See zieht und Abstecher in die bewaldeten Regionen erlaubt. Startet man eine Tour vom Haupteingang nahe der Stadt Nakuru aus, bietet sich eine Umrundung im Uhrzeigersinn an. Zu Beginn führt der Weg durch einen Wald mit Fieberakazien. Hier sollte man nach Leoparden Ausschau halten, die sich tagsüber zur Ruhe auf große waagerechte Äste zurückziehen. In der Dämmerung gehen sie auf Jagd, sodass sich eine Safari kurz nach Sonnenaufgang in diesem Gebiet lohnen kann. Der Wald ist relativ dicht, und die Lichtverhältnisse erschweren Beobachtungen. An einigen Stellen zweigen Wege ab, die an den See führen. Auf den Sumpfwiesen und entlang dem Ufer findet man neben vielen Vogelarten besonders

**Breitmaulnashörner** Foto: W. Denzer

häufig Defassa-Wasserböcke und Bohor-Riedböcke sowie Impalas, Grant- und Thomsongazellen.

Folgt man weiter dem Hauptweg, erheben sich zur Linken einige Hügel, die mit Kandelabereuphorbien bewachsen sind. Der Bestand ist so dicht, dass kaum eine andere Pflanze in dieser Region Fuß fassen konnte. Die Strecke führt dann über den Nderit River auf eine Ebene. Der Nderit bildet ein kleines Delta mit dichtem Gras- und Seggenbewuchs, der bevorzugter Aufenthaltsort der Wasserböcke ist. In den trockeneren Flächen leben Gazellen und Raubtiere. Die Zahl der Löwen im Park ist nicht sehr hoch, aber man hat trotzdem gute Chancen, sie zu sichten.

Am südwestlichen Ufer des Sees erstreckt sich ein Akazienwald, dessen Unterholz oftmals von den Nashörner aufgesucht wird. Solange die Tiere im Wald stehen, ist es nicht einfach, sie zu entdecken; mehrmals täglich verlassen sie allerdings die Waldregion und begeben sich an das Seeufer oder auf die Ebene zur Nahrungsaufnahme. Mit etwas Glück kann man dann nicht nur Einzelgänger, sondern auch ganze Familiengruppen beobachten.

Am Westufer führt ein Weg auf die Hügel hinauf zu den Baboon Cliffs. Hier bietet sich ein herrlicher Ausblick auf einen Großteil des Sees und seine Umgebung. Der Name Baboon Cliff rechtfertigt sich aus der Tatsache heraus, dass hier oben zahlreiche Paviane leben. Eine etwa 30-köpfige Gruppe scheint das Gebiet zu beherrschen. Man sollte daher keinerlei Gegenstände wie Kameras oder Essensreste herumliegen lassen und alle Fenster beim Verlassen des Fahrzeugs schließen. In den Bäumen am Aussichtspunkt leben viele Vogelarten; besonders häufig sind hier Drongos anzutreffen, die leicht an ihrem schwarzen Federkleid und dem gegabelten Schwanz zu erkennen sind. Die Baboon Cliffs dienen den Parkrangern als Aussichtspunkt bei Inspektionstouren durch das Schutzgebiet. Mit Ferngläsern machen sie von oben Touristenfahrzeuge aus, die sich abseits der offiziellen Wege aufhalten. Da einige Zeitgenossen nicht nah genug an die Tiere herankommen können, kommt dies leider immer wieder vor. Außer, dass es der Natur schadet, droht auch dem Touristen Ungemach, der mit dem Einzug seiner Chipkarte oder Geldbußen rechnen muss.

Im Schutzgebiet gibt es zwei Unterkünfte, die Lake Nakuru Lodge (Tel.: 037-85446) und die Sarova Lion Hill Lodge (Tel.: 037-85455). Die Nakuru Lodge ist über das südliche Nderit Gate und die Lion Hill Lodge über das kurz vor Nakuru gelegene Lanet Gate direkt anzufahren. Die Lion Hill Lodge liegt von Wald umgeben in den Hügeln östlich des Sees und bietet wunderschöne Ausblicke besonders bei Sonnenuntergang. In der Gartenanlage tummeln sich zahlreiche Vögel, darunter eine große Gruppe von Maskenwebern, die ihre Kolonie in einem der Bäume besitzt. Verschiedene Nektarvögel besuchen die vielen Blütenpflanzen der Anlage, und an einem kleinen künstlichen Bachlauf kann man in den Abendstunden Riedfrösche beobachten, die sich schon durch ihre Rufe bemerkbar machen. Wer also nicht nur eine Tagestour in den Lake-Nakuru-Nationalpark plant, ist in der Lion Hill Lodge sehr gut aufgehoben und kann sogar vor der Einnahme des Frühstücks und der Weiterreise auf Leopardenpirsch gehen.

## Lake Bogoria

Die Lake Bogoria National Reserve liegt etwa 70 km nördlich der Stadt Nakuru und 20 km nördlich des Äquators. Man erreicht das Reservat, indem man bei Nakuru die Hauptstraße (A104) bei Nakuru verlässt und stattdessen die gut ausgebaute B4 in Richtung Marigat nimmt. Die reizvolle landschaftliche Lage am Westhang des Laikipia Escarpments und vulkanische Aktivität machen den Lake Bogoria zu einem der attraktivsten Seen des Rift Valleys. Der See liegt auf etwa 1.000 m ü. NN, und an seinem Ostufer steigt die Abrisskante des Grabenbruchs weitere 600 m an. Das Ostufer ist hügelig und überwiegend mit Dornbuschvegetation und einigen Akazien- sowie Commiphorabäumen bewachsen. Die auffälligste Pflanze ist die Wüstenrose, von der einige sehr beeindruckende Exemplare im Reservat zu finden sind. Besonders nach Regenfällen ist sie an ihren rosafarbenen Blüten leicht zu erkennen. An den trockeneren Stellen und halbwüstenartigen Gebieten des nördlichen Seeufers wachsen Aloen und Euphorbien. Durch die Umrahmung des Sees mit hoch aufragenden Bergen und Hügelgelände hält sich fast ganzjährig ein spezielles wüstenartiges Mikroklima. Mittagstemperaturen können ohne weiteres 40 °C übersteigen. Guter Sonnenschutz ist daher Vorausbedingung für einen längeren Besuch.

Insgesamt umfasst das Schutzgebiet eine Fläche von 107 km², von denen 35 km² auf den See entfallen. Lake Bogoria ist ein Sodasee und beherbergt daher zeitweise enorme Populationen der beiden ostafrikanischen Flamingoarten. Für Besucher ist das Gebiet besonders reizvoll, da man das Auto verlassen kann und umherwandern darf. Da es keine größeren Raubtiere im Reservat gibt – Löwen wurden das letzte Mal 1993 gesichtet –, sind Spaziergänge ungefährlich. Es gibt zahlreiche Pfade, die direkt an das Seeufer oder zu heißen Quellen, Geysiren, Fumarolen und brodelnden Schlammlöchern führen.

Das Lake-Bogoria-Reservat ist einer der Plätze, an denen man sich leicht davon überzeugen kann, dass die vulkanische Aktivität im afrikanischen Graben noch nicht zum Ende gekommen ist. Um den See herum existieren über 100 heiße Quellen, die ihn mit „Süßwasser“ speisen. Das Wasser ist nur gering alkalihaltig, trotzdem kann vom Versuch, es zu trinken, nur abgeraten werden. Der Geruch

**Geysir am Lake Bogoria**
Foto: W. Denzer

ist faulig und resultiert aus gelösten Schwefelverbindungen. Im Wesentlichen können „warme“ und „heiße“ Quellen unterschieden werden. Die Temperatur der ersten Gruppe liegt bei ca. 70 °C, die der zweiten nahe dem Siedepunkt von Wasser bei 95 °C. Ausgehend von Loboi Gate führt eine Piste entlang dem westlichen Seeufer bis zu einem großen Parkplatz mit Schatten spendenden Bäumen, in dessen Umgebung die verschiedenen vulkanischen Aktivitäten bewundert werden können. Eine heiße Quelle liegt nur wenige Meter von Parkplatz entfernt in der Nähe des Seeufers. Wer sich ein wenig unterhalten möchte, der sollte, bevor er in das Reservat fährt, Kartoffeln und Eier kaufen. Diese können dann in der Quelle gegart werden. Die Kartoffeln sollten dabei in einer Plastiktüte bleiben, da sie ansonsten einen stark schwefeligen Beigeschmack annehmen. Eier benötigen ca. 10–12 Minuten, Kartoffeln je nach Größe 20 Minuten Garzeit. Nur 100 m weiter südlich schießt von Zeit zu Zeit ein Geysir seine etwa 5 m hohe Wasserfontäne in die Luft. Folgt man den Pfaden am Seeufer, gelangt man zu weiteren heißen Quellen und Schlammlöchern, in denen es kräftig blubbert. Der Weg führt dann weiter auf eine Landzunge, die den Blick auf den südlichen Teil des Sees freigibt. Häufig halten sich in dieser Uferregion große Ansammlungen von Flamingos auf. Bei Störung versuchen sie erst, dem Beobachter durch Wegschreiten zu entkommen und fliegen dann meist auf, sobald sich auch nur eines der Tiere in seiner Ruhe beeinträchtigt fühlt. Man braucht dann bloß etwas Geduld haben und an der Stelle verharren. Bereits nach kurzer Zeit wird die ganze Gruppe wieder dort landen und mit dem Fressen fortfahren.

Lake Bogoria ist ein typischer Salzsee ohne Ab- oder nennenswerte Zuflüsse. Er wird von unterirdischen – meist heißen – Quellen sowie Regenwasser gespeist. Die hohe Umgebungstemperatur bedingt eine starke Verdunstung und somit Anreicherung salzhaltiger Mineralien. In der Mitte ist Lake Bogoria nur etwa 10 m tief. Seine blaue Farbe resultiert aus dem Vorkommen blaugrüner Algen. Stellenweise sieht man rot gefärbtes Wasser: Beim Absterben von lokalen Algenpopulationen bleiben im Zersetzungsprozess eisenhaltige Mineralien zurück, die rot gefärbt sind. Das Vorhandensein der Algen ist auch der Grund für die enormen Ansammlungen von Flamingos. Beide Flamingoarten kommen vor, jedoch ist der Zwergflamingo bei weitem häufiger. Bei den Flamingos des Lake Bogoria wurde des Öfteren beobachtet, dass sie Nester bauen und Eier darin ablegen, die Brut meistens aber nicht zum Schlupf gelangt. Da man weiß, dass sich die eigentlichen Brutkolonien am Lake Natron versammeln, war dieses Phänomen lange Zeit nicht erklärlich. Heutzutage geht man davon aus, dass die Mehrzahl der Eier nicht befruchtet ist und wahrscheinlich unerfahrene, junge Weibchen einfach ihrem Nisttrieb folgen, ohne sich vorher gepaart zu haben.

Der Hauptfeind der Flamingos ist am Lake Bogoria der Fischadler. Man kann ihn oft auf den Bäumen am Ufer beobachten, wo er Aussichtspunkte bezieht, die ihm einen guten Überblick über eine Uferregion verschaffen. Die Überreste toter Flamingos werden von einer Vielzahl von Marabus verspeist. Am nördlichen Ende des Sees kann man Scharen Weißer Pelikane und Nilgänse finden. Da es keine Fische im See gibt, übernachten die Pelikane hier nur auf dem Weg zum Lake Baringo oder anderen Süßwasserseen. In den Morgenstunden verlassen sie

**Blick über den Lake Bogoria** Foto: W. Denzer

meist den Lake Bogoria. Verschiedene Webervogelarten haben Kolonien in den Bäumen und im Buschwerk, die man allein schon aufgrund ihrer hohen Geräuschkulisse leicht entdeckt. Insgesamt leben etwa 150 Vogelarten im Reservat. Unter den Reptilien sind Skinke und Agamen bei weitem am häufigsten. Man findet sie auf Steinen und im niedrigen Gras. Nach Regenfällen treten hier dann auch vermehrt Pantherschildkröten auf. Während man an trockenen Tagen manchmal keine einzige Schildkröte zu Gesicht bekommt, muss man an an einem Regentag schon fast aufpassen, dass man sie nicht überfährt, wenn sie die Piste überqueren wollen.

An Wildtieren wird man auf den offen Flächen am ehesten Grantgazellen und Impalas beobachten können. Auf den umliegenden Klippen sieht man Klippspringer, und zwischen den Felsen tummeln sich Klippschliefer. Im relativ dichten Unterholz leben viele Kirk-Dikdiks, die offensichtlich an Besucher gewöhnt sind und nur geringe Scheu zeigen. Hauptattraktion unter den Säugetieren ist eine Population des Großen Kudu. Trotz ihrer beachtlichen Größe (etwa 1,5 m Schulterhöhe) sind diese Antilopen nur während der Nahrungsaufnahmen in den frühen Morgen- und späten Nachmittagsstunden zu entdecken, wenn sie den Schutz des Dickichts verlassen. Die heißen Stunden des Tages verbringen sie im Schatten des dichten Buschwerks. Die Männchen tragen große, spiralförmige Hörner. Ein Paar dieser Hörner kann man in der Hütte des Rangers bewundern, der ständig für die Aufsicht in der Umgebung der Geysire zuständig ist. Einige Stämme des nördlichen Kenias benutzen Kuduhörner als Blasinstrumente.

Man erreicht die Lake Bogoria National Reserve auf der Straße von Nakuru nach Baringo. Etwas südlich (etwa 3 km) des Ortes Marigat zweigt eine Straße nach rechts ab, die

**Ruhmeslilie (*Goriosa superba*)**
Foto: W. Denzer

nach weiteren 20 km zum Loboi Gate des Reservates führt. Eine Beschilderung weist den Weg zum Reservat und dem Lake-Bogoria-Hotel (Menengai West, Tel.: 037-40896). Prinzipiell ist es auch möglich, den Park vom Süden her über das Maji Moto Gate anzufahren. Allerdings sei davor gewarnt, dass die Piste sehr schlecht ist und man kurz vor Erreichen des Parkplatzes bei den Geysiren einen Fluss überqueren muss, der nach Regenfällen genügend Wasser führt, um eine Durchfahrt erheblich zu erschweren oder gar unmöglich zu machen. Die meisten Besucher kommen in Tages- oder Halbtagesexkursionen in das Reservat; dementsprechend ist die Anzahl und Qualität der Unterkünfte begrenzt. Campsites (z. B. Fig Tree Camp) bzw. Übernachtungsmöglichkeiten existieren am Südufer des Sees und in der Nähe des Loboi Gates. Es empfiehlt sich aber, in der Lake-Baringo-Region zu übernachten und frühmorgens zum Lake Bogoria aufzubrechen. Die Fahrtzeit beträgt weniger als eine Stunde.

## Lake Baringo

Nur etwa 15 km nördlich von Marigat liegt die Lake Baringo Conservation Area. Sie steht unter lokaler Verwaltung und hat dementsprechend nicht den Status eines Nationalparks. Nichtsdestoweniger ist ein Besuch lohnend. Nach Lake Naivasha ist der Lake Baringo der zweitgrößte Süßwassersee Kenias und bekannt für seine Vogelwelt, Flusspferdpopulationen und Krokodilbestände.

Das Gebiet wird im Osten vom Laikipia Escarpment und im Westen von den Tuken-Bergen eingerahmt. Es hat eine Fläche von 168 $km^2$ und wird im Süden und Westen von mehreren Flüssen gespeist. Oberirdische Abflüsse sind nicht bekannt. Man geht davon aus, dass der Lake Baringo unterirdisch am nördlichen Ende abfließt. Im See befinden sich insgesamt 13 Inseln, von denen Ol Kokwe die größte ist. Die weitere Umgebung, in der der See liegt, ist halbwüstenartig oder mit Trockensavannenvegatation bewachsen. Als häufigste Pflanzen findet man Akazien sowie *Terminalia*- und *Commiphora*-Arten. Als Farbtupfer stechen die rosa Blüten der Wüstenrose heraus. Die Uferregion und besonders Stellen, an denen Frischwasser in den See fließt, sind mit Riedgräsern, Papyrus und Seggen dicht bewachsen. Eine bemerkenswerte Pflanze der Feuchtgebiete ist *Aeschynomene cristata*. Aus dem Holz dieses Busches bauen die Volksstämme der Tugen und Njemusi ihre Boote. Selbst im feuchten Zustand ist die Dichte des Materials erheblich geringer als die des Wassers, sodass die Boote als unsinkbar angesehen werden können. Im seichten Wasser treiben Nilsalat und manchmal „Grasinseln“.

Der Lake Baringo gehört für ornithologisch interessierte Reisende zum Pflichtprogramm. Insgesamt wurden schon über 500 Vogelarten in direkter Umgebung des Sees nachgewiesen. Hierzu zählen insbesondere wassergebundene Arten, wie Entenvögel, Reiher, Störche und Watvögel. Der größte unter ihnen ist der Goliathreiher, der auch innerhalb des Gebietes nistet. Meist sieht man ihn in Ufernähe auf der Jagd nach Fischen. Am Lake Baringo sind Welse seine bevorzugte Beute. Im seichten Wasser halten sich ebenfalls meist einige Löffler, Nimmersattstörche und Schwarzkopfreiher auf. Entenvögel sind häufig auf den Sumpfwiesen oder nahe dem hohen Riedgras zu beobachten, ebenso wie Kraniche. Kolonien von Pelikanen haben ihr Rückzugsgebiet am Westufer des Sees nahe dem Zufluss des Ndau. Den Tag verbringen sie mit Futtersuche auf dem See. Der Lake Baringo beherbergt sowohl den Weißen als auch den Rosapelikan. Eine der besten Stellen für Vogelbeobachtungen ist das Gelände des Lake Baringo Clubs. In dieser herrlichen Gartenanlage scheint sich im Laufe eines Tages alles zu versammeln, was Flügel hat. Unterstützt wird dies vor allem durch die Angestellten, die an einigen Stellen Futterplätze errichtet haben. Der höchste Baum des Geländes wird von einer großen Büffelweberkolonie bewohnt. Man braucht nicht lange zu suchen, sondern nur dem Geräuschpegel zu folgen. Eine Besonderheit des Clubs ist, dass seit Jahren ein Pärchen der Verreaux-Eule hier lebt. Tagsüber sitzen die Tiere in den hohen Bäumen, und nachts kann man sie leicht mit einer Taschenlampe aufspüren, die ihre Augen zum Aufleuchten bringt. Neben Webervögeln und Glanzstaren

**Basaltklippen nahe Lake Baringo** Foto: W. Denzer

sind vor allem zwei Vogelarten besonders häufig in der Anlage anzutreffen: der Weißbauch-Lärmvogel und der Gelbschnabeltoko, ein mittelgroßer Hornvogel. Paradiesfliegenschnäpper und bunte Nektarvögel sind ebenfalls keine Seltenheit.
Etwas östlich des Sees, auf der anderen Seite der Hauptstraße, verläuft eine beeindruckende Felsformation aus Basaltklippen parallel zum Seeufer. Die Klippen ragen stellenweise 100 m über das Seeniveau heraus. Ihre Entstehung verdanken sie einem etwa 10.000 Jahre zurückliegenden Ausbruch des Karosivulkans, dessen Lavafront hier zum Stillstand kam und durch Verschiebungen gefaltet wurde. Entlang diesen Klippen haben sich zahlreiche Vogelarten angesiedelt. Seit vielen Jahren hat ein Verreauxadler-Pärchen seinen Horst in den Klippen. Die eindrucksvollen Vögel sind leicht an ihrer Größe – die drittgrößte Adlerart Afrikas – und ihrem schwarzen Gefieder mit den weißen Rückenfedern zu erkennen. Die majestätischen Greifvögel machen Jagd auf Klippspringer, die zahlreich in den Felsformationen leben und von den Vögeln im Überflug leicht zu sichten sind, da diese sich gerne auf den Felsen exponieren. Ein solches Opfer versuchen die Adler zu erbeuten, indem sie mit großer Geschwindigkeit und unsichtbar für die Klippspringer plötzlich hinter einem nahen Felsen hervorkommen. Ein anderer Brutvogel der Klippen ist der Hemprichtoko. Während Hornvögel normalerweise Baumhöhlen als Nistplätze benutzen, baut der Hemprichhornvogel das Nest aus Lehm und Schlamm in die Felsen. Das Weib-

**Hagedasch (*Bostrychia hagedash*)** Foto: W. Denzer

chen wird für die gesamte Dauer der Brutpflege „eingemauert“ und vom Männchen mit Nahrung versorgt. Erst nach 11 Wochen dürfen Mutter und Jungtiere ihr „Gefängnis“ wieder verlassen.
In den höheren Bäumen am Fuß der Felswand sieht man immer wieder etwa 2 m lange Baumstämme hängen. Es handelt sich dabei um Bienenstöcke, die von der Bevölkerung zur Akazienblüte hierher verbracht werden, um Honig zu sammeln. Der Akazienhonig der Baringoregion ist im ganzen Land bekannt und gilt als der beste in Kenia. Am Straßenrand findet man zur Honigzeit zahlreiche Verkaufsstände.
Die beste Zeit für Tierbeobachtungen ist frühmorgens. Von den Unterkünften oder dem Dorf führen zahlreiche Wege an den See und zu den Bootsanlegestellen. Von hier aus kann man auf Pfaden quer durch die Ufervegetation wandern. Man sollte hierbei ein wenig Vorsicht walten lassen, da insbesondere jüngere Krokodile diese etwas dichtere Vegetation bevorzugen. An den Bootsstegen kann man kleine Krokodile im Wasser beobachten. Im Allgemeinen sieht man nur ein Augenpaar sowie die eine oder andere Schwanzschuppe aus dem Wasser ragen. So „niedlich“ die Kleinen auch anmuten mögen, sollte man dennoch nicht versuchen, sie zu fangen. Ihre spitzen Zähne verursachen heftig blutende Wunden. Größere Exemplare leben im tieferen Wasser und nahe Ol Kokwe, wo sie sich zum Sonnenbad auf Sandbänken aufhalten. Ein anderes Reptil ist ebenfalls sehr häufig, nämlich der Nilwaran. Diese Art lebt ebenfalls in den Feuchtwiesen und auf den Felsen nahe dem Wasser. Manchmal kann man sie beim Schwimmen beobachten; in den meisten Fällen wird man die Echsen aber in der Nähe der Unterkünfte finden, wo sie nach Abfall suchen.
Weitere Tiere lassen sich beobachten, wenn man sich auf den See begibt. Eine typische Bootsfahrt führt erst entlang der Ufervegetation, um einige Vögel und Krokodile zu beobachten, dann in die Mitte des Sees, wo sich zahlreiche Flusspferde aufhalten, und schließlich um die Insel Ol Kokwe herum. Längere Touren machen hier eine Pause, und man kann die Insel etwas genauer in Augenschein nehmen. Der Name Ol Kokwe kommt aus der Sprache der Njemusi und bedeutet „Treffpunkt“. Die Insel dient den Fischern als Ausgangspunkt für ihre nächtlichen Fischzüge und wird auch heute noch von einigen Familien bewohnt. Im Nordosten findet man sprudelnde heiße Quellen als Zeichen vulkanischer Aktivität, die allerdings nicht so beeindrucken können wie die Geysire am Lake Bogoria. In der Nähe der Quellen wachsen immergrüne Gräser, ansonsten ist die Vegetation der Insel eher karg; allerdings ist das häufige Vorkommen von Wüstenrosen und den verwandten *Caralluma*-Sukkulenten bemerkenswert. Südlich von Ol Kokwe liegt Lesokut Island – auch Gibraltar Island genannt –, das einst für seine Goliathreiher-Brutkolonien bekannt war. Die Zahl der brütenden Paare ist jedoch seit Jahren rückläufig, und die Insel wurde von Webervögeln übernommen.
Die höheren Bäume rund um Ol Kokwe werden von Fischadlern als Ansitz benutzt. Auf den Bootsfahrten kann man unterwegs von Fischern Fische und ein Stück des *Aeschynomene*-Holzes erwer-

ben, das in den Bauch geschoben wird, um ein Sinken des Fisches zu vermeiden. Der Bootsführer versucht dann die Aufmerksamkeit eines Adlers auf sich zu ziehen und wirft den Fisch ins Wasser. Diese „Beute“ ist den Adlern bekannt, und nach einigen Sekunden setzen sie zum Sturzflug an und ergreifen den Fisch, den sie dann in aller Ruhe auf ihrem Baum verspeisen. Nachdem man den Tag mit Tierbeobachtungen auf dem See verbracht hat, kann man sich in den Nachmittagsstunden im Lake Baringo Club gemütlich zurücklehnen und dem Treiben der unzähligen Vögel zuschauen.

Der Lake Baringo Club ist sicherlich vom Komfort und seinen Angeboten der Ort der Wahl. Neben der wunderschönen Gartenanlage mit ihrer beeindruckenden Vogelwelt bietet die Lodge Bootsausflüge, Exkursionen zu den Klippen und Vogelbeobachtungen am Morgen und am Nachmittag an. Die Besucher werden durch einen Diavortrag am Vorabend auf die Touren eingestimmt. Die Wanderungen werden von einem versierten Ornithologen geführt. Da er ständig vor Ort ist, kann er sehr gut einschätzen, wo sich seltene Arten tages- oder jahreszeitenabhängig aufhalten. Ein weiteres nicht zu missendes Erlebnis ist der nächtliche „Überfall“ durch Flusspferde. Nahezu jede Nacht kommen die Flusspferde vom See zum Baringo Club herauf, um das kurze Gras zu fressen. Da sich die Tiere nicht ohne weiteres von Menschen beeindrucken lassen, kann es vorkommen, dass man nicht immer direkt zu seiner Unterkunft gelangen kann. Ein eigens hierfür verantwortlicher Nachtwächter ist immer im Bilde, wo sich die Tiere gerade aufhalten und sorgt für den sicheren „Heimweg“. Man kann sich dann auf die Terrasse setzen und den Riesen beim Fressen zuschauen. Nur an wenigen anderen Stellen hat man die Möglichkeit, so nah an Flusspferde heranzukommen.

Weiterführende Literatur zu diesem Thema:
Lewis, M. N. (1998): A Guide to Lake Baringo and Lake Bogoria.

***Caralluma*-Sukkulente** Foto: W. Denzer

## Lake Turkana

Abenteuerlustige Reisende können auch den nördlichsten See des afrikanischen Grabens erreichen. Der Lake Turkana ist der größte See Kenias, sein nördlicher Teil liegt sogar auf dem Hoheitsgebiet Äthiopiens. Wegen seines blau gefärbten Wassers wird er häufig auch als „Jademeer" bezeichnet. Er liegt inmitten der nördlichen Halbwüste und wird durch Zuflüsse aus dem äthiopischen Hochland gespeist. Da er keine Abflüsse hat, entwickelte er sich im Laufe der Erdgeschichte zu einem salzhaltigen See. Der Salzgehalt ist aber keineswegs so hoch, dass er lebensfeindlich wäre. Im See leben Fische, wie *Tilapia* und Nilbarsche, die den zahlreichen Krokodilen als Nahrungsgrundlage dienen. Leider ist die Region aufgrund politischer Auseinandersetzungen oftmals nicht zu bereisen. Trotzdem soll an dieser Stelle eine kurze Beschreibung dessen, was zu erwarten ist, gegeben werden.

Die Anreise gestaltet sich recht schwierig. Die meisten Besucher erreichen das Gebiet in geführten Touren, zu denen z. B. der so genannte Turkana Truck gehört – ein umgebauter Truck mit Schlafgelegenheiten und der nötigen Ausrüstung für mehrwöchige Touren. Prinzipiell gibt es zwei Möglichkeiten, an das Ostufer des Sees zu gelangen. Der erste Weg führt von Marsabit über North Horr nach El Molo. Da bereits das Erreichen von Marsabit Probleme bereiten kann und zudem die restliche Strecke nur schwer befahrbar ist, ist von dieser Routenführung derzeit abzuraten. Die übliche Zufahrt erfolgt von Nyahuhuru über Maralal und South Horr zur Oasis Lodge (El Molo). Man verlässt hierzu entweder bereits bei Nakuru die A104 und wählt die Route über Nyahururu nach Maralal oder fährt Maralal vom Lake Baringo aus an. Der Ort Maralal liegt an der Straße C77 und ist das Zentrum des Samburu-Distriktes. Nördlich des Ortes liegt das Maralal National Sanctuary, das sich etwa auf halber Strecke zum Lake Turkana befindet und als Zwischenstopp anbietet. Die Strecke ist wenig befahren, und im Normalfall werden Kolonnen von mehreren Fahrzeugen zusammengestellt, die unter dem Schutz der Polizei in das Gebiet geleitet werden.

Lake Turkana hat eine Gesamtfläche von 12.250 km², von denen 9.350 km² in Kenia liegen. An seinem nordöstlichen Ufer befindet sich der Sibiloi-Nationalpark, der sich durch halbwüstenartige Vegetation und zahlreiche Lavafelder auszeichnet. Wie in anderen nordkeniaschen Schutzgebieten vermi-

**Lake Turkana** Foto: J. Hinzen

**Lake Turkana** Foto: J. Hinzen

schen sich auch hier die südlichen und nördlichen Faunenelemente. So findet man z. B. Grevy- sowie Steppenzebras einträchtig nebeneinander. Als nördliche Vertreter sind u. a. Netzgiraffen und Somalistrauße zu nennen. Die Anzahl der am Lake Turkana beheimateten Nilkrokodile wird auf weit über 10.000 Exemplare geschätzt. Dies ist die größte zusammenhängende Population Afrikas. Besondere Bekanntheit hat der Sibiloi-Nationalpark durch ein Gebiet namens Koobi Fora erlangt. Hier entdeckten Paläoanthropologen zahlreiche Überreste urzeitlicher Menschen. Ein Skelett erlangte unter dem Namen Turkana Boy große Berühmtheit und ist im Nationalmuseum ausgestellt. Etwas südlich von Koobi Fora hat man die Relikte eines prähistorischen Waldes gefunden. Überall liegen im Gebiet versteinerte Baumfragmente herum, die dem unterschiedlichen Klima im Laufe der letzten Jahrmillionen standgehalten haben.

Inmitten des Sees liegt der Central-Island-Nationalpark, der mit einem aktiven Vulkan sowie drei kleinen Seen aufwartet. Am Westufer des Lake Turkana, auf der Höhe von Central Island, befindet sich Ferguson Gulf. Hier versammeln sich alljährlich in den Monaten März und April riesige Vogelschwärme zahlreicher europäischer Arten, die aus ihren Winterquartieren wieder in ihre Heimat zurückkehren. Am Südende des Sees befindet sich der South-Island-Nationalpark. Auf beiden genannten Inseln liegen die Brutstätten der Krokodile sowie die Rückzugsgebiete für zahlreiche Flusspferde. Zudem ist insbesondere South Island für das Vorkommen vieler Giftschlangen bekannt, darunter Puffottern und Teppichvipern. South Island wird mit Booten der Oasis Lodge vom Ostufer aus angefahren. Die Oasis Lodge ist die einzige Unterkunft der Region, die auf Tourismus eingestellt ist. Im Sibiloi-Nationalpark können Besucher eigentlich nur campen oder versuchen, über die Ranger zu einer bescheidenen Unterkunft zu kommen. Das Westufer des Sees erreicht man über den zentralafrikanischen Highway A1 von Kitale aus. Im Ort Lodwar verlässt man die Hauptstraße und fährt in Richtung Ferguson Gulf, wo sich auch Unterkünfte befinden (Lake Turkana Fishing Lodge, P. O. Box 509, Kitale; Tel.: 03-252142).
Wer auf eigene Faust den nördlichsten Zipfel Kenias bereisen möchte, sollte auf jeden Fall vorher die Nationalparkbehörden, die Polizei und erfahrene Tourveranstalter konsultieren, um unangenehmen Überraschungen vorzubeugen!

# Fahrt in den Westen Kenias

Um in die westlichen Provinzen Kenias nahe der Grenze nach Uganda zu gelangen, folgt man entweder ab Nakuru dem „Eldoret Highway" (A104) oder kreuzt nach einem Besuch von Lake Bogoria und Lake Baringo das Rift Valley über die Tugen-Berge nach Eldoret. Der Eldoret Highway ist die Hauptverbindung Nairobi – Kampala und zieht sich fast ausschließlich durch landwirtschaftliche Anbaugebiete. Entlang der Straße sieht man Felder mit Mais, Kartoffeln und Karotten, in den Hanglagen wird Tee angebaut. Streckenweise fährt man durch Waldgebiete, die für Holz- und Papierproduktion angepflanzt wurden. Die dominanten Arten sind schnell wachsender Euka-

**Der Westen Kenias** Grafik: W. Denzer

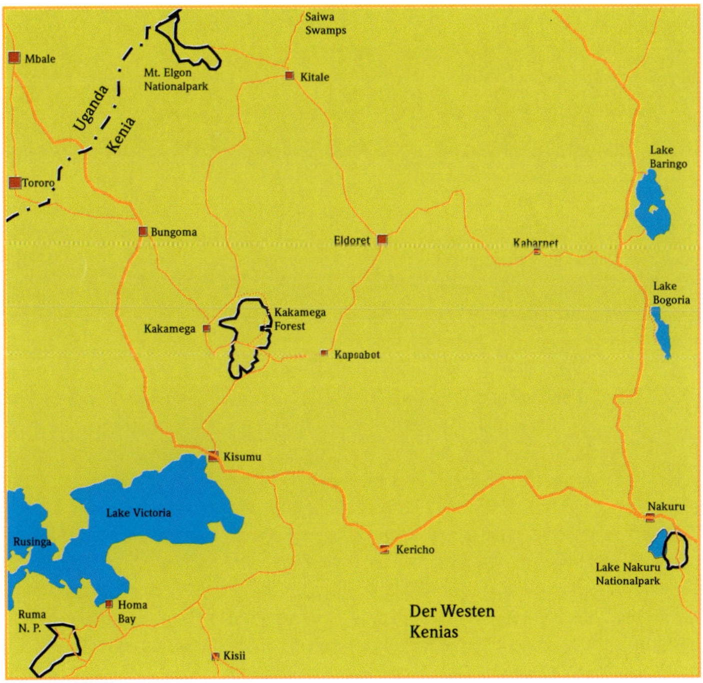

**Grabenbruch nahe Kabarnet** Foto: W. Denzer

lyptus und Zedern. Am Ortseingang von Eldoret befindet sich eine große Papierfabrik, die aus der Umgebung beliefert wird, sodass man unterwegs vielen Holztransporten begegnet. Landschaftlich reizvoller ist eine Fahrt über die Tugen-Berge nach Eldoret. Man verlässt hierzu die B4 bei Marigat und fährt auf der C51 in Richtung Kabernet. Während man im Rücken noch die Steilwand des östlichen Grabenbruchs hat, steigt man aus dem Tal schnell auf die Tugenberge. Dieser Gebirgszug reicht fingerförmig in das Rift Valley hinein. Auf seinem höchsten Punkt nahe Kabarnet befinden sich mehrere Aussichtspunkte auf das Rift Valley. Man kann hier in Richtung Osten den Lake Baringo und und das Laikipia-Gebiet erkennen, ein Blick in Richtung Westen geht über das Kerio-Tal zum westlichen Grabenbruch. Die Straße führt dann zunächst wieder in das Tal herunter, bevor sie steil in das westliche Hochland steigt. Entlang dem Grabenbruch stürzen zahlreiche kleine und große Wasserfälle in die Tiefe. Oben angekommen sollte man den Blick nochmals zurückwenden und auf das Tal und die Tugen-Berge schauen, bevor die Fahrt nach Eldoret fortgesetzt wird. Eldoret ist eine quirlige Kleinstadt, die vor allem als Durchgangsort auf den Strecken nach Uganda oder in den Nordwesten Kenias bzw. den Sudan dient. Ab Eldoret wählt man die B2 und gelangt nach weiteren 50 km nach Kitale.

## Die Umgebung von Kitale

Der kleine Ort Kitale liegt am zentralafrikanischen Highway (A1), der in den Sudan führt, und ist Ausgangspunkt für Besuche des Saiwa-Sumpfes sowie der Mt.-Elgon-Region. Nur wenige Touristen verschlägt es in dieses Gebiet, sodass man nicht mit den sonst in Ostafrika auf Safaris üblichen Annehmlichkeiten rechnen sollte.

26 km nordöstlich der Stadt Kitale befindet sich Afrikas kleinstes Schutzgebiet, der Saiwa-Swamp-Nationalpark. Er ist nicht einmal 16 $km^2$ groß, aber dennoch einen Besuch wert. Der Park liegt am Rand des Regenwaldes und ist von den Sumpfwiesen des Saiwa Rivers geprägt. Sein Hauptanliegen ist der Schutz der seltenen Sitatungas, die ein derartiges Habitat bevorzugen. Insgesamt leben im Nationalpark etwa 100 dieser Tiere. Sitatungas sind Antilopen, die an ein Leben im Sumpf angepasst sind. Sie sind mit den Kudus verwandt, was sich vor allem durch das Tragen gedrehter Hörner und eine helle Bindenzeichnung im Fell bemerkbar macht. Die Grundfärbung ist beim Männchen dunkelbraun und beim Weibchen kräftig rotbraun. Ihre Hufe sind stark vergrößert, sodass sie im schlammigen Untergrund genügend Halt bieten. Den Tag verbringen die Sitatungas meist im Schutz des Dickichts; nachts kommen sie zur Nahrungsaufnahme aus ihren Verstecken. Sitatungas sind ein typisches Element der zentral- und westafrikanischen Fauna, die in Kenia ihre östliche Verbreitungsgrenze hat. Die Hauptverbreitung erstreckt sich bis Senegal und Gambia. Im Saiwa-Swamp-Nationalpark wurden mehrere Hochsitze und Unterstände aufgestellt, die die Beobachtung dieser seltenen Antilopen ermöglichen. Außerdem eignet sich der Saiwa Swamp sehr gut für ornithologische Beobachtungen. Entlang einem hölzernen Plankenweg sieht man mit etwas Glück Ross-Turakos und verschiedenartige Nektarvögel. In den Bäumen leben

**Sitatunga (*Tragelaphus spekei*), Bock am Ufer des Lake Victoria, Nationalpark Rubondo Island, Tansania** Foto: G. Ziesler

**Elefantenhöhle, Nationalpark Mount Elgon**
Foto: J. Hinzen

De-Brazza-Meerkatzen, Guarezas und Hörnchen. Herpetologisch interessierte Reisende sollten nach Zweistreifen-Chamäleons und Riedfröschen Ausschau halten. Begleitete Führungen werden durch den KWS am Besucherzentrum organisiert. Als Übernachtungsmöglichkeit steht nur ein Campingplatz zur Verfügung, sodass man auf die Hotels in Kitale angewiesen ist.

Westlich von Kitale befindet sich der Nationalpark Mt. Elgon an der Grenze zu Uganda. Um dorthin zu gelangen verlässt man Kitale in Richtung Endebess und folgt den Zeichen zum Nationalpark bzw. zur Mt. Elgon Lodge, einer guten Unterkunft noch vor dem Parkeingang. Das Chorlim Gate liegt etwa 30 km von Kitale entfernt. Im Nationalpark befinden sich in der Nähe des Gates die Parkverwaltung und Bandas (Sebstversorgerunterkünfte) des Kenya Wildlife Service. Mit 4.301 m ü. NN ist der Mt. Elgon Kenias zweithöchster Berg. Der eigentliche Gipfel des Massivs liegt in Uganda und ist 4.320 m hoch. Beim Mt. Elgon handelt es sich um einen erloschenen Vulkan, dessen zentraler Konus kollabierte und eine Kaldera gebildet hat – ähnlich wie beim Ngorongoro-Krater in Tansania. Heiße Quellen am Grund des Kraters zeugen auch heute noch von vulkanischer Aktivität. Der Nationalpark erstreckt sich von etwa 2.200 m ü. NN bis zum Kraterrand und besitzt auf kenianischer Seite eine Fläche von 169 $km^2$. Entsprechend den verschiedenen Höhenlagen können unterschiedliche Vegetationstypen erkundet werden.

In den Waldgebieten leben zahlreiche Affen sowie unzählige Vögel. Nur in den unteren Höhenlagen kommen noch Elefanten und Büffel vor. Um ihren Mineralienhaushalt regeln zu können, besuchen die Elefanten regelmäßig Höhlen, wo sie das benötigte Salz aus dem Boden aufnehmen oder mit den Stoßzähnen von den Wänden kratzen. Die bekannteste dieser Höhlen ist die Kitum-Höhle, die tief in den Berg führt. Da die Tiere die Höhlen meist erst nachts aufsuchen, kann sie tagsüber gefahrlos erkundet werden. An den Wänden findet man die Kratzspuren, die von den Stoßzähnen herrühren; an einigen Stellen liegen mumifizierte Kadaver von Tieren, die zur Salzaufnahme in die Höhle hinein-, aber nicht wieder hinausgelangten.

Bis auf etwa 4.000 m ü. NN kann man mit einem geländegängigen Fahrzeug kommen; der Rest des Weges bis zum Kraterrand muss zu Fuss zurückgelegt werden und nimmt einige Stunden in Anspruch. Bei der Auffahrt führt die Route durch dichten Montanregenwald und Bambuswälder über Zedernwälder bis in die afroalpine Zone, in der Moorland vorherrscht. Wie am Mt. Kenia oder am Mt. Kilimanjaro findet man auch hier in den Hochlandregionen Baumheide, Fackellilien sowie Senezien und Lobelien. Wegen seiner Abgelegenheit und partiellen Unzugänglichkeit wird der Mt.-Elgon-Nationalpark nur von wenigen Touristen besucht und bleibt Bergwanderern und regenwaldbegeisterten Spezialisten vorbehalten. Es sei hier dringend empfohlen, ortskundige Führer zu engagieren!

## Nationalreservat Kakamega Forest

Etwa 100 km südlich von Kitale liegt eines der interessantesten Regenwaldschutzgebiete Ostafrikas, das Kakamega Forest Reserve. Um dorthin zu gelangen, verlässt man Kitale in Richtung Webuye und folgt der A1 bis zum Ort Kakamega.

Der Kakamega Forest ist ein Relikt aus der Zeit vor der Abholzung tropischer Wälder. Er stellt den östlichen Ausläufer des zentralafrikanischen Regenwaldes dar und beheimatet viele Tier- und Pflanzenarten, die sonst nur im westlicher gelegenen Kongo-Becken vorkommen. Das Waldgebiet östlich der Ortschaft Kakamega überdeckt eine Fläche von 240 $km^2$, die mit gut begehbaren Wegen durchzogen ist. Dieses Naturschutzgebiet wird nur von wenigen Touristen besucht, da hier keine der sonst so abundanten Großtiere anzutreffen sind. Gerade dies aber macht den Wald für Naturbegeisterte so attraktiv. Der Wald beherbergt zahlreiche Vogelarten (etwa 360), viele Amphibien und Reptilien sowie sogar einige endemische Säuger. Wissenschaftler fanden 120 Baumarten, die ihren Ursprung in den Urwäldern des Kongo-Beckens haben. Aufgrund der geographischen und der Höhenlage (1.500–1.700 m ü. NN) setzen sich Flora und Fauna des Kakamega-Waldes aus zentralafrikanischen Arten und ostafrikanischen Hochlandformen zusammen. Diese Mixtur ist für die außerordentliche Artenvielfalt des Gebietes verantwortlich und sonst nirgends zu finden.

Der vorherrschende Vegetationstyp im Kakamega-Wald ist zentralafrikanischer Regenwald. Wie alle Regenwälder ist das Blätterdach bereits in den Baumwipfeln geschlossen, sodass nur wenig Licht auf den Boden fällt. Entsprechend wachsen auf den Bäumen viele Pflanzen – so genannte Epiphyten –, die auf diese Weise versuchen, ein wenig vom spärlichen Lichteinfall aufzufangen, um ihre Photosynthese in Gang zu halten. Regenwälder weisen bezüglich der Vegetation eine Schichtstruktur auf. Die Wipfelregion ist stellenweise in 45 m Höhe; eine zweite Schicht ist etwa bei 20 m zu finden, und am Boden wachsen an Stellen mit ausreichend Sonneneinstrahlung Sträucher. Der Unterbewuchs ist recht gering, sodass der „Urwald" gar nicht undurchdringlich ist, sondern im Gegenteil sehr leicht begehbar. Bäume ste-

**Stachelbaum (*Fagara mildbraedti*)**
Foto: W. Denzer

hen häufig mehrere Meter auseinander. Ein weiteres typisches Merkmal für Regenwälder ist, dass junge Pflanzen im Schatten der Altpflanzen aufwachsen. Um ihre Blätter vor Verbrennungen zu schützen, treiben Jungpflanzen nahe von Lichtungen oftmals rote Blätter aus, die sich erst nach einiger Zeit grün färben. Viele Feigenbäume (*Ficus* spp.) sind siedelnde Pflanzen. Ihr Leben als Samen und Jungpflanze beginnt auf dem Ast eines Wirtsbaumes. Im Laufe der Zeit entwickelt der *Ficus* dann Luftwurzeln, die die Wirtspflanze nach und nach umschlingen, bis diese letzendlich abstirbt. Übrig bleibt ein ausgehöltes Wurzelgeflecht, in dessen Innern einst ein mächtiger Urwaldbaum lebte.

Traditionell wurden viele Pflanzen des Waldes von der Lokalbevölkerung für den täglichen Bedarf sowie für medizinische oder kosmetische Zwecke genutzt. Wenn man z. B. die Rinde des Hennabaums mit einem Messer leicht beschädigt, tritt ein dunkeloranger Saft aus, der zum Färben und als Schminke diente. Große, dornenartige Auswüchse am Stamm sind Kennzeichen der Baumart *Fagara mildbraedii*. Ein Tee aus seiner Rinde wird zur Behandlung der Malaria benutzt. Eine weitere Baumart – *Antiaris toxicaria* – sticht vor allem durch ihren geraden, hohen Wuchs hervor. Die dünne, papierartige Rinde diente zur Anfertigung von Kleidungsstücken und Bettlaken. Pflanzen aus der Pfefferverwandtschaft werden als Gewürze genutzt. In Kakamega findet man besonders häufig einen fast 2 m hohen Pfefferstrauch. Wenn man dessen Samen zwischen den Fingern zerreibt, entwickelt sich das typische Pfeffer-Aroma.

**Hennabaum** Foto: W. Denzer

Eine Besonderheit des Kakamega-Gebietes sind große unbewaldete Lichtungen inmitten des Waldes, die recht untypisch für ein Regenwaldökosystem sind. Die meisten dieser Freiflächen gehen wahrscheinlich auf menschliche Aktivitäten wie Brandrodung und Viehwirtschaft zurück. Bei einigen Lichtungen geht man aber davon aus, dass sie natürlichen Ursprungs sind. Diese Sumpfwiesen liegen auf hartem Gestein, in dem das Wasser nicht abläuft. Daher ist zum einen das Substrat zu feucht für die meisten Bäume und zum anderen nicht genügend Untergrund vorhanden, auf dem gewurzelt werden kann.

Hauptattraktion des Kakamega-Reservats sind die Primaten. Insgesamt leben hier fünf Affenarten sowie Pottos. An den Waldrändern trifft man oft auf Paviantrupps. Savannenpaviane sind bei der Bevölkerung nicht sehr beliebt, da sie den Wald verlassen und Maisfelder plündern. Guarezas sind die häufigsten Affen des Kakamega-Waldes. Sie sind leicht an ihrem schwarzen Fell und den weißen Mantelhaaren zu erkennen. Guarezas leben hoch oben in den Bäumen und streifen in Trupps von 10–20 Tieren durch ihr Territorium. Die Reviere der Männchen sind klein, sodass man einmal entdeckte Gruppen meist auch am nächsten Tag noch in der gleichen Umgebung wiederfinden kann. Die Diadem-Meerkatze des Kakamega-Gebietes unterscheidet sich von Artgenossen des östlichen Kenias und wird der kongolesischen Unterart *Cercopithecus mitis stuhlmanni* zugerechnet. Die Tiere kommen hier interessanterweise mit Gruppen der Rotschwanz- bzw. Weißnasen-Meerkatze vor. Wissenschaftler gehen davon aus, dass dieses Verhalten zum einen dem Schutz gegen Feinde dient – größere Trupps werden seltener angegriffen, und Angreifer werden früher entdeckt –, zum anderen aber auch ein einseitiges Unterfangen der kleineren Weißnasen-Meerkatze reflektiert. Beide Arten bevorzugen dieselben Früchte; durch den Anschluss an die größeren Diadem-Meerkatzen stellt die Weißnasen-Meerkatze sicher, dass sie keine Futtergründe aufsucht, die bereits von den großen Verwandten geplündert wurden. Die De-Brazza-Meerkatze ist ein zentralafrikanisches Faunenelement, das hier an seine östliche Verbreitungsgrenze stößt. In Kenia sind sonst nur noch einige wenige Tiere im Saiwa Swamp und im Mt.-Elgon-Nationalpark zu finden. Auch die Population im Kakamega Forest umfasst nur etwa 40–50 Tiere. De-Brazza-Meerkatzen benötigen Habitate in Flussnähe, in denen sie ihrer semiterrestrischen Lebensweise nachgehen können. Hier leben sie in den Waldregionen entlang dem Ufer und auf Sumpfwiesen. Im Feld sind sie leicht von anderen syntop (im selben Habitat) vorkommenden Arten zu unterscheiden: Sie besitzen ein hellgraues Fell und zeichnen sich besonders durch ein rotoranges Diadem auf der Stirn sowie einen weißen Spitzbart aus. Orangefärbung und ein schwarzes Band ziehen sich über die Schulter auf die Arme.

Ein weiteres Glanzlicht des Gebietes ist die Vogelwelt, die durch ihre Vielfalt besticht. Bis heute sind nahezu 400 Spezies nachgewiesen. Eine Art aus der Verwandtschaftsgruppe der Fliegenschnäpper ist nur aus der Umgebung des Kakamega-Waldes bekannt. Er trägt seinen Gattungsnamen nach dem Gebiet und heißt *Kakamega poliothorax* (Familie Timaliidae). Flügel, Rücken und Kopfoberseite sind kastanienbraun, das Bauchgefieder ist grau. Die Art lebt im Unterholz und sucht am Waldboden nach Insekten. Die farbenprächtigste Art ist der Blaue Hauben-Turako. Das Federkleid des Männchens ist oberseits blaugrün und im Brustbereich gelb. Die Kopfoberseite ist mit aufgestellten schwarzen Federn besetzt, was ihm den Namen Hauben-Turako einbrachte. Diese Art lebt meist in Waldstücken entlang den Bächen sowie am Waldrand nahe den Sumpfwiesen. Der verwandte Ross-Turako ist leicht an seinem tiefroten Federkleid zu erkennen und eher im Waldesinneren zu finden. Verschiedene Arten von Hornvögeln leben in den Wipfelregionen. Den Kronen-Hornvogel hört man eher, als dass man ihn entdeckt. Diese Art ist häufig in kleinen Gruppen unterwegs und verständigt sich durch hohe Pfeiftöne. Das Federkleid ist oberseits schwarz und im Brustbereich weiß. Der Schnabel ist auffällig rot mit einer gelben Spitze. Ein weiterer farbenfroher Vogel aus der Familie der Trogons ist der Narina-Trogon. Kopf, Rücken und Schwanz sind schillernd dunkelgrün, und die Bauchseite ist rot gefärbt. Trogons leben in den mittleren Baumlagen im Innern des Waldes, wo sie auf Insekten Jagd machen, die sie im Flug erbeuten. Nur im Kakamega Forest hat man die Chance, Grau- oder Kongopapageien in freier Natur zu beobachten. Etwa 20 dieser unter Vogelhaltern sehr beliebten Papageien haben hier eine halbwegs stabile Population aufbauen können. Obwohl sie der zentralafrikanischen Fauna zuzurechnen sind, ist nicht geklärt, ob das Vorkommen natürlich ist, oder ob die Population sich aus entflogenen Tieren rekrutiert.

Unter den Schlangen findet man zahlreiche zentralafrikanische Arten. Jamesons Mamba ist wie ihre Verwandten eine baumbewohnende Art, die sich überwiegend von Vögeln und Reptilien ernährt. Im Gegensatz zu den anderen Mambas ist sie nicht aggressiv und verschwindet bei Störung lautlos im Dickicht. Gabun- und Nashornviper zählen wegen ihres bunten, geometrisch gemusterten Schuppenkleids zu den schönsten Schlangen weltweit. Aufgrund ihrer nächtlichen Lebensweise wird man sie allerdings eher nicht zu Gesicht bekommen. Den Tag verbringen sie verborgen im Laub, wo ihre Zeichnung mit der Umgebung verschmilzt und sie nur schwer auszumachen sind. Die seltenste Schlange des Gebietes ist Golds Kobra. Während die übrigen Kobras Ostafrikas bodenbewohnend sind, hat sich Golds Kobra an ein Leben in den Bäumen angepasst. Über ihre Lebensweise ist nur wenig bekannt; man ist sich nicht einmal sicher, ob diese Art tag- oder nachtaktiv ist. Das bevorzugte Habitat scheint in Wassernähe zu liegen, da ihre Nahrung auch Fische und Amphibien einschließt. Im Kakamega-Wald wurden Exemplare in Fallen gefunden, die zum Fang von Hörnchen aufgestellt wurden. Unter den vorkommenden Echsen sind vor allem die beiden Chamäleonarten herauszustellen. In der niederen Vegetation lebt Elliots Chamäleon, auf den Lichtungen sowie am Waldboden Boulengers Zwergchamäleon. Weiterhin gibt es zahlreiche Skinkarten –darunter der farbenprächtige Fernandskink – sowie Agamen und Echte Eidechsen. Nahe den Bachläufen findet man Amphibien, die sich entweder direkt im Wasser aufhalten oder in der Ufervegetation leben. Der Zimt-Riedfrosch wird nur etwa 25 mm groß und ist an seiner braunen Rückenfärbung mit weißen Seitenrückenlinien zu erkennen. Tagsüber halten sich Riedfrösche an Stämmen und unterhalb von Blättern auf; nachts findet man dann größere Gruppen rufender Männchen im seichten Wasser oder auf Schwimmpflanzen. Ein naher Verwandter ist der Kivu-Riedfrosch, der normalerweise oberseits braun gefärbt ist, aber auch in einer grünen Farbvariante vorkommt, die stark an europäische Laubfrösche erinnert. Zusätzliche Verteter der Amphibien gehören zu den Gattungen *Afrixalus, Leptopelis* und *Kassina*.

**Weißbrauenrötel (*Cossypha heuglini*)**
Foto: W. Denzer

Die Welt der Insekten ist bunt und reichhaltig wie in allen Regenwaldgebieten. Allein 400 Schmetterlingsarten sind aus dem Kakamega-Gebiet bekannt. Zwei Arten werden als endemisch angesehen: *Euphaedra rex* und *Mitesella kakamega*. Die meisten Schmetterlinge stammen aus den Familien der Schwalbenschwänze (Papilionidae), der Fleckenfalter (Nymphalidae) sowie der Augenfalter (Satyridae). In der Strauchvegetation leben Gottesanbeterinnen und Stabheuschrecken. Als zentralafrikanische Art ist der mächtige Goliathkäfer besonders erwähnenswert. Seine Zeichnung ist ein auffälliges Zebramuster auf dem Halsschild und eine schwarz-weiße

Sprenkelung auf den Flügeldecken. Ausgewachsene Exemplare erreichen Größen von über 10 cm. Die Hauptnahrung dieser Käfer sind die Früchte wilder Feigen, die sie im oberen Bereich des Waldes finden. Man sieht diesen eindrucksvollen Käfer daher nur selten am Boden. Mit etwas Glück wird ein Exemplar durch eine nächtliche Lichtquelle an der Unterkunft angezogen.

Das Kakamega-Waldreservat ist im Wesentlichen in drei Bereiche eingeteilt: das nordöstliche Buyango-Gebiet mit dem Kisere Forest, das Isecheno-Gebiet und das Yala River Nature Reserve östlich von Kakamega. Um nach Buyango zu gelangen, verlässt man Kakamega auf der A1 nach Norden in Richtung Eldoret und zweigt nach etwa 17 km an der Beschilderung zur KWS-Station rechts ab. Von dort starten mehrere Trails, die auf den Buyango Hill mit einer schönen Aussicht auf die Umgebung oder an den Isiukhu River führen. Beide Wege ziehen sich überwiegend durch alten Sekundärwald; der Isiukhu-Trail ist ein Rundweg, der etwa auf der Hälfte – bei Erreichen des Flusses – in primären Regenwald führt. Dieser Waldtyp wird kurz hinter den Isiukhu-Wasserfällen wieder verlassen. Der Rundweg ist sehr empfehlenswert, da er einen guten Überblick über die unterschiedlichen Vegetations- sowie Landschaftsformen gibt. Er ist etwa 7 km lang, und für die Bewältigung der Strecke mit genügend Zeit für Tierbeobachtungen sollten etwa 5–6 Stunden eingeplant werden.

Etwas nördlich von Buyangu liegt das Kisere Forest Reserve, das nur in Begleitung eines Führers betreten werden darf. Für Übernachtungen stehen in Buyangu Udo's Bandas und Campsite zur Verfügung. Verpflegung sollte aus Kakamega mitgebracht werden. Wer nicht in diesem Teil des Schutzgebietes bleiben möchte, muss sich eine Unterkunft in Kakamega-Stadt oder im Isecheno-Gebiet des Reservates besorgen. In der Stadt ist vor allem das Golf Hotel (P. O. Box 118, Kakamega; Tel.: 301504, Fax: 30155) mit einer ruhigen Gartenanlage zu empfehlen. Mit etwas Verhandlungsgeschick kann der Fahrer auch für ausländische Besucher einen erheblich günstigeren Preis als den offiziellen aushandeln! Neben der Forststation im Isecheno-Gebiet des Parks (s. u.) befinden sich das Isecheno Guesthouse und ein Campingplatz. Vorausbuchungen können über das KWS-Office in Kakamega getätigt werden. Meist ist aber auch ohne Buchungen Platz vorhanden. Am Parkeingang werden auch die Führer angeheuert; die Kosten liegen bei 200 KSh pro Stunde während des Tages bzw. 300 KSh pro Stunde für Nachtwanderungen. Wer Zurückgezogenheit und die Annehmlichkeiten eines gut geführten Hauses bevorzugt, sollte im Rondo Retreat (P. O. Box 2153 Kakamega, Tel.: 0331-41345) übernachten, einer ehemaligen Missionarsstation der Trinity Fellowship. Für Besucher des Gebietes bietet es den großen Vorteil, dass es inmitten des Reservates nahe der Forststation und den Wanderwegen liegt. Zudem lädt die großzügige Gartenanlage zum Streunen und zu Tierbeobachtungen ein.

Das Isecheno-Gebiet liegt ca. 20 km östlich von Kakamega und ist auf einer Lehmpiste zu erreichen, die durch den Kakamega-Wald zur Hauptstraße nach Kapsabet (C37) führt. Die Parkverwaltung vom Kenya Wildlife Service hat ihren Sitz in Kakamega-Stadt. Schilder dorthin gibt es nicht; das Büro liegt im Verwaltungskomplex, den man dadurch findet, dass man einfach auf den weithin sichtbaren Radioturm zufährt und sich dann durchfragt. In das Schutzgebiet gelangt man

**„Raupenteppich" als Schutz gegen Feinde**
Foto: W. Denzer

über Shinyalu; die Schilder zum Rondo Retreat weisen den Weg. Am Parkeingang befinden sich mehrere Unterkünfte für Touristen, Forscher und Mitarbeiter. Hier werden auch die Führer engagiert, die sehr gute Kenntnisse der Region inklusive Flora und Fauna haben. Es ist möglich, das Gebiet auf eigene Faust zu erkunden; andererseits ist es empfehlenswert, zumindest eine erste Tour mit einem Führer zu unternehmen, um sich einen Überblick zu verschaffen.

Ausgehend von der Forest Station führen mehrere Wege in das Isecheno-Gebiet; je nach Interessenlage und Zeit kann man Trails von 1–6 km Länge (30 Minuten bis drei Stunden) wählen. Die meisten Wege sind leicht erkennbar und mit Namensschildern markiert. Auf den längeren Touren werden Sichtungen der verschiedenen Affenarten „garantiert". Da alle Führer aus der Region stammen und sich ständig im Schutzgebiet aufhalten, wissen sie meist, wo Familienverbände bestimmter Arten zu finden sind. Manchmal sind die ersten Colobus-Affen bereits am Waldrand neben der Forest Station zu entdecken. Da alle Affenarten im Kakamega-Wald in den höheren Baumregionen leben, ist das Mitführen eines Fernglases oder Teleobjektivs für die Kamera von großem Vorteil. Fotografieren ist allerdings wie in allen Regenwaldgebieten wegen des geringen Lichteinfalls und des Gegenlichts sehr schwierig.

Eine typische Einführungstour mit einem Führer verläuft entlang dem Isecheno Trail und dem Mutere Trail durch den Regenwald zu einer natürlichen Lichtung sowie zu einer Teeplantage, die das Reservat begrenzt. Die Führer erläutern Grundlagen eines Regenwaldökosystems, weisen auf interessante Tiere und Pflanzen hin und sind gerne bereit, weitergehende Fragen zu beantworten. Auf dieser Tour kann man auch den ca. 50 m hohen Baum Mama Mutere sehen; er gilt unter den Einheimischen als die Urmutter aller Mutere-Bäume (*Maesopsis eminii*) und ist der höchste Baum des Waldes. Am Waldrand stößt man unvermittelt auf Teeplantagen, die hier außer zu Ertragszwecken auch zum Schutz des Waldes angelegt wurden. Der Wuchs der Teepflanzen ist so dicht, dass es nicht möglich ist, widerrechtlich gefällte Bäume aus dem Wald zu transportieren. Zudem ist er für viele Tierarten undurchdringlich in beide Richtungen und hält somit auch das Vieh zurück. Ein kurzer Abstecher führt vom Isecheno Trail auf eine der baumlosen Sumpfwiesen – die Kalunya Glade. Hier kann man deutlich die Schichtstruktur des Waldes von außen betrachten und zahlreiche Tiere am Waldrand beobachten. Längere Trails führen von der Forststation in das Buyangu-Gebiet im Norden des Reservates. Der 6 km lange Wanderweg führt ausschließlich durch Regenwald zur Mahinji Glade. Von hier aus gelangt man nach Buyangu oder kehrt auf dem Matalion Trail über Matalion Glade und Myayo Glade zurück zur Forststation. Die Mitnahme eines Führers auf einer derartigen Dschungeltour ist unabdingbar.

Einige Wanderwege befinden sich auch südlich der Piste, die den Park durchschneidet. Dieser Teil des Parks wird Yala River Area genannt und ist sowohl mit Primär- als auch Sekundärwald überzogen. Von der Forststation begibt man sich zurück zum Hauptweg und biegt dann nach links. Nach etwa 2 km passiert man das Rondo Retreat. Kurz dahinter biegt rechts ein Weg ab, der zum Yala-Fluss führt. Mit etwas Glück ist diese Lehmpiste sogar befahrbar, man sollte sich aber vorher nach dem Zustand erkundigen. Der Weg zum Yala-Fluss gabelt sich nach weiteren 2 km nochmals. Links geht es direkt an den Fluss, während der rechte Weg zu einem Trail führt, der sich durch das Yala Nature Reserve zieht und teilweise entlang dem Fluss verläuft. Der Wanderweg ist ca 2,5 km lang und kann in einer Stunde bewältigt werden. Zuerst führt er durch unberührten Regenwald auf eine natürliche Lichtung. Von hier geht es an den Fluss, wo man einen kleinen Wasserfall besichtigen kann, und dann zurück zum Ausgangspunkt.

Eine andere lohnende Wanderung führt auf den Lirhanda Hill. Der Trail ist auch von der Hauptpiste aus zu erreichen. Man passiert zuerst das Rondo Retreat und den Abzweig zum Yala-Fluss. Nach weiteren 1,5 km zweigt rechts ein Weg ab, der auf den Hügel führt. Der Wanderweg zieht sich für einige Zeit durch den Regenwald, bevor die Vegetation abrupt endet. Der obere Bereich des Lirhanda Hills wurde abgeholzt und wird seit Jahren wieder aufgeforstet. Hierbei werden überwiegend Pflanzen aus dem Schutzgebiet genutzt, deren Setzlinge nahe der Forststation gezogen werden. Der Weg führt jetzt relativ steil nach oben und etwa auf der Hälfte des Hügels erreicht man einen verlassenen Stollen. Früher wurde hier Gold abgebaut, bis die Mine keine Erträge mehr brachte. Mit einer Taschenlampe ausgerüstet, kann man in den Stollen gehen. Er führt etwa 150 m in den Berg hinein und dient heutzutage zahlreichen Fledermäusen als Schlafplatz. Man findet hier zwei Arten, die Kleine Blattnase sowie die Hammerkopf-Fledermaus. Oberhalb des Stollens ist bereits der „Gipfel" zu erkennen, den man von hier aus in 15 Minuten erreichen kann. Lirhanda Hill ist 2.400 m hoch und vulkanischen Ursprungs. Aus der Ebene erkennt man einen wohlgeformten Kegel. Von der Spitze bietet sich ein wunderschöner Ausblick auf den Kakamega Forest, den Yala-Fluss und den angrenzenden Nandi Forest. Es ist deutlich zu erkennen, dass es einerseits zwar einige abgeholzte Gebiete gibt, andererseits zwischen den einzelnen Teilen des Schutzgebietes aber Waldkorridore existieren, die es den Tieren erlauben, umherzuwandern.

Der Blick vom Lirhanda Hill macht klar, wie verwundbar ein Ökosystem ist, und man kann nur hoffen, dass dieses letzte Regenwaldgebiet, das der Panoramablick eröffnet, noch lange erhalten bleibt und der südlich gelegene Nandi-Wald vielleicht sogar in das Schutzgebiet integriert wird.

Weiterführende Literatur zu diesem Thema:

Round-Tirner, D. (Hg.) (1994): Kakamega Forest. The official Guide.

## Von Kakamega an den Lake Victoria und in die Massai Mara

Die letzte Etappe der Rundtour entlang den Seen des Rift Valleys und in den Westen Kenias führt zurück nach Nakuru oder in das Massai-Mara-Tierreservat. Unterwegs sind Abstecher in weitere Schutzgebiete sowie an den Lake Victoria möglich. Man verlässt Kakamega in Richtung Süden und folgt der Hauptstraße A1 bis Kisumu. Kisumu liegt am Lake Victoria und ist mit ca. 200.000 Einwohnern die drittgrößte Stadt Kenias. Für Naturtouristen bietet sich ein Besuch des Kisumu National Museums an, in dem neben Kulturgütern des westlichen Kenias auch Ausstellungen zur Fauna und Flora zu finden sind. Nahe dem See befinden sich zwei kleine Schutzgebiete, das Impala Sanctuary und der Hippo Point, an denen man diese beiden Tierarten beobachten kann.

Der Lake Victoria ist mit einer Fläche von 68.000 $km^2$ der zweitgrößte Süßwassersee der Welt. Belgien und die Niederlande zusammen sind gerade einmal genauso groß. Mit Booten kann man den Lake Victoria von Kisumu aus recht einfach erkunden. Viele Bootstouren führen auf die vorgelagerte Ndere-Insel, auf der sich ein kleiner Nationalpark zum Schutz der Vögel befindet. Außerdem leben auf der Insel zahlreiche Impalas. Auf einer Fahrt über den See bekommt man bereits einen Eindruck von dem Umweltdesaster, das dieses riesige Ökosystem bedroht. Eingeschleppte Wasserhyazinthen bedecken bereits einen Großteil der Wasseroberfläche, sodass keinerlei Licht mehr in das Wasser gelangt. Hierdurch stirbt die natürliche Vegetation ab, was dazu führt, dass die Fischarten des Uferbereichs auf andere Habitate ausweichen müssen oder aussterben. Zusätzlich ergibt sich ein gesundheitliches Risiko für die Lokalbevölkerung aus den Schwimmpflanzen: Im Wurzelgeflecht leben Schnecken, die als Zwischenwirte bei der Übertragung der Bilharziose auftreten. So einladend manche Uferregion auch aussehen mag, Touristen sollten vom Baden im Lake Victoria absehen. Zahlreiche wissenschaftliche Projekte beschäftigen sich mit diesen Problemen, aber keines konnte bisher mit einer sinnvollen und wirtschaftlichen Lösung für die Bereinigung aufwarten.

**Teeplantagen** Foto: W. Denzer

**Blick vom Lirhanda Hill** Foto: W. Denzer

Etwas südlich von Kisumu zweigt im Ort Ahero die Strasse B1 in Richtung Kericho ab. 40 km nördlich von Nakuru trifft die B1 wieder auf die A104, und die Rundtour kann auf diese Weise beendet werden.

Fährt man von Kisumu weiter südlich entlang der A1, zweigt bei dem Ort Rongo eine Straße nach Homa Bay (C20) ab. Homa Bay ist Ausgangspunkt für zusätzliche Exkursionen auf dem Lake Victoria und in den Ruma-Nationalpark. Mit Booten oder dem Auto gelangt man zur Rusinga-Insel, die über einen Damm mit dem „Festland" verbunden ist. Rusinga Island ist Ort zahlreicher prähistorischer Funde, darunter des sehr frühen Hominoiden *Proconsul*, dessen Alter auf etwa 17 Mio. Jahre geschätzt wird. Es handelt sich dabei um einen Affen, von dem hier ein fast vollständiger Schädel gefunden wurde. Rusinga Island gilt als bilharziosefrei, weshalb sich hier auch ein wenig Badetourismus entwickelt hat. Etwa 30 km südwestlich von Homa Bay liegt der Ruma-Nationalpark, der vor allem dem Schutz von Pferdeantilopen und Rothschildgiraffen dient. Weitere häufig gesichtete Arten sind Topi und Kongoni. Der Ruma-Nationalpark wartet leider mit Unmengen an Tsetsefliegen auf; lange Zeit wurde DDT eingesetzt, um dieser Plage Herr zu werden. Die endgültigen Auswirkungen auf die Natur sind noch nicht abzusehen.

Kehrt man zurück zur Hauptstraße A1, führt diese in den Ort Migori nahe der tansanischen Grenze. In Migori zweigt die sehr schlechte C13 in Richtung Narok und das Massai-Mara-Schutzgebiet ab. Der besser befahrbare Weg führt zuerst auf der A1 ein Stück zurück in Richtung Norden zum Ort Kisii, wo man auf die B3 nach Narok trifft. Narok ist Verwaltungs- und Handelszentrum der Massai. Touristen finden hier zahlreiche Souvenierläden und Märkte, auf denen die unterschiedlichsten Früchte angeboten werden. Als Ausgangsorte für Exkursionen in die Massai Mara gibt es Restaurants sowie genügend Tankstellen und Reparaturwerkstätten. Etwas südlich von Narok liegt Ewaso Ng'iro an der Gabelung der C13 und der C12. Die bereits oben erwähnte C13 ist sehr schlecht ausgebaut, und allradgetriebene Fahrzeuge sind unabdingbar. Besuchern des nördlichen Mara-Gebietes – wie z. B. des Mara River Camps – müssen diesen Weg allerdings einschlagen, wenn sie nicht einen gut 50 km langen Umweg in Kauf nehmen wollen. Die übliche Zufahrt in das Reservat erfolgt über die gut ausgebaute C12 zum Sekenani Gate. Auf dem Weg von Narok zum Sekenani Gate des Mara-Reservates begegnet man bereits vielen Tiere, wie etwa Weißbartgnus, Thomsongazellen, Zebras und Impalas. Da sich dieses Gebiet außerhalb der Schutzzone befindet, kann man auch das Fahrzeug verlassen. Allerdings sollte beachtet werden, dass das Land in Besitz der Massai ist und man sich dementsprechend auf Privatland befindet. Viele Touristen besuchen entlang der Strecke auch eines der zahlreichen Massaidörfer, in denen die Stammesangehörigen gegen eine Gebühr einen Einblick in ihre Lebensweise und Folklore geben.

Wer auf eigene Faust in der Gegend umherstreift, wird binnen kürzester Zeit sicherlich von einem Massai begleitet. Diese tauchen auf einmal aus dem Nichts auf, obwohl man meint, man hätte sie eigentlich aufgrund der knallroten Kleidung schon vorher sehen müssen. Wenn man Interesse an der Natur hat und sich ein wenig verständigen kann, wird eine kurze Wanderung mit einem Massai schnell zum Erlebnis. Ich hatte das Glück, dass mir eine Gepardin mit ihren Jungtieren gezeigt wurde, die ein Massai kurz zuvor unter einem Akazienbaum entdeckt hatte. Ein Entgelt für eine derartige Exkursion wird nicht erwartet, aber gern genommen. Man sollte die Gastfreundschaft dieses stolzen Volkes nicht überstrapazieren.

**Massai-Mara-Naturreservat und Umgebung** Grafik: W. Denzer

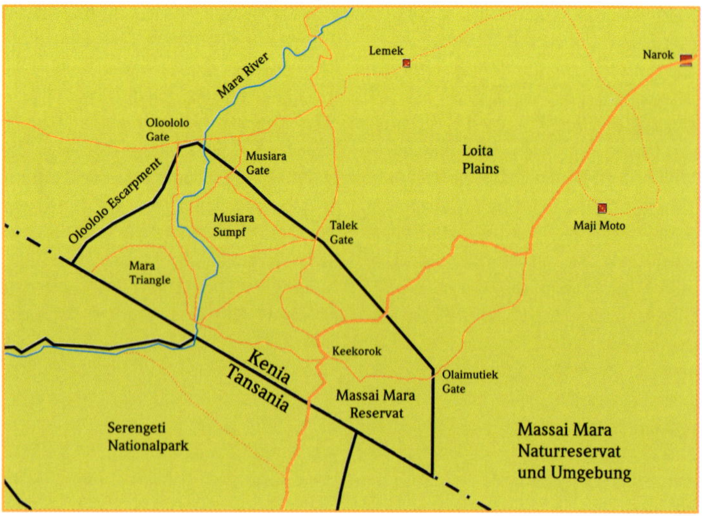

## Nationalreservat Massai Mara

Im Südwesten Kenias an der Grenze zu Tansania liegt eines der bekanntesten und meistbesuchten Tierschutzreservate der Welt, das Massai Mara Game Reserve. Die Massai Mara ist Teil des Serengeti-Ökosystems und schließt grenzübergreifend an den Serengeti-Nationalpark an.

Die Savannengebiete am südwestlichen Rand Kenias wurden 1961 als Wildschutzgebiet ausgewiesen. Die Verwaltung unterliegt der Lokalregierung in Narok, jedoch ist das Management dem eines Nationalparks sehr ähnlich. Dies bedeutet z. B., dass keine Ansiedlungen im Gebiet erlaubt sind und dass die Grassavanne nicht als Viehweide dient. Insgesamt sind ca. 1.600 $km^2$ unter Schutz gestellt, wobei etwa 500 $km^2$ auf das eigentliche Mara-Reservat entfallen, der Rest auf Wildkorridore sowie die umliegenden Schutzzonen. Das Gebiet westlich des Mara-Flusses wird Mara Triangle genannt und durch die 300 m hohe Oloololo-Steilwand begrenzt. Östlich des Flusses zieht sich das Reservat bis zur Loita-Ebene und den Loita Hills. In Tansania bildet der Mara-Fluss die nordwestliche Grenze des Serengeti-Nationalparks und fließt letztendlich in den Lake Victoria.

Im Wesentlichen bildet das Massai-Mara-Reservat den nördlichen Ausläufer der Serengeti-Hochebene. Der überwiegende Teil des Mara-Gebietes liegt in der Höhenregion zwischen 1.500 und 1.800 m ü. NN. Erst durch die Forschungen einiger Zoologen wurde klar, dass die große Tierwanderung auch grenzüberschreitend nach Kenia führt und somit dieses Areal notwendigerweise unter Schutz zu stellen war, um die Weidegründe der Heerscharen von Gnus, Zebras und Gazellen zu erhalten. In den Monaten von Juli bis Oktober können nicht selten Ansammlungen von über 1 Mio. Tieren beobachtet werden. Zahlreiche Gnus ziehen auch aus den nördlichen Loita Plains in das Reservat ein. Bei der unausweichlichen Überquerung des Mara-Flusses fallen jedes Jahr etliche Tiere den Fluten oder den Krokodilen zum Opfer. Schwache und junge Tiere werden zur leichten Beute für Prädatoren wie Löwen, Leoparden und Geparden, die im Gebüsch lauern oder im hohen Gras der Savanne auf einen günstigen Augenblick warten.

**Grantgazelle (*Gazella granti*)** Foto: W. Denzer

Der überwiegende Teil des Mara-Reservates ist mit Grassavanne und einzeln stehenden Schirmakazien bewachsen. An einigen Orten eröffnet sich ein Blick über die Savanne, ähnlich wie er aus der Serengeti bekannt ist. An anderen Stellen wiederum sieht man grün bewachsene Hügel. Aufgrund der vielen Flüsse, die das Mara-Gebiet durchziehen, stellen Galeriewälder etwa ein Viertel der Vegetation. Hier wachsen Sykomoren-Feigenbäume, Leberwurstbäume und Raphiapalmen. Die Tierwelt ist sehr reichhaltig, und oftmals lassen sich in der offenen Savannenregion riesige Herden beim Grasen bewundern. Giraffen, Antilopen und Flusspferde sind stellenweise sehr häufig. In Kenia ist die Massai Mara sicherlich eines der besten Gebiete, um Geparden zu beobachten. Die „Big Five“ sind alle vertreten, jedoch sind Sichtungen von Nashörnern eher selten. Die Vogelwelt ist besonders reichhaltig in der Umgebung der Galeriewälder und Flussauen. Aber auch in der Savanne lassen sich viele Arten finden. So sind Strauße, Hornraben und Sekretärvögel wegen ihrer Größe schon aus der Ferne erkennbar. Einige Bäume sind mit den Nestern von Webervogelkolonien geradezu übersät, und an den feuchteren Stellen leben zahlreiche Wasservögel. Insgesamt sind im Reservat über 450 Vogelarten nachgewiesen. Reptiliensichtungen sind ebenfalls an der Tagesordnung. Meist handelt es sich dabei um Mwanza-Agamen und Blaukehlagamen, die sich auf Steinen oder an Baumstämmen sonnen. Durch ihre Farbenpracht fallen die rosa und blau gefärbten Mwanza-Agamen besonders schnell ins Auge. Mit etwas Glück sieht man Puffottern, die auf den Fahrwegen am frühen Morgen die ersten Sonnenstrahlen zum Aufheizen nutzen.

Das Massai-Mara-Reservat besitzt ein ausgedehntes Wegenetz, das größtenteils auch mit Fahrzeugen ohne Allradantrieb befahren werden kann. Für viele Besucher mit allradgetriebenen Fahrzeugen von Vorteil, für die Natur allerdings zum Nachteil, können die Pisten gebietsweise verlassen werden. Der Park lässt sich großflächig in drei Gebiete einteilen: die zentrale Keekorok-, die nördliche Musiara-Region sowie die Serena-Region bzw. das Mara-Dreieck. In der Keekorokregion südlich des Talek- und östlich des Mara-Flusses ist es am trockensten. Abgesehen von einigen Tümpeln gibt es keine permanenten Wasserstellen. Die Flüsse in dieser Region sind nur nach Regenfällen gefüllt, sodass man dann leicht Tiere beim Trinken beobachten kann. Der größte dieser Korongo genannten

**Mara-Dreieck** Foto: W. Denzer

**Gepard (*Acinonyx jubatus*)** Foto: W. Denzer

Flussläufe ist der Sand River im Süden des Parks, der sich fast parallel zur kenianisch-tansanischen Grenze zieht. Ausgehend von der Keekorok Lodge führen Hauptwege in den Süden zum Sand River (C12), nach Osten zum Ololaimutiek Gate (D301), in den Norden über die Meta Plains zum Talek Gate (E177) sowie in Richtung Westen über die New Mara Bridge in das Mara-Dreieck und das Musiara-Gebiet (E176).

Wer von Keekorok in Richtung Mara-Dreieck fahren möchte, kann dies entweder auf der Hauptroute tun (E176), oder aber eine parallel führende Nebenroute wählen, die nach etwa 5 km rechts abzweigt und kurz vor der New Mara Bridge wieder auf den Hauptweg führt. In der Umgebung der New Mara Bridge kann man gut Flusspferde und Krokodile beobachten. Hinter der Brücke zweigt rechts eine Piste ab, die entlang dem Mara-Fluss bis zur Mara Serena Lodge führt. Der Hauptweg zieht sich durch das Mara-Dreieck langsam in nördlicher Richtung. Etwa 15 km nach der Mara-Brücke beginnt links ein Weg, der sich unterhalb der Oloololo-Steilwand bis zur Grenze nach Tansania zieht. Nur wenige Kilometer hinter dieser Abzweigung liegt zur Rechten der Weg zur Mara Serena Lodge (E1481). Die Hauptroute führt noch weiter nördlich am Rand des Olpunyata-Sumpfes bis zum Oloololo Gate. Da man sich auf einer Safari durch die Massai Mara häufig im Grenzgebiet aufhält, gibt es Regionen, in denen man von Grenzpolizisten begleitet werden muss. Dies ist auch der Fall am Mara-Fluss, wo die meisten Besucher zu Fuß nach Flusspferden und Krokodilen Ausschau halten.

Nordwestlich der Mara Serena Lodge zieht sich eine Piste in das Musiara-Gebiet entlang dem Mara-Fluss durch den Olpunyata-Sumpf bis zum Oloololo Gate. Der Weg durch den Sumpf ist besonders für Vogelbeobachtungen

**Marafluss** Foto: W. Denzer

geeignet; während der regnerischen Monate April bis Juni kann die Fahrt allerdings wegen der schlammigen Piste nahezu unmöglich sein. Auf der gegenüberliegenden Flussseite verlaufen mehrere Tracks zwischen den Intrepids und den Governor's Camps. Ein Weg folgt dem Mara-Fluss, ein anderer führt durch die Ebene Ol Lolduruki, und eine weitere Piste führt über den so genannten Rhino Ridge zum Musiara-Sumpf. Hier sind oftmals beachtliche Löwenrudel anzutreffen. Des Weiteren gibt es auf dem Weg zum Musiara Gate einen Hippopool mit zahlreichen Flusspferden und einer reichhaltigen Vogelwelt. Der gesamte Verlauf des Mara- und Teile des Talek-Flusses sind an den Ufern mit üppigem Galeriewald bestanden. Hier leben Grünmeerkatzen, kleinere Säugetiere sowie Vögel. Das Dickicht wird auch gerne von Leoparden als Versteck genutzt.

An Unterkünften mangelt es im Mara-Reservat nicht. So liegt nahe dem Sekenani Gate die Mara Sarova Lodge, etwas außerhalb des Parks am östlichen Ololaimutiek Gate die Mara Sopa Lodge (Tel.: 0305-2196; Sopa Lodges) und in der Nähe des Talek Gates das Fig Tree Camp (Tel.: 0305-2131; Mada Holdings P. O. Box 40683 Nairobi; Tel.: 02-221439) sowie zahlreiche Campingmöglichkeiten. Inmitten des Reservates befinden sich im nördlichen Teil direkt am Mara-Fluss das Govenor's Camp (Tel.: 0305-2273; Governor's Camp Musiara Ltd. P. O. Box 48217 Nairobi; Tel.: 02-331871), weiter flussabwärts die Mara Serena Lodge (Tel.: 0305-2252; Serena Hotels), am Talek-Fluss die Mara Intrepids (Tel.: 0305-2168; Prestige Hotels, P. O. Box 74888 Nairobi; Tel.: 02-7164 57) und an der Kreuzung sämtlicher Wege durch das Massai-Mara-Schutzgebiet nahe dem Mara Headquarter die Keekorok Lodge (Tel.: 0305-2525; Block Hotels).

Alle diese Unterkünfte lassen es an Luxus nicht mangeln, und man ist hier sehr gut aufgehoben.

Hinter der Keekorok Lodge zieht sich ein Plankenweg zu einem Hippopool. Das Grunzen der Flusspferde kann man die ganze Nacht über vernehmen, und in den frühen Morgenstunden können die Tiere häufig beobachtet werden. Beiderseits des Plankenwegs wachsen Bäume und dichtes Gestrüpp, in dem Grünmeerkatzen und eine Reihe von Vögeln leben. Hier sind insbesondere Mausvögel, Glanzstare und Webervögel leicht auszumachen. Der Tümpel ist mit hohen Papyrusgräsern bewachsen, in denen sich Riedfrösche aufhalten, die von Reihern gejagt werden. Auch einige Antilopenarten kommen frühmorgens hierher zum Trinken. In den Abendstunden kann man an einer eigens eingerichteten Bar den Sonnenuntergang über der Mara-Ebene genießen.

Neben den üblichen Safaris in geländegängigen Fahrzeugen bieten einige Veranstalter und Lodges auch lohnende Ausflüge in Heißluftballons an. Hierbei kann man die wunderschöne Aussicht auf die Ebene genießen und in aller Stille Tierherden von oben betrachten. Es soll allerdings nicht unerwähnt bleiben, dass die grellbunten Farben sowie der Schatten des Ballons die Tiere stark verunsichern. Außerhalb des Reservates organisieren das Cottar's Mara Camp im Osten und das Mara River Camp im Westen auch Nachtsafaris, auf denen diejenigen Tiere beobachtet werden können, die tagsüber zurückgezogen leben, wie etwa der termitenfressende Aardvark (Erdferkel), Buschbabys oder Ginsterkatzen. Neuerdings ist es auch möglich, Parkranger auf mehrtägigen Touren zu begleiten und ihnen bei der Arbeit zu helfen, z. B. bei Tierzählungen. Auskünfte zu

**Leberwurstbaum (*Kigelia africana*)**
Foto: W. Denzer

den Aktivitäten erhält man in den Lodges und bei der Reservatsverwaltung in Narok. Die Rückfahrt nach Nairobi über Narok (C12) ist in 3–4 Stunden zu berwerkstelligen. Wer etwas mehr Zeit mitbringt, kann das Gebiet bei der Keekorok Lodge auf der D301 verlassen und die Loita Hills umfahren. Eine direkte Einreise aus dem Mara-Reservat nach Tansania und somit in die Serengeti ist derzeit leider nicht möglich. Die Verbindungswege sind zwar noch vorhanden, jedoch gibt es keinen offiziellen Grenzverkehr zwischen den beiden Schutzgebieten.

**Augurbussard (*Buteo augur*)**
Foto: W. Denzer

# Nationalparks im Süden Kenias – von Nairobi nach Mombasa

Wer von Nairobi an die Küste nach Mombasa möchte, kann dies auf verschiedenartigste Weise bewerkstelligen. Zum einen gibt es mehrmals täglich Flüge, weiterhin verbindet eine Bahnstrecke die beiden Orte, und schließlich kann man mit dem Auto oder in Bussen den viel befahrenen Nairobi-Mombasa-Highway (A109) nutzen. Alle diese Routen bringen den Reisenden binnen eines Tages oder einer Nacht an die Küste. Die im Folgenden beschriebene Tour führt durch die entlang der Strecke liegenden Nationalparks Amboseli, Tsavo-West und -Ost sowie die Shimba Hills. Hierfür sollten mindestens fünf Tage eingeplant werden, um die Vielfalt der Natur und der Landschaft genießen zu können.

Zunächst folgt die Routenführung vorbei am Nairobi-Nationalpark dem Nairobi-Mombasa-Highway bis zum Ort Athi River, einer unattraktiven Stadt, die überwiegend von ihrem riesigen Zementwerk lebt. In Athi River beginnt die 140 km lange Straße A104, die zum Grenzort Namanga führt. Entlang der Strecke gibt es nur wenig Sehenswürdigkeiten. Kurz vor dem Ort Kajiado führt rechts eine Piste zum Lake Magadi (ca. 70 km). Der Lake Magadi ist Kenias südlichster Sodasee innerhalb des Rift Valleys, der sich dadurch auszeichnet, dass seine Ufer durch Salzablagerungen weiß gefärbt sind, und in dessen Umgebung sich unzählige heiße Quellen befinden. Neben einer beachtlichen Flamingopopulation werden hier besonders in den europäischen Wintermonaten Heerscharen von Zugvögeln gesichtet. Südlich von Kajiado erstreckt sich das Massai-Land. Bis zum Grenzort Namanga hat man zunehmend größere Chancen, Tiere wie Zebras und Thomsongazellen beiderseits der Straße zu beobachten. Bei klarer Sicht zeigt sich in der Ferne der Mt. Meru in Tansania.

Namanga ist ein geschäftiger kleiner Ort, der hauptsächlich von seiner Lage am Grenzübergang lebt. Wer in die nordtansanische Stadt Arusha reisen möchte, wird aus Nairobi kommend wahrscheinlich diesen Übergang wählen. Beachten Sie bitte, dass es auch heutzutage immer noch nicht gern gesehen wird, die Nationalparks Nordtansanias mit kenianischen Safarifahrzeugen zu besuchen, Für den Grenzübertritt sollten Sie mindestens 1–2 Stunden einplanen. Wichtig ist es, sofort das Warndreieck in das vordere Fenster zu legen. Dies ist Pflicht in Tansania und wird gerne von Polizisten, die schon an der nächsten Kurve hinter der Grenze warten, moniert – meist gegen eine kleine „Gebühr“. Im Ort zweigt die C102 in Richtung Amboseli-Nationalpark ab. Nach weiteren 80 km wird dann das Namanga Gate erreicht.

## Amboseli-Nationalpark

Der Amboseli-Nationalpark ist mit etwa 390 $km^2$ Fläche zwar nur ein kleiner Park, aber insbesondere wegen seiner Lage am Fuße des Kilimandscharo ein sehr beliebtes Reiseziel. Hinzu kommt, dass er trotz seiner geringen Größe recht tierreich ist. Trotz der unmittelbaren Nähe zum größten frei stehenden Berg der Erde ist dieser nicht immer gut sichtbar. Besonders in den Monaten Mai bis Juli ist er meist wolkenverhangen. Wer zu dieser Jahreszeit aus Richtung Tsavo-Nationalpark oder Namanga in den Amboseli fährt, bekommt den beeindruckenden Berg tagsüber evtl. gar nicht oder nur sehr unklar zu Gesicht. Am ehesten sieht man den Kilimandscharo dann in den sehr frühen Morgenstunden.

Das Zentrum des Amboseli-Nationalparks bildet das Ol Tukai genannte Gebiet, in dem sich die meisten Lodges und Fahrwege befinden.Vom Namanga Gate aus kommend wird üblicherweise der C103 gefolgt, die sich zuerst entlang der Parkgrenze schlängelt und dann diagonal ins Innere des Nationalparks führt. In der Trockenzeit kann eine Abkürzung über den Lake Amboseli gewählt werden. Die Parkranger am Namanga Gate geben Auskunft über die Beschaffenheit der Piste. Der Lake Amboseli bildet den nördlichen Teil des Nationalparks. Er ist nur während der Regenzeit flach mit Wasser gefüllt, die restliche Zeit des Jahres handelt es sich eher um eine trockene Halbwüste. Beim Durchfahren sieht man häufig Luftspiegelungen von Tieren und kleine Windhosen. Abgesehen von diesen beiden Naturereignissen ist am „See" nicht viel zu beobachten. Tiere halten sich nur ungern im Gebiet auf, da keine Schatten spendende Vegetation vorhanden ist.

Im Gegensatz zu dem sehr trockenen Norden des Nationalparks gibt es in den südlichen Teilen Sumpfgebiete, die zahlreiche Tiere anlocken. Nachdem der Lake Amboseli überquert ist, zweigt rechts eine Piste zum Sumpfgebiet Lake Conch und in das mit Fieberakazien bewachsene Olengaiya-Gebiet ab. Entlang der Strecke und deren Seitenpisten liegen kleine Pools, in denen sich Wasservögel tummeln und die von vielen Großtieren als Wasserstelle genutzt werden. Hauptsächlich findet man in diesem Teil des Parks Zebras, Gnus und Giraffen sowie einige Antilopen. Raubtiere, wie Löwen und Geparden, leben zwar auch hier, sind aber nur selten zu entdecken. Nahe dem Enkongo-Narok-Sumpf

**Amboseli-Nationalpark am Fuße des Kilimandscharo** Foto: W. Denzer

**Elefantenherde** Foto: W. Denzer

existiert ein kleiner Hügel, von dem aus sich ein schöner Blick auf den Park und den Kilimandscharo eröffnet. In Begleitung bewaffneter Ranger darf hier die Gegend zu Fuß erkundet werden. Südlich des Observation Hill liegt die Amboseli Serena Lodge nahe einem kleinen See. Zahlreiche kleine Wege führen weiter in das Ol-Tukai-Gebiet, in dem sich die anderen Unterkünfte befinden.

Folgt man der Hauptroute (C103) zwischen dem Ol Tukai und dem Kimana Gate, lassen sich oftmals große Elefantenherden beobachten, die ihren Weg aus der trockenen, akazienbestandenen Savanne in den Olokenya-Sumpf gehen. Als sei die Aktion abgesprochen, sieht man auf einmal Familiengruppen mit 10–20 Tieren aus verschiedenen Richtungen kommen, die sich zu einer großen Herde zusammenzuschließen scheinen. Dieses Schauspiel ist sehr beeindruckend; allerdings sollte der Motor abgestellt werden, um die Tiere nicht zu verunsichern. Mit etwas Glück und guten Nerven befindet man sich dann binnen kurzer Zeit inmitten einer Elefantenherde von über 100 Tieren. Wer genau hinschaut, wird erkennen, dass die einzelnen Familienverbände geschlossen zusammenbleiben. Zwischen den Akazien kann man mit etwas Glück auch die sonst eher in den nördlichen Parks vorkommenden Spießböcke und Giraffenhalsgazellen ausmachen.

Mit Unterkünften ist der Amboseli-Nationalpark nicht gerade reich gesegnet; zudem ist es nicht gestattet, im Park zu campen. Daher ist der Reisende auf die rechtzeitige Buchung einer der teuren Lodges angewiesen oder muss sich ein Quartier außerhalb des Parks suchen. Innerhalb des Parks betreiben Block Hotels die Ol Tukai Lodge (Tel. 0302-226 23), Serena die Amboseli Serena Lodge (Tel. 0302-22622) und der Kilimanjaro Safari Club (P. O. Box 30139 Nairobi; Tel.: 02-2271 36) die Amboseli Lodge (Tel. 0302-224212). Alle drei Lodges sind sehr gut ausgestattet und bieten wunderschöne Ausblicke auf den Kilimandscharo, sofern dieser sich zeigt.

## Zwischen Amboseli und dem Tsavo-West-Nationalpark

Ausgehend vom Kimana Gate führt die Straße (C103) zu dem kleinen Grenzort Oloitokitok und zum Tsavo-West-Nationalpark (Chyulu Gate). Oloitokitok hat einen kleinen Grenzübergang nach Tansania und ist Ausgangspunkt für Besteigungen bzw. Überschreitungen des Kilimandscharo. Der übliche Trek führt über den Gipfel und endet auf tansanischer Seite am Marangu Gate des Kilimanjaro-Nationalparks. Genehmigungen und Visa müssen bereits im Vorfeld eingeholt werden, ebenso sollten die Nationalparkgebühren bereits bezahlt sein. Eine Kilimandscharo-Überschreitung wird in Deutschland z. B. von Hauser Exkursionen angeboten (s. Veranstalter). Parallel zur kenianisch-tansanischen Grenze zieht sich von Oloitokitok eine Piste bis zum eigentlichen Grenzort Taveta an einer der Hauptverbindungen (A23 von Voi nach Moshi) zwischen den beiden ostafrikanischen Ländern.

Die Amboseli-Tsavo-Route (C103) darf ab Oloitokitok nur mit Polizeischutz befahren werden, da es hier – besonders in den 1980er- und 1990er-Jahren – zahlreiche Überfälle auf Touristen gegeben hat. Üblicherweise treffen sich alle Fahrzeuge, die diese Tour unternehmen wollen, am Polizeiposten zu einer verabredeten morgendlichen Zeit und bewältigen dann in einer Kolonne die etwa 100 km lange Strecke zwischen den Nationalparks. Hierfür sollten 2–3 Stunden eingeplant werden. Gegenüber der „offiziellen" Route, die über das Lemeiboti Gate des Amboseli-Parks zum Ort Emali (etwa 90 km auf der E397 und C102) und dann in Richtung Süden zum Tsavo (nochmals ca. 120 km auf der A109/Mombasa Highway) führt, ist dies eine erhebliche Abkürzung. Die kürzere Nebenstrecke gilt heutzutage gemeinhin als sicher und bietet Abstecher in das Kimanaschutzgebiet sowie landschaftliche Höhepunkte. Das Kimana Community Wildlife Sanctuary (P. O. Box 362, Oloitokitok) ist mit nur 40 km² ein recht kleines Schutzgebiet, in dem vor allem Löwen, Leoparden und Flusspferde beobachtet werden können. Es hat täglich von 6.30–19.00 Uhr geöffnet. Der Eintritt kostet 10 US$. Abgesehen von Campingplätzen gibt es innerhalb des Schutzgebietes keine Übernachtungsmöglichkeiten, jedoch liegt die Kimana Lodge (0302-2225860) an seiner Grenze. Kurz bevor auf der Amboseli-Tsavo-Strecke der Tsavo-West-Nationalpark erreicht wird, tauchen die Chyulu-Berge auf, und an einer Stelle durchfährt man ein kahles Lavafeld, das so jung ist, dass bisher kaum neue Vegetation Fuß fassen konnte. Am Chyulu Gate werden dann die Formalitäten erledigt, und der eigentliche Nationalparkbesuch kann beginnen.

**Nationalparks im Süden Kenias**
Grafik: W. Denzer

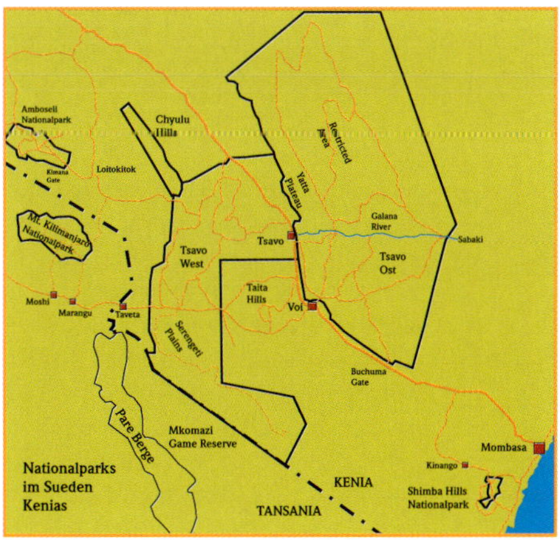

**Shetani-Lavafluss** Foto: W. Denzer

## Tsavo-West-Nationalpark

Mit etwas über 9000 km² gehört der Tsavo-West-Nationalpark zu den größten Schutzgebieten Kenias. In Tansania schließt sich direkt das Mkomazi-Schutzgebiet an. Den Untergrund für den westlichen Teil des Tsavo-Parks bildet etwa 400 Jahre altes Lavagestein. In diesem Gebiet ist die Vegetation sehr karg. Nördlich des Chyulu Gates gibt es erkaltete Lavaflüsse wie den „Shetani" und Lavahügel wie die „Devil Mountains". Die ebenfalls nördlich des Gates gelegenen Chyulu-Berge können über eine schwierig zu befahrene Piste erkundet werden. Je weiter man in den Park vordringt, desto dichter wird stellenweise die Buschvegetation. Dies führt dazu, dass hier Tierbeobachtungen nicht gerade leicht sind. Allerdings leben in dieser Savannenform Kleine Kudus und zahlreiche Dikdiks. Eine Safari ist daher eher von Geduld geprägt, da man nicht schon aus großer Entfernung die Tiere erkennen kann, sondern gezielt suchen muss. Grassavanne mit Affenbrotbäumen prägt an anderen Stellen die Landschaft. Auch hier ist zu bemerken, dass besonders in der Regenzeit das Gras recht hoch wird. Selbst mittelgroße Tiere, wie Löwen oder Geparden, sind dann nur schwer auszumachen. Zentrum des Tsavo-West ist die Umgebung der Ngulia Lodge und der Kilanguni Lodge. Hier existieren zahlreiche Wege, die meist auch ohne Allradantrieb befahren werden können. In den offenen Savannengebieten tummeln sich Massaigiraffen, Büffel, Zebras und verschiedene

Antilopenarten. An Raubtieren sind vor allem Löwen zu sehen, Sichtungen von Geparden und Leoparden sind eher selten. Früher existerte auch noch eine intakte Spitzmaulnashorn-Population. Viele Tiere fielen jedoch Wilderern zum Opfer, und die noch im Gebiet verbliebenen Tiere werden in einem umzäunten Areal des Ngulia Rhino Sanctuary in der Nähe der Ngulia-Berge gehalten.

Ein Highlight im Tsavo-West ist sicherlich der Besuch der Mzima Springs. Regenwasser aus den Chyulu-Bergen läuft 40 km unterirdisch über Lavagestein, wo es gefiltert wird und letztlich an den Mzima Springs als kristallklares Wasser entspringt und einen kleinen See bildet. Die Erkundung der Umgebung der Quellen darf man per pedes unternehmen. Stellenweise sind Bäume nach Art eines Naturlehrpfades gekennzeichnet. Neben dem Weg fließt ein kleiner Bach, in dessen Wasser sich manchmal Krokodile aufhalten. Der eigentliche Höhepunkt ist ein im Wasser gelegener, halbrunder Glasbau, der Einblicke in die Unterwasserwelt der Mzima Springs gestattet. So kann man hier beobachten, wie sich Flusspferde und Krokodile unter Wasser bewegen; außerdem sind zahlreiche Fische zu sehen. Die Mzima Springs fließen in Richtung Tsavo River, mit dem sie sich nach etwa 7 km vereinigen, nicht jedoch ohne vorher nochmals im Untergrund zu verschwinden. Das reine Bergwasser der Mzima Springs wird z. T. über eine Pipeline zur Trinkwasserversorgung nach Mombasa geleitet. Diese Pipeline durchzieht weite Teile des Tsavo-West und wird des Öfteren in der Trockenzeit von Elefanten zerstört. In den frühen Abendstunden lohnt sich die Weiterfahrt zum Poachers Lookout an der östlichen Parkgrenze. Bei klarer Sicht kann man hier den Kilmandscharo im Sonnenuntergang bewundern und hat einen schönen Überblick über die Landschaft des Tsavo-West. Danach kann man den Tag in einer der Luxuslodges gemütlich beenden.

An Übernachtungsmöglichkeiten mangelt

**Wegweiser im Tsavo-West-Nationalpark** Foto: W. Denzer

**Mzima Springs, Tsavo-West-Nationalpark** Foto: W. Denzer

es im nördlichen Teil des Tsavo-West nicht. Insbesondere sind hier die Ngulia Lodge (P. O. Box 42, Mtito Andei; Tel. 0147-30091, Fax 0147-30006) und die Kilanguni Lodge (P. O. Box 2, Mtito Andei; Tel. 0302-22471, Fax 0302-22470) zu erwähnen. Die Ngulia Lodge liegt an einer Abbruchkannte der gleichnamigen Berge. Großtiere können hautnah an einem Wasserloch und einer Salzleckstelle beobachtet werden. Die Ngulia Lodge betreibt noch das Ngulia Safari Camp, das aus einigen Bandas besteht und herrliche Ausblicke auf die Umgebung erlaubt. Die Kilaguni Lodge wartet mit Wasserlöchern auf, an denen sich tagsüber zahlreiche Tiere versammeln, darunter Elefanten, Zebras und Büffel. Abends werden diese Wasserlöcher mit Scheinwerfern angestrahlt, sodass man eine Chance hat, auch die scheueren Tiere wie Hyänen, Buschböcke und Kleine Kudus bei der Wasseraufnahme zu beobachten. Zwischen Kilanguni und Ngulia existieren viele Fahrwege, die zu Tierbeobachtungen einladen. Am auffälligsten sind sicherlich die orangerot gefärbten Elefanten. Die Farbe rührt daher, dass die Tiere gerne Staub- und Schlammbäder im roten Lateritboden genießen. Neben der großen Elefantenpopulation sieht man Löwen, Giraffen und große Büffelherden.

Der Tsavo-West-Nationalpark wird in West-Ost-Richtung durch die Straße A23 von Voi nach Taveta (Tansania) sowie eine Eisenbahnlinie zerteilt. Der südliche – Serengeti Plains genannte – Teil des Tsavo-West wird seltener besucht, da er vom nördlichen Teil aus nur schwer zu erreichen ist. Die Serengeti Plains beziehen ihren Namen durch die große Ähnlichkeit mit der Grassavannenlandschaft in Tansania. Wer diesen Teil des Parks besuchen will, sollte dafür wegen der beachtlichen Entfernung von Kilanguni (ca. 100 km) einen Zusatztag einplanen und eine der dort gelegenen Unterkünfte für die Übernachtung wählen. In den Serengeti Plains gibt es nur am Grenzsee zu Tansania die Lake Jipe Lodge. Hier werden auch Bootsfahrten auf den See organisiert, auf denen man zahlreiche Wasservögel beobachten kann. Insbesondere ist das Gebiet für seine Population von Schwarz- oder Glockenreihern bekannt. Der Lake Jipe liegt überwiegend auf tansanischer Seite und kann daher nur am Südostzipfel erkundet werden. Außerhalb des Parks liegt nahe der Straße nach Voi das private Schutzgebiet Taita Hills, in dem sich die Taita Hills Lodge sowie die Salt Lick Lodge befinden. Beide sind luxuriös ausgestattet und bieten Touren im privaten Schutzgebiet ebenso wie in die beiden Teile des Tsavo-Nationalparks an.

Den nödlichen Teil des Tsavo-West sollte man über das Mtito Andei Gate verlassen, wenn bereits der Rückweg nach Nairobi ansteht, bzw. über das Tsavo Gate, falls ein Besuch des Tsavo-Ost-Nationalparks geplant ist. Beide Gates liegen direkt am Nairobi-Mombasa-Highway, und einem zügigen Fortkommen zum Reiseziel steht nur der Verkehr entgegen. Der gesamte Fernverkehr zwischen der Küste und der Hauptstadt schlängelt sich zu jeder Tageszeit in beide Richtungen zwischen den beiden Teilen des Tsavo-Nationalparks hindurch. Wegen der unvermittelt auftauchenden großen Schlaglöcher sei vor Überholmanövern gewarnt. Die Fahrer, die diese Strecke oft befahren, scheinen allerdings jedes dieser Schlaglöcher mit Namen zu kennen und erweisen sich als unerschrockene Verkehrsteilnehmer.

**Wasserloch vor der Kilanguni Lodge** Foto: W. Denzer

## Tsavo-Ost-Nationalpark

Der Tsavo-Ost-Nationalpark ist mit fast 12.000 km² noch größer als das benachbarte Schutzgebiet im Westen. Parallel zum Nairobi-Mombasa-Highway und der Bahnlinie, die beide Städte verbindet, erstreckt sich zwischen den Orten Mtito Andei und Tsavo gut sichtbar das mehrere Kilometer breite Yatta-Plateau. Diese Hochebene enstand nach Vulkanausbrüchen des Ol Donyo Sabuk nahe Nairobi. Insgesamt weist das Lavafeld eine Länge von 360 km auf und zählt daher zu den längsten Lavaflüssen der Welt.

Wer Tsavo-West über das Mtito Andei Gate verlässt und eine Sondergenehmigung für das nördliche Schutzgebiet (s. u.) hat, kann auf der gegenüber liegenden Straßenseite den Tsavo-Ost-Nationalpark betreten und direkt entlang dem Yatta Plateau fahren. Andernfalls muss man von hier aus ca. 40 km in Richtung Süden auf dem Nairobi-Mombasa-Highway zurücklegen. Nur etwa 1 km südlich des Tsavo Gate (Tsavo-West-Nationalpark) befindet sich das Manyani Gate von Tsavo-Ost. Hier findet man Wege, die an den Galana-Fluss führen, wo Krokodile und Flusspferde zu beobachten sind, und zu einem Hügel (observation hill) mit sehr schönen Ausblicken. Eine Strecke, die sich entlang der Parkgrenze nach Süden zieht, führt über den Rangerposten Mudanda Rock in Richtung Voi Gate. Mudanda Rock ist ein Felsplateau, das als Regenwasserauffangbecken genutzt wird. Das Wasser wird an einen kleinen Stausee abgeführt, an dem sich zahlreiche Großtiere zum Trinken versammeln.

**„Serengeti Plains", Tsavo-Ost-Nationalpark** Foto: W. Denzer

**Der ausgetrocknete Aruba-Stausee** Foto: W. Denzer

Erster Anlaufpunkt im Tsavo-Ost ist üblicherweise das Gebiet nahe dem Voi Gate am Nairobi-Mombasa-Highway. Hier befinden sich die meisten Pisten in das Innere des Parks sowie die Voi Safari Lodge. Man kann den Blick hier sehr weit über die Savanne schweifen lassen und herrliche Ausblicke genießen. Während der Trockenzeit ist das Bild von Rottönen geprägt, die aus dem laterithaltigen Boden resultieren, nach der Regenzeit erscheint die Savanne wie eine leuchtend grüne Fläche mit vereinzelten Bäumen. Schon aus der Ferne lässt sich auch leicht erkennen, wo über- bzw. unterirdische Wasserläufe zu finden sind. Das Grundwasser und die nicht permanenten Flüsse liefern hier den Pflanzengemeinschaften von Galeriewäldern genügend Feuchtigkeit, um ganzjährig zu existieren.

Schon an der Grenze zum Tsavo-Ost-Nationalpark eröffnet sich ein völlig anderes Landschaftsbild als im Tsavo-West. Früher war die Savanne des Tsavo-Ost mit zahlreichen Akazien und Baobabs bestanden. Die ehemals sehr große Elefantenpopulation des Parks hat diese Vegetationsform jedoch stark verändert und den Park in eine trockene Buschsavanne verwandelt. Der Grund hierfür liegt in einer lang anhaltenden Dürreperiode Mitte der 1960er-Jahre. Der Wassermangel führte dazu, dass die Elefanten die spärliche Restvegetation als Nahrung nahezu vollständig aufbrauchten und auf diese Weise das Habitat veränderten. Die sich nun ausbreitenden Kurzgräser ziehen vor allem große Zebra- und Büffel-Herden an. Unter den Wissenschaftlern und Naturschützern herrscht nach wie vor ein Streit darüber, inwieweit sich die natürliche Vegetation erholen kann und ob derart wiederkehrende Ereignisse wie Dürren den Populationen langfristig Schaden zufügen oder nicht. In biologischen Zeiträumen betrachtet bewirken drei Jahrzehnte nicht viel. Bezieht man allerdings die verstärkte landwirtschaftliche Nutzung und Besiedlung der natürlichen Habitate der Tiere mit ein, ist ein solches Ereignis erheblich gravierender zu bewerten.

Besonders in den 1970er- und 1980er-Jahren wurde der Tsavo-Ost-Nationalpark zudem von Wilderern heimgesucht, die die ehemals 40.000 Exemplare zählende Elefantenpopulation auf nur noch 6.000 Tiere bis zum Jahr 1987 reduzierten. Die Wilderer operierten überwiegend im nördlichen Teil des Tsavo-Ost-Nationalparks. Das etwa 7.500 $km^2$ große Gebiet nördlich des Galana-Flusses ist als Schutzgebiet ausgewiesen und auch heute noch für „Normaltouristen" geschlossen; es darf daher nur mit Sondergenehmigung betreten werden. Dies beruht allerdings nicht auf fortgeführter Wilderei, sondern vielmehr darauf, dass man der Natur die nötige Ruhe zur Regeneration geben will. Zudem sind die meisten wissenschaftlich orientierten Projekte in diesem Teil des Parks angesiedelt. Für Safaris bleiben aber immerhin noch ca. 4.500 $km^2$ im südlichen Areal des Tsavo-Ost-Nationalparks geöffnet. Trotz dieses natürlichen und widernatürlichen Rückgangs der Elefanten wird es wohl keinem Besucher im Tsavo-Ost gelingen, die „roten" Tsavo-Elefanten zu übersehen. Bereits an den Wasserlöchern und Salzleckstellen nahe der Lodge wird man den ersten Exemplaren begegnen.

Ausgehend vom Voi Gate führt eine Piste entlang dem Voi River zu dem künstlich angestauten Aruba-Damm. Auch in den letzten Jahren hat es wieder an genügend Regen

**Lateritboden färbt die Elefanten rot.** Foto: W. Denzer

gemangelt, um den Fluss Wasser führen zu lassen und den 8,5 $km^2$ großen Stausee aufzufüllen. Der ohnehin in der Halbwüste Taru gelegene Stausee ist daher einmal mehr nahezu vollständig ausgetrocknet, und die wichtige Lebensader versiegt. Während sich hier normalerweise nach den Regenfällen beachtliche Tierherden versammelt haben, war 2001/2002 leider nur eine verkrustete Lehmformation zu besichtigen. Die in einer kleinen „Oase" oberhalb des Sees erbaute Aruba Lodge ist ausgebrannt, soll aber in naher Zukunft wieder aufgebaut werden. Südlich des Aruba-Stausees erstrecken sich die ebenfalls recht trockenen Ndara-, Maungu- und Dika-Plains. Sollten Sie sich in einer ausgeprägten Trockenzeit im Park befinden, so lohnt ein Besuch dieses Areals nicht. Die Tiere wandern alle in das nördliche Gebiet am Galana-Fluss ab.

Ausgehend vom Aruba-Stausee zieht sich eine Piste in Richtung Norden an den Galana. Dieser wird von zahlreichen kleinen Flüsschen gespeist, und seine Umgebung ist ganzjährig Anziehungspunkt für zahlreiche Wildtiere. In den offenen Savannengebieten begegnet man Elenantilopen, Spießböcken und Somali-Straußen. Für den Somali-Strauß ist der Tsavo-Nationalpark das südlichste Vorkommen. In den Sumpfgebieten sowie am Fluss leben Krokodile, Flusspferde und Fischotter. Letztere sind sehr scheu und nur selten zu entdecken. Ein guter Beobachtungspunkt für Krokodile befindet sich unterhalb der Lugard-Wasserfälle am Galana-Fluss. Insgesamt sind Tierbeobachtungen im Tsavo-Ost wegen der spärlichen Vegetation leichter möglich als im Tsavo-West. Es ist nahezu unmöglich, auf einer Tagessafari Elefanten, Büffel, Zebras, Giraffen und verschiedene Antilopenarten nicht zu finden.

Als Unterkunft im Tsavo-Ost-Nationalpark empfiehlt sich die Voi Safari Lodge (P. O. Box 565 Voi; Tel.: 0147-300319), die herrliche Ausblicke auf die Umgebung bietet. Außerdem liegen unterhalb einer Aussichtsterrasse Wasserlöcher, die von zahlreichen Elefanten aufgesucht werden. Ein unterirdischer Gang nahe einem dieser Wasserlöcher erlaubt es dem Betrachter, die Tiere aus nächster Nähe zu beobachten.

Je nachdem, welche weitere Routenführung geplant ist, kann der Tsavo-Ost an verschiedenen Stellen verlassen werden. Entlang dem Galana River zieht sich die C103 durch den gesamten Park in Richtung Osten. Das Gebiet wird dann über das Sala Gate verlassen, und der Straße folgend gelangt man nach etwa 120 km vorbei am Arabuko-Sokoke-Nationalpark letztendlich in den Küstenort Malindi. In Richtung Mombasa kann der Tsavo-Ost entweder über das Voi Gate oder das Buchuma Gate im Süden des Parks verlassen werden. In beiden Fällen folgt man dann dem Nairobi-Mombasa-Highway (A 109) zur Küste. Etwa 40 km vor Mombasa beim Ort Mariakani zweigt zur Rechten die C107 zum Shimba-Hills-Reservat ab. Die Straße ist nicht gerade gut ausgebaut, aber immerhin befahrbar. Im Ort Kinango wählt man dann die C106 nach Kwale, wo sich der Eingang zum Reservat befindet. Der Nairobi-Mombasa-Highway erreicht Mombasa vom Westen her. Je nach den gebuchten Strandunterkünften oder Stadthotels muss dann der Weg über die New Nyali Bridge nach Nyali im Norden der Stadt bzw. die Fährverbindung nach Diani im Süden gewählt werden. Die Beschilderung ist nicht immer ganz klar, aber denoch aussagekräftig genug, um an das jeweilige Ziel zu gelangen.

# Die Küste

## Von Mombasa zur Grenze nach Tansania

Die Hafenstadt Mombasa liegt auf einer Insel am Eingang zu einer Bucht und trägt den Beinamen „das Tor Ostafrikas". Dieses wird in der Innenstadt durch zwei überdimensionale Elefantenstoßzähne symbolisiert. Touristen erreichen Mombasa heutzutage meist allerdings nicht per Schiff, sondern eher aus Nairobi kommend per Auto, Bus oder Bahn. Wegen des in diesem Küstenbereich angesiedelten Strandtourismus gibt es auch einen internationalen Flughafen, der zur Saison von Chartermaschinen aus aller Welt direkt angeflogen wird. Mombasa eignet sich sehr gut für Shopping- und Besichtigungstouren. Als zweitgrößte Stadt Kenias wartet Mombasa mit einem buntem Gemisch aus afrikanischer, indischer, arabischer und britischer Kultur auf. Die meisten Reisenden verbringen aber selten

**Strandabschnitt mit Kasuarinen nahe Watamu** Foto: W. Denzer

mehr als einen Tag in Mombasa, sondern ziehen die südlich und nördlich gelegenen Strände am Indischen Ozean vor.

Südlich von Mombasa befinden sich die Hotelanlagen des Tiwi- und des Diani-Strandes. Viele Pauschaltouristen verbringen hier ihren Urlaub an weißen, palmenbestandenen Stränden. Von Mombasa aus sind die südlichen Strände nur über eine Fährverbindung zu erreichen. Die Fähre führt über die Mombasa-Bucht, die von zahlreichen Villen gesäumt wird, zum Ort Likoni. Sie operiert täglich von 4.00–13.00 Uhr in 15-minütigem Rhythmus und den Rest des Tages bis in die Nacht hinein in Stundenintervallen. Nur samstagnachts von 2.00–4.00 Uhr gibt es keine Beförderung über das Wasser. Da die Fähre abgesehen von weiten Umfahrungen die einzige Verbindung von und nach Mombasa ist und zudem nur 35 KSh kostet, sollte man in den Stoßzeiten auf längere Wartezeiten gefasst sein. Tankfahrzeuge haben Vorrang und werden aus Sicherheitsgründen ohne Passagierverkehr transportiert. Von Likoni führt die Küstenstraße B8 zuerst nach Tiwi Beach und dann weiter südlich zum Diani Beach. Reisende mit dort gebuchten Hotels werden – sofern sie nicht mit dem Mietwagen unterwegs sind – von Hoteltaxis oder Bussen bereits in Mombasa am Flughafen abgeholt. Während der Saison (Weihnachts-, Oster- und Sommerferien Euro-

pas) herrscht an den Stränden Hochbetrieb. Individualreisende sollten sich daher rechtzeitig um eine Buchung kümmern; vor allem auch, weil die Preise vor Ort meist erheblich höher sind als die bereits im Voraus über einen Veranstalter gewährten Preise.

Den Stränden von Tiwi und Diani sind Korallenriffe vorgelagert, die auf Tauch- bzw. Schnorcheltouren erkundet werden können. Um dorthin zu gelangen, bedarf es meist einer halbstündigen Bootsfahrt. Auch können Tauchgänge zu einem Wrack nördlich von Tiwi unternommen werden. Zum Schnorcheln ist vor allem die Umgebung der Chale-Insel in der Gazi Bay geeignet. Die Insel darf nicht betreten werden, da sie sich in Privateigentum befindet.

Während die Strände fast ausnahmslos mit Palmen und einigen Pandanus bewachsen sind, werden im Hinterland vor allem Zitrusfrüchte und Bananen kultiviert. Nördlich von Diani existiert eine große Kokosnussplantage. Folgt man der Straße in Richtung Süden, taucht auf der rechten Seite Küstenwaldvegetation auf. An dieser Stelle hat man den Jadini Forest erreicht. Das Gebiet ist zwar kein Nationalpark, dennoch aber nicht uninteressant. Da der Wald nur noch an wenigen Stellen entlang der ostafrikanischen Küste erhalten ist, tummeln sich hier zahlreiche Vogelarten und Säugetiere. Vor allem Affenarten sind hier beheimatet. Neben Pavianen und Meerkatzen ist das Gebiet bekannt für seine Population von Stummelaffen, für deren Schutz sich eine Initiative einsetzt (Colobus Trust, P. O. Box 5380, Tel. 0127-3519). Der Trust betreibt neben dem Schutz der Affen auch einen Naturlehrpfad auf eigenem Gelände am Colobus Cottage.

Folgt man der Küstenstraße A14 von Likoni etwa 15 km in Richtung Süden, so zweigt rechts kurz vor dem Ort Tiwi die C106 ab, die nach Kwale und zum Shimba-Hills-Nationalpark und dem Mwaluganje Elephant Sanctuary führt. Abgesehen von Elefanten sind vor allem Zebras, Buschböcke und Warzenschweine im Gebiet heimisch. In den Bäumen sieht man zahlreiche Hornvögel und mit etwas Glück Stummelaffen. Zur Übernachtung steht im Schutzgebiet das Travellers Mwaluganje Elephant Camp (P. O. Box 87649 Mombasa; Tel.: 0127-51202/05) zur Verfügung.

## Nationalreservat Shimba Hills

Das Shimba-Hills-Nationalreservat bei Kwale im südlichen Zipfel Kenias gehört mit einer Fläche von 192 $km^2$ zu den kleinsten Naturschutzgebieten. Wegen seiner Nähe zu Mombasa (56 km) wird es oftmals nur in Tagesausflügen besucht. Von den meisten anderen kenianischen Reservaten und Parks unterscheidet es sich durch eine stellenweise üppige Vegetation, die Reste von Küstenregenwald aufweist. Teile des Parks wurden früher als Forstreservat genutzt, sodass man auch Schonungen mit Zypressen und den immer wieder angepflanzten Eukalyptusbäumen findet. Das Wechselspiel zwischen Grasland und Wald bzw. Anpflanzungen erinnert den Besucher oftmals an europäische Mittelgebirge.

Überwiegend ist das Gebiet jedoch in seiner ursprünglichen Form erhalten, sodass man gute Chancen hat, Elefanten am Waldrand zu beobachten. Einige Gruppen von Büffeln leben auf den Grasflächen in der Nähe der Sheldrick-Wasserfälle, und Giraffen, Löwen sowie Antilopen sind auf der Lango-Steppe zu finden.

Unter den Antilopen ist besonders die Rappenantilope hervorzuheben. Diese Art hat in den Shimba Hills eines ihrer letzten Rückzugsgebiete und ist auf den offenen Flächen leicht auszumachen. Die dominanten Männchen haben eine schwarze Körperfärbung mit weißen Blässen am Kinn sowie lange, halbkreisförmige Hörner. Weibchen und jüngere Männchen sind überwiegend rotbraun gefärbt. Mit etwas Glück kann man eine der größeren Gruppen von etwa 40 Tieren beobachten. Einzelne Männchen, die vom dominanten Tier nicht mehr in der Herde geduldet werden, schließen sich zu kleinen Gruppen zusammen.

Neben den Rappenantilopen gibt es auch noch Pferdeantilopen im Reservat; doch die Chancen, diese seltene Großantilope zu Gesicht zu bekommen, sind recht gering. Diese Art ist eigentlich nicht ansässig in den Shimba Hills; die vorhandene Population rekrutiert sich aus Tieren, die aus der Ithanga-Region um Thika umgesiedelt wurden, nachdem dort riesige Sisal-Plantagen errichtet wurden.

Ein lohnenswerter Abstecher führt zum Giriama Point, einem Aussichtspunkt, von dem aus man bei klaren Sichtverhältnissen das gesamte Hinterland bis zur Küste überblicken kann. Da man hier aussteigen darf, bietet sich der Aussichtspunkt auch für ein Picknick an.

Wer etwas mehr Zeit zur Verfügung hat, sollte auf alle Fälle eine Nacht in der Shimba Rainforest Lodge übernachten. Die Lodge liegt in Form eines Baumhauses direkt an einem Wasserloch. Dort leben Fischadler, Hörnchen, zahlreiche Amphibien und Nilwarane. Nach Einbruch der Dunkelheit – und in den trockenen Monaten auch tagsüber – wird dieses Wasserloch von einer Vielzahl von Tieren

**Blick von den Shimba Hills in Richtung Küste** Foto: W. Denzer

aufgesucht. Eine Ginsterkatze ist jeden Abend in den Büschen zu beobachten, ebenso wie Riesengalagos, die von den Angestellten der Lodge allabendlich angefüttert werden. Im Laufe der späten Abendstunden oder auch der Nacht hat man gute Chancen, Großsäuger wie Elefanten und Büffel bei der Wasseraufnahme oder einem Bad zu beobachten.

Bei Sonnenuntergang ziehen große Gruppen von Hornvögeln an der Lodge vorbei, um zu ihren Schlafbäumen zu gelangen. Des Weiteren kann man Fledermäuse und Schwalben beim Trinken und Insektenfang beobachten. Das Wasserloch ist mit weißen und blauen Seerosen überzogen; tagsüber sind die Blüten der blauen Seerose geöffnet, während sich abends und bei geringer Sonneneinstrahlung die weißen Blüten öffnen.

Von der Lodge werden Wanderungen zu verschiedenen Tageszeiten angeboten, auf denen insbesondere Vögel beobachtet werd-

**Weibliche und junge Rappenantilopen (*Hippotragus niger*) sind braun gefärbt.** Foto: W. Denzer

en können. Ein Plankenweg durch den oberen Baumbereich führt etwa 100 m seitlich des Wasserlochs zu einem weiteren Aussichtspunkt. Hier findet man neben Vögeln auch Reptilien und Amphibien. Besonders häufig ist tagsüber der kleine Taggecko *Lygodactylus picturatus* zu finden. In den Dämmerungsstunden kann man Halbzehergeckos an den Bäumen entdecken.

Weitere Ausflüge führen von der Lodge zu den Sheldrick Falls sowie in das nahe gelegene Mwaluganje Elephant Sanctuary. Der Eintritt zum Elefantenreservat kostet 10 US$ und lohnt sich eigentlich nur, wenn man sonst keine anderen Schutzgebiete besucht. Auf nur 24 $km^2$ leben hier Elefanten, Zebras und einige Antilopenarten in einem umzäunten Gebiet, das dazu dient, die Tiere an Übergriffen auf die umliegenden landwirtschaftlichen Anbauflächen zu hindern. Neben natürlich in dieser Region vorkommenden Arten werden auch zunehmend Tiere aus anderen Regionen des Landes hier angesiedelt. Tagestouren inklusive Übernachtung werden von Hotels an der Küste angeboten.

Übernachtungen in den Shimba Hills können entweder direkt bei der Shimba Rainforest Lodge, P.O. Box 90581, Mombasa (Tel.: 011-471551), gebucht werden, oder über Block Hotels (s. Kapitel Unterbringung). In den Zimmern der Rainforest Lodge liegt eine kleine Checkliste bereit, auf der man die beobachteten Tiere „abhaken“ kann. Zudem gibt es ein Buch, in dem die gesichteten, selteneren Tiere täglich eingetragen werden. Die Partnerhotels Nyali Beach und The Indian Ocean Beach Club in Mombasa bieten Tagesexkursionen in die Shimba Hills an. Neben der Lodge gibt es im Reservat Campingplätze, die von der Parkverwaltung ausgewiesen werden.

## Die Südküste

Die Rückfahrt von den Shimba Hills über Kwale zur Küste geschieht entweder auf der C106 in Richtung Süden, wo die Straße etwa beim Ort Tiwi auf die Küstenstraße A14 nach Mombasa trifft, oder auf der C106 zunächst in Richtung Norden bis Kinango und weiter über Makalanga zum Grenzort Lunga Lunga. Letzterer liegt ebenfalls an der A14 an Kenias südlicher Spitze. Der Ort lädt nicht gerade zum Bleiben ein und sollte nur als Durchgangsstation für Touren nach Tansania oder zum kenianischen Kisite-Meeresnationalpark dienen.

Fast am südlichsten Zipfel Kenias liegt Shimoni auf einer Halbinsel im Pemba-Kanal. Von Lunga Lunga nimmt man die Küstenstraße 14 in Richtung Mombasa und gelangt kurz vor Erreichen des Ortes Ramisi über die gut beschilderte Abfahrt nach Shimoni zum Kisite-Mpunguti-Meeresnationalpark. Shimoni ist ein kleiner Fischerort, der als Ausgangspunkt für Hochseeangeltouren und Tauchexkursionen in den vorgelagerten Kisite-Mpunguti-Nationalpark dient. Zwischen Shimoni und dem Park liegt die Insel Wasini mit zahlreichen vorgelagerten Korallenriffen. Der eigentliche Nationalpark liegt eine etwa halbstündige Bootsfahrt vom Anleger in Shimoni entfernt. Um die kleinen Inseln Mpunguti und Kisite herum existieren wunderschöne Korallengärten und Riffe. Insbesondere Kisite Island gilt bei Schnorchlern als eines der besten Gebiete Kenias. Innerhalb des Nationalparks sind keine Unterkünfte vorhanden, sodass man auf Tagestouren angewiesen ist. In Shimoni und auf Wasini Island gibt es jedoch genügend Unterkünfte für jeden Geldbeutel. Der Kenya Wildlife Service betreibt in Shimoni die preisgünstigen Eden Bandas. Die Rückfahrt nach Mombasa bewältigt man am besten auf der Küstenstraße A14. Diese erinnert in ihrem südlichen Abschnitt eher an eine Schotterpiste denn an eine Strasse, ist aber immer noch besser als einige weiter inländisch verlaufende Lehmpisten, die ohne Allradantrieb kaum befahrbar sind.

## Von Mombasa nach Malindi

Um an die nördlichen Küstenabschnitte zu gelangen, verlässt man Mombasa am besten über die New Nyali Bridge und gelangt dann bald auf die Küstenstraße B8, die sich an den Hotelstränden des Nyali Beach vorbei bis nach Malindi zieht. Neben den Luxushotels befindet sich in Nyali auch Kenias größte Krokodilfarm Mamba Village. Nachdem man die Tiere hier in großer Zahl beobachtet hat, kann man im angegliederten Restaurant ihr Fleisch verzehren. Nur wer sonst keine Gelegenheit hat, die Tiere in freier Natur zu beobachten, wird hier auf seine Kosten kommen. Weiter nördlich entlang der Küstenstraße tauchen auf der linken Straßenseite immer häufiger Abraumgebiete auf. Hier wird ein Großteil des bekannten Portlandzements gefördert und in alle Welt verschifft. In einer dieser Gruben befindet sich der Bamburi Nature Trail (Haller Park), auf den bereits frühzeitig mit Schildern hingewiesen wird.

Der schweizerische Agrarwissenschaftler Rene Haller begann Anfang der 1970er-Jahre damit, eine verlassene Abraumregion wieder aufzuforsten und hatte die

**Nilkrokodile im Haller Park** Foto: W. Denzer

Idee, ein kleines, in sich geschlossenes Ökosystem zu schaffen. Da der Boden aber nur für wenige Pflanzen geeignet war, standen als anfänglich brauchbare Bäume nur Kasuarinen zur Verfügung. Die nadelförmigen Blätter dieser Bäume blieben meist auf dem Boden liegen, ohne den nötigen Humus zu erzeugen. Aus diesem Grund wurden unzählige Riesentausendfüßler in das Gebiet gebracht, die die Aufgabe der Humusproduktion übernahmen. Auf den nunmehr fruchtbaren Böden wuchsen nach und nach neue Pflanzengesellschaften, die heutzutage einem Dickicht gleichen. Inmitten des Areals liegt ein kleiner See, in dem Fische und Krokodile leben. Ein Flusspferd bewohnt einen weiteren Pool. Vor allem *Tilapia*-Barsche werden für die Restaurants der Umgebung gezüchtet. Größere Tiere, wie einige Antilopenarten, mussten in das Gebiet umgesiedelt werden, da eine natürliche Zuwanderung aus der geschädigten Umgebung nicht möglich war. Die meisten anderen Tiere, insbesondere die reichhaltige Vogelwelt, wanderte nach und nach zu. Der Bamburi Nature Trail (P. O. Box 81955 Mombasa; Tel.: 011-485729) ist täglich von 9.00–17.30 Uhr geöffnet. Der Eintritt beträgt 350 KSh und schließt eine Führung durch den Park ein.

Etwa 50 km hinter Mombasa gelangt man zum Ort Kilifi, der an einer Bucht gelegen ist und von vielen Tauchbegeisterten besucht wird. Das vorgelagerte Riff gilt als nahezu unbeschädigt, und die Lage abseits der Badeorte erhöht die Attraktivität des Gebietes. In der Umgebung von Kilifi gibt es dennoch zahlreiche Unterkünfte, von denen einige allerdings nur in der Saison (Juli bis April) geöffnet haben. In der ins Inland führenden Bucht mit salzhaltigem Wasser sind für Spezialisten auch Nachttauchgänge organisierbar. Nördlich von Kilifi führt eine Straße (E921) an den Strand und endet dann wieder auf der Küstenstraße B8, die nach weiteren 40 km zuerst nach Gedi führt. In Gedi findet man die Abzweigung auf die E899 nach Watamu. Hier befinden sich der südliche Teil des Watamu-Malindi-Meeresnationalparks sowie zahlreiche Unterkünfte. Etwa 20 km nördlich von Gedi erreicht man Malindi, den Haupttouristenort in diesem Küstenstreifen. Der Tauch- und Badetourismus ist hier extrem saisonal, sodass in den Monaten Mai bis Juli viele Tauchausrüster geschlossen haben; das Gleiche gilt für einige Hotels und die meisten Restaurants an den Stränden von Watamu und Malindi.

## Watamu-Malindi-Meeresschutzgebiet

An der Küste zwischen Watamu und Malindi befindet sich der Watamu-Malindi-Marine-Nationalpark, der zum Schutz des angrenzenden Korallenriffs eingerichtet wurde. Insgesamt erstreckt sich die Schutzzone auf etwa 30 km Länge innerhalb der 3-Meilen-Zone und überdeckt eine Fläche von 213 $km^2$. Die Flächen der eigentlichen Nationalparks belaufen sich auf 6 $km^2$ für den Malindi Marine Park und auf 10 $km^2$ im Falle des Watamu Marine Parks. Durch die vielfältige Landschaft unter und über Wasser lohnt sich ein Besuch auch für Reisende, die nicht nur zum Tauchen gekommen sind. Im Küstenbereich befindet sich der Mida-Creek-Mangrovenwald, der mit Booten befahren werden kann.

In der Trockenzeit ist das Wasser im Watamu-Malindi-Nationalpark sehr klar, und bereits beim Schnorcheln an der Wasser-

Mangrovenspross, Mida Creek
Foto: W. Denzer

**Bei Ebbe findet man unzählige Schnecken im Schlick des Mida Creek.** Foto: W. Denzer

oberfläche erhält man eindrucksvolle Einblicke in das Riffsystem. Die Unterwasserwelt weist Korallenriffe, Korallengärten und Seegraswiesen auf. Insgesamt sind der Wissenschaft bis dato über 180 verschiedene Steinkorallen- und mehr als zehn Seegrasarten von der ostafrikanischen Küste bekannt. Das Riff des Parks liegt etwa 1–2 km vor der Küste und muss per Boot angefahren werden. Farbenprächtige Fische aller Größen tummeln sich zwischen Korallen und tentakeltragenden Anemonen. Mit etwas Glück begegnet man in den Seegraswiesen Meeresschildkröten, die hier einen Hauptteil ihrer Nahrung aufnehmen. Eine Besonderheit der Gewässer vor Watamu ist es, dass hier manchmal große Ansammlungen von Walhaien und Teufelsrochen auftauchen. In der Regenzeit ist das Wasser sehr unruhig und daher auch trüber. Dann kann Schnorcheln zur Strapaze werden, da man mehr mit den Wellen zu kämpfen hat, als dass man sich auf die Unterwasserwelt konzentrieren könnte.

Da einige Strandabschnitte im Malindipark von Meeresschildkröten als Eiablageplatz genutzt werden, ist hier auch ein Teil der Küste unter Schutz gestellt. Die Koordinierung von Aktionen zum Schutz der Meeresschildkröten an Kenias Küste unterliegt dem Kenya Sea Turtle Conservation Committee (KESCOM). In den Jahren 1997–2000 wurden über 600 Nester registriert – zumeist der Suppenschildkröte –, aus denen ca. 40.000 Jungtiere schlüpften. Weitere Information sind bei KESCOM, P. O. Box 82144 Mombasa (Tel. 011-486155; E-Mail: baobabfarm@swiftmombasa.com) erhältlich.

Der Küstenstreifen im Watamu-Park grenzt an den Mida Creek. Diese Bucht erstreckt sich ins Inland und ist überwiegend mit Brackwasser gefüllt. Hierher führen Touren, auf denen man Mangrovenhaine und die vielfältige Tierwelt besichtigen kann. Während unserer nördlichen Winter versammelt sich eine artenreiche Zugvogelgemeinschaft. Neben den Vögeln sollten Sie vor allem an den seichten Stellen auf Schlammspringer achten. Diese Fische halten sich häufig am Ufer oder auf kleinen Baumstämmen auf. Im

Inneren der Bucht existieren zwei kleine Inseln – Sudi und Kililepwa –, auf denen Vogelkolonien ihre Brutplätze haben. Auf Sudi wurde ein Plankenweg errichtet, der es dem Besucher erlaubt, trockenen Fußes die Welt der Mangroven zu erkunden. Aufgrund der Gezeiten werden die Mangrovengebiete zweimal täglich geflutet, sodass die Pflanzen dann im Wasser stehen. Nur salztolerante Pflanzengemeinschaften haben hier eine Überlebenschance. Vor dem Eingang zum Mida Creek befinden sich die Tewa-Höhlen, die bei Ebbe besichtigt werden können. Insbesondere die mächtigen Riffbarsche locken zur Hochsaison zahlreiche Boote zu den Höhlen. Da es entlang der ostafrikanischen Küste nur noch wenige zugängliche Mangrovengebiete gibt, ist der Mida Creek sicherlich einen Ausflug wert.

## Watamu und Umgebung

Watamu Village ist eigentlich nur ein kleines Fischerdorf, das durch den Tourismus in den letzten Jahren stetig gewachsen ist. Trotzdem hat es dabei nicht an Charme verloren und lohnt einen Besuch. Eine Vielzahl von Informationen über die Region um Watamu findet sich im Internet unter www.watamu.net und www.watamu.org. Zur Erkundung der Umgebung vermieten einige Geschäfte Fahrräder für ca. 500 KSh pro Tag. Ein interessanter Ausflug führt zu den Ruinen von Gedi. Das Gedi National Monument liegt nur unweit der Küstenstraße bei Watamu. Im Mittelalter (etwa 14. Jahrhundert) war Gedi einmal eine florierende Küstenstadt, die von einer Stadtmauer umgeben war. Auf dem Gebiet sind die Ruinen eines Palastes, einer Moschee sowie einiger Wohnhäuser zu besichtigen. Das Gedi National Monument (P. O. Box 5067 Watamu, Tel.: 0122-32065) ist täglich von 7.00– 18.00 Uhr geöffnet. Der Eintritt beträgt 200 KSh.

Nahe dem Eingang zu den Ruinen weisen Schilder den Weg zum Kipepeo Project, einer Schmetterlingsfarm. Um illegaler Abholzung und Wilderei in den Mangroven und dem nahe gelegenen Arabuko-Sokoke Forest vorzubeugen, wurde 1994 ein kommunales Projekt ins Leben gerufen, das es den Farmern der Umgebung gestattet, ein geringes Einkommen aus dem Fang und der Zucht von Schmetterlingen zu erwirtschaften. Am Kipepeo Butterfly Project (kipepeo – Swahili für Schmetterling) beteiligen sich über 500 Farmer. Sie fangen überwiegend trächtige Weibchen und pflegen die Eier und Raupen bis zur Verpuppung. Die Puppen werden in einer zentralen Sammelstelle angekauft und an Liebhaber, Museen etc. in aller Welt ver-

**Nordküste Kenias** Grafik: W. Denzer

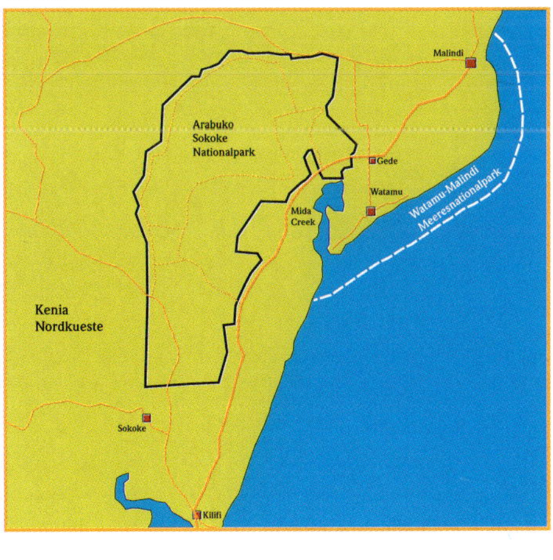

**Auf den Sandbänken vor der Küste versammeln sich Seeschwalben und Möwen.**
Foto: W. Denzer

schickt. Der Export beläuft sich auf ca. 40.000 Exemplare jährlich. Dadurch, dass nur relativ wenige Exemplare der Natur entnommen werden, bleiben die Populationen stabil. Weitere Informationen zu diesem Projekt (P. O. Box 58 Gedi; Tel.: 0122-32380) findet man im Internet unter www.watamu.net/kipepeo.html.

Unweit der Ruinen befindet sich eine lohnende Schlangenfarm. Es kann passieren, dass Sie am Eingang zum Gedi-Monument von vermeintlichen Führern angesprochen werden, die Ihnen eine Schlangenfarm zeigen wollen. Dieses Angebot sollten Sie höflich ausschlagen! Stattdessen fragen Sie lieber am Eingangshäuschen oder im Ort nach dem Weg zur Bioken Reptile Farm. Hier hat der ostafrikanische Herpetologe James Ashe mit seiner Frau mit privaten Mitteln eine Terrarienanlage gebaut, in der eine Vielzahl von Reptilien der Region zu besichtigen sind. Darunter findet man Gabunvipern, Mambas und Kobras. Ein wesentlicher Punkt bei dieser Farm ist es, dass die Tiere nicht der reinen Zurschaustellung dienen, sondern für die Gewinnung von Schlangenseren gemolken werden. Gegen den geringen Betrag von 200 KSh wird man durch die Anlage geführt und hat mit etwas Glück auch die Chance, sich aufführlich mit James Ashe über die Herpetofauna Kenias zu unterhalten. Während der Mittagsstunden bleibt die Farm geschlossen.

In Watamu gibt es zahlreiche Übernachtungsmöglichkeiten, vom Luxushotel bis zu einfachen Bandas. Einige Touristenhotels sind auch im Zuge einer Pauschalreise buchbar. Für Individualreisende seien besonders das luxuriöse Strandhotel Hemingway's (P. O. Box 267 Watamu; Tel.: 0122-32052; Buchung über Express Travel Group, P. O. Box 40433 Nairobi; Tel.: 02-334722) sowie Barbara Simpson's Guesthouse (Plot 28 Watamu, P. O. Box 33 Watamu; Tel.: 0122-32023) empfohlen. Das Guesthouse besteht aus einem Haupthaus und einem Nebengebäude, in dem sich die Gästezimmer befinden. Wegen der Nähe zum Arabuko-Sokoke-Wald und zum Mida Creek halten sich hier eigentlich immer Gäste auf, die sehr stark an der Ökologie der Region interessiert sind. Ein privater Strand – nur etwa 100 m vom Haus entfernt – rundet das Bild ab.

**Riesenschnurfüßer (*Graphidostrepus* sp.)** Foto: W. Denzer

## Arabuko-Sokoke-Nationalpark

Das Arabuko-Sokoke-Waldreservat in der Region von Malindi und Watamu stellt mit 400 km² das größte noch zusammenhängende Küstenwaldgebiet Ostafrikas dar. Dieser Waldtyp erstreckte sich früher von Süd-Somalia bis Nord-Mossambik. Er lässt sich in drei verschiedene Vegetationstypen aufteilen: Flachlandregenwald, offener *Brachystegia*- und geschlossener *Cynometra*-Wald. Es gibt nur noch wenige Habitate in Ostafrika mit einer derartigen Zusammensetzung. Eine Vielzahl von Arten ist im Arabuko-Sokoke-Wald beheimatet. So leben etwa 300 Schmetterlings- und 260 Vogelarten im Park. Die Liste der bisher identifizierten Pflanzenarten hat die 600er-Marke bereits überschritten.

Der Arabuko-Sokoke-Wald lässt sich leicht mit einem allradgetriebenen Fahrzeug erkunden. Da es keine gefährlichen Raubtiere im Park gibt, kann man zudem mit einem sachkundigen Führer oder auch auf eigene Faust das Gebiet zu Fuß erkunden. Es bietet sich an, zunächst eine Tour mit einem Führer zu unternehmen, um einen ersten Eindruck in die Vegetation und die unterschiedlichen Landschaftsformen zu gewinnen, und sich erst dann – am besten in einer kleinen Gruppe – auf eine eigene Exkursion zu begeben. In jedem Fall müssen Sie sich bei der Verwaltung melden, damit diese über die Anzahl der Besucher im Gebiet Bescheid weiß. Auch, wenn es allgemein als ungefährlich gilt, sollten Sie von Alleingängen absehen. Eine Verstauchung oder Ähnliches könnte schon dazu führen, dass Sie die Nacht im Wald ver-

**Blick über den Arabuko-Sokoke-Wald** Foto: W. Denzer

bringen müssen, wenn niemand sonst da ist, der Hilfe holen könnte. Wer einmal die nächtlichen Bewohner des Waldes wie Eulen, Ginsterkatzen, Buschbabys und zahlreiche Amphibien beobachten möchte, kann dies auf geführten Touren tun. Hierzu bedarf es nur einer Anmeldung bei der Verwaltung. Der Termin wird dann direkt mit dem Führer vereinbart.

Zum einen wegen der teilweise sehr dichten Vegetation im *Cynometra*-Wald und zum anderen wegen der geringen Populationsdichte an Großtieren wie Elefanten ist dieses Schutzgebiet besonders für ornithologisch und herpetologisch interessierte Reisende geeignet. Mit einem Fernglas lassen sich zahlreiche Vögel beobachten, und an den Tümpeln sind verschiedene Froscharten zu finden. Entlang dem Weg findet man immer wieder Echsen; zudem kann man farbenprächtige Schmetterlinge beobachten.

Der Arabuko-Sokoke-Wald ist neben Sansibar das letzte Rückzugsgebiet für Aders Ducker. Diese kleine Antilope gilt als die seltenste Antilopenart der Welt. In einigen Büchern wird sie als Unterart des Rotduckers geführt; sie unterscheidet sich von diesem aber durch die weißliche Bauchfärbung, ein breites helles Band im Bereich der Oberschenkel sowie eine weiße Zeichnung auf den Unterschenkeln.

Ein anderes, sehr skurril anmutendes Säugetier ist das Goldrücken-Rüsselhündchen. Sein Aussehen ähnelt dem einer überdimensionalen Spitzmaus (Körperlänge etwa 25 cm), die hochbeinig läuft. Rüsselhündchen und die verwandten Elefanten-Spitzmäuse (*Elephantulus* spp.) gehören jedoch nicht zu den Nagern, sondern sind überwiegend tagaktive Insektenfresser.

Die letzten Leoparden wurden vor etwa

fünf Jahren gesichtet und haben sich wegen der geringen Anzahl von Beutetieren wahrscheinlich in den Tsavo-Nationalpark zurückgezogen. Selbst wer auf seinen Wanderungen Elefanten begegnet, hat nichts von ihnen zu befürchten. Sie ziehen sich meist sofort wieder in das Dickicht zurück. Trotzdem sollte man immer vorsichtig sein und sich den Tieren nicht in den Weg stellen. Junge Bullen und Mütter mit Jungtieren sind immer eine Gefahrenquelle. Nach Auskunft der Parkverwaltung hat es jedoch noch nie irgendeinen nennenswerten Zwischenfall gegeben, bei dem ein Besucher in eine gefährliche Situation mit Elefanten geraten wäre.

Am Waldrand leben Grünmeerkatzen, und im Innern des Waldes Sykes Diademmeerkatzen sowie Paviane. Immer wieder begegnet man verschiedenen Baumhörnchen. Die meisten Säugetiere sind allerdings sehr scheu und eher bei Nacht zu beobachten. Dann sieht man mit etwas Glück Buschbabys, Pangoline (*Manis temminckii*) oder gar einen Aardvark (Erdferkel – *Orycteropus afer*).

Die Vogelwelt ist abhängig vom Vegetationstyp zusammengesetzt. Nahe dem Besucherzentrum leben Turakos, Mausvögel und Glanzstare, weiter im Wald sieht man Fliegenschnäpper, Spechte und Webervögel, während im *Cynometra*-Dickicht Trogons, Bulbuls und auch die seltenen Sokoke-Zwergeulen leben. An den Tümpeln findet man Störche, Enten und Eisvögel. Es lohnt sich, bei den Erkundungstouren im Arabuko-Sokoke-Wald immer ein gutes Vogelbuch zur Hand zu haben.

Am Besucherzentrum gibt es ein Buch und eine Broschüre mit Wegbeschreibungen und Erklärungen zur Fauna und Flora. Außerdem warten dort meist einige Führer, die eine Tour begleiten können. Nahe dem Parkplatz am Besucherzentrum startet der 4 km lange Nature Trail. Der Rundweg zieht sich durch einen Mischwald, in dem man Tamarinden und Würgefeigen besichtigen kann. Entlang dem Weg gibt es Tümpel, an deren Ufern Ried- und Baumfrösche leben. Besonders in der Regenzeit findet man hier die Schaumnester und Kaulquappen verschiedener Froscharten.

Die unterschiedlichen Waldzonen lassen sich sehr schön bei einer Fahrt zum Aussichtspunkt (View Point, Main Driving Track) verfolgen. Zu Beginn führt die Strecke durch Flachlandregenwald, der von den einheimischen Führern als „mixed fo-

***Cistanche tubulosa*, ein weit verbreiteter blattloser Schmarotzer auf sandigen Böden**
Foto: W. Denzer

rest“ bezeichnet wird. Der Bodengrund ist überwiegend weiß und silikathaltig. Die Baumkrone ist dicht, und nur wenig Sonnenlicht gelangt auf den Boden. Aus diesem Grund ist auch die klein bleibende Buschvegetation nur wenig ausgeprägt. Nach einiger Zeit gelangt man in den *Brachystegia*-Wald, der sich durch seine offene Baumkronenschicht auszeichnet. Das Blattwerk ist weniger dicht und der Lichteinfall am Boden demnach erheblich höher. Das letzte Stück bis zum Aussichtspunkt wird durch die undurchdringlich scheinende *Cynometra*-Vegetation geprägt. Nur wenige Bäume sind höher als 6 m, und beiderseits des Weges steht dichtes Buschwerk. Der Bodengrund ist jetzt rot, was auf seinen hohen Lateritgehalt hinweist.

Auf dem Weg zum Aussichtspunkt kommt man kurz nach Verlassen des *Brachystegia*-Waldes zu einer Lichtung mit einem kleinen See. Hier befinden sich die Whistling Duck Pools, wo man Vögel sowie Amphibien beobachten kann. Am Ende des etwa 15 km langen Fahrweges wird der höchste Punkt des Schutzgebietes erreicht, der bei klarer Sicht einen schönen Blick über den Wald bis hin zur Küste ermöglicht.

Weitere Fahrwege führen in andere Regionen des Schutzgebietes sowie an den Mida Creek. Arabuko-Sokoke ist sicherlich mit Wegen gut genug ausgebaut, dass man hier mindestens zwei Tages- und eine Nachttour einplanen sollte, um einen ausgiebigen Überblick über die Flora und Fauna zu erhalten. Da es im Schutzgebiet kei-

**Whistling Duck Pools** Foto: W. Denzer

ne Lodges gibt, ist man auf die Unterkünfte in Watamu angewiesen. Allerdings darf im Wald gecampt werden. So gibt es Campingmöglichkeiten nahe dem Besucherzentrum, am Baumhaus, an den Whistling Duck Pools und am Aussichtspunkt.

Weiterführende Literatur zu diesem Thema:
FAIRCLOUGH et al. (Hg.) (1995): Arabuko-Sokoke Forest and Mida Creek. The official Guide.

## Die Nordküste und das Hinterland

Die Region nördlich vom Malindi liegt derart abseits der üblichen Touristenrouten, dass sie so gut wie gar nicht besucht wird. Die Straße B8 führt hinter Malindi noch ein kleines Stück entlang der Küste und folgt dann dem Tana-Fluss ins Inland. Beim Ort Garsen zweigt rechts die C112 ab, die in Hindi am Lamu-Archipel endet. Folgt man der B8, erreicht man etwa 130 km nordwestlich von Malindi das Tana River Primate Nature Reserve. Hier leben die äußerst seltenen Tana-Hutmangaben (*Cercocebus galeritus galeritus*). Nur noch etwa 1000 dieser Affen bewohnen den Galeriewald am Fluss. Ähnlich wie bei der verwandten Udzungwa-Hutmangabe (s. Udzungwa-Nationalpark) ist der natürliche Lebensraum bereits derart eingeschränkt, dass trotz massiver Schutzmaßnahmen ein Rückgang der Population zu beobachten ist. Neben den Hutmangaben kann man Rote Stummelaffen in den Bäumen beobachten sowie die zahlreichen Flusspferde und Krokodile im Tana River bestaunen. Als Übernachtungsmöglichkeit im Schutzgebiet stehen ausschließlich Campingplätze zur Verfügung.

Das abgelegene Lamu-Archipel wird nur von sehr wenigen Reisenden besucht. Insbesondere die Insel Lamu eignet sich jedoch für einen erholsamen Bade- oder Tauchurlaub abseits jeglichen Tourismus, da sie mit Übernachtungsmöglichkeiten aufwarten kann (Peponi Hotel, P. O. Box 24 Lamu; Tel.: 0121-33423; Petley's Inn, P. O. Box 4 Lamu; Tel.: 0121-33107). Die Anfahrt mit dem Auto gestaltet sich recht schwierig; üblicherweise ist ein Kleinflugzeug das Verkehrsmittel der Wahl. Wer trotzdem mit dem Auto von Malindi die ca. 350 km bis Hindi beim Lamu-Archipel bewältigen möchte, sollte dafür zehn Stunden einplanen. Bedenken Sie aber bitte, dass die Straße für Überfälle berüchtigt ist (wie auch das übrige kenianisch-somalische Grenzgebiet)!

Von Hindi führt die Straße C112 durch das kaum besiedelte Hinterland Nordkenias bis Garissa. Nach etwa 70 km zweigt beim Ort Bodhei nach rechts eine Piste in Richtung Kiunga und somalische Grenze ab. Bleibt

**Fruchttragende Schraubenpalme (*Pandanus* sp.)** Foto: W. Denzer

**Cynometra-Dickicht ist typisch für den kenianischen Küstenwald** Foto: W. Denzer

man auf der C112, gelangt man nach weiteren 80 km an den Tana-Fluss zum Arawale National Reserve, das vor allem dem Schutz der seltenen Hunters Leierantilopen dient.

Im nordöstlichen Zipfel Kenias, an der Grenze zu Somalia, liegt das nur sehr selten besuchte Kiunga Marine National Reserve. Das Schutzgebiet besteht aus ca. 50 kleinen Koralleninseln nahe der Küste. Für Taucher ist hier besonders die Insel Kiwaiyu zu empfehlen, an deren Südspitze noch unberührte Korallenbestände existieren. Wegen der geringen Anzahl von Besuchern ist es ratsam, die Ausrüstung aus Malindi oder Mombasa mitzunehmen, da Leihgeräte rar sind. Kiwaiyu wird mit Booten von Lamu aus angefahren. Wer hier übernachten will, hat die Wahl zwischen Campingplätzen und einer Luxuslodge (Kiwaiyu Mlango Wa Chanu Lodge, P. O. Box 55343, Nairobi; Tel.: 02-503030). Abgesehen von den sehr guten Tauchbedingungen ist der Kiunga-Park auch für die hier nistenden Meeresschildkröten, Brutkolonien zahlreicher Seevögel und eine Population der fast ausgestor-benen Dugongs bekannt. Dugongs – auch Seekühe oder Sirenen genannt – bevorzugen seichte Küstengewässer in der Nähe von Flussmündungen. Die in derartigen Habitaten wachsenden Seegräser sind die Hauptnahrungsquelle dieser Tiere. Ein Grund für die extreme Seltenheit von Dugongs ist wahrscheinlich darin zu suchen, dass sie insbesondere vor der tansanischen Küste und auf den Komoren wegen ihres Fleisches gejagt wurden.

Im Hinterland der Küste liegen zwei Naturschutzgebiete, die allerdings keinerlei Infrastruktur aufweisen. Bei den beiden Schutzgebieten handelt es sich zum einen um das Dodori National Reserve an der Straße zwischen Bodei und Kiunga, zum anderen um das nördlich von Kiunga gelegene Boni National Reserve direkt an der somalischen Grenze. An Tieren sind hier vor allem Topis, Kudus und Elefanten zu nennen. Wegen der Nähe zur somalischen Grenze ist von einem Besuch dieser Region derzeit leider abzuraten.

Weiterführende Literatur:

Bliss, T.: Arabuko-Sokoke Forest and Mida Creek – A visitor's Guide.
Koornhof, A.: The Dive Sites of Kenya and Tanzannia.

# TANSANIA

Tansania erreicht man auf dem Luftweg über Dar-es-Salaam an der Küste oder den Kilimanjaro International Airport bei Arusha, die beide mehrmals täglich von zahlreichen Fluglinien angeflogen werden. Dar-es-Salaam ist auch der größte Hafen des Landes und somit möglicher Anlaufpunkt für Seereisen, jedoch ankern hier erheblich seltener Kreuzfahrtschiffe als in Mombasa, da es in direkter Umgebung von Dar-es-Salaam kaum touristische Highlights gibt. Früher fuhren viele Schiffe Sansibar an; dies wurde wegen der derzeitigen Sicherheitslage auf der Insel allerdings stark eingeschränkt. Auf dem Landweg ist Tansania leicht über Kenia sowie Malawi und Sambia zu erreichen.

Üblicherweise ist Arusha Ausgangspunkt für Safaris im nördlichen Tansania und Dar-es-Salaam für die südlichen Regionen. In beiden Städten befinden sich zahlreiche Hotels und Safariunternehmen, die von Tagestouren bis mehrwöchigen Safaris alles anbieten, was der Kunde wünscht. In Arusha sitzt zudem die Nationalparkverwaltung Tansanias (TANAPA; Tel.: 027-2548216). Bei ausgedehnten Safaris in entlegene Regionen sollten hier Auskünfte zur Bereisbarkeit eingeholt werden. Manchmal sind einige Nationalparks während der Regenzeit nicht einmal mit dem Flugzeug erreichbar.

Auf den üblicherweise angebotenen Touren werden vor allem die Nationalparks und Schutzgebiete im Norden Tansanias besucht. Die Dauer ist meist auf Kurzbesuche ausgerichtet, sodass überwiegend drei-, fünf- oder siebentägige Safaris angepriesen werden. Sollte der Ngorongoro-Krater mit auf dem Programm stehen, sollten Sie darauf achten, dass Sie einen vollen Tag im Krater verbringen können. Kilimandscharo-Besteigungen werden auch in Arusha vermittelt, aber meist von Veranstaltern und Hotels im Nachbarort Moshi organisiert. Exkursionen in den Süden und Westen des Landes werden zwar meist über Safariunternehmen in Dar-es-Salaam organisiert, inzwischen aber auch in Arusha angeboten. Hierbei ist zu bedenken, dass eine Fahrt von Arusha in die südlichen Landesteile mindestens einen Anreisetag in Anspruch nimmt und recht strapaziös sein kann.

Die Küstenregion Tansanias besitzt kaum touristische Infrastruktur. Entgegen den Gegebenheiten in Kenia sind daher Bade- oder Tauchtourismus nur unter Schwierigkeiten möglich. Einzig die vorgelagerten Inseln Sansibar und Pemba locken Taucher in diesen Teil des Indischen Ozeans. Aufgrund der instabilen Sicherheitslage wird aber schon seit längerer Zeit von einem Besuch dieser Region abgeraten. Aus diesem Grund wird auch eine Beschreibung der Küstenregion Tansanias in diesem Buch ausgelassen. Es ist zu hoffen, dass sich die Umstände in den nächsten Jahren verbessern und die Gebiete wieder sicher bereisbar werden.

Begründet durch das hohe Besucheraufkommen in den nördlichen Nationalparks ist dort auch die Infrastruktur erheblich besser ausgebaut. Dies betrifft nicht nur die Zahl und Qualität der Unterkünfte, sondern auch das Wegenetz in den Nationalparks. Andererseits ist aber gerade die Abgeschiedenheit der südlichen Nationalparks besonders reizvoll, da nur wenige Touristen in diese Regionen vordringen.

## Nordtansania

Der so genannte „Northern Circuit“ beschreibt eine Route durch die nördlichen Nationalparks Tansanias: Serengeti, Ngorongoro, Lake Manyara, Tarangire und Arusha-Nationalpark. Übliche Touren führen durch alle genannten Gebiete und dauern mindestens fünf Tage. Da die Parks nicht allzu weit auseinanderliegen, ist eine Kombination mehrerer Anlaufstellen leicht zu bewerkstelligen. Man sollte allerdings für jedes Gebiet genügend Zeit mitbringen, um nicht nur den üblichen touristischen Pfaden zu folgen, sondern auch ein wenig mehr Einblick in die Umgebung zu gewinnen.

**Nord-Tansania** Grafik: W. Denzer

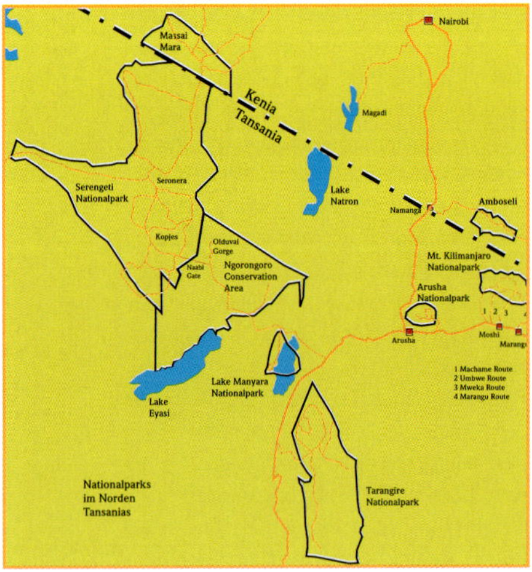


Trotz der relativen Nähe der Parks zueinander weisen sie alle eine unterschiedliche Landschaftsstruktur und z. T. verschiedene faunistische bzw. floristische Zusammensetzungen auf. So ist die Serengeti eine überwiegend baumlose Grassavanne mit einigen eingestreuten Inselbergen (Kopjes), in der große Tierherden zu sehen sind. Der Ngorongoro-Krater ist eine Kaldera, in der ein nahezu geschlossenes Ökosystem zu existieren scheint. Der Lake-Manyara-Nationalpark liegt sehr eindrucksvoll unterhalb der Abbruchkante des Afrikanischen Grabenbruchs. Im Park befinden sich ein alkalihaltiger See, ein Grundwasserwald und eine akazienbestandene Savanne. Tarangire ist bekannt für den Galeriewald entland dem Tarangire-Flusse Baobab-Bäume und große Elefantenbestände. Und „last but not least“ kann man im Arusha-Nationalpark am Fuße des Mt. Meru Bergwald, Kraterseen und einen herrlichen Ausblick auf den Kilimandscharo bewundern sowie im Kilimandscharo-Nationalpark die ostafrikanische Bergwelt erobern.

Im Folgenden werden die Nationalparks als Rundreise ab Arusha beschrieben. Wer aus Kenia anreist, nimmt entweder den Grenzübergang bei Lunga Lunga südlich von Mombasa oder Taveta am Fuß des Kilimandscharo, und auf der Rücktour kann die Grenze bei Namanga nahe dem Amboseli-Nationalpark überschritten werden. Bei Touren, die mit kenianischen Veranstaltern gebucht werden, erfolgen Ein- und Ausreise im Allgemeinen über Namanga. Danach fährt man nach Arusha, wo dann die kenianischen Fahrzeuge gegen tansanische Fahrzeuge und Fahrer ausgetauscht werden. Reisende, die nur eine Tour in Tansania planen, werden wahrscheinlich am Kilimanjaro Airport landen und die Tour von Arusha aus beginnen.

Die Fahrtzeiten zwischen den einzelnen Zielen betragen jeweils etwa drei Stunden. Eine übliche Tour startet vormittags in Arusha, von wo aus man zum Ngorongoro-Krater fährt und nach Einnehmen eines Mittagessens den Nachmittag im Krater verbringt. Am nächsten Tag erkundet man entweder wiederum den Krater oder fährt in das Zentrum der Serengeti – das Seronera-Tal. Entlang dem Weg vom Ngorongoro-Gebiet zur Serengeti können ständig Tiere beobachtet werden. Da man hier aussteigen darf, ist dies besonders auch für Reptilienfreunde interessant, die ihrem Hobby frönen können, Steine zu wälzen oder nach Agamen sowie Skinken auf erhöhten Plätzen Ausschau zu halten. Die häufigsten Tiere sind sicherlich Siedleragamen und Blauschwanzskinke. Aber auch Pantherschildkröten sind besonders nach Regenschauern recht aktiv und einfach zu entdecken. Es sei empfohlen, gutes Schuhwerk zu tragen und nicht mit offenen Sandalen zwischen den Steinen umherzulaufen, da es eine Menge Puffottern im Gebiet gibt! Ebenfalls lohnenswert auf dem Weg in die Serengeti ist ein Besuch der Olduvai-Schlucht (s. weiter unten), in der Funde früher Hominiden gemacht wurden und die zur Wiege der Menschheit zählt.

Nachdem der Aufenthalt in der Serengeti beendet ist (meist zwei Übernachtungen), geht die Tour in den Lake-Manyara-Nationalpark – mit guten Chancen, Leoparden zu entdecken und große Ansammlungen von Flamingos zu beobachten. Der letzte Abschnitt bis zum Ausgangsort Arusha führt dann meist noch über den Tarangire-Nationalpark mit seinen Elefantenherden. Derartige Fünf-Tage-Touren gewähren einen guten Einblick in die ostafrikanische Tierwelt und sind wegen der Besuche unterschiedlicher Habitate meist von Erfolg gekrönt, indem der Besucher die „big five“ zu sehen bekommt, plus eine Reihe anderer Arten. Es lohnt sich allerdings, zusätzliche Tage in den einzelnen Parks zu verbringen, was erstens die Erfolgschancen erhöht und zudem die Möglichkeit bietet, auch ein wenig abseits der üblichen Routen zu pirschen.

## Arusha-Nationalpark

Nur etwa 30 Minuten Autofahrt auf der Straße von Arusha nach Moshi liegt der Arusha-Nationalpark. Trotz seiner facettenreichen Landschaft und leichten Erreichbarkeit wird er nur von relativ wenigen Touristen besucht.

Die Fläche des Parks beläuft sich auf 137 km² und erstreckt sich von 1.500 bis auf 4.500 m ü. NN. In den unteren Regionen findet man Salzseen und Savannenlandschaft, in den Bergregionen Regenwaldvegetation und vulkanische Krater. Der Park

**Arusha Nationalpark, Landschaft am Mt. Meru** Foto: J. Hinzen

**Silberreiher (*Casmerodius albus*)**
Foto: W. Denzer

kann in drei Teilbereiche eingeteilt werden: den Ngurdoto-Krater im Osten, die Momela-Region im Nordosten und das Mt.-Meru-Gebiet im Westen. In den verschiedenen Teilen des Parks befinden sich unterschiedliche Habitate und dementsprechende Tiergemeinschaften sowie Beobachtungsmöglichkeiten. Zwei neue Attraktionen im Arusha-Nationalpark wurden im Sommer 2004 von der Nationalparkverwaltung eingeführt. Zum einen ist es nun möglich, auf einer Wandersafari den Ngurdoto-Krater zu umrunden, und zum anderen werden Kanutouren auf dem Momelasee angeboten. Weitere Informationen unter http://www.tanzaniaparks.com/.

Kurz hinter der Parkgrenze gabelt sich der Weg. Nach rechts führt eine Piste zum Ngurdoto Gate – Ausgangspunkt für Touren zum gleichnamigen Krater –, und geradeaus gelangt man zum Momela Gate, von wo aus man die Salzseen und den Mt. Meru erreichen kann. Das Gebiet, in dem sich die Weggabelung befindet, wird als Serengeti Ndogo (Swahili für „kleine Serengeti") bezeichnet, da es durch Grassavannen geprägt ist und zeitweise mit recht ansehnlichen Zebraherden aufwartet.

Folgt man dem Weg zum Ngurdoto-Gebiet, so wird bald das Gate erreicht, und man befindet sich am Fuß des Kraters, dessen Hänge mit Regenwald bewachsen sind. Würgefeigen (*Ficus* spp.) sind an den Luftwurzeln zu erkennen. Oftmals umschlingen sie ihre Wirtsbäume, die dann nach vielen Jahren absterben und große Hohlräume im Feigenbaum hinterlassen. Am Waldrand sind häufig Trupps von Gelben Babuinen zu beobachten. Die Gruppengröße kann bis zu 30 Exemplaren reichen.

Am Gate beginnt eine Piste, die zum Krater führt. Sie teilt sich bereits nach kurzer Zeit. Der Weg zur Linken führt an den nördlichen Kraterrand nach Leitong, einem Aussichtspunkt, von dem aus der Momela-Teil des Parks überblickt werden kann. Nach Regenfällen kann dieser Weg sehr matschig bis unpassierbar sein. Leitong ist der höchste Punkt am Kraterrand und liegt 1.853 m über NN. Da eine Kraterumrundung mit dem Fahrzeug nicht möglich ist, muss man denselben Weg wieder zurückfahren, um den südlichen Kraterrand zu erkunden.

Die südliche Teilstrecke führt durch bewaldetes Gebiet, in dem Guarezas leben. Trotz der auffällig langen weißen Rückenbehaarung sind sie nicht immer leicht zu entdecken. Im Allgemeinen werden die höheren Baumregionen bevorzugt. Entlang dem Weg befinden sich mehrere Aussichtspunkte, die einen Einblick in das Innere des Kraters gewähren; und mit etwas Glück zeigt sich in der Ferne der mächtige Kilimandscharo. Am Mikundu Point wachsen an den Kraterwänden wilde Dattelpalmen. Eine Abfahrt oder ein Abstieg in den Krater sind nicht gestattet, jedoch können die Großtiere im Innern des Kraters, wie z. B. Büffelherden und Elefanten, in aller Ruhe mit einem Fernglas beobachtet werden, da es erlaubt ist, das Fahrzeug an den Aussichtspunkten zu verlassen. In den Waldgebieten rund um den Krater leben außer Affenarten vor allem Vögel. So sind Sichtungen von Hornvögeln keine Seltenheit, da sie zum einen aufgrund ihrer Größe auffallen und zum anderen gut sichtbar und geräuschvoll in Gruppen zwischen ihren Futterbäumen umherfliegen. Trogons und Turakos zu entdecken, bedarf schon ein wenig mehr Geduld. Diese farbenprächtigen Vögel treten meist einzeln auf und sind recht scheu.

Nachdem der Ngurdoto-Krater erkundet ist, fährt man den Weg bis zum Gate zurück und schlägt dann die Route in Richtung Norden ein. Auf dem Weg zu den Momela-Seen passiert man ein Sumpfgebiet (Lokie Swamp) und eine Reihe kleinerer Süßwasserseen (Senato Pools, Lake Jembamba und Lake Longi). Am Lake Longi befindet sich ein Picknickplatz. Im See treiben Inseln aus Binsen- und Papyrusgewächsen. Sie dienen als Unterschlupf und Brutplatz für eine Reihe von Wasservögeln. In den Sumpfwiesen der Umgebung leben Gruppen von Wasser- und Riedböcken sowie Kaffernbüffel.

Der Weg führt nun weiter zu den Momela-Seen vorbei an Kambi ya Fisi (Hyänen-Zuflucht), einer Höhle, in deren Umgebung diese Tiere häufig gesichtet werden. Als Erster wird der kleine Momela-See erreicht, in dem sich eine Insel befindet. In deren Nähe leben zahlreiche Flusspferde. Um das Gebiet zu erkunden, empfiehlt sich eine Tour um

**Heiliger Ibis (*Threskiornis aethiopicus*)** Foto: W. Denzer

**Feuerball-Lilie (*Scadoxus multiflorum*)**
Foto: W. Denzer

den See entgegen dem Uhrzeigersinn. Der große Momela-See liegt dann im Osten. Beiderseits der Strecke gibt es immer wieder Abzweige zu Aussichtspunkten und Unterständen. Letztere erlauben gute Beobachtungen der Vogelwelt. Je nach Jahreszeit und Salzgehalt der Seen leben hier Flamingos, Pelikane, Reiher- und Storchenarten sowie viele Enten- und Watvögel.

Die Momela-Seen werden durch unterirdische, z. T. heiße Quellen gespeist. Der unterschiedliche Mineralgehalt an verschiedenen Stellen des Sees begünstigt Algenwachstum verschiedener Spezies und resultiert in unterschiedlicher Färbung des Wassers.

Nach der Umrundung folgt man den Zeichen zum Momela Gate, wo man entweder den Park verlässt, um nach Moshi oder Arusha zurückzukehren, oder eine Erkundungstour durch den östlichen Teil des Nationalparks im Gebiet des Mt. Meru beginnt. Bereits kurz hinter dem Gate zweigt rechts ein Weg ab, der zu einem Wasserfall führt. Die Hauptroute läuft dann eine Zeit lang parallel zum Ngare Nanyuki River und passiert die Tululusia Hills. Unterwegs durchfährt man einen riesigen Baum, bei dem es sich um eine Würgefeige (*Ficus thonningii*) handelt. Nachdem die Luftwurzeln der Würgefeige den darunter lebenden Wirt vollständig umschlungen hatten, starb der Wirt ab, und das Wurzelgerüst blieb stehen. Bei dem Fig Tree Arch (Feigenbaumbogen) geht man davon aus, dass beiderseits der Piste Bäume standen und die Würgefeigen im Laufe der Zeit eins wurden. Während der Fahrt gewinnt man langsam an Höhe und kann Bergregenwald an den Hängen erkennen. Die relativ gute Piste endet im Kitotogebiet. Man befindet sich nun auf einer Hochebene, die den typischen subalpinen Pflanzenwuchs der afrikanischen Bergregionen aufweist. So findet man hier Baumheide, Fackellilien und Feuerball-Lilien.

Bei Kitoto gibt es eine Weggabelung. Der linke Weg führt als Fußpfad zu einem Aussichtspunkt namens Njeku, mit herrlichen Ausblicken auf einen Wasserfall des Ngare Nanyuki Rivers. Der rechte Weg führt zum Meru-Krater hinauf und ist zeitweilig nur mit einem allradgetriebenen Fahrzeug befahrbar. Im Allgemeinen wird man aber auch den Rest des Weges bis hinauf zum Aschefeld zu Fuß zurücklegen. Wanderungen im Merugebiet sind bei der Parkverwaltung anzumelden und bedürfen der Begleitung eines Rangers oder Führers. Da es im Gebiet viele Campingmöglichkeiten gibt, ist auch eine Übernachtung im Park möglich.

Die Waldgebiete des Mt. Meru beheimaten

mehrere Hundert Vogelarten, darunter Trogons, Turakos und Hornvögel. Zahllose kleinere, aber dennoch bunt gefärbte, schillernde Arten wie Nektarvögel können häufig bei der Nahrungsaufnahme an Blütenpflanzen beobachtet werden. In der Mt.-Meru-Region lebt zudem eine Unterart des Dreihornchamäleons (*Chameleo jacksonii merumontanum*). Farbenprächtige Schmetterlinge der Gattungen *Charaxes* und *Euphaedra* finden sich an mineralhaltigen Stellen ein, um Salz aufzunehmen oder zu trinken.

Innerhalb des Parks gibt es außer einem Resthouse und zahlreichen Campingplätzen keine Übernachtungsmöglichkeiten. Die Campingplätze und der eventuell benötigte Führer für den Aufstieg zum Mt. Meru werden am Momela Gate gebucht. Die meisten Touristen besuchen den Park nur für einen Tag. Wer aber etwas länger bleiben möchte, hat die Möglichkeit, in den Momela Lodges außerhalb des Parks zu übernachten. Diese befinden sich nur etwa 2 km vom gleichnamigen Gate entfernt und sind in Form eines afrikanischen Runddorfes aufgebaut. Obwohl man sich außerhalb des Nationalparks befindet, hat man gute Chancen, Elefanten, Gazellen, Giraffen und Büffel zu beobachten, da die Tiere sich nicht an die „künstlichen" Parkgrenzen halten.

Um den Park zu verlassen, muss man über das Momela Gate zur Hauptstraße in Richtung Moshi oder Arusha zurückfahren. Wer den Arusha-Nationalpark in den Morgenstunden verlässt, kann schon am Nachmittag auf Großwildsafari im Ngorongoro-Gebiet sein. Zuerst führt die Route zurück nach Arusha und folgt dann der A104, die den Norden Tansanias mit der Hauptstadt Dodoma verbindet. Zu Beginn ist die Straße geteert und sehr gut ausgebaut. Im Ort Makuyuni zweigt in Richtung Westen eine schlaglochreiche Straße ab, die über den Lake Manyara, das Ngorongoro-Gebiet und die Serengeti letztendlich zum Lake Victoria führt. Als erster Ort wird Mto-wa-Mbu erreicht, in dem es viele Souvenirläden gibt. Nach dem Ort passiert man den Eingang zum Lake-Manyara-Nationalpark und befindet sich direkt unterhalb der Bruchkante des afrikanischen Grabenbruchs. Die Strecke führt nun stetig bergauf, bis ein Aussichtspunkt erreicht wird. Von hier aus lässt sich der Lake Manyara überblicken, und bei klarer Sicht sind die Vorgebirge des Mt.-Meru-Massivs erkennbar. Der Weg führt weiter bergauf, und bald gelangt man zum Eingang der Ngorongoro Conservation Area. Obwohl es sich um eines der bekanntesten und tierreichsten Reservate des Landes handelt, untersteht das Gebiet nicht der tansanischen Nationalparkverwaltung, sondern einer Regionalverwaltung.

Weiterführende Literatur zu diesem Thema:
SNELSON, D. (Hg.) (1987): Arusha National Park. – TANAPA & African Wildlife Foundation.

**Blick in den Meru-Krater** Foto: J. Hinzen

## Ngorongoro Conservation Area

Dieses Gebiet ist von Vulkanen geprägt, von denen der Ngorongoro-Krater sicherlich der bekannteste ist. Mit einer Kaldera von etwa 250 $km^2$ und einem Durchmesser von bis zu 23 km ist er der größte nicht wassergefüllte Krater der Welt. Vom oberen Rand des Kraters in 2.250 m ü. NN bis auf seinen Grund besteht ein Höhenunterschied von etwa 600 m. Bezieht man Umfang und Steigungswinkel in Betracht, so kommt man leicht zu dem Ergebnis, dass der Ngorongoro als Berg vor seinem Kollaps ähnliche Höhen wie der Kilimandscharo aufgewiesen haben muss. Die minimale Höhe, die sich errechnen lässt, liegt bei 4.600 m ü. NN.

Der heutige Krater ist das Resultat einer ungeheuren Explosion, die den gesamten oberen Bereich des ehemaligen Berges zerstörte, der dann in seinem Zentrum kollabierte. Einige der umliegenden Vulkane weisen auch heute noch beachtliche Höhen auf. So ist z. B. der Loolmalassin 3.668 m und der nahe gelegene Olmoti 3.100 m hoch. Insgesamt liegen in dem Gebiet zwischen Lake Natron im Nordosten sowie Lake Eyasi und Lake Manyara im Süden neun Vulkane, deren Ursprung etwa 4 Mio. Jahre zurück reicht. Einzig der außerhalb der Conservation Area liegende Oldonyo Lengai – der heilige Berg der Massai – ist immer noch aktiv. Sein letzter Ausbruch datiert auf das Jahr 1983. Die immer wiederkehrenden Eruptionen der Vulkane im Laufe der Erdgeschichte bedeckten die Serengeti-Ebene mit Lava-Asche und trugen so zu der hohen Bodenfruchtbarkeit bei.

## Ngorongoro-Krater

Am Parkeingang sind die üblichen Formalitäten zu erledigen, und das Geld für die Zeit des Aufenthaltes ist zu entrichten. Auch wer direkt in die Serengeti weiterreist, muss hier eine Transitgebühr bezahlen. Ist geplant, in den

**Blick in den Ngorongoro-Krater** Foto: W. Denzer

**Die Kraterhänge sind dicht mit Senezien, wilden Bananen und Zypressen bewachsen.**
Foto: W. Denzer

Krater hineinzufahren, so kann die entsprechende Genehmigung auch schon hier besorgt werden. Sollte man sich erst am nächsten Tag entscheiden, ob der Krater besucht werden soll, kann man die Gebühr auch an den Verwaltungshäuschen der Abfahrtsrouten entrichten. Es lohnt sich allerdings, dies schon vorher zu erledigen, um Zeit zu sparen.

Bei der Anfahrt aus Richtung Arusha erhält man kurz hinter dem Parkeingang zum ersten Mal einen Blick in das Innere des Kraters. Der Aussichtspunkt befindet sich auf einer Höhe von 2.216 m ü. NN und damit 500 m über dem Kratergrund. Bei klarer Sicht kann man den gesamten Krater überschauen. Direkt unterhalb des Aussichtspunktes befindet sich der Gorigor-Sumpf, in dem man selbst aus dieser Entfernung oftmals Ansammlungen von Kaffernbüffeln ausmachen kann. In direkter Blickrichtung ist der Lake Magadi zu erkennen und etwas unterhalb davon der Lerai Forest. Die offenen Savannenflächen liegen zur Rechten.

An dieser Stelle wurde auch der Gedenkstein für Prof. Bernhard Grzimek und seinen Sohn Michael errichtet, der auf tragische Weise bei einem Flugzeugabsturz ums Leben kam. Die Grzimeks haben viel zur Erhaltung der Natur dieser Region getan und durch Filme auf ihre Besonderheiten aufmerksam gemacht. Auch heute noch werden viele Projekte durch die Frankfurter Zoologische Gesellschaft gefördert.

Die Abfahrt in den Krater ist nur über zwei Routen zulässig. Die nördliche ist zugleich auch Ausfahrt aus dem Krater und wird zumeist von Besuchern der Ngorongoro Sopa Lodge genutzt, die an diesem Ende des Kraters liegt. Die meisten Besucher beginnen ihre Kratertour über die westliche Abfahrt. Hierfür folgt man der Straße in Richtung Serengeti und erreicht dann einen Aussichtspunkt oberhalb des

**Am Ufer des Magadi-Salzsees** Foto: W. Denzer

Lake Magadi. Bei guter Sicht kann man den gesamten Kratergrund überblicken und mit einem Fernglas bereits größere Tierherden ausfindig machen.

In Richtung Westen und Norden hat man eine schöne Weitsicht auf die umliegenden Vulkane sowie die Ausläufer der Serengeti-Ebene. Die Einfahrt erfolgt über eine recht steile, steinige Piste, die ehemals eine Wanderroute einiger Tierarten war. Auch heute begegnet man bei Ab- und Auffahrt immer noch Tieren, die in den Krater ein- oder auswandern. Eine häufige Pflanze entlang der Abfahrt ist die großwüchsige Kandelabereuphorbie. Zudem wachsen an den Hängen auch Akazien, die durch ihre stark abgeflachte Baumkrone auffallen. Je mehr man sich dem Grund des Kraters nähert, desto mehr geht die Vegetation in eine Graslandschaft über.

Die Tierwelt im Innern des Kraters ist überwältigend – fast ganzjährig halten sich über 20.000 Großtiere dort auf. Darunter befinden sich auch einige der letzten Spitzmaulnashörner Tansanias. Die Population im Krater stagniert schon seit über einem Jahrzehnt und wird auf 15 Exemplare geschätzt. Derzeit existieren Pläne, weitere Tiere in den Krater zu bringen, um Inzuchteffekten vorzubeugen. Trotz der Überschaubarkeit des Gebietes ist eine Sichtung keineswegs garantiert. In den bewaldeten Gebieten und an den Hängen sind die Chancen am größten. Da die Hanglagen nicht befahren werden können, müssen Sie damit rechnen, die Tiere nur aus mehreren Hundert Metern Entfernung beobachten zu können. Alle Fahrer suchen in den späten Nachmittagsstunden die Umgebung um den Lerai Forest ab, da sich die Nashörner dort häufig zur Nacht zurückziehen.

Giraffen sind im Krater nicht zu finden, obwohl ihnen der Abstieg über die steilen Hänge nicht schwer fallen würde. Der

Grund hierfür ist vielmehr darin zu sehen, dass die als Nahrung bevorzugten Akazienarten nicht im Krater gedeihen. Die etwa 30-köpfige Elefantenpopulation dagegen wandert über die Hänge sogar aus dem Krater heraus. Elefanten kann man tagsüber auf den offenen Flächen im Zentrum des Kraters beobachten, wenn sie sich zu den Wasserstellen begeben, um ihr Trinkbedürfnis zu stillen. Den überwiegenden Teil des Tages halten sie sich im schattigen Lerai Forest auf. Die meisten Elefanten im Krater besitzen auffällig große Stoßzähne. Den Schaden, den sie damit anrichten, kann man in den Waldgebieten selbst in Augenschein nehmen. Im Allgemeinen halten sich ausschließlich Elefantenbullen am Kratergrund auf. Die Gründe hierfür sind unklar, jedoch geht man davon aus, dass Elefantenkühe und ihre Kälber nicht genügend proteinhaltige Nahrung vorfinden und daher die umliegenden Waldgebiete bevorzugen. Während die Anzahl von Elefanten im Krater selbst recht gering ist, wird die Population in den bewaldeten Arealen auf das Zehnfache geschätzt.

Der Lerai Forest liegt im südwestlichen Teil des Kraters und bezieht seinen Namen aus der Sprache der Massai. Das Wort „Lerai" bezeichnet die gelbrindigen Fieberakazien, die in diesem Waldstück dominant sind. Im Wald gibt es einen Picknickplatz, auf dem man während der Mittagsstunden eine kleine „Pirschpause" einlegen kann. Die hier lebenden Grünen Meerkatzen und Anubispaviane können jedoch ziemlich aufdringlich werden. Wer sich zum Picknick ins Freie begibt, sollte darauf achten, dass die Fenster des Fahrzeuges geschlossen sind.

Etwas nördlich des Waldes liegt der salzhaltige Lake Magadi, in dem man Flamingos schon von weitem erkennen kann. Da innerhalb dieser zeitweilig großen Flamingopopulation auch immer kranke und ge-

**Fieberakazien (*Acacia xanthophloea*) im Lerai Forest** Foto: W. Denzer

schwächte Tiere existieren, patrouillieren Tüpfelhyänen häufig am Ufer und am seichten Wasser, auf der Suche nach Beute. Ansammlungen von Marabustörchen und Wollkopfgeiern sind immer ein Zeichen dafür, dass ein Tier verendet ist oder einem Raubtier zum Opfer fiel. An den schlammigen Stellen des Ufers findet man Flusspferde, die sich im Schlamm wälzen, um einerseits mit dem angetrockneten Lehm eventuelle Parasiten zu entfernen und sich andererseits bei Landgängen tagsüber vor der intensiven Sonneneinstrahlung zu schützen.

Weitere Flusspferde lassen sich im Hippo-Pool innerhalb des Mandusi-Sumpfes beobachten, der nördlich des Lake Magadi liegt. Hier sieht man auch eine Reihe von Wasservögeln, wie Nilgänse, Ibisse sowie verschiedene Reiher- und Storchenarten. Ein weiteres Sumpfgebiet liegt im Südwesten des Kraters – Gorigor Swamp –, jedoch lässt es sich nur von weitem besichtigen, da keine Piste in den Sumpf hineinführt. Etwas nördlich davon befinden sich die Ngoitokmok-Quellen, in deren Auffangbecken Flusspferde leben. Hier existiert ein weiterer Picknickplatz, an dem die meisten Kraterbesucher ihre Lunchpause verbringen. Neben der schönen Lage des Platzes ist vor allem die Aufdringlichkeit der dort lebenden Schwarzmilane erwähnenswert. Im Laufe der Zeit haben sie sich an Menschen gewöhnt und herausbekommen, dass die meisten Lunchpakete Hühnerfleisch enthalten. Sie sind daher ständig auf der Lauer nach achtlos weggeworfenen Teilen oder aber auch unvorsichtigen Touristen, die ihre Keule zu offensichtlich in der Hand halten, um sie im Sturzflug zu erbeuten. Obwohl es interessant ist, dieses Verhalten zu beobachten, sollte man es nicht dadurch unterstützen, dass man selbst Futter anbietet.

Auf den ausgedehnten grasbewachsenen Flächen gibt es große Herden von Kaffernbüffeln, gemischte Herden von Weißbartgnus und Zebras sowie Thomson- und Grantgazellen.

**Im Innern des Kraters** Foto: W. Denzer

Mit diesen Gemeinschaften geht natürlich auch das Vorhandensein von Raubtieren – insbesondere Löwen – einher, die im Krater einen ständig „gedeckten Tisch" vorfinden, ebenso wie die seltener gesichteten Leoparden. Weitere Beutetiere sind Elenantilopen und Defassa-Wasserböcke. Die Löwen des Kraters leben in 3–4 Clans mit jeweils bis zu 20 Tieren. Für gewöhnlich verbringen sie ihr gesamtes Leben im Krater, und nur selten gelangen einzelne Tiere aus der Serengeti in das Gebiet. Dies hat zur Folge, dass ein hoher Verwandtschaftsgrad innerhalb der Population besteht und Inzuchteffekte zu befürchten sind. Die männlichen Löwen des Kraters unterscheiden sich von denen in der Serengeti durch ihre dunkle Mähnenfärbung.

Geparden kommen im Ngorongoro-Krater so gut wie gar nicht vor. 1997 wurde ein Weibchen beobachtet, das zwei Jungtiere absetzte. Wissenschaftler gehen davon aus, dass der eingeschränkte Raum des Kratergrundes zu viele Gefahren für die Jungtieraufzucht der Geparden birgt und diese die weiten Ebenen der Serengeti bevorzugen.

Die Weißbartgnus vom Ngorongoro bilden nicht so enorme Herden, wie dies in der Serengeti zur Wanderung geschieht. Wegen der fast ganzjährig vorhandenen Gräser bleibt die Population meist recht stabil. Die Tiere bilden hier kleine, überwiegend sesshafte Verbände. Nur etwa 20 % der Gnus verlassen den Krater im November und kehren im Mai – dem Beginn der Trockenzeit in der östlichen Serengeti – zurück.

Insgesamt sind vom Kratergrund 50 Säugetierarten bekannt. Wenn man sich also genügend Zeit nimmt – etwa zwei volle Tage –, hat man gute Chancen, einen erheblichen Teil der ostafrikanischen Tierwelt auf engstem Raum in Augenschein nehmen zu können.

Auch die Vogelwelt ist reichhaltig. Besonders auffällig sind die größeren Arten wie Kronenkraniche, die meist in kleinen Familienverbänden umherstreifen, und die eher einzeln anzutreffenden Riesentrappen. Mit einem Gewicht von über 10 kg sind Riesentrappen die wahrscheinlich schwersten flugfähigen Vögel der Welt. Im Allgemeinen sind sie nicht sehr scheu, und man kann sich ihnen bis auf wenige Meter mit dem Auto nähern. Eine kleine Verwandte, die Schwarzbauchtrappe, lebt im hohen Gras und ist meist nur zu beobachten, wenn sie den Weg kreuzt. Neben den Fahrrinnen sieht man immer wieder Waffenkiebitze, Gelbkehl-Flughühner und große Gruppen von Helmperlhühnern. Letztere werden vielerorts gezüchtet, um die Speisekarten von Restaurants zu bereichern.

Die Waldgebiete rings um den Krater sind auf den üblichen Touren nicht zu erreichen. Man muss schon etwas mehr Zeit mitbringen und mit Führern wandern, um diese Region zu erkunden. Hoch in den Baumkronen lebt Mellers Riesenchamäleon, das größte ostafrikanische Chamäleon. Diese Art zu entdecken ist aber nahezu ausgeschlossen, da sie die Wipfelregion nur sehr selten verlässt. Jüngere Tiere lassen sich manchmal zu Boden fallen, wenn sie von Hornvögeln oder Affen gestört werden. Eine sehr seltene Vogelart dieser Region ist der bodenbewohnende Afrikanische Pitta (*Pitta angolensis*). Der bunte Vogel führt ein Leben im Verborgenen und ist nur während der südlichen

**Kronenkiebitz (*Vanellus coronatus*)** Foto: W. Denzer

„Wintermonate“ (April bis Oktober) hier zu finden. Weitere Vogelarten des Hochlandes lassen sich leicht in der Nähe der Lodges beobachten, wo die Gartenanlagen viele Nektarvögel der Umgebung anziehen.

An Unterkünften mangelt es im Umkreis des Kraters nicht. Besonders herauszustellen ist die Ngorongoro Sopa Lodge am nordöstlichen Kraterrand. Aufgrund ihrer Lage lassen sich herrliche Sonnenuntergänge über dem Krater bestaunen. Zudem führt die nördliche Ab- und Auffahrt durch dichten Nebelwald mit zahlreichen epiphytenbehangenen Bäumen. Weitere Unterkünfte befinden sich entlang der Hauptroute, die in die Serengeti führt. Neben Ngorongoro Wildlife Lodge, Crater Lodge und Rhino Lodge liegt hier auch die luxuriöse Serena Lodge.

Weiterführende Literatur zu diesem Thema:
MARTIN, D. (1998): Ngorongoro. Land- People-History.

## Olduvai Gorge

Auf dem Weg vom Ngorongoro-Krater zur Serengeti passiert man die Olduvai-Schlucht (eigentlich Oldupai). In diesem Gebiet wurden prähistorische Fossilien entdeckt, die darauf hindeuten, dass hier die „Wiege der Menschheit“ liegen könnte. Die Ausgrabungsstätte kann besucht werden und liegt nur etwa 2 km abseits der Hauptroute. Die Zufahrt ist gut ausgeschildert, sodass man sie nicht verpassen kann.

Typischerweise kommen Besuchergruppen etwa zur Mittagszeit auf dem Weg zur Serengeti an diesem Ort. Ein Archäologe hält dann einen etwa 30-minütigen Vortrag, in dem er auf die hiesige Geologie und die Frühgeschichte des Menschen eingeht. Wenn Sie also auf eigene Faust unterwegs sind, sollten Sie versuchen, ebenfalls in den Mittagsstunden anzukommen, um die interessante Einführung mithören zu können. In der Hochsaison wird der Vortrag auch zu anderen Tageszeiten gehalten, abhängig von der Besucherzahl.

In einer kleinen Ausstellung im Besucherzentrum, die mit Postern, Fotos und Gipsabdrücken des Laetoli-Fußabdrucks (s. u.) bestückt ist, kann man sich noch einmal ein Bild von den im Vortrag erwähnten geologischen Besonderheiten und fossilen Funden machen.

Mit einem Führer ist es möglich, in die Schlucht hinabzusteigen und die Ausgrabungsstätten sowie einige fossile Funde direkt in Augenschein zu nehmen. Beim Abstieg durchläuft man die verschiedenen Ablagerungszonen und lernt zu verstehen, warum Fossilien nur in bestimmten Schichten (Betten) gefunden werden können. Im Wesentlichen lassen sich fünf Betten erkennen, die bis nahezu 2 Mio. Jahre zurückreichen. Der Untergrund der Schlucht besteht aus Basalt, der aus Lavaflüssen resultiert. Daran schließt sich Bett 1 (1,9–1,75 Mio. Jahre) aus den Ablagerungen eines ehemals existierenden Salzsees an. Nachdem dieser See zurückgewichen war, bildete sich eine offene, mit Bächen durchzogene Savannenlandschaft. Dieses Bett 2 datiert 1,75–1,1 Mio. Jahre zurück und ist die Schicht, in der fossilierte Knochen und Zähne von *Paranthropus* [*Australopithecus*] *boisei* und *Homo habilis* gefunden wurden. Am Fundort des ersten *Paranthropus* erinnert ein Gedenkstein

**Geologische Schichtungsmuster, Olduvai-Schlucht** Foto: W. Denzer

an dieses historische Ereignis. Nur wenige Meter davon entfernt wurden Jahre später Fragmente von *Homo habilis* entdeckt und durch eine Markierung belegt. In den darauf folgenden Betten 3 und 4 (1,1 Mio. bis 400.000 Jahre) wurden zahlreiche Fragmente von *Homo ergaster* (ehemals *Homo erectus*) gefunden. Im letzten Bett folgen moderne Ablagerungen (400.000 Jahre bis Neuzeit), in denen wertvolle Hinweise auf Handwerksgebrauch insbesondere unserer frühen Vorfahren (*Homo sapiens*) entdeckt wurden (in der Fachliteratur als Olduvai-Industrie bekannt). Nähere Einzelheiten zur Entwicklungsgeschichte unserer Art sind im Kapitel „Die Wiege der Menschheit" zusammengefasst.

Neben hominiden Fossilien und Gebrauchsgegenständen wurden auch zahlreiche fossilierte Tierknochen entdeckt. Dazu zählen Fragmente von Giraffen, Hornträgern und die Überreste eines heutzutage ausgestorbenen Wildpferdes (*Hipparion* sp.). Alle wichtigen Funde liegen im Nationalmuseum in Nairobi, jedoch bekommt man auch einige fossile Tierfragmente zu sehen, die in ihrer Millionen Jahre alten Lage belassen wurden. In den meisten Fällen handelt es sich dabei um Knochen oder Zähne von Säugetieren auch heute noch lebender Arten wie Elefanten und Giraffen.

Etwa 20 km von den Ausgrabungsstätten entfernt befindet sich eine Wanderdüne (shifting sands) aus schwarzem Sand. Der feine Sand stammt vom heiligen Berg der Massai, dem Ol Donyo Lengai. Dieses Gebiet ist ebenfalls nur mit einem Führer und einem guten allradgetriebenen Fahrzeug zugänglich; eine Exkursion dorthin muss im Besucherzentrum angemeldet und organisiert werden.

Ein weiterer bedeutender Fund wurde in

**Fossilien, warscheinlich Giraffenknochen** Foto: W. Denzer

Laetoli, 45 km südwestlich der Olduvai-Schlucht getätigt. Es handelt sich dabei um die berühmten Laetoli-Fußabdrücke. Wahrscheinlich kurz nach einem Vulkanausbruch des Sadimanvulkans mussten die frühen Hominiden ihr angestammtes Gebiet verlassen, und einige hinterließen (zusammen mit einigen Tieren) frische Spuren in der feuchten Vulkanasche, die fossilierten. Die Fußabdrücke datieren 3,8–3,5 Mio. Jahre zurück und stammen von zwei adulten und einem juvenilen *Australopithecus afarensis*. Diese Fußabdrücke sind der früheste Nachweis des aufrechten Gangs bei Hominiden.

Obwohl die Olduvai-Schlucht weniger wegen ihrer Fauna besucht wird, kann man auch hier Tiere finden. So streifen manchmal Elefanten durch die Schlucht, und Sichtungen von Gazellen sind keine Seltenheit. Am ehesten wird man aber Vögel und Reptilien zu Gesicht bekommen. Eine Reihe von Vogelarten hat sich darauf eingestellt, dass der Ort von den meisten Besuchern zur Mittagsrast genutzt wird, bei der sie ihre Lunchpakete verzehren. Recht zutraulich können z. B. Bulbuls und Webervögel sein, die an Fütterungen aus der Hand gewöhnt sind. An Webervögeln sieht man sogar eine ganze Reihe von Arten.

Siedleragamen scheinen bei Sonnenschein fast jeden freien Felsbrocken zu bewohnen. An Stellen mit Buschvegetation leben Skinke (*Mabuya* sp.) und Sandläufer (*Eremias* sp.), und im Gebälk der Aussichtsterrasse kann man Geckos der Gattungen *Hemidactylus* und *Pachydactylus* entdecken. Wegen der Möglichkeit, das Gebiet zu Fuß zu erforschen, sei den Reptilienfreunden unter der Leserschaft eine Wanderung in der Schlucht besonders nahegelegt.

Auf dem weiteren Weg von der Olduvai-Schlucht in die Serengeti durchquert man Massailand und kann oftmals beobachten, wie domestizierte Ziegen oder Rinderherden die gleichen Weidegründe wie Thomson- oder Grantgazellen nutzen. Entlang der Schotterpiste sitzen auf den erhöhten Steinen wiederum viele Agamen. Da auch hier das Aussteigen aus dem Fahrzeug erlaubt ist, kann man die Gegend etwas genauer untersuchen. Unter den Steinen bleibt es kühl und etwas feucht. Hier sind während des heißen Tages ideale Rückzugspunkte für nachtaktive Tiere wie Skorpione und Schlangen.

Unterwegs passiert man eine Reihe von Massai-Dörfern, die besucht werden können. Für eine Fotoerlaubnis und die Dorfbesichtigung wird Geld verlangt. Obwohl die Dörfer authentisch sind, kommen sich viele Besucher etwas „fehl am Platz" vor und irgendwie in eine künstliche Kulisse gedrängt.

## Serengeti-Nationalpark

Die Serengeti im nordwestlichen Tansania ist der größte Nationalpark des Landes. Er dürfte zu den bekanntesten Schutzgebieten der Erde zählen. Das Gebiet wurde 1981 zum Weltnaturerbe erklärt und ist Teil des Serengeti-Ngorongoro-Biosphärenreservats. Vor allem im deutschsprachigen Raum wurde die Serengeti durch Bernhard Grzimeks Film „Serengeti darf nicht sterben" bekannt. Ihre Berühmtheit verdankt diese unendlich scheinende Grassavanne nicht zuletzt der alljährlichen periodischen Wanderung Hunderttausender Tiere, wie Weißbartgnus, Steppenzebras und Thomson-Gazellen, die ständig auf der Suche nach Weidegründen und saisonalen Wasserstellen sind.

Der eigentliche Nationalpark umfasst eine Fläche von ca. 150.000 $km^2$. Er grenzt im Norden an den kenianischen Massai-Mara-Nationalpark und wird auf tansanischer Seite von der Ikorongo-Grumeti Game Controlled Area (G. C. A.) im Nordwesten, dem Mwaza Game Reserve im Südwesten, der Ngorongoro Conservation Area im Osten und Loliondo G. C. A. im Nordosten eingerahmt. Der westliche schmale Zipfel des Serengeti-Nationalparks reicht bis fast an das Ufer des Lake Victoria. Das Gebiet erstreckt sich von etwa 920 m ü. NN im Westen bis auf 1.850 m ü. NN im Osten.

Entsprechend den verschiedenen Höhenlagen kann man auch die Vegetationsformen im Park unterscheiden. Von Westen nach Osten geht die Langgras- in eine Kurzgras-Sa-

**Sansiverien (*Sansiveria ehrenbergiana*)**
Foto: W. Denzer

**Ndoha-Ebene, Serengeti-Nationalpark** Foto: W. Denzer

**Simba Kopjes, Serengeti-Nationalpark** Foto: W. Denzer

vanne über. Im Norden findet man baumbestandene Savanne und Akazienhaine, wie sie für die Massai Mara typisch sind. Die Akazienbestände in den tiefer gelegenen Regionen rekrutieren sich aus *Acacia depranolobium* und *A. gerrardii*. In den Hochlagen werden diese Arten durch *A. lahai* und *A. seyal* ersetzt. Die am häufigsten vorkommenden Gräser sind Fingergras (*Digitaria macrolephara*) sowie die salzhaltige Böden bevorzugende Art *Sporobolus marginatus*.

Am Naabi Hill Gate erreicht man den eigentlichen Nationalpark. Hier ist dann abermals eine Reihe von Formalitäten zu erledigen: Abmelden aus der Ngorongoro Conservation Area und entsprechende Papiere für den Aufenthalt in der Serengeti besorgen. Neben dem Gate beginnt ein kurzer Pfad, der zu einem Aussichtspunkt mit einem herrlichen Blick auf die Ebene führt. Hier leben viele an Besucher gewöhnte Klippschliefer und Glanzstare. Letztere sind immer an arglos weggeworfenen Essensresten interessiert. Auf dem Hügel wachsen Aloen, deren rote Blüten zahlreiche Nektarvögel anziehen.

Die Anfahrt vom Naabi Hill Gate bis zu den gebuchten Unterkünften geschieht dann meist langsam pirschend. Zuerst durchfährt man die große Ebene, in der sich je nach Jahreszeit Hunderttausende von Gnus und Zebras aufhalten können (s. u. Abschnitt „Die große Wanderung"). Beiderseits des Weges leben gemischte Gruppen von Thomson- und Grantgazellen sowie die seltener zu beobachtenden Elenantilopen. Aus dem Gras tauchen immer wieder vereinzelt Heerscharen von Vögeln auf, die kurz auffliegen und sich dann sofort wieder an einem anderen Ort versammeln. Der Anblick erinnert stark an eine Wolke von Wanderheuschrecken. Es handelt sich dabei aber um einen spatzenähnlichen Webervogel, nämlich den Rotschnabel-Quelea (*Quelea quelea*). Zu manchen Zeiten des Jahres werden Gruppen von Abertausenden dieser kleinen Vögel gesichtet.

Nach kurzer Fahrt sieht man am Horizont die ersten Kopjes (Inselberge aus Granit) auftauchen. Im Westen sind dies die Simba-Kopjes und im Osten die Golkopjes. Diese Granitfelsen sind Rückzugsgebiet für eine Reihe von Tieren. Da in diesem Teil der Serengeti nahezu kein Baumbestand vorhanden ist, dienen Kopjes als Versteck- und Schlafplatz. Um die Inselberge herum wächst eine Buschvegetation, die von zahlreichen Vogelarten aufgesucht wird und Kirk-Dikdiks als Zuflucht dient. So findet man an den Blütenpflanzen schillernde Nektarvögel und in den umliegenden Grasgebieten Gruppen von Kleinpapageien (*Agapornis fischeri*). Die eigentlichen Felsen werden von Baum- und Klippschliefern bewohnt. Dazu gesellen sich die zu den Antilopen gehörigen Klippspringer. Diese sind meist schon von weitem zu erkennen, da sie häufig auf exponierten Felsen stehen und aufmerksam die Umgebung beobachten.

Insoweit es die Tierwelt betrifft, kann man in der Serengeti eigentlich fast alle Arten Ostafrikas finden, abgesehen natürlich von Waldbewohnern und anderweitig spezialisierten Arten. Das Seronera-Tal im Zentrum der Serengeti ist Anlaufpunkt für die meisten Pirschfahrten, da man hier in Tagestouren die verschiedenen Landschaftsformen wie Savanne, Galeriewald und Kopjes erkunden kann. Das Tal wird vom Seronera-Fluss durchzogen, der von etlichen Tieren zum Trinken aufgesucht wird.

Im Seronera-Gebiet befindet sich auch das Serengeti Visitor Center, das an ein kleines

**Tiergemeinschaft mit Thomsongazellen, Steppenzebras und Topis** Foto: W. Denzer

Kopje gebaut ist, über den ein Lehrpfad führt. Um das Besucherzentrum herum leben viele Grüne Meerkatzen und eine Gruppe äußerst zutraulicher Klippschliefer. Die Klippschliefer sind derart an Menschen gewöhnt, dass sie zur heißen Tageszeit auf die überdachte Terrasse kommen oder unter Stühlen Schatten suchen. Auf dem Lehrpfad kann man neben weiteren Klippschliefern und unzähligen Mwanza-Felsenagamen auch viele Vögel beobachten, da das Kopje Baum- und Buschbestand aufweist. So sieht man Nektarvögel, wie sie mit ihren gekrümmten Schnäbeln die Blüten von Löwenmäulchen (*Leonotis* spp.) und Aloen (*Aloe volkensii*) nach Nahrung untersuchen, Braunflügel-Mausvögel, die in Gruppen in den dünnen Ästen hängen, sowie verschiedene Webervogelarten, darunter besonders häufig den überwiegend gelb gefiederten und mit einem braunen Gesicht versehenen Maskenweber. Bunt gesprenkelte D'Arnauds Bartvögel werden von kleinen künstlichen Wasserstellen angezogen, ebenso wie zahlreiche Glanzstare.

Ausgehend vom Besucherzentrum führen Pisten zu den Boma- und Massaikopjes sowie zu verschiedenen Stellen am Seronera-Fluss. Im Tal herrscht baumbestandene Savanne mit Galeriewäldern vor. Dieses Habitat ist gut geeignet, um nach Leoparden Ausschau zu halten. Ein gutes Anzeichen für die Anwesenheit eines Leoparden ist das Verhalten der ansässigen Paviane. Sobald diese ein Tier entdeckt haben, stoßen sie Warnrufe aus. Ein ähnliches Verhalten zeigen die Grünmeerkatzen, die sich sofort auf dem nächsten Baum versammeln.

Wenn man sich etwas vom Fluss entfernt, gelangt man auf eine Ebene, die mit vereinzelten Akazien und Balsambäumen bestanden ist. Das hier vorherrschende Gras ist Rotes Hafergras und wird von vielen Hornträgern sehr geschätzt, darunter Büffel, Wasserböcke, Gazellen und Impalas. Das Vorhandensein der Grasfresser zieht vor allem Raubtiere wie Löwen und Geparden an. Während Geparden eher einzeln auf Nahrungssuche gehen, sind Sichtungen großer Löwengruppen mit bis zu 15 Tieren in der Serengeti keine Seltenheit. In ausreichend großen Wasserstellen leben zahlreiche Flusspferde.

Nördlich des Seronera-Gebietes befindet sich das Lobo-Gebiet, das ebenfalls von vielen Fahrern wegen seines Tierreichtums oft angefahren wird. Hier entspringt der Grumeti-Fluss, der sich dann durch den westlichen Korridor bis in den Victoriasee schlängelt. Wegen der Wasserläufe ist im Lobo-Teil der Serengeti das Grundwasser recht hoch. So findet man viele Galeriewälder entlang der Flussläufe sowie baumbestandene Savanne. Besonders Elefanten, Büffel und Giraffen bevorzugen dieses Habitat.

Wenn man sich vom Zentrum der Serengeti aus westwärts orientiert, folgt man der Piste zum Lake Victoria. Dieser Teil des Schutzgebietes wird als Western Corridor bezeichnet. Die Fahrt dorthin führt durch Busch- und Akaziensavanne, sodass außerhalb der Wanderzeit hier nur wenig Großtiere zu entdecken sind. Insbesondere Individualtouristen werden den Weg aber dennoch nicht scheuen, da am Ende der Tour die wenig besuchten Dutwa, Ruana und Nadbaka Plains mit ungestörten Tierbeobachtungen aufwarten. Zudem gibt es hier ein Luxuszeltcamp der Serena-Gruppe (Kirawira Luxury Tented Camp), in dem man „Out of Africa“ pur erleben kann.

In fast allen Teilen des Serengeti National-

**Schirmakazie (*Acacia tortilis*) im Abendlicht, Serengeti-Nationalpark** Foto: W. Denzer

parks gibt es genügend Unterkunftsmöglichkeiten. Die Lodges sind sehr gut ausgestattet und lassen es an nichts mangeln. Besonders empfehlenswert sind die Serena Lodge und die etwas abseits der üblichen Route gelegene Serengeti Sopa Lodge. Manche Veranstalter bieten auch Campingsafaris an, die nichtsdestoweniger einen hohen Preis haben, aber vielleicht ein wenig mehr von Naturverbundenheit erahnen lassen.

Weiterführende Literatur zu diesem Thema:
SNELSON, D. (Hg.) (1992): Serengeti National Park. – TANAPA & African Wildlife Foundation.

## Die große Wanderung der Gnus und Zebras

Eines der beeindruckendsten Naturschauspiele auf unserem Planeten kann man alljährlich in der Serengeti und dem benachbarten Massai-Mara-Reservat bewundern, nämlich die Wanderung der Weißbartgnus und Steppenzebras. Der „normale" Besucher mit nur ein oder zwei Übernachtungen wird wahrscheinlich nicht versuchen, die Herden ausfindig zu machen. Für viele Fahrer sind die Entfernungen in der Serengeti einfach zu groß, sodass sich die meisten Pirschfahrten nur im Umkreis von etwa 30 km um die Lodge abspielen. Um die Wanderungsrouten zu erreichen, müssen jedoch oftmals – abhängig von der Jahreszeit – bis zu 100 km zurückgelegt werden, und das durch Gebiete, die arm an Wildtieren sind. Trotz dieser Mühen sei es jedem, der einen längeren Aufenthalt in der Serengeti plant, nahegelegt, den Versuch zu starten, die Herden ausfindig zu machen. Es ist ein erhebendes Gefühl, wenn man inmitten von zigtausend Gnus und Zebras steht, die einem im Wesentlichen keine Beachtung schenken und nur ihren natürlichen Futter- bzw. Trinkbedürfnissen nachkommen.

Das Schauspiel beginnt und endet in der östlichen Serengeti nahe Naabi und Ndutu, wo sich alljährlich Hunderttausende von Tieren versammeln, um sich auf eine gefährliche Wanderung durch das Serengeti-Mara-Ökosystem zu begeben. Im Gegensatz zu vielen genetisch bedingten Tierwanderungen – wie z. B. Meeresschildkröten oder Kröten, die zu ihren einstigen Brut- und Ablageplätzen zurückkehren – unterliegt die Wanderung der ostafrikanischen Grasfresser äußeren Umweltfaktoren. Dieses Verhalten ist trophisch bedingt, d. h. die Wanderung wird einzig durch das Vorhandensein bzw. Verschwinden von Futterressourcen ausgelöst.

Die großen Tierherden der Serengeti sind während der regnerischen Monate Dezember bis Mai in der östlichen Serengetiebene im Ndutu-Gebiet zu finden. Die fruchtbare Kurzgrassavanne der Region hält dann genügend Futterpflanzen, um Populationen von etwa 1,3 Mio. Weißbartgnus und 250.000 Zebras zu ernähren. Dazu kommen noch unzählige Thomson- und Grantgazellen. Die Ebene ist üppig mit Rotem Hafergras, Fingergras, *Sporolobus* spp. und Seggen (*Kyllinga* spp.) bewachsen. Da dieser Teil der Serengeti keine permanenten Wasservorkommen besitzt, ist das Wachstum der Gräser einzig von Regenfällen abhängig.

Etwa im Mai, wenn die Futtervorräte aufgebraucht sind und die Grassavanne auszutrocknen beginnt, sammeln sich riesige Herden auf der weiten Ebene. Etwa eine Woche später begeben sich die Tiere – überwiegend Gnus und Zebras – zu neuen Futtergründen in Richtung Nordwesten. Gazellen bleiben auch während der trockenen Monate meist in der Kurzgrassavanne. Für die Gnus und Zebras beginnt eine nahezu 1.000 km lange Wanderung durch die Serengeti und das kenianische Mara-Gebiet.

Nachdem die Wanderung begonnen hat, wird auch die Paarung vollzogen. Die Bullen befruchten innerhalb von nur drei Wochen 90 % aller geschlechtsreifen Weibchen. Dies sind etwa 400.000 Individuen! Im Juni sind die meisten Tiere im südlichen Seronera-Gebiet zu finden und wandern weiter in Richtung des westlichen Korridors im Serengeti-Nationalpark. Während Zebras und einige Gazellen meist in kleineren Verbänden durch die Savanne ziehen, bilden die Gnus oftmals eine lange Reihe hintereinander laufender Tiere. An einigen Stellen kann man regelrechte Furchen entdecken, die durch diese Trampelpfade entstanden sind. Im Juli erreicht die Wanderung ihr erstes großes Hindernis, den Grumeti-Fluss.

Die Tiere halten sich hier eine Zeit lang auf, um ihrem natürlichen Trinkbedürfnis nachzukommen, bevor sie sich dann auf die andere Seite des Flusses begeben. Der Grumeti-Fluss in der Serengeti hat jedoch keine flachen, leicht zugänglichen Ufer, an denen nebeneinander mehrere Tausend Tiere Platz fänden, sondern meist nur kleine, etwa 20–50 m breite zugängliche Stellen. Hier kann man dann beobachten, wie sich Gruppen von jeweils 100 Gnus und einigen Zebras beim Trinken

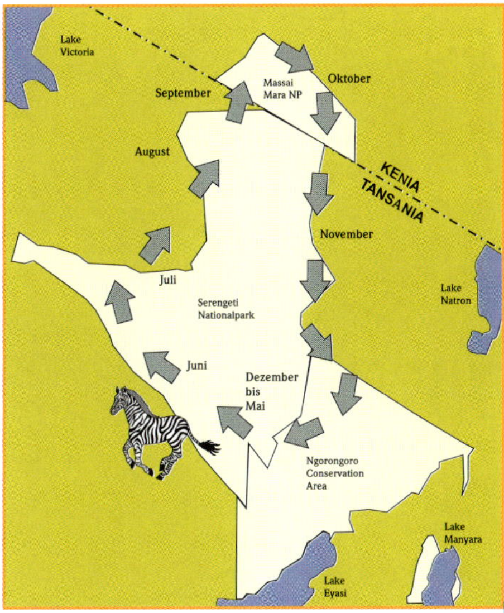


**Die große Wanderung** Grafik: W. Denzer

abwechseln. Häufig bildet die Gruppe einen Halbkreis, wobei alle Tiere mit dem Rücken zum Ufer im Wasser stehen. Die Umgebung und das Wasser werden sehr aufmerksam beobachtet, und die geringste Störung führt sofort zu einer Panik sowie zum Verlassen der Wasserstelle. Beim Trinken und der folgenden Flussüberschreitung lauern im Wasser Krokodile und in der Ufervegetation zahlreiche Raubtiere verletzten und alten Exemplaren auf, die leicht zu erbeuten sind.

Nun verlassen die Herden den Serengeti-Nationalpark und durchwandern die Grumeti und Ikorongo Game Controlled Areas in Richtung Norden, um gegen Ende August oder Anfang September die Grenze nach Kenia zu überschreiten und in den Massai-Mara-Nationalpark zu zie-

## Die große Wanderung der Gnus und Zebras

**Gnus und Zebras bei der Wasseraufnahme** Foto: W. Denzer

hen. Bevor im Oktober der Rückweg nach Tansania angetreten wird, ist hier eines der dramatischsten Naturschauspiele zu beobachten, das die Welt zu bieten hat. Die Herden müssen den Mara-Fluss überqueren und tun dies traditionell an einer äußerst unwegsamen Stelle. Nicht nur, dass die Raubtiere bereits lauern, birgt eine Gefahr, sondern auch die mehrere Meter hohe Böschung, die es zu überwinden gilt. Bei dem Sprung in den Fluss verletzen sich zahlreiche Gnus, und viele verenden an den Folgen dieser Verletzungen. Einzelne Tiere werden von ihren Artgenossen niedergetrampelt oder ertrinken im Mara-Fluss. Im November befinden sich die Herden wieder auf tansanischem Gebiet nordöstlich des Serengeti-Nationalparks (Loliondo Controlled Area) und wandern dann entweder direkt in den südöstlichen Ausgangsbereich um Naabi und Ndutu oder nehmen einen kleinen Umweg über das Ngorongoro-Reservat. Nachdem sich alle Tiere im Januar wieder auf der Kurzgrassavanne versammelt haben, beginnt ein weiteres Naturschauspiel. Nahezu zeitgleich setzen die trächtigen Gnuweibchen nach der etwa achtmonatigen Tragzeit ihre Kälber ab. Die Kurzgrassavanne bietet den Weibchen keinerlei Schutz bei der Geburt, und eine Vielzahl von Raubtieren, wie Löwen, Geparden und Hyänen, lauert auf die Chance, eines der Neugeborenen zu erbeuten. Um dem drohenden Tod zu entgehen, hat die Natur die Kälber mit der Fähigkeit ausgestattet, innerhalb weniger Minuten laufen zu können. Bereits nach zwei Tagen sind die Jungtiere schnell genug, um ihren Verfolgern zu entfliehen. Sie bleiben gewöhnlich die folgenden 5–6 Monate bei ihren Müttern. Und dann ist es auch schon wieder Zeit, auf die Wanderschaft zu gehen!

**Gnus bei der Flussüberquerung, Grumeti River** Foto: W. Denzer

## Nationalpark Lake Manyara

Der Rückweg aus der Serengeti gestaltet sich exakt wie der Hinweg. Innerhalb weniger Stunden durchfährt man die Ngorongoro Conservation Area und erreicht dann den afrikanischen Grabenbruch, zu dessen Füßen der Nationalpark Lake Manyara liegt.

Er bezieht seinen Namen nach einer Euphorbienart (*Euphorbia tirucalli*), die in der Sprache der Massai mit „manyara" bezeichnet wird. Die Massai nutzen diese Pflanze zum Anlegen von Hecken; ein etwa 4 m hohes Exemplar dieses Wolfmilchgewächses befindet sich neben dem Parkeingang vor den Verwaltungsgebäuden. Mit sehr viel Glück entdeckt man hier auch einen der tagaktiven Zwerggeckos. Im Manyara-Reservat wurde eine Art entdeckt, die zu Ehren von Michael Grzimek als *Lygodactylus grzimeki* benannt wurde. Über die Lebensweise dieses seltenen Geckos ist bisher so gut wie nichts bekannt.

Der Park liegt unmittelbar an der Abbruchkante des ostafrikanischen Grabens. Wie auch an anderen Stellen entlang dem Grabenbruch hat sich nach diesem geologischen Ereignis ein abflussloser Sodasee gebildet. Im Allgemeinen wachsen in derartigen Regionen nur salztolerante Pflanzen in der Nähe des Ufers. Im Nationalpark Lake Manyara ist dies allerdings nicht der Fall, sondern es existieren dicht bewaldete Gebiete sowie sumpfige Wiesen. Der Grund hierfür liegt in den zahlreichen Frischwasserzuläufen, die aus dem Bergland in den Park abfließen und für einen hohen Grundwasserspiegel sorgen. In diesem Grundwasserwald gedeihen viele Baumarten, die sonst nur in den Hanglagen des Ngorongoro-Massivs beheimatet sind.

Der überwiegende Teil des 330 $km^2$ umfassenden Nationalparks wird vom Lake

Manyara eingenommen (230 km²). Abhängig von der Jahreszeit und der Regenmenge schwankt seine Größe erheblich. Durch den Park zieht sich von Norden nach Süden eine Hauptroute, von der aus Pisten an das Seeufer und in die Waldgebiete führen.

Für viele Besucher ist dieser Park zunächst ungewöhnlich und unübersichtlich, da er bereits zu Beginn durch mit Grundwasserwald bestandenes Gebiet führt. Dies ist diametral verschieden von den Pirschfahrten in offenen Savannenlandschaften wie z. B. der Serengeti. Mächtige Sykomoren- und Leberwurstbäume sowie *Antiaris toxicaria* beherrschen das Bild. Im Unterbewuchs finden sich *Croton*- und *Rauvolfia*-Arten; der Boden ist mit Riedgräsern bedeckt. Auch die Tierwelt zeigt sich mit ungewohnten Formen. In den Baumkronen leben Diademmeerkatzen, und im Dickicht kann man Grünmeerkatzen und Buschböcke ausmachen. Zudem durchstreifen große Gruppen von Anubispavianen dieses Gebiet.

Abgesehen von den Regenwaldgebieten ist der Nationalpark Lake Manyara sicherlich einer der geeignetsten Orte, Affen zu beobachten. In der Wipfelregion entdeckt man auch Silberwangen-Hornvögel, die neben ihrer Größe auch durch die mächtigen Schnabelaufsätze auffallen.

Der recht dichte Grundwasserwald wird von einer Reihe kleiner Flüsschen durchzogen. Dies ist ideales Gebiet für eine Vielzahl von Amphibien und die häufig anzutreffenden Nilwarane. In den Bächen kann man den einzigartigen Hammerkopf bei seiner Jagd nach Fischen beobachten. Der Uferbewuchs aus Papyrus und Riedgräsern sowie die oberflächendeckenden Wasserpflanzen strahlen während der frühen Morgen- und späten Nachmittagsstunden intensiv grün. Nach den Besuchen in den offenen Savannenlandschaften mit extrem hoher Lichteinstrahlung ist das Farbspiel im Lake-Manyara-Nationalpark eine Wohltat für die Augen. Dies gilt natürlich im Besonderen, wenn in den anderen Parks Trockenzeit herrscht.

**Sonnenaufgang am Lake Manyara** Foto: W. Denzer

Die Legende weiß zu berichten, dass die Löwen im Nationalpark überwiegend auf Bäumen zu finden seien und der Grund dafür in der hohen Feuchtigkeit des Bodens liege. Während meiner Besuche im Park konnte ich niemals Löwen auf Bäumen beobachten –dies habe ich bisher nur in der Serengeti gesehen –, sondern immer nur Leoparden, die dies ohnehin tun, um ihre Beute vor Mitessern zu schützen. Auch der Fahrer mit einer erheblich größeren Anzahl von Besuchen gab nur zwei Sichtungen dieses Phänomens innerhalb mehrerer Jahre an. Wenn Sie also Löwen suchen, vernachlässigen Sie nicht den Boden! Löwen und andere Großtiere lassen sich am ehesten außerhalb der Waldgebiete aufspüren. Auf den baumbestandenen Graslandschaften findet man Elefanten, Büffel, Giraffen und Antilopen.

Je nach Wasserstand des Sees sind einige Stellen, wie z. B. der Hippo-Pool, jahreszeitabhängig nicht erreichbar. Die dorthin führenden Wege werden dann von der Nationalparkverwaltung gesperrt. Der Boden am Seeufer kann sehr schlammig sein, und selbst gute Fahrzeuge haben dann Schwierigkeiten. Im Allgemeinen werden aber alternative Routen ausgewiesen, die es einem ermöglichen, an das Seeufer zu gelangen. Abhängig vom Salzgehalt halten sich große Ansammlungen von Vögeln im Uferbereich auf. In der trockenen Zeit ist der Salzgehalt des Sees wegen der Verdunstung höher, und Arten wie Flamingos, die alkalihaltige Gewässer bevorzugen, treten in großer Zahl auf. Weiterhin leben viele Wat- und Wasservögel im Gebiet. Man hat gute Chancen, Pelikane und Löffelreiher zu sichten. Da es am Seeufer gestattet ist, das Fahrzeug zu verlassen, können die Vögel in aller Ruhe beobachtet werden. An den Hippo-Pools lebt neben den unübersehbaren und unüberhörbaren Flusspferden eine bunt gemischte Vogelwelt. Hier trifft man Nimmersatt- und Sattelstörche sowie Ibisse, Reiher und Entenvögel. Meist lassen sich bequem mehr als 20 Vogelarten beobachten.

Stellenweise sieht man nahe dem Ufer abgestorbene Waldstücke. Dies ist zum einen auf eine zu geringe Salztoleranz der Bäume zurückzuführen, aber in großem Maße auch auf die Elefanten des Parks, von denen es zeitweise sehr viele gibt. Die Schwankungen in der Elefantenpopulation rühren daher, dass die Tiere sich nicht ganzjährig im Park aufhalten, sondern über den südlichen Abschnitt in den Tarangire-Nationalpark einwandern.

**Grundwasserwald, Lake-Manyara-Nationalpark** Foto: W. Denzer

**Löwengruppe auf der Lauer** Foto: W. Denzer

Unglücklicherweise wird am Lake Manyara seit Juni 2004 ein Massensterben von Vögeln – vor allem Flamingos – registriert. Die Ursachen hierfür sind bisher noch nicht bekannt, jedoch geht man davon aus, dass die Vögel an einer Vergiftung sterben, die von Toxinen des Cyanobakteriums, der Hauptnahrung der Flamingos, herrühren. Besonders dramatisch an der derzeitigen Situation ist, dass sich momentan (Sommer 2004) etwa drei Millionen Flamingos am Lake Manyara aufhalten, da viele der sonst besiedelten Seen ausgetrocknet sind. Aktuelle Informationen findet man unter http://www.tanzaniaparks.com/.

Als Unterkunft ist am Lake Manyara das oberhalb des Parks gelegene Manyara Serena sehr empfehlenswert. In der gepflegten Gartenanlage tummeln sich zahlreiche Vögel und Reptilien. Von der Lodge werden allmorgendlich und am späten Nachmittag kurze Vogelexkursionen auf dem Gelände angeboten. Neben den Sichtungen von Vögeln erhält man noch einen Einblick in die Vegetation. Eine längere Wanderung zum Fuß der Grabenstufe wird ebenfalls angeboten.

Nach Verlassen des Nationalparks Lake Manyara bietet sich auf dem Rückweg nach Arusha noch ein Besuch des Tarangiregebietes an. Anstatt bei Erreichen der geteerten Hauptstraße in Richtung Arusha abzubiegen, fährt man bei Makuyuni nach Süden und erreicht bald die Schotterstraße in den Nationalpark. Von hier aus sind es nochmals etwa 5 km bis zum Parkeingang.

Weiterführende Literatur zu diesem Thema:

Snelson, D. (Hg.) (1986): Lake Manyara National Park. – TANAPA & African Wildlife Foundation.

**Hippopool, Lake-Manyara-Nationalpark** Foto: W. Denzer

## Tarangire-Nationalpark

Der Tarangire ist berühmt wegen seiner großen Elefantenherden und prachtvollen Baobabs. Mit 2.600 km² ist er der viertgrößte Nationalpark Tansanias und wartet mit einer Vielfalt von Landschaften auf. Die Lebensader der Region ist der ständig Wasser führende Tarangire-Fluss, der den Nationalpark in Nord-Süd-Richtung durchzieht. Im Osten und Süden des Parks liegen ausgedehnte Flutebenen, der westliche Teil ist durch Hügel und baumbestandene Savannen gekennzeichnet.

Während der Trockenzeit (Juni bis September) halten sich im Gebiet große Tierherden auf, da der Tarangire-Fluss den einzigen ständig vorhandenen Wasservorrat darstellt. Aus diesem Grunde findet auch hier – ähnlich wie in der Serengeti, jedoch in kleinerem Maßstab – eine Tierwanderung statt. Zu Beginn der kurzen Regenzeit im Oktober verlassen Gnu- und Zebraherden das Gebiet, um entweder in die nördlich gelegene Mto-wa-Mbu Game Controlled Area nahe dem Lake Manyara oder südlich in die Massaisteppe zu wandern. Büffel, Gazellen und Elefanten wandern z. T. östlich aus dem Park, um zu Weidegründen in der Simajiro Game Controlled Area zu gelangen. Wegen der immer stärker werdenden landwirtschaftlichen Nutzung der umliegenden Gebiete sind bereits einige angestammte Weidegründe für die Tiere nicht mehr erreichbar.

Besondere Bekanntheit hat der Park durch seine beachtliche Elefantenpopulation von etwa 6.000 Tieren und die Größe einiger Herden von bis zu 300 Exemplaren erlangt. Im Tarangire-Nationalpark gibt es eigentlich kein Gebiet, in dem man nicht auf Elefanten trifft. Abgesehen von einigen Trupps heranwachsender Jungbullen kann man sich den Herden problem-

**Landschaft am Tarangirefluss mit Baobabs und Akazien nach der Regenzeit**
Foto: W. Denzer

los nähern. Da die Herden auch die durch den Park führenden Pisten überqueren müssen, kann es vorkommen, dass man längere Zeit warten muss, bis alle Tiere passiert haben. Keinesfalls sollte man versuchen, mitten durch eine Herde zu fahren. Trotz der hohen Individuendichte sind im Tarangire keine offensichtlichen Baumschäden zu erkennen, wie dies in anderen Reservaten der Fall ist.

In früheren Jahren gab es im Tarangire-Nationalpark auch viele Breitmaulnashörner. Diese werden auch noch in den Parkbroschüren von 1992 erwähnt. Die gesamte Population wurde jedoch von Wilderern ausgerottet. Die relativ konstante Elefantenpopulation der letzten zehn Jahre zeigt, dass der Wilderei Einhalt geboten werden konnte – leider zu spät für die Nashörner.

Im Allgemeinen erkunden Besucher nur den nördlichen Teil des Parks. Hier gibt es ein gut ausgebautes Wegenetz mit Brücken, die über den Fluss führen. Die im Süden gelegenen Sumpfgebiete Larmakau und Mkungunero sind oft nicht erreichbar und haben den Nachteil, dass es dort von Tsetsefliegen nur so wimmelt. Da alle Landschaftsformen und die meisten Tiere auch auf Exkursionen im nördlichen Teil des Parks zu sehen sind, kann man sich getrost auf dieses Gebiet beschränken und so den lästigen Plagegeistern aus dem Weg gehen. Prächtige Affenbrotbäume sind in den nördlichen Teilen des Parks (Lemiyon und Matete) zu finden. Hier halten sich auch viele Zebras und Gnus auf. Man hat hier gute Chancen, neben Grant- und Thomsongazellen auch Kongonis zu beobachten. Kongonis sind recht scheue Tiere, die sich gern auf leicht erhöhten Erdhügeln aufhalten, um einen besseren Überblick über die Umgebung zu haben. Insbesondere, wenn die Gräser hoch sind, können sie von ihrem Aussichtspunkt aus vermeintliche Feinde frühzeitig erkennen. Im Norden des Parks ist der Tarangire-Fluss zur Trockenzeit nur noch ein Rinnsal. Da es aber sonst nirgends Wasser gibt, sammelt sich hier trotzdem eine Vielzahl von Tieren, bevor sie in den Süden des Parks ziehen. In der Matete-Region wechselt die Vegetation von Affenbrotbäumen zu Akazien. Hier leben große Trupps von Anubispavianen sowie Herden von Beisa-Oryxantilopen. Das gute Nahrungsangebot zieht im Allgemeinen auch einige Löwenrudel an. Auf den ausladenden Ästen der Akazien kann man mit Glück sogar Leoparden ausmachen.

Fährt man von Matete in Richtung Westen (Parkgate), trifft man auf den Lake Burungi Circuit. Das Gebiet ist etwas trockener und mit Akazien und Euphorbien bestanden. In der buschigen Vegetation leben Kleine Kudus und Buschböcke. In der Talsenke entlang dem Fluss wachsen zahlreiche Doumpalmen, die durch ihren symmetrischen Wuchs auffallen. Wenn man dem Burungi Circuit im Uhrzeigersinn folgt, erreicht man zuerst den Tarangire Hill und fährt dann hinauf, bis ein Grat erreicht wird. Hier hat man einen schönen Ausblick auf den Lake Burungi, der bereits außerhalb des Parks liegt, und den Lake Manyara, der bei klarer Luft im Hintergrund erkennbar ist. Deutlich ist dort auch die Stufe im afrikanischen Grabenbruch zu erkennen.

Der Weg bietet auf dem Grat zwei Alternativen: Einerseits kann man Richtung Norden den Burungi Circuit beenden, andererseits stößt man in Richtung Süden auf den Kitibong Circuit, der zu dem gleichnamigen Hügel mit herrlicher Aussicht über das Schutzgebiet führt. Von Kitibong aus können der südliche Gursi-Teil des Parks sowie die ausgedehnten Flutebenen im Larmakau-Gebiet erreicht werden. In den Flutebenen sind Tierbeobachtungen durch die bereits erwähnten Tsetsefliegen sowie das hohe Gras erschwert.

Im Tarangire-Nationalpark gibt es zwei besonders empfehlenswerte Unterkünfte. Zum einen ist dies ein Luxuszeltcamp (Tarangire Tented Camp) auf der Anhöhe nahe dem Parkeingang, zum anderen die Tarangire Sopa Lodge im Zentrum des Schutzgebietes.

Weiterführende Literatur zu diesem Thema:

Snelson, D. (Hg.) (1992): Tarangire National Park. – TANAPA & African Wildlife Foundation.

**Regenwaldzone, Kilimandscharo ca. 2.000 m ü. NN** Foto: W. Denzer

## Kilimandscharo-Nationalpark

Der Kilimandscharo ist mit einer Höhe von 5.895 m der höchste Berg Afrikas. Er erhebt sich etwa 4.800 m über die umgebende Hochebene und ist somit der größte frei stehende Berg der Welt. Trotz seiner immensen Höhe wurde das „Dach Afrikas" erst 1849 von dem Missionar Johann Rebmann als erstem Weißen entdeckt. Seine Beschreibungen eines schneebedeckten Berges nahe dem Äquator stießen auf großen Widerspruch und wurden lange Zeit als unglaubwürdig abgetan. Erst im Jahre 1889 wurde der Gipfel mit Hans Meyer erstmals von einem Weißen erreicht. Wenn man zur „falschen" Jahreszeit (z. B. Juni oder Juli) anreist, so kann es passieren, dass man den Bergriesen gar nicht oder

**Der Kilimandscharo von Kenia aus gesehen (rechts Kibo, links Mawenzi)** Foto: W. Denzer

nur für einen sehr kurzen Zeitraum in den Morgen- bzw. Abendstunden zu Gesicht bekommt. Die späte Entdeckung wird dadurch etwas verständlicher.

Bei den einheimischen Chagga gilt der Kilimandscharo als heiliger Berg und Quelle allen Lebens. Nach ihrem Tod lassen sie sich zum Kibogipfel des Kilimandscharo gewandt begraben. Eine interessante Form der Landwirtschaft lässt die Chagga-Dörfer mit der Natur verschmelzen. Von weitem betrachtet ist nicht erkennbar, dass die unteren Regionen des Kilimandscharo-Massivs zu den am dichtesten besiedelten Gebieten Tansanias gehören. Die landwirtschaftliche Nutzung entspricht im Wesentlichen dem Schichtaufbau im Regenwald: Große Bäume wie Mango beschatten Bananenpflanzen, in deren Schutz wiederum Kaffee und Yams wachsen. Großflächige Plantagen zum Kaffee-Anbau wurden erst später von den Europäern angelegt.

Nicht nur für Bergsteiger, sondern auch für Naturbegeisterte ist der Kilimandscharo ein lohnendes Ziel. Wegen seiner Höhe sind verschiedene Vegetationsformen vom Regenwald über Nebelwald und Hochmoore bis hin zur alpinen Flora ausgeprägt, die mit den entsprechenden daran adaptierten Tiergemeinschaften einhergehen. Im Folgenden werden die verschiedenen Vegetationstypen entlang einem typischen Aufstieg beschrieben. Es ist möglich, sich in allen Regionen länger aufzuhalten und in den Hütten zu übernachten, ohne einen Gipfelsturm zu beabsichtigen. Auch wer den Berg nicht besteigen will, findet also im Kilimandscharo-Nationalpark genügend Betätigungsfelder für einige Tage. Insbesondere der Regenwald und das Hochmoor sind für Exkursionen geeignet.

Der von den meisten Reisenden gewählte Aufstieg ist die Marangu-Route. Sie beginnt am gleichnamigen Gate (1.800m ü. NN), wo sich die Nationalparkverwaltung befindet, und führt in 4–5 Tagen zum

**Mattenzone (2.800–4.000 m ü. NN), im Hintergrund die schneebedeckte Gipfelregion des Kilimandscharo** Foto: W. Denzer

Gipfel hinauf. Beim Auf- und Abstieg sind insgesamt über 8.000 Höhenmeter und eine Strecke von mehr als 70 km zu bewältigen! Bergsteigerische Kenntnisse sind für die Bezwingung des Kibo nicht nötig, eine ausreichend gute Kondition ist aber unabdingbar.

Der Weg vom Marangu Gate führt zunächst durch primären Regenwald bis zur Mandara-Hütte (2.700 m ü. NN). Unterwegs lassen sich viele Tiere beobachten. Da dieser erste Abschnitt relativ leicht begehbar ist, kann man sich ruhig etwas mehr Zeit nehmen. Es ist sogar möglich, anstatt der breiten Hauptroute eine Nebenstrecke durch den dichten Wald einzuschlagen. Im Bereich des Regenwaldes zwischen 1.800 und 2.800 m ü. NN sind Affen, Leoparden sowie einige Zwergantilopenarten verbreitet. Besonders häufig werden die Wanderer von Diadem-Meerkatzen beobachtet, die in den Bäumen beiderseits des Weg leben. Mit etwas Glück erhascht man einen Blick auf die schwarzweißen Guarezas. Der Vogelreichtum und die Artenzahl von Reptilien und Amphibien sind beachtlich. Insbesondere kann man in dieser Zone die in anderen Gebieten eher seltenen Silberwangen-Hornvögel und Seidenhollen-Turakos beobachten.

Einige Chamäleonarten sind ausschließlich in dieser Region beheimatet, so z. B. das Taveta-Zweihornchamäleon und das Streifenchamäleon (*C. rudis*). Um sie zu entdecken, muss man sich etwas Zeit nehmen und die Buschvegetation absuchen. Beim Wandern wird man Chamäleons eher nur zufällig aufspüren. Das Gebiet wird von vielen kleinen Waldbächen durchzogen, in deren Umgebung Amphibien zu finden sind. Bei einem Blick in einen der Bäche findet man oft deren Kaulquappen. Die meisten Frösche sind nachtaktiv und verbringen den Tag verborgen im Laub oder in dichter Vegetation. Nach Regenfällen oder nachts kann man überall im Wald ihre Rufe vernehmen. Andere

**Riesensenezien (*Senecio kilimanjari*) ca. 3.500 m ü. NN** Foto: W. Denzer

nächtliche Rufe können von Riesengalagos oder Buschschliefern stammen. Ein Blick in die unmittelbare Umgebung mittels einer starken Taschenlampe bringt sicherlich immer etwas Interessantes zum Vorschein, selbst in der Nähe der Hütten.

Nach einer Wanderzeit von 3–4 Stunden (8 km) gelangt man an die Mandara-Hütten. Es handelt sich dabei um norwegische Zeltdachhäuser, die über Solarzellen mit Strom und Warmwasser versorgt werden. Erfrischungsgetränke können in der Haupthütte erworben werden. Das Essen wird – wie auch auf dem Rest der Tour – vom Koch am offenen Feuer bereitet. Unweit der Mandara-Hütte liegt der Maundi-Krater. Ein Fußmarsch von etwa einer Stunde bringt den Wanderer durch ein weiteres Regenwaldgebiet zu einer Sumpfwiese, auf der zahlreiche Fackellilien wachsen, und dann über den kleinen, parasitären Maundi-Krater zurück zu den Hütten.

Der zweite Abschnitt des Aufstieges führt von der Mandara-Hütte zur Horombo-Hütte in 3.700 m Höhe. Zu Beginn führt der Weg durch ein letztes Stück Regenwald. Man kann auch entlang dem Maundi-Krater gehen, der sich bei der Sumpfwiese wieder mit der Hauptroute vereinigt. Da dieses hoch gelegene Regenwaldgebiet fast ständig wolkenverhangen ist, wird es auch als Nebelwald bezeichnet. Die Bäume sind über und über mit Moosen, Flechten und Epiphyten bewachsen. Nur aufgrund der andauernd extrem hohen Luftfeuchtigkeit kann sich diese Flora halten. In etwa 2.800 m ü. NN bricht diese Art der Vegetation abrupt ab, und an der Waldgrenze eröffnen sich dem Wanderer dann die Mattenregion und der erste Blick auf die schneebedeckten Gipfel des Kilimandscharo.

Zwischen 2.800 und 4.000 m ü. NN erstreckt sich die subalpine Zone, die aus Heide und Moorland besteht. Die markantesten Pflanzen der Heideregion sind die Baumheide, die nahe der Waldgrenze Höhen bis zu 10 m erreichen kann, und eine kleinere, buschig wachsende Heide (*Philippia excelsa*). Die häufigsten Blütenpflanzen sind Strohblumen (*Helichrysum* spp.) neben blühenden Gräsern wie Schwingelgras und *Andropogon*-Arten. Stellenweise findet man die gelb- oder rot blühenden Fackellilien und eine am Kilimandscharo endemische Form der Kaprose (*Protea kilmandscharica*). Je höher man kommt, desto sumpfiger wird die Umgebung, bis man auf das eigentliche Hochmoor stößt.

Hier lebt eine Pflanzengesellschaft aus überwiegend Greis- oder Kreuzkräutern (*Senecio* spp.) und Lobelien (*Lobelia* spp.), die für die Hochmoore Ostafrikas (Mt. Kenia, Aberdares, Mt. Elgon, Ruwenzori-Berge) typisch ist. Neben kleineren Arten (*Senecio telekii* und *S. meyer-johannis*) fallen vor allem die baumartig wachsenden Riesengreiskräuter auf. Am Kilimandscharo sieht man zwei Arten, die etwa 5 m hoch wachsen. *Senecio kilimanjari* besitzt einen dünnen Stamm, der sich zu einer Krone spaltet, während *Senecio cottoni* meist nur einen geraden Stamm treibt. Ein weiterer deutlicher Unterschied ist, dass bei *S. kilimanjari* die Rinde sichtbar ist und diese bei *S. cottoni* mit abgestorbenen Blättern umgeben ist, sodass der Stamm deutlich dicker erscheint. Eine weitere Pflanze mit Riesenwuchs ist die Lobelie (*Lobelia deckenii*), die bis zu 3 m hoch werden kann. Die Riesenlobelie treibt ihre Blätter spiralförmig um den hohlen Stamm. Im unteren Teil stehen sie meist ab, während sie im oberen Teil immer dichter werden. Die blauen Blüten liegen versteckt unter dem dichten Blätterwuchs. Die Tierwelt dieser Höhenlage ist nicht sehr reichhaltig, und am ehesten bekommt man noch eine Vierstreifen-Grasmaus (*Rhabdomys* sp.) oder einen Skink (*Mabuya varia*) sowie ein paar Raubvögel zu Gesicht.

Nach ca. sechs Stunden (13 km) erreicht man die Horombo-Hütte. Hier wird von vielen Wanderern ein Ruhetag eingelegt. Dieser dient zur besseren Höhenakklimatisierung und zum Erkunden der näheren Umgebung. Bei 3.800 m befindet man sich in einer Höhe, in der bereits die ersten Anzeichen der Höhenkrankheit auftauchen können. Eine lohnende Wanderung führt zum Fuß des Mawenzi. Zum einen zieht sich der Weg durch reichlich mit Riesensenezien bewachsenes Gebiet, und zum anderen erreicht man auf dem Mawenzisattel bereits eine Höhe von 4.200 m, die deutlich über der kritischen Höhe von 3.800 m liegt. Da der Körper einige Zeit benötigt, um sich auf die Höhe einstellen zu können, hilft dieser vorzeitige Aufstieg für die bevorstehende letzte Etappe.

Der weitere Weg startet mit einem Kräfte zehrenden kurzen Aufstieg und führt erst durch die Mattenregion und dann in die oberhalb von 4.000 m ü. NN. beginnende Hochwüste. Nachdem der Anstieg geschafft ist, eröffnen sich wunderbare Panoramablicke auf den Kibo. Bei 3.900 m liegt Last Water, die höchstgelegene Wasserquelle. Die Umgebung ist mit Sumpfwiesen bewachsen, in denen vereinzelte Riesenlobelien zu finden sind. Danach erreicht man das Kiboplateau, auf dem die Hochwüste liegt. Die Vegetation ist sehr karg, und nur einige Stroh blumen sowie Kenia-Disteln gedeihen in diesem rauen Klima. Niedere Pflanzen wie Moose und Flechten sind in den unterschiedlichsten Farben auf den Steinen zu bewundern. Bedenkt man, dass eine Flechte unter diesen klimatischen Bedingungen nur wenige Millimeter (meist 2 mm) pro Jahr wächst, kann man bei einigen großflächigen Bewuchsen leicht ein erstaunliches Alter erahnen. Nach etwa sechs Stunden (11 km) wird die Kibo-Hütte erreicht, in der man

**Mawenzi** Foto: W. Denzer

sich bis etwa Mitternacht ausruhen kann. Wohl dem, der hier ein wenig Schlaf findet! Der Weg zum Gipfel wird in den Nachtstunden angegangen. Die meisten „Gipfelstürmer“ verlassen die Kibo-Hütte zwischen 1 und 2 Uhr, um rechtzeitig zum Sonnenaufgang am 5.715 m hohen Gillman´s Point zu sein. Der Höhenunterschied von 1.000 m zieht sich über einen nur 3,5 km langen Anstieg. Der Weg führt zunächst in Serpentinen über ein Geröllfeld, bis auf 5.200 m die Hans-Meyer-Höhle erreicht wird. Vor Erbauung der Kibo-Hütte wurde die Höhle als Höhenlager und Ausgangspunkt für die Bezwingung des Gipfels genutzt. Zahlreiche weitere Serpentinen folgen, bis kurz vor Erreichen des Gillman's Point ein Stück geklettert werden muss. Dieser letzte Anstieg ist nicht schwierig und wird durch Seile zum Festhalten unterstützt, aber die Anstrengung ist bei knapp 5.400 m immens. Man wird dafür mit einem herrlichen Farbenspiel auf dem Mawenzi belohnt, wenn die Sonne über Afrika aufgeht. Für die Strecke von der Kibo-Hütte bis zu Gillman´s Point sollten je nach körperlicher Konstitution 4–5 Stunden eingeplant werden.

Wer jetzt immer noch nicht genug hat, kann versuchen, den Uhuru Peak, also den eigentlichen Gipfel bei 5.896 m zu erreichen. Zunächst führt der Weg entlang einer Eisenstange auf den Kraterrand in etwa 5.700 m Höhe, dann den Grat entlang zum Bismarck Tower (5.735 m), vorbei am Stella Point (5.745 m) und endlich auf das „Dach Afrikas“. Es bieten sich dabei wunderschöne Ausblicke auf die Eisfelder und vielfältige Schichtgletscher. Für die letzten 1,5 km von Gillman´s Point zum Uhuru Peak sollten nochmals fast zwei Stunden eingeplant werden. Je langsamer, desto besser, denn der Tag ist noch lange nicht beendet.

Vom Uhuru-Peak geht man am gleichen Tag die gesamte Route bis zur Kibo-Hütte zurück,

**Kibo-Gipfelregion mit den südlichen Eisfeldern (etwa 5.400 m ü. NN)** Foto: W. Denzer

die am späten Vormittag erreicht wird. Nach einer Verschnaufpause und einem späten Frühstück beginnt dann der Abstieg bis zur Horombo-Hütte, in der übernachtet wird. Der Gipfeltag dauert dementsprechend etwa zwölf Stunden. Am nächsten Tag folgt dann die letzte Etappe des Abstiegs über die Mandara-Hütte zurück zum Marangu Gate. Bei Erfolg gibt es hier eine Urkunde, die die Bezwingung des Gipfels bescheinigt. In der Hochsaison ist die Ausstellung der Urkunden wegen der zahlreichen Bergwanderer nicht möglich; aber man kann sich sein persönliches Exemplar zuschicken lassen.

Weitere Routen sind Mweka und Umbwe, die in recht geradlinigem Verlauf zum Fuß des Kibo führen, sowie Machame und Shira, die über das Shira-Plateau gehen. Diese Aufstiege seien jedoch nur erfahrenen Bergwanderern empfohlen. Die Machame-Route ist zwar die landschaftlich reizvollste, da sie sich lange durch den Regenwald zieht, verfügt jedoch nur über eine geringe Anzahl von Hüttenplätzen und führt im abschließenden Teil über Eisfelder, sodass die Mitnahme einer Eisausrüstung (Steigeisen und Pickel) sinnvoll ist. In jüngerer Zeit werden von Spezialveranstaltern auch Kilimandscharo-Überquerungen auf der Kikeleva-Route angeboten. Auf diesen Touren startet man auf kenianischer Seite und begibt sich über den Grenzort Rongai nach Nalemoru, wo der eigentliche Aufstieg beginnt. Die Route führt über das Simba-Camp, die Kikeleva-Höhlen und die Mawenzi Tarn Hut zum Kibo-Sattel. An der Hans-Meyer-Höhle trifft man auf die Marangu-Route, über die der restliche Auf- und Abstieg erfolgen. Auf diese Weise erhält man einen erheblich größeren Überblick über die landschaftliche Vielfalt des Kilimandscharo-Gebietes als bei Auf- und Abstieg auf der gleichen Route.

Wer den Kilimandscharo bezwingen möchte, kann dies bereits von Deutschland aus buchen, in Arusha oder Moshi arrangieren bzw. kurzfristig über die Nationalparkverwaltung am Marangu Gate organisieren. Am Marangu Gate werden die Anmeldeformalitäten erledigt und die Mannschaft zusammengestellt. Pro Person ist ein Träger vorgeschrieben, der gewöhnlich 15 kg Gepäck befördert. Gruppen können sich zusammenschließen und einen oder besser mehrere Führer engagieren. Die Führer werden eigentlich erst für den Gipfelanstieg benötigt, begleiten die Gruppen häufig aber während der gesamten Wanderung. Oftmals sind sie auch gleichzeitig Koch. Bei größeren Gruppen empfiehlt es sich schon deshalb, mehrere Führer mitzunehmen, damit bei einem eventuellen Auseinderfallen der Gruppe beim Gipfelsturm der Rest der Gruppe nicht aufgehalten wird. Die Besteigung ohne Führer ist strikt verboten! Alle Führer besitzen einen amtlichen Ausweis, der besagt, dass sie als Bergführer eine Gruppe auf der Normalroute (Marangu) führen dürfen. Nur staatlich geprüften Bergführern ist es gestattet, auch über die anderen Routen aufzusteigen! Das Gros der Touristen braucht sich ohnehin nicht um diese Sachen zu bemühen, da sie die Touren bereits im Heimatland oder in Arusha gebucht haben und von ihren Helfern am Marangu Gate erwartet werden. Die besten Reisezeiten sind Januar/Februar sowie August bis Oktober.

Die Kosten für eine Kilimandscharo-Besteigung sind je nach Veranstalter oder Route unterschiedlich und teilweise verhandelbar. Sie beinhalten Unterkunft in Hütten oder Zelten, Verpflegung, Träger und einen Bergführer. Ab Deutschland sollte man pro Person inkl. Flug für eine zehntägige Tour (sechs Tage am Berg plus Kurzsafari) mit ca. 2300,- Euro rechnen. Vor Ort organisierte Bergtouren sind meist günstiger. Die Preise der Nationalparkbehörde für den Aufenthalt im Schutzgebiet belaufen sich derzeit auf folgende Beträge: US$ 25 pro Tag im Nationalpark, Hüttengebühr pro Übernachtung US$ 40 plus Bergrettungsgebühr US$ 20, also eine Grundgebühr von nahezu 350 US$ für die fünftägige Tour. Hinzu kommen Gelder für Führer, Träger und Lebensmittel, die zusätzlich etwa US$ 150 bis 200 US$ ausmachen. Eine Summe von 500–600 US$ sollte daher als Minimum eingeplant werden.

Je nach Route wird die Besteigung im Allgemeinen 5–6 Tage für Hin- und Rückweg in Anspruch nehmen. Die minimale Ausrüstung besteht aus Regenkleidung, Thermokleidung, Schlafsack und vor allem gut eingelaufenen Bergschuhen. Für den Gipfelsturm, der nachts erfolgt, ist eine Stirnlampe von großem Vorteil, da man auf diese Weise die Hände zum Klettern frei hat. Nach Neuschnee und bei Benutzung einiger Routen sollten Steigeisen mit von der Partie sein.

Die Besteigung des Kilimandscharo ist ein einzigartiges Erlebnis. Selbst wenn der Gipfel nicht erreicht wird, bieten sich wundervolle Einblicke in die Natur und Geologie dieses frei stehenden Bergriesen.

Weiterführende Literatur zu diesem Thema

J. HANBY (1987): Kilimanjaro National Park – TANAPA

J. DIERGARTEN (1983): Kilimanjaro – Besteigung über Marangu- und Machame-Route – SYRO-Verlag

Berge - das internationale Magazin der Bergwelt (Nr.64 Januar/Februar 1994): Ostafrika – Kilimanjaro, Mount Kenya, Ruwenzori

# Der Süden Tansanias

## Von Arusha nach Morogoro

Im südlichen und zentralen Tansania befinden sich einige Nationalparks und Reservate, die gut bereisbar sind. Üblicherweise werden diese Schutzgebiete von Dar-es-Salaam aus angefahren bzw. Touren dorthin über Reisebüros vor Ort organisiert. Man kann diese Parks aber auch per Auto vom Norden aus erreichen und die entsprechenden Vorbereitungen mit in Arusha oder Moshi ansässigen Safariveranstaltern arrangieren. Wer plant, die Anreise im Anschluss an eine „Nordtansania-Safari" von Arusha aus anzutreten, sollte dafür mindestens einen vollen Tag einplanen. Obwohl auf den Tansania-Straßenkarten ein verlockender und viel kürzerer Weg von Arusha über Dodoma nach Iringa (A104 bzw. T5) eingetragen ist, lohnt es sich, vorher genauestens Erkundigungen über die Wetterlage einzuholen. Die Straße ist nur bis kurz hinter den Tarangire-Nationalpark geteert und zeichnet sich danach insbesondere durch Schlaglöcher aus. Da die Strecke überwiegend aus einer Lehm- und Schotterpiste besteht, können Regenfälle die Tour zu einer Strapaze werden lassen. Durchschnittsgeschwindigkeiten von 30 km/h und weniger sind keine Seltenheit. Die Anreise innerhalb eines Tages ist daher keinesfalls immer möglich. Zudem gibt es entlang der Strecke kaum Unterkünfte, sodass das Übernachten eigentlich nur in der Hauptstadt Dodoma möglich ist.

Die erheblich längere, dafür aber über gut ausgebaute Teerstraßen zu befahrende Stre-

**Der Süden Tansanias** Grafik: W. Denzer

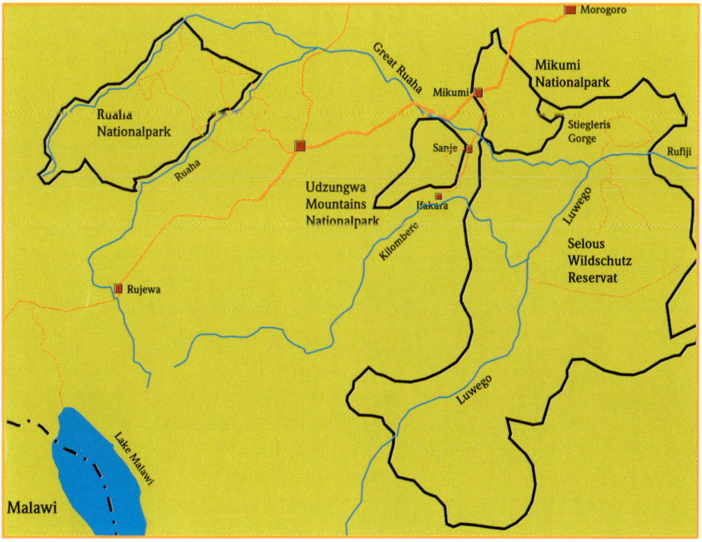

**Wasserfall in den Usambarabergen**
Foto: J. Hinzen

cke führt von Arusha über Moshi, Segera und Chalinze (auf einigen Karten Straße T2) nach Morogoro am Fuße der Uluguru-Berge. Die Route ist besonders im ersten Drittel sehr reizvoll, da sie am Kilimandscharo sowie der Eastern-Arc-Gebirgskette vorbeiführt und man Gebirgszüge wie die Pare- und die Usambara-Berge zu Gesicht bekommt. Dies gilt allerdings nur eingeschränkt und ist jahreszeitenabhängig; zur Regenzeit – also in unseren Sommermonaten – sind die Berge im Allgemeinen vollständig in Wolken eingehüllt.

**Usambara-Veilchen (*Saintpaullia* sp.)**
Foto: W. Denzer

Die Tour in den Süden sollte bereits früh morgens angetreten werden, um eine Ankunft in der Dunkelheit zu vermeiden. Die beschriebene Strecke ist eine der Hauptadern Ostafrikas, die Kenia und Tansania mit Malawi und Sambia verbinden. Dementsprechend ist auch der Verkehr in den z. T. dicht besiedelten Gebieten. Nächtliche Fahrten sind wegen unzureichender Beleuchtung vieler Fahrzeuge und auf den Straßen umherlaufender Menschen extrem gefährlich. Auch am Tage sollte man Vorsicht walten lassen und defensiv fahren. Dies gilt besonders in Regionen, in denen Matatus und Überlandbusse verkehren. Täglich verunglücken zahlreiche dieser meist überbesetzten Transportmittel mit leider sehr schlimmen Folgen für die Insassen. Wahrscheinlich wird auch Ihnen während der etwa zehnstündigen Fahrt ein solcher Anblick nicht erspart bleiben.

Um das Tageslicht zu nutzen und sicher mit einigen Pausen in Morogoro anzukommen, ist ein Aufbruch gegen 7 Uhr morgens zu empfehlen. Die Route A23 führt zuerst vorbei am Arusha-Nationalpark und dem Mt. Meru. Kurz bevor man Moshi erreicht, kann man in der Ferne den Kilimandscharo erkennen. Von Moshi führt der Weg nach Himo, wo die Straße sich teilt. Die A23 führt geradewegs zur kenianischen Grenze nach Taveta; zur Linken beginnt die B1 in Richtung Segera entlang den Pare- und Usambara-Bergen, auf der man nach wenigen Kilometern Kifaru erreicht.

Kifaru ist Ausgangspunkt für eine Tour in die Pare-Berge. Eine wenig befahrene Straße zieht sich nahe der Grenze zu Kenia um die Nordpare-Berge herum. So schön das Gebiet auch von weitem aussieht, wird es doch intensiv landwirtschaftlich genutzt und bietet kaum Möglichkeiten zu Streifzügen. Folgt man weiter der B1, so erreicht man einige Kilometer vor dem Ort Same eine Stelle, an der links eine befahrbare Piste in Richtung Mkomazi Game Reserve abzweigt. Das Mkomazi-Wildreservat ist der südliche, auf tansanischem Territorium befindliche Ausläufer des Tsavo-Nationalparks in Kenia. Der Park besitzt zwar eine beachtliche Größe von etwa 3.500 $km^2$, allerdings ist nur der östliche Teil in der Umgebung des Ibaya Camps überhaupt bereisbar. Es ist sinnvoll, bei einem geplanten Besuch vorher Erkundigungen bei der Nationalparkverwaltung einzuholen, inwieweit ein Besuch möglich ist. Ähnlich wie im Tsavo-West-Nationalpark ist die Gegend sehr trocken und mit Dornbuschsavanne bewachsen. An Großwild findet man vor allem Büffel, Elefant, Löwe und Kudu. Die Sichtung dieser Tiere ist aufgrund des besseren Wegenetzes jedoch erheblich einfacher im Tsavo-Nationalpark. Von Same aus existiert auch eine Straße, die südlich um die Pare-Berge herumführt und das Mkomazi-Wildreservat streift.

Auf der Hauptstrecke tauchen wenige Kilometer hinter Same die südlichen Pare-Berge auf der linken Seite auf. Dieser Gebirgszug erstreckt sich bis etwa zum Ort Mkomazi. Daran schließen sich dann die Usambara-Berge an. Im Ort Mombo zweigt eine Straße ab, die nach Lushoto und somit in die Berge führt. Die Strecke ist landschaftlich reizvoll, und wer genügend Zeit hat, kann bereits hier übernachten und den Rest des Weges in den Süden am folgenden Tag fortsetzen. In Lushoto gibt es einfache Unterkünfte. Leider ist ein Ausbau der touristischen Infrastruktur nicht abzusehen, da das Gebiet häufig in den Wolken liegt und umfangreiche Regenfälle erhält. Für die Erhaltung der ursprünglichen Natur ist dies aber eher von Vorteil.

Man findet in den Usambara-Bergen ein angenehmes, erholsames Bergklima sowie einige gute Wandermöglichkeiten. Für Vogelliebhaber und Reptilien-/Amphibienfreunde gibt es sicherlich immer etwas zu entdecken. In der Gegend um Lushoto lebt eine Unterart von Fischers Chamäleon (*Bradypodion fischeri multituberculatus*) sowie das Usambara-Einhornchamäleon, eine Art, die sonst nur in den Shimba Hills in Kenia zu finden ist. In der Vogelwelt fallen besonders die schillernden Nektarvögel auf. Der smaragdgrüne Malachitnektarvogel (*Nectarinia famosa cupreonitens*) bevorzugt Höhenlagen oberhalb 1.600 m ü. NN. Neben ihrer

**Fischers Chamäleon (*Bradypodion fischeri*)**
Foto: W. Denzer

**Kikoboga-Region, Mikumi-Nationalpark** Foto: W. Denzer

auffälligen Färbung sind sie leicht durch die langen Schwanzfedern von anderen Nektarvögeln zu unterscheiden. Ebenfalls zu den langschwänzigen Nektarvögeln gehört der Goldflügel-Nektarvogel. Von der vorherigen Art ist er durch seine Färbung – schwarz mit gelben Flügeldecken und dunkeloranger Brust – sowie seinen stark gebogenen Schnabel zu unterscheiden. Die Vegetation des Usambaragebirges ist reichhaltig, und eine weltweit beliebte Zimmerpflanze – das Usambaraveilchen – bezieht ihren Namen hierher. Diese Pflanze ist übrigens keineswegs mit Veilchen verwandt, sondern gehört zu den Gesneriengewächsen.

Bei Segera trifft die B1 auf die A14, die nördlich zum Küstenort Tanga und letztendlich zur kenianischen Grenze nach Lunga Lunga führt. Nach Süden geht es weiter in Richtung Chalinze. Der nun folgende Streckenabschnitt ist landschaftlich nicht sehr reizvoll und führt hauptsächlich durch landwirtschaftlich genutztes Gebiet. Zu Beginn sieht man zudem Teile der Kitwei-Ebene, die mit Dornbuschsavanne bestanden ist, aber leider kaum noch Großtiere beherbergt. Von Zeit zu Zeit entdeckt man Relikte ehemaliger Wälder. Diese Gebiete bieten einigen Affenarten immer noch Schutz, aber nicht genügend Nahrung. Daher ist es immer wieder möglich, Guarezas oder Meerkatzen in den angrenzenden Plantagen zu beobachten. Vielleicht liegt der Grund hierfür aber auch nur darin, dass die Affen es für wesentlich einfacher halten, ihre Nahrung auf diesem Weg zu sammeln. Beim Ort Chalinze wird dann die Hauptverbindungsader zwischen Dar-es-Salaam und Malawi bzw. Sambia erreicht. Chalinze ist ein ausgesprochener Fernfahrerort, und weder eine Pause noch eine Übernachtung sind zu empfehlen. Von hier aus sind es ohnehin nur noch etwa 70 km auf der A7, bis Morogoro erreicht wird. Morogoro ist das Handelszentrum der Region und der Ausgangspunkt für Besuche der Nationalparks Mikumi und Udzungwa sowie des Selous-Wildschutzreservates. In der Stadt gibt es zahlreiche Übernachtungsmöglichkeiten sowie Restaurants. Morogoro hat etwa 120.000 Einwohner und ist der Umschlagplatz für landwirtschaftliche Güter aus den Uluguru-Bergen. Zu den Hauptprodukten zählen Kaffee und Tabak. Der Ort ist abgesehen von einigen Kolonialbauten im Zentrum nicht sonderlich attraktiv, aber als Zwischenstation gut geeignet. Wer in Morogoro noch zwei Stunden Tageslicht zur Verfügung hat, kann sich auch direkt auf den Weg in den Mikumi-Nationalpark machen, der nur noch knapp 90 km entfernt ist.

Der Tansania-Sambia Highway führt direkt durch den Nationalpark. Etwa 60 km hinter Morogoro weisen Schilder am Straßenrand darauf hin, dass man sich im Nationalparkgebiet befindet und damit rechnen muss, dass Tiere – insbesondere Elefanten – die Straße kreuzen. An Stellen, an denen dies üblich ist, sind so genannte „speed humps" in den Teer eingelassen, die eindringlich daran erinnern, die Geschwindigkeit zu senken. Wer an der Natur interessiert ist, wird aber ohnehin langsam fahren – sehr zum Ärgernis der LKW-Fahrer –, um das eine oder andere Tier zu beobachten. Am Straßenrand warten oft einzelne Paviane auf herausgeworfene Essensreste. Diese Art der Ernährung wird besonders von Einheimischen gefördert, als naturbewusster Tourist sollte man aber besser auf derartige Fütterungen verzichten. Trotz der meist überhöhten Geschwindigkeit der Fernfahrer werden glücklicherweise nur wenige Tiere angefahren. Zumeist lassen Zivet- oder Ginsterkatzen des nachts ihr Leben auf den Straßen.

## Mikumi-Nationalpark

Der Mikumi-Nationalpark und die nahe gelegene gleichnamige Ortschaft beziehen wie viele afrikanische Lokalitäten ihren Namen aus dem Vorkommen einer Pflanze. „Mikuky" (Plural: mikumi) bezeichnet in der Sprache der hier ansässigen Wavindunda die Borassuspalmen. Sie waren einst die Charakterpflanze der Region, sind heutzutage aber nur noch vereinzelt zu finden.

Der Mikumi-Nationalpark besitzt eine Fläche von über 3.200 km². Der Tansania-Sambia-Highway (oder Iringa Highway) durchteilt den Park. Nördlich und westlich der Straße liegen das Kikoboga-Gebiet

**Borassuspalme (*Borassus flabellifer*)**
Foto: W. Denzer

**Streifengnu (*Connochaetes t. taurinus*)** Foto: W. Denzer

sowie die Mkata-Ebene, und im Hintergrund sind die Rubeho-Berge zu sehen; südlich der Straße liegt das Ikoya-Gebiet. Das Gelände steigt hier leicht an und ist von waldbestandenen Hügeln geprägt. Der Parkeingang liegt an der Hauptstraße nahe dem Kikoboga-Fluss und ist nicht zu verfehlen.

Die Ebenen im nördlichen Teil des Nationalparks sind mit *Hyparhennia ruffa* überzogen, einem Gras, das in der Blütezeit die Landschaft in ein auffälliges Dunkelrot taucht. Als Charakterbäume findet man meist einzeln stehende Affenbrot- und Leberwurstbäume sowie einige Akazienarten, Tamarinden und Borassuspalmen. Eine andere Palmenart, die auch in dieser Gegend wächst, ist die Hyphaene-Palme (*Hyphaenes* sp.). Wie Borassus besitzt auch die Hyphaene einen langen, blattlosen Stamm und eine runde Blattkrone. Aber gerade am Stamm lassen sich die beiden Arten gut voneinander unterscheiden: Während die Borassuspalme einen sehr geraden Stamm hat, der kurz unter der Krone eine Verdickung aufweist, ist der Stamm der Hyphaene-Palme wellenförmig und ohne Verdickung.

Unter Elefanten und Menschen gleichermaßen werden die Früchte des Marulabaumes als Delikatesse angesehen. Reife Früchte sind etwa pflaumengroß und weißlich. Um an sie heranzukommen, schütteln die Elefanten die Bäume, bis genügend zu Boden gefallen sind. Der Mensch nutzt die Frucht zur Herstellung des Amarula-Likörs. Weitere Verwendung findet das Holz als Feuer- und Schnitzholz, andere Teile werden zu medizinischen Zwecken eingesetzt. Es ist daher nicht verwunderlich, dass man nur selten naturbelassene Exemplare dieses bis zu 15 m hohen Baumes sieht. Der augenfälligste Unterschied in der Landschaft ist eine Vegetationsform, die in diesem Teil des Kontinents beginnt und sich südlich bis nach Simbabwe ausbreitet, nämlich die Miombe. Miombe-Wald ist licht und laubabwerfend (s. Vegetation). Im Mikumi-Nationalpark findet man diesen Vegetationstyp in der Umgebung der Vuma Hills.

Nicht nur die Vegetationsformen unterscheiden sich von denen in Nord-Tansania, sondern auch die Tiergemeinschaften. So leben in Mikumi keine Gazellen. Die im Norden so häufigen Grant- und Thomson-Gazellen sind im gesamten südlichen Tansania nur an wenigen Stellen zu finden. Eine kleine Population von Grantgazellen lebt im Ruaha-Nationalpark. Die von ihnen „hinterlassene" ökologische Nische wird von großen Impalaherden besetzt, die oftmals aus über 100 Tieren bestehen.

Das Kongoni wird im Mikumi durch Lichtensteins Hartebeest (*Alcephalus lichtensteini*) ersetzt. Während die Kongonis im Norden offenes Grasland bevorzugen, ist das Lichtenstein-Hartebeest meist in Miombe-Wäldern zu finden. Das Weißbartgnu wird durch die „blaue" Nominatform abgelöst, das Streifengnu. Diesen Tieren fehlt der augenfällige „weiße Bart"; zudem sind sie etwas dunkler gefärbt und zeigen eine deutlichere Streifenzeichnung. In den Savannengebieten der nordwestlichen Nationalparks kommt der Anubispavian vor; in Mikumi kann man den Gelben Babuin beobachten. Die Liste lässt sich noch weiter fortsetzen, und der Unterschied in der Zusammensetzung der Tiergemeinschaften nimmt in Richtung Süden noch weiter zu. Ein wesentlicher Grund dafür ist sicherlich die Ausprägung des Miombe-Waldes, den es im Norden nicht gibt.

Aber auch viele Tiere, die für die ostafrikanische Savanne charakteristisch sind, kommen im Mikumi-Gebiet vor. So findet man Leoparden, Löwen, Kaffernbüffel, Elefanten, Flusspferde und Burchellzebras. Im Falle von Giraffen liest man immer wieder, dass die im Mikumi beheimatete Form eine andere Unterart als die im Norden Tansanias sei. Obwohl die Sternzeichnung häufig etwas deutlicher ausfällt als bei Exemplaren aus dem Norden, handelt es sich in beiden Fällen jedoch um Massai-Giraffen.

In den hügeligen, südlichen Abschnitten des Parks leben Säbelantilopen, und auf den Mkata Plains können Eland sowie in den strauchbestandenen Gebieten Große Kudus

**Eine nicht mehr zu benutzende Brücke nahe den Mkata Plains** Foto: W. Denzer

**Bärenpaviane (*Papio c. cynocephalus*)**
Foto: W. Denzer

beobachtet werden. Einige wenige afrikanische Wildhunde gelangen von Zeit zu Zeit aus dem Selous-Reservat in den Mikumi-Nationalpark.

Die Vogelwelt ist mit über 400 nachgewiesenen Arten recht reichhaltig. In den feuchten Ebenen leben Kronenkraniche und verschiedene Storchenarten. Häufig sieht man Gelbschnabeltockos und Hornraben. Immer wieder begegnet man der bunten Gabelracke, Frankolinen und Trappen. An den Hippo-Pools leben Nilgänse, Reiher und verschiedene Entenarten. Einige Bäume sind mit Hunderten Webervogelnestern behangen. Reptilien und Amphibien lassen sich nur schwer beobachten, da es wie in den meisten Nationalparks nicht gestattet ist, das Fahrzeug zu verlassen. Während der Pirschfahrten sieht man am ehesten Steppenwarane und Puffottern. In der Umgebung der Unterkünfte leben Agamen und Hausgeckos; mit etwas Glück entdeckt man Chamäleons in den Büschen.

Für den Mikumi-Nationalpark sollte man mindestens anderthalb Tage einplanen, um die beiden unterschiedlichen Gebiete beiderseits der Hauptstraße besuchen zu können.

Der nördliche Teil mit den Mkata Plains ist einen ganztägigen Aufenthalt wert. Über die Befahrbarkeit der Pisten sollten vor Beginn der Pirsch genaue Erkundigungen bei den Rangern eingezogen werden. Ausgehend vom Parkeingang hat man nach wenigen hundert Metern zwei Möglichkeiten: Zum einen führt rechts in östlicher Richtung eine Piste zu den Mkata Plains, zum anderen in westliche Richtung ein guter Weg nach Chamgore, von dem viele weitere kleine Wege abzweigen.

Die Piste, die in die Mkata-Ebene und schließlich zum Mwanambogo-Staudamm führt, ist etwas abenteuerlicher und nicht immer befahrbar. Zuerst muss der Kikoboga-Fluss durchquert werden, was in den meisten Fällen keine Probleme bereitet, da er nur wenig Wasser führt. Nach etwa weiteren 2 km erreicht man eine Stelle, an der der Visada-Rundweg abzweigt, der einen Besuch lohnt. Man sieht in dieser Gegend häufig Streifengnus und Elenantilopen. Nachdem der Hauptweg wieder erreicht ist, folgt man ihm in Richtung Norden. Dabei wird der Visada-Fluss überquert, und nach einigen Kilometern gelangt man zu einer Brücke über den Morogoro-Fluss. Diese ist jedoch manchmal nicht befahrbar. Vor einem liegen zwar die Mkata Plains, aber oftmals ist die Reise hier beendet. Zeitweilig werden neue Planken aufgelegt, sodass man über die Ebene bis an den etwa 10 km nördlich gelegenen Staudamm gelangt. Die großen Herden befinden sich insbesondere in der Trockenzeit in dieser Region des Parks. Dies ist auch die einzige Zeit, in der die Strecke wirklich befahrbar ist. Einen Versuch ist es allemal wert.

Schlägt man kurz hinter dem Parkeingang den Weg in westlicher Richtung ein, so folgt man zuerst den Zeichen, die zu den Hippo-Pools führen. Neben einigen Flusspferden lebt hier auch eine große Anzahl von Wasservögeln. Elefantenherden suchen die Weiher des Öfteren zum Trinken auf, ebenso wie Löwen und Großwild. Es existieren zwei derartige Pools nahe nebeneinander. Interessanterweise ist trotz übereinstimmender Umweltfaktoren häufig nur ein Pool von Flusspferden besiedelt. Zwischen den beiden Hippo-Pools beginnt der Kisingura-Rundweg, an dessen Ende sich der Mkata Drive anschließt. Tierbeobachtungen sind in diesem Gebiet rar und recht schwer. Das z. T. hohe rote Gras bietet allerdings vielen Tieren Schutz. Wer mit einem Safarifahrzeug unterwegs ist, dessen Dach nicht zu öffnen ist, wird eventuell enttäuscht sein.

Eine andere Möglichkeit ist es, an den Hippo-Pools entlang zu fahren und dann den Mkata-Fluss zu überqueren. Dies verlangt jedoch zu fast allen Zeiten etwas Mut von Seiten des Fahrers. Der Weg führt steil bergab, dann durch den etwa 2 m breiten Fluss und sofort wieder steil bergauf. Man muss schon eine Menge Schwung nehmen, um die Steigung zu überwinden. Nachdem man den Fluss überquert hat, ist der Weg wieder leicht befahrbar. Die Route verläuft auf über 20 km bis Chamgore meist parallel zum Mkata-Fluss. In diesem Gebiet sieht man neben Großwild wie Giraffen, Gnus und Impalas am ehesten Löwen. Falls die Brücke am Morogoro-Fluss funktionstüchtig und die Mkata-Ebene nicht überflutet ist, kann man

**An der glatten Rinde der *Sterculia*-Bäume können selbst Affen nicht emporklettern (Ikoya, Mikumi-Nationalpark).** Foto: W. Denzer

diese kreuzen und die gesamte Pirsch als etwa 40 km langen Rundweg bestreiten. Hierfür sollten Sie aber einen Ranger oder Führer mitnehmen, der sich sehr gut im Park auskennt.

Gegenüber der Verwaltung südlich der Straße beginnt der Ikoya-Abschnitt des Parks, der gut für eine halbtägige Erkundungsfahrt geeignet ist. Der Hill Drive führt durch Miombewald auf den Vuma Hill, wo es einen Aussichtsturm gibt. Von hier aus kann man die Mkata-Ebene überblicken und sieht in der Ferne die Rubeho-Berge. Wegen der dichteren Vegetation entlang dem Weg sind Tierbeobachtungen erschwert, aber mit etwas Glück bekommt man einen Kudu oder Hartebeest zu Gesicht. Der Hill Drive war (und ist immer noch) als Rundweg geplant, aber nicht als solcher ausgebaut. Nur wenige Meter neben dem Aussichtsturm zweigen Wege ab. Der eine führt zur Wildlife Lodge und ist als Privatweg gekennzeichnet, der andere – etwa 50 m zurück entlang dem Hauptweg – lädt zu Abenteuern ein, da er weder markiert noch in einer Karte verzeichnet ist. Diese Piste führt in das Selous-Gebiet, ist aber schon nach wenigen Metern kaum noch befahrbar. Sie führt steil bergab – was noch einfach zu bewerkstelligen ist – und endet dann im Nichts, da sie nicht mehr genutzt wird! Der Rückweg bergauf gestaltet sich dann insbesondere nach Regenfällen sehr schwierig.

Üblicherweise nimmt man die eingangs erwähnte Hauptroute zurück und kann dann, kurz bevor man die Straße erreicht, nach links in den Ikoya Loop Drive einbiegen. Hier ist die Vegetation lichter als am Hügel. Der Waldrand ist immer einige hundert Meter entfernt. Hier lassen sich große Gruppen des Gelben Babuins und Impalaherden beobachten. Der Weg überquert einen kleinen Fluss, den Elefanten zur Wasseraufnahme und zum Baden aufsuchen. Stellenweise gelangt man an den Miombewald heran, wo sich Kudu und Lichtensteins Hartebeest aufhalten.

Im Park existieren mehrere Übernachtungsmöglichkeiten. Kurz bevor man den Haupteingang erreicht, liegt südöstlich der Straße die Mikumi Wildlife Lodge in den Hügeln. Neben dem Parkeingang im Kikoboga-Gebiet liegt das empfehlenswerte Mikumi (Kikoboga) Wildlife Camp. Von der Terrasse aus hat man einen herrlichen Blick auf die Ebene und die Rubeho-Berge im Hintergrund. An einer kleinen Wasserstelle können Großtiere beobachtet werden, die hierher zum Trinken kommen. Im Allgemeinen ist es problemlos möglich, eine Unterkunft zu bekommen; wer aber sichergehen will, sollte vorher über das Büro in Dar-es-Salaam buchen (Tel. (255 22) 2600352, Fax 2600347, E-Mail: oysterbay-hotel@twiga.com).

Es halten sich stetig Gerüchte, dass eine Piste in das südlich gelegene Selous-Wildreservat kurz vor der Fertigstellung sei. Dies wäre eine sehr interessante Möglichkeit, den nördlichen Teil des riesigen Selous-Ökosystems in einer weiteren Tagestour zu erkunden.

Weiterführende Literatur zu diesem Thema:

Snelson, D. (Hg.) (1987): Mikumi National Park. – TANAPA & African Wildlife Foundation.

African Publishing Group (2000): Tanzania National Parks. Mikumi. – African Publishing Group Intl., Harare.

## Selous Game Reserve

Im Süden schließt sich das riesige Selous Game Reserve an den Mikumi-Nationalpark an. Dieses Wildreservat gehört mit knapp 45.000 km² zu den größten Schutzgebieten der Erde und wurde zum Weltnaturerbe erklärt. Zusammen mit dem Mikumi-Nationalpark und der östlich gelegenen Kilombero Game Controlled Area bildet es ein abwechslungsreiches Ökosystem, in dem viele Arten Zuflucht gefunden haben. Der Nordosten des Reservates liegt nur etwa 100 m ü. NN, während sich der Südwesten bereits auf 1.200 m Höhe befindet.

Um ein derart großes Reservat zu schaffen, ist es für gewöhnlich unausweichlich, Teile der ansässigen Bevölkerung umzusiedeln. Im Falle des Selous-Ökosystems war dies nur bedingt notwendig, da die hier vorkommenden Arten der Tsetsefliege Rinderseuchen sowie Schlafkrankheit übertragen und weit verbreitet sind. Der Versuch, die Region zu besiedeln, hat zu keiner Zeit wirklich stattgefunden. Solange den fliegenden Plagegeistern nicht mit irgendeiner Art von Schädlingsbekämpfung oder Trockenlegung von Feuchtgebieten zu Leibe gerückt wird, wird das Selous-Reservat wohl auch in Zukunft eines der bedeutendsten Rückzugsgebiete ostafrikanischer Großtiere sein. Dies bedeutet aber auch gleichzeitig, dass nur ein kleiner Teil touristisch erschlossen werden kann.

Im Wesentlichen gliedert sich das Reservat in zwei unterschiedliche Habitate. Der östliche Teil ist mit baumbewachsener Grassavanne überzogen. Die häufigste Baumart ist *Terminalia spinosa*. Im westlichen Teil – auf ca. 75 % des gesamten Gebietes – herrscht laubabwerfender Miombe-Wald mit charakteristischen Ar-

**Afrikanische Nimmersatt-Störche (*Mycteria ibis*) nisten auf Borassus-Palmen am Rufiji River, Selous Game Reserve, Tansania.** Foto: G. Ziesler

**Abendstimmung am Rufiji River mit Kaffernbüffel (*Syncerus caffer*); Selous Game Reserve, Tansania** Foto: G. Ziesler

ten wie *Brachystegia*, *Pterocarpus* und *Combretum*-Bäumen vor. Ein großer Teil des Reservates ist durch den Rufiji-Fluss und seine Zuflüsse Great Ruaha, Luwego, Kilombero und Luhombero geprägt, die allesamt ständig Wasser führen.

In den verschiedenen Habitaten leben schätzungsweise über eine Million Großtiere, darunter 150.000 Gnus und 100.000 Kaffernbüffel. Eine Besonderheit ist die gesunde Population von ca. 4.000 afrikanischen Wildhunden, einer Art, die in weiten Teilen Afrikas bereits ausgestorben ist. Eine mit Hilfe eines Kleinflugzeuges durchgeführte Studie erbrachte 1994 die beachtliche Anzahl von etwa 32.000 Elefanten, die im Gebiet leben. Dies ist zwar wahrscheinlich eine der größten Populationen – evtl. gar die größte –, aber im historischen Rahmen betrachtet stellt sich der Sachverhalt ungleich schlechter dar. Die Populationsgröße wurde im Jahre 1976 auf 110.000 Exemplare geschätzt, betrug 1981 noch 100.000 Tiere, fiel dann bis 1986 auf 55.000 Tiere, um im Jahre 1989 mit 24.500 Individuen den Tiefpunkt zu erreichen. Immerhin deuten die heutigen Schätzungen auf eine Erholung der Populationsstärke hin und lassen für die Zukunft hoffen. Ähnlich verhält es sich mit dem Spitzlippen-Nashorn (*Diceros bicornis*), dessen Individuenzahl von 3.000 Tieren im Jahre 1981 auf 100 Exemplare im Jahre 1986 fiel.

Da das Gebiet nicht den Status eines Nationalparks besitzt, ist die touristische Infrastruktur wenig ausgebaut. Im Wesentlichen ist nur der nördliche Teil des Reservates für Touristen erreichbar, und dies auch nur über organisierte Touren. Übli-

cherweise gestaltet sich ein Besuch derart, dass man per Kleinflugzeug oder per Luxuszug anreist und in einem der Luxuscamps unterkommt. Ein bedeutender Vorteil des Reservates ist, dass mit Rangern Wandersafaris unternommen werden können. Auf dem Rufiji-Fluss werden zudem Bootssafaris durchgeführt.

Unterkünfte findet man am Rufiji-Fluss sowie in der Umgebung des Stiegler's Gorge. Etwas weiter nördlich liegt das Beho-Beho-Camp, das nur mit der Bahn erreicht werden kann. Vorausbuchungen des Camps inklusive der Zugreise können über die Telefonnummer des Oysterbay-Hotels in Dar-es-Salaam (s. Mikumi Wildlife Camp) getätigt werden.

Der südliche Teil des Reservates kann nur in Form von Campingflugsafaris besucht werden.

## Nationalpark Udzungwa Mountains

Etwa 75 km südwestlich des Mikumi-Nationalparks kann man in eine völlig andere Welt eintauchen. Hier befindet sich der Udzungwa-Nationalpark, dessen bergiges Areal mit ursprünglichem Regenwald bewachsen ist. Nur an wenigen Stellen Ostafrikas ist es so einfach, in die Tiefen des „Urwaldes" vorzudringen und die üppige Vegetation zu bestaunen.

Hinter dem Ort Mikumi zweigt links eine Straße in Richtung Ifakara ab, die zunächst geteert ist, um Fahrzeugen die Zufahrt zum 36 km entfernt gelegenen Kraftwerk zu gewährleisten. Bei Kitavu erreicht man den Great-Ruaha-Fluss und das Ende der ausgebauten Strecke. Die schlaglochreiche Lehmpiste führt nun noch weitere 24 km durch landwirtschaftlich genutztes Gebiet – meist

**Sanje-Wasserfall** Foto: W. Denzer

**Leopardenorchidee (*Ansiella africana*)**
Foto: W. Denzer

Zuckerrohrplantagen – bis Mang'ula, wo man die Parkverwaltung und Unterkünfte findet. Trotz der Nähe zu Mikumi ist davon abzuraten, Udzungwa in einer Tagestour zu besuchen, da der letzte Teil der Strecke nur sehr langsam bewältigt werden kann und die Anfahrt etwa drei Stunden in Anspruch nimmt.

Nahe dem Parkeingang in Mang'ula existieren nur wenige Unterkünfte mit annehmbarem Standard. Preiswert wohnt man im Twiga-Hotel; hier trifft man viele Studenten, die für verschiedene Organisationen und Unversitäten an zoologischen und ökologischen Projekten arbeiten. Einen etwas höheren Standard bietet das Udzungwa Mountain View Hotel, das eher von Wissenschaftlern und Naturreisenden frequentiert wird. Das angeschlossene Restaurant ist abends Treffpunkt zahlreicher interessanter Leute, die Tipps für Touren oder Auskünfte über ihre Projekte geben können. Der WWF unterstützt ein Projekt zur Waldbewirtschaftung, das es der Lokalbevölkerung erlaubt, Bäume für Feuerholz oder Fruchtbäume auf ihrem Land zu pflanzen. In einer kleinen Baumschule werden die Jungpflanzen umsonst abgegeben. Das Sammeln von Feuerholz sowie Holzeinschlag für den Bau von Hütten innerhalb des Nationalparkgebietes stellte lange Zeit einen erheblichen Eingriff in den natürlichen Haushalt des Waldes dar; Feuerholzlesen wird heutzutage nur noch an einem Tag in der Woche gestattet, Holzeinschlag ist vollständig untersagt. Zahlreiche Projekte sind mit dem Sozialverhalten der hier heimischen Primaten wie der Sanje-Hutmangabe (s. u.) befasst. Einige Teile des Schutzgebietes sind so entlegen, dass die Zusammensetzung der dortigen Tiergemeinschaft nicht einmal bekannt ist.

Der Park kann ohne Führer betreten werden, jedoch bietet sich für längere Touren die Mitnahme eines offiziellen Führers an. Gleich hinter der Parkverwaltung gehen einige Wege in den Wald und zu den dort gelegenen Campingplätzen. Zu Beginn des Weges passiert man die Unterkünfte der Angestellten. In den umliegenden Bäumen sind in den Morgen- und Abendstunden häufig Trupps von Affen zu beobachten. Es handelt sich dabei um Rote Stummelaffen (*Colobus badius gordoni*), die durch den ständigen Kontakt mit den Menschen ihre Scheu etwas abgelegt haben. Solange man ihnen keine direkte Aufmerksamkeit schenkt, verhalten sie sich ruhig und fahren mit der Futtersuche fort. Sobald man jedoch den Blick oder gar die Kamera auf sie richtet, begeben sie sich in die höheren Baumregionen. Der Weg führt jetzt ein wenig tiefer in den Wald. Dieses Gebiet ist weitgehend mit altem Sekundärwald bewachsen, und man findet Anzeichen ehemaligen Holzeinschlags. In den Bäumen sind ständig Affen zu hören, aber kaum zu entdecken. Meist sind es Trupps der Sykes-Meerkatze auf der Suche nach Früchten. Weiterhin kommen Unterarten der Grünmeerkatze (*Cercopithecus aethiops rufoviridis*) und des Mantelaffen (*Colobus angolensis palliatus*) im Übergangsgebiet zwischen Sekundär- und Primärwald vor.

Schmale Seitenpfade zweigen vom Hauptweg ab und führen an einen kleinen Bach, in dem es nach der Regenzeit von Kaulquappen wimmelt. Außerdem leben hier Süßwasserkrabben unter den flachen Flusskieseln. An den seichten Stellen lebt eine Fischart, die von Einheimischen gern verzehrt wird und laut Beschreibung wahrscheinlich eine Forellenart ist. Folgt man dem Hauptweg, so gelangt man nach kurzer Zeit an den Prinz-Bernhard-Wasserfall. Zur Einweihung des Nationalparks war der niederländische Monarch angereist, und das idyllische Fleckchen ist zu seinen Ehren benannt worden. Der Weg führt weiter den Berg hinauf, und man wandert lange Zeit auf dem Grat. Hier befindet man sich in Miombe-Vegetation. Vom Grat aus kann man die Waldformationen am gegenüber liegenden Hang und im Tal studieren. Da das Wasser selbst nach starken Regenfällen schnell zu beiden Seiten abläuft, ist der Boden sehr trocken. In den Tieflandregenwäldern um Mang'ula lebt eine Galago-Art, die auf diese Region beschränkt ist, der Udzungwa-Zwerggalago

**Prinz-Bernhard-Wasserfall** Foto: W. Denzer

**Baumpilze** Foto: W. Denzer

(*Galagoides udzungwensis*). Die Tiere sind wie alle Buschbabys nachtaktiv und nur schwer zu entdecken. Bei einer Nachtwanderung hat man allerdings gute Chancen, da sie durch Rufe ihren Aufenthaltsort verraten. Eine etwa vier- bis fünfstündige Wanderung beginnt an der Rangerstation ca. 10 km nördlich von Mang'ula. Man benötigt ein Fahrzeug, das einen erst zur Rangerstation bringt und das nach Beendigung der Wanderung in Sanje wieder zur Verfügung steht. Wenn man von einem Führer begleitet wird – was sehr zu empfehlen ist –, kann dieser meist etwas mit den Parkrangern arrangieren. Die Tour führt über mehrere Vorberge des Mwahinana auf den Sanje-Wasserfall, dann über den Fluss und auf der anderen Seite in den Ort Sanje am Fuß des Berges. Die Tour bietet schöne Einblicke in das Regenwald-Ökosystem und eröffnet an ihrem höchsten Punkt einen wunderbaren Ausblick über die Region.

Zu Beginn des Aufstiegs zieht sich die Tour durch Flachlandregenwald. Dieser Waldtyp hat ein geschlossenes Blätterdach in etwa 30 m Höhe. Wegen des geringen Sonnenlichteinfalls existiert nur wenig Unterbewuchs. Dafür sind viele Bäume mit aufsitzenden Pflanzen (Epiphyten) bewachsen. Meist handelt es sich dabei um Farne oder Orchideen, die sich durch die Bildung von Luftwurzeln auszeichnen. Einige Bäume sind periodisch früchtetragend und ziehen daher Affen und Vögel an. An vielen Stellen findet man Bäume aus der Verwandtschaft der Feigen (*Ficus* spp.). Besonders Würgefeigen, die im Laufe der Zeit ihren Wirtsbaum mit einem Geflecht aus Luftwurzeln überziehen, springen ins Auge. Eine Reihe anderer großer Bäume entwickelt Brettwurzeln, um so genügend Halt im Boden zu finden. Die Hohlräume zwischen den Brettwurzeln sind beliebte Aufenthaltsorte von allerlei Reptilien, Amphibien und wirbellosen Tieren. Der wohl auffälligste Baum der Region ist der Stinkbaum (*Sterculia appendiculata*). Er zeichnet sich durch einen sehr hohen, geraden Wuchs aus und überragt häufig das sonst geschlossene Blätterdach. Die Rinde ist gelblich und glatt. Da er nur an seinem obersten Ende eine Krone ausbildet, ohne Äste am langen Stamm auszutreiben, wird er auch als „Pavianpuzzle" bezeichnet. Während Affen sonst nahezu jeden Baum emporklettern können, verhindert dies hier der rutschige Stamm. Die hoch liegende Krone und der Stamm machen es den Affen unmöglich, an die Früchte heranzukommen. Die Verbreitung des Samens geschieht also ausschließlich durch Vögel.

Der Flachlandregenwald geht beim Aufstieg langsam in den submontanen Wald über. Das Kronendach liegt hier etwas niedriger und ist lichtdurchlässiger. Daher erkennt man diesen Vegetationstyp bereits an dem vermehrt auftretenden Unterbewuchs. Häufige Pflanzen des Unterbewuchses sind Drachenbäume (*Dracaena* spp.) und Krappgewächse (Rubiaceae). Zu den größten Baumarten dieser Region gehört mit bis zu 30 m Höhe die Newtonie *(Newtonia buchananii*). Sie ist leicht an den dicht gefiederten Blättern und schotenförmigen Samenkapseln zu erkennen. Ähnlich wie der bereits erwähnte Stinkbaum wächst der Säulenbaum sehr geradlinig und steht daher im Ruf, sehr gutes Bauholz zu liefern.

Nach etwa drei Stunden hat man eines der oberen Becken des Sanje-Wasserfalls erreicht, der insgesamt ca. 170 m in die Tiefe fällt. Von diesem Punkt aus hat man einen schönen Blick über die ehemalige Flutebene am Fuß des Berges. Deutlich sind die landwirtschaftlich genutzten Flächen aufgrund ihrer geometrischen Strukturen zu erkennen. Im Wesentlichen wird in der Region Zuckerrohr angepflanzt und Weidewirtschaft betrieben. Zusätzlich kann man aber auch erkennen, wie dicht die Hänge noch bewaldet sind. Die Baumkrone ist geschlossen und meist gleichmäßig hoch, was darauf hindeutet, dass es sich um primären Regenwald handelt. Wer schwindelfrei ist, kann sich auf die Felsen am Ufer begeben und den Wasserfall hinunterschauen. Man erkennt die weiter unten liegenden Auffangbecken, die bereits von hier oben zu einem erfrischenden Bad einladen. In dieser Höhe ist das Wasser allerdings recht kühl. Will man aber nicht den gleichen Weg zurückgehen, muss man ohnehin den Fluss überqueren. Wegen der ziemlich starken Strömung ist über dem Fluss ein Halteseil angebracht.

Der nun anschließende Weg führt noch ein Stück aufwärts zum nächsten Kamm, bevor er sich dann steil ins Tal windet. Oberhalb des Wasserfalls sind die Chancen am größten, die seltenen und scheuen Sanje-Hutmangaben (*Cercocebus galeritus sanjei*) zu beobachten. Hutmangaben kommen sonst nur in Zentralafrika, Uganda und in einer kleinen Population am Tanafluss in Kenia vor. Durch die geographische Isolation gehören die jeweiligen Populationen unterschiedlichen Unterarten an. Die Sanje-Hutmangabe wurde erst 1979 entdeckt, als Wissenschaftler von der Universität Dar-es-Salaam im Wald eigenartige Lautäußerungen von Affen vernahmen. Diese Art ist derart scheu, dass es bisher nicht gelungen ist, Fotos im Freiland zu machen. Selbst die beiden in einigen Büchern abgebildeten Fotos zeigen nur ein Jungtier auf dem Arm eines Einheimischen bzw. dasselbe Tier Jahre später in einem Käfig. Die Gesamtpopulation dieser Unterart wird auf nur etwa 1.000 Exempla-

**Nestfarn (*Asplenium* sp.)** Foto: W. Denzer

**Die Bergwaldagame (*Agame montana*) lebt nur in den Eastern Arc Mountains.**
Foto: W. Denzer

re geschätzt, was sie zu einem der seltensten Primaten der Welt macht. Im Wald sind sie meist zuerst durch Ruflaute bemerkbar. Da sie ihre Nahrung überwiegend am Boden suchen, sollten die Blicke eher auf diesen Bereich gerichtet sein als auf die umliegenden Bäume. Häufig sieht man allerdings nur „schlanke Affen" fluchtartig im Unterholz verschwinden. Der Führer wird sicherlich behaupten, dass es sich um die endemische Art handle, und man muss es denn auch glauben.

Der Weg bergab bietet an einigen Stellen die Möglichkeit, direkt an den Wasserfall zu gelangen. In den Auffangpools und in deren Umgebung leben zahlreiche Amphibien. Die Amphibienwelt des Udzungwa-Gebirges erlangte besondere Aufmerksamkeit, als bekannt wurde, dass eine Population der seltenen, lebendgebärenden Kröte *Nectophrynoides asperginis* in der Spritzwasserzone eines Wasserfalls des Kihansi-Flusses lebt, der Teil eines hydroelektrischen Projektes ist. Alle Arten dieser Gattung sind weltweit geschützt und leben meist endemisch in nur sehr begrenzten Hochlandbiotopen. Da eine Umsiedlung nicht ohne Weiteres möglich ist, elektrische Energie jedoch dringend benötigt wurde, wird ein Teil des Wassers abgezweigt, um eine künstliche Spritzwasserzone aufrecht zu erhalten. Weitere endemische Arten, die lange Zeit auf ihre Entdeckung warten mussten, sind der Baumfrosch *Phlyctimantis keithae*, der Udzungwa-Regenfrosch (*Phrynobatrachus uzungwensis*) sowie der Udzungwa-Waldgecko (*Cnemaspis udzungwae*). Aus der Reptilienwelt ist vor allem auch die hohe Artenzahl an Chamäleons bemerkenswert. Hier sind die Gattungen *Bradypodion* mit einer Art (*B. oxyrhinum*), *Chamaeleo* mit fünf Arten (*C. dilepis, C. goetzei, C. laterispinis, C. tempeli* und *C. werneri*) sowie das Stummelschwanzchamäleon *Rampholeon brevicaudatus* vertreten.

Auf der gesamten Wanderung begegnet man ständig Affenhorden, zahlreichen bunten Insekten, wie Schmetterlingen und schillernden Käfern, sowie den aggressiven Treiberameisen. Für ornithologisch Interessierte hat der Wald viele Besonderheiten zu bieten. Insgesamt wurden bisher über 300 Vogelarten nachgewiesen; einige von ihnen sind in ihrer Verbreitung auf die Eastern Arc Mountains beschränkt. Das Udzungwa-Waldrebhuhn wurde erst 1991 entdeckt, und bisher ist nur wenig über die Lebensweise dieser Tiere bekannt geworden. Oberseits ist diese Art ziegelrot und grau gefärbt, das Bauchgefieder ist grau mit schwarzen Brustfedern. Die Kehle, der Schnabel und ein Hinteraugenstrich sind orangerot. Bisher wurden diese Rebhühner nur an wenigen Stellen gesichtet, die einzelnen Fundpunkte liegen aber weit genug auseinander, um ein größeres Verbreitungsgebiet vermuten zu lassen.

Die Blütenpflanzen des Waldes werden von zahlreichen Nektarvögeln aufgesucht. Von den seltenen Arten wurden der Amani-Nektarvogel sowie der Rotflügel-Nektarvogel nachgewiesen. Die letztgenannte Art wurde erst 1981 in dieser Region entdeckt.

Auf dem letzten Teilstück der Wanderung hat man schöne Ausblicke auf den hinabstürzenden Sanje-Wasserfall. Sobald die Nationalparkgrenze erreicht wird, zieht sich der Weg durch die Felder von Kleinbauern. Hier werden Mais, Mangos, Papaya und Süßkartoffeln für den Eigenbedarf angebaut. Der Weg führt dann durch das Dorf Sanje, und nach kurzer Zeit wird die „Hauptstraße" erreicht, an der hoffentlich bereits ein Fahrzeug für die Rückfahrt zur Unterkunft bereitsteht.

Neben den hier skizzierten Wanderungen besteht auch die Möglichkeit zu mehrtägigen Dschungeltrecks oder Wanderungen am Berg. Hierfür werden Genehmigungen und Führer benötigt, die über die Parkverwaltung in Mang'ula organisiert werden können. Um einen ergiebigen Eindruck in die Ökologie des Udzungwa-Nationalparks zu erhalten, sollte man mindestens zwei Tage Aufenthalt einplanen. Von Mang'ula aus kann man der Piste weiter in Richtung Ifakara folgen und in abgelegene Regionen des Selous-Wildschutzreservates vordringen. Üblicherweise fährt man aber die Strecke bis Mikumi zurück, um anschließend den Ruaha-Nationalpark oder den Mikumi-Nationalpark zu besuchen.

Weiterführende Literatur zu diesem Thema:

African Publishing Group (1999): Tanzania National Parks. Udzungwa Mountains. – World-Wide Fund for Nature, Tanzania, Dar es Salaam.

## Ruaha-Nationalpark

Verlässt man Mikumi und folgt dem Tansania-Sambia-Highway (B7) weiter in Richtung Südosten, erreicht man nach etwa 200 km den Ort Iringa. Von hier aus sind es nochmals 130 km auf einer Lehmpiste, bevor man in den Ruaha-Nationalpark gelangt. Die Strecke sollte nur mit allradgetriebenen Fahrzeugen befahren werden, da nach Regenfällen Teile des Weges recht schlammig werden können. Kurz nachdem die Nationalparksgrenze überschritten wird, gelangt man an den Great-Ruaha-Fluss. Eine Fähre (Ibiguziwa-Fähre) ist die einzige Möglichkeit, den Fluss mit einem Fahrzeug zu überqueren. Nach einem weiteren Kilometer geht es rechts in Richtung Ruaha-River-Camp – beste Unterkunft am Platz – und Parkhauptquartier bei Msembe, dem Ausgangspunkt für Exkursionen in das Gebiet.

Der Ruaha-Nationalpark hat eine Fläche von fast 13.000 $km^2$ und gehört mit den angrenzenden Rungwa-, Kizogo- und Muhesi-Wildreservaten zu einem etwa 40.000 $km^2$ umfassenden Ökosystem. Die Vegetation ändert sich von Osten nach Westen; im äußersten Westen überwiegen Akazien, daran anschließend folgt *Brachystegia*-Wald (Miombe), und im Westen herrscht *Commiphora*-Wald vor. Im bergigen Südwesten liegt ein kleines, dicht bewaldetes Areal, das von einer Drypetesart (*Drypetes gerrardi*) dominiert wird. Das Waldgebiet ist allerdings derart abgelegen, dass nur wenig über die dort vorkommende Tiergemeinschaft bekannt ist. Da Drypetes-Bäume gelbe und orange Früchte tragen, kann davon ausgegangen werden, dass zahlreiche Affen- und Vogelarten vorkommen. Im übrigen Gebiet findet man Großwild entsprechend dem Vegetationstyp. Grantgazellen erreichen hier ihre südliche

**Tansania Ruaha** Foto: J. Hinzen

Verbreitungsgrenze; beide Kudu-Arten sowie Rappen- und Pferdeantilopen leben in der buschbewachsenen Savanne und dem Miombewald. Die Elefantenpopulation des Ruaha betrug in den 1960er-Jahren noch 20.000 und schrumpfte dann durch Wilderei auf 6.000 Exemplare anfangs der 1990er-Jahre. Glücklicherweise ist ein Ansteigen der Dichte zu erkennen, und man geht derzeit von ca. 10.000 Tieren im Park aus. Elefanten waren leider aber auch für die großflächige Vernichtung der ehemals häufigen Baobab-Bäume verantwortlich. Als Besonderheit hat der Ruaha-Nationalpark vor allem die Vorkommen des afrikanischen Wildhundes zu bieten.

Das Gebiet ist landschaftlich sehr attraktiv, weil es von mehreren „Sandflüssen" durchzogen wird und eine Bruchstufe des afrikanischen Grabens durch den Park verläuft. Eine Tour führt von Msembe zu den nordwestlich gelegenen Kimiramatonge-Hügeln, die auf 1.300 m ü. NN ansteigen. Weiter nördlich wird der Mwagusi-Sandfluss überquert, bevor man sich am Fuß der Grabenbruchstufe befindet. Eine andere Tour verläuft entlang dem Mdoyna-Sandfluss zur Mdoyna-Schlucht. Die so genannten Sandflüsse sind die Oberflächenformationen unterirdischer Wasserläufe. Wegen des vorhandenen Grundwassers ist die Vegetation üppig. In der Trockenzeit werden diese Stellen von Tieren aufgesucht, die nach Wasser graben. Elefanten sind dabei die Vorreiter, und die meisten anderen Tiere folgen als Nutznießer. Nach Regenfällen verwandeln sich die Trockenbetten schnell in reißende Flüsse, da das Wasser unterirdisch nicht abfließen kann. Der Great-Ruaha-Fluss führt dagegen ständig Wasser. Daher ist eine Fahrt entlang seinen Ufern in der trockenen Jahreszeit besonders interessant. Von Msembe fährt man zunächst zurück in Richtung Fähre, bleibt aber dann auf der geradeaus führenden Piste. Unterwegs bieten sich immer wieder Möglichkeiten, direkt an das Flussufer zu gelangen und Stromschnellen zu bewundern oder Krokodile auf den Sandbänken zu beobachten. Wegen der Größe und Abgelegenheit des Ruaha-Nationalparks empfiehlt es sich, das Gebiet nur in Begleitung eines ortskundigen Führers zu bereisen. Gerade die Abgeschiedenheit und die geringe Besucherzahl machen den Park für viele Afrikafreunde sehr interessant.

Weiterführende Literatur zu diesem Thema:

Hagen, H. (1979): Nationalpark Ruaha. Reihe Nationalparks Bd. 8. – Kilda-Verlag, Greven.

## Katavi-Plains-Nationalpark

Noch abgelegener und so gut wie nicht besucht ist der Katavi-Plains-Nationalpark in der Nähe des Lake Tanganyika. Um dorthin zu gelangen, muss man entweder eine anstrengende zweitägige Fahrt von Iringa über Mbeya (hier Übernachtung) in Kauf nehmen oder per Charterflugzeug anreisen.

Mit dem Wagen verlässt man Iringa in Richtung Süden und folgt dem Tansania-Sambia-Highway (A104) bis Mbeya. Mbeya ist ein Handelsort im Dreiländereck von Sambia, Malawi und Tansania, der auch per Flugzeug erreicht werden kann. Mbeya kann als Ausgangspunkt für Besuche des nördlichen Lake Malawi, des Lake Tanganyika und der Nachbarländer genutzt werden. Von Mbeya führt die Straße weiter bis an die Grenze nach Sambia. Kurz bevor die Grenze erreicht wird, zweigt rechts eine schlecht ausgebaute Straße in Richtung Sumbawanga ab. Die Route (B8) führt dann über die Mbizi-Berge und verbindet Sumbawanga mit Mpanda. Hierbei wird der Katavi-Plains-Nationalpark durchquert. In der Trockenzeit (Juni bis Oktober) kann der Park auch vom Norden, aus Kigoma kommend, angefahren werden.

Der Park gehörte bis vor kurzem mit 2.250 km² zu den kleineren Schutzgebieten, avancierte jedoch nach einer Erweiterung auf 4.470 km² zum drittgrößten Nationalpark Tansanias. Die Vegetation ist durch eine saisonale Flutebene mit hohem Graswuchs und Miombewald geprägt. Zahlreiche Flüsse durchströmen das Gebiet, und die Seen Lake Katavi auf einer Hochebene im Nordwesten sowie Lake Chada im Südosten ziehen viele Großtiere an.

Wegen der Vielzahl an Feuchtbiotopen sind beachtliche Populationen von Flusspferden und Krokodilen vorhanden. In den Flussauen und auf den Sumpfwiesen leben Pukus (*Kobus vardonii*). Diese Antilopenart ist mit den Wasser- und Riedböcken verwandt. Pukus leben in Herden von bis zu 20 Tieren. Die Herden setzen sich aus Weibchen mit ihren Jungtieren zusammen und durchstreifen die Territorien der Männchen. Unter den Großantilopen sind besonders die Vorkommen von Pferde- und Rappenantilopen erwähnenswert. Katavi ist einer der wenigen Parks, in denen man beide Arten findet. Die Halbmondantilope (*Damaliscus lunatus*) stößt hier an die nördliche Grenze ihres Verbreitungsgebietes. Wegen ihres Aussehens wurde sie lange Zeit als Verwandte von Kongoni und Topi (Gattung *Sigmoceros*) angesehen. Auf den Sumpfwiesen leben zahlreiche Amphibien und Vögel; insgesamt wurden über 400 Vogelarten beobachtet. Die größte Konzentration an Wasservögeln findet man im Bereich des Chada-Sees. Südöstlich des Katavi-Nationalparks liegt der Lake Rukwa, der für seine großen Brutbestände an Rosapelikanen bekannt ist.

Ruaha- und Katavi-Nationalpark sind sicherlich ein besonderes Safariglanzlicht. Wegen mangelnder Infrastruktur und schwieriger Zugänglichkeit einzelner Gebiete bleibt ein Besuch dieser Region jedoch afrikaerfahrenen Naturreisenden vorbehalten. Wer zum ersten Mal auf eine Safari geht oder bestimmte Tierarten mit großer Gewissheit antreffen möchte, sollte sich lieber auf die Parks des Nordens beschränken, um etwaigen Enttäuschungen vorzubeugen.

# Der Westen Tansanias

Der westliche Teil Tansanias am Ufer des Lake Tanganyika ist für den Tourismus nur wenig erschlossen. Allerdings befinden sich in dieser Region des Landes zwei Nationalparks, die vor allem zum Schutz der dort lebenden Schimpansenpopulationen geschaffen wurden: der Gombe-Stream-Nationalpark und der Mahale-Mountains-Nationalpark.

Ausgangspunkt für einen Besuch dieser entlegenen Schutzgebiete ist die kleine Stadt Kigoma. Diese kann per Zug oder Flugzeug ab Dar-es-Salaam oder Arusha erreicht werden. Mit dem Fahrzeug anzureisen ist wegen der schlechten Straßenverhältnisse beschwerlich und wenig sinnvoll, da man das Fahrzeug ohnehin in Kigoma zurücklassen muss. Kigoma wurde durch den Afrikaforscher Dr. David Livingstone weltbekannt, der auf der Suche nach der Quelle des Nils als verschollen galt und tot geglaubt wurde. Der amerikanische Journalist Henry Morton Stanley hatte es sich zur Aufgabe gemacht, das Schicksal Livingstones aufzuklären, und fand schließlich etwa 10 km nördlich von Kigoma im Ort Ujiji einen sehr geschwächten Weißen. Da zu dieser Zeit kein anderer Weißer in dieser Region Afrikas lebte, begrüßte er ihn mit den berühmten Worten: „Dr. Livingstone, I presume?“.

**Der Westen Tansanias** Grafik: W. Denzer

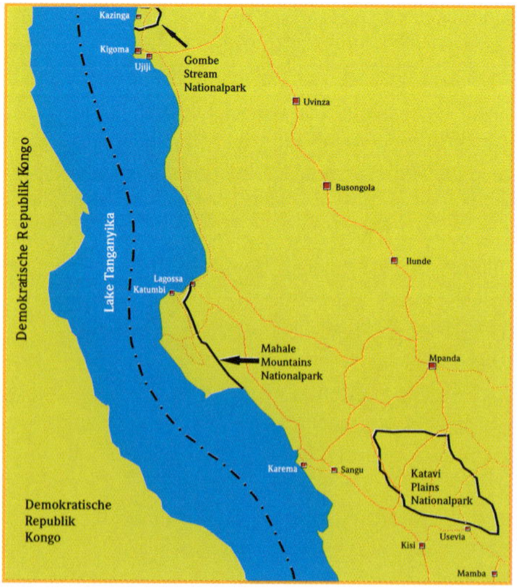


Kigoma liegt direkt am Ufer des Lake Tanganyika (s. a. Kapitel „Der afrikanische Grabenbruch“). Mit 675 km Länge ist er der längste See Afrikas, seine Breite beläuft sich auf 70 km. Während die meisten anderen Seen des Rifts abflusslos sind, besitzt der Tanganyika-See einen Abfluss in der Republik Kongo, dessen Wasser letztlich im Atlantischen Ozean enden. Im Laufe der Evolution konnten sich im See zahlreiche Fischarten entwickeln, die es sonst nirgends gibt. Insbesondere gilt dies für etliche Vertreter der Buntbarsche (Cichlidae). Viele dieser Arten finden sich in den Aquarien von Fischliebhabern weltweit. Insgesamt wurden im See bereits über 250 Fischarten nachgewiesen, von denen 80 % zu den Buntbarschen gehören. Eine andere Besonderheit ist das Vorkommen einer Quallenart im Tanganyika-See. Da der See einen nur geringen Salzgehalt aufweist und zudem leicht alkalisch ist, verwundert dies umso mehr. Die Tanganyikasee-Qualle ist nur 2 cm groß und fast durchscheinend. Für badelustige Reisende birgt sie keine Gefahr, im Unterschied zu einigen ihrer Verwandten im Meer. Giftig hingegen ist die hier heimische Wasserkobra (*Boulengerina annulata*), die sich fast ausschließlich von Fischen ernährt. Im Gegensatz zu den meisten anderen Giftnattern verbringt die Wasserkobra einen großen Teil ihres Lebens im See. Sie ist leicht an ihrer hellbraunen Grundfärbung und den schwarzen Ringen und Punkten am Körper zu erkennen. An Land begegnet man dieser Schlange am ehesten nachts.

Um in die Nationalparks am Tanganyika-See zu gelangen, muss man ab Kigoma mit dem Boot anreisen. Eine Fahrt in den Gombe-Stream-Nationalpark dauert bis zum Parkhauptquartier 2–3 Stunden; eine Bootsfahrt in den südlich gelegenen Mahale-Mountains-Park nimmt gar 7–8 Stunden in Anspruch (Abfahrt des Dampfschiffs nur einmal wöchentlich!). Bei im Voraus gebuchten Touren werden eigens gecharterte Boote benutzt; wenn man allerdings auf eigene Faust in die Parks gelangen möchte, so ist man auf die einheimischen Wassertaxis angewiesen.

## Gombe-Stream-Nationalpark

Der Gombe-Stream-Nationalpark liegt im nördlichen Bereich des Tanganyika-Sees nahe der Grenze nach Burundi. Das Parkhauptquartier befindet sich in Kasakela, etwa 25 km nördlich von Kigoma. Der Park überdeckt zwar nur eine Fläche von 52 km², erstreckt sich dabei aber von 750–1.500 m u. NN. In Ost-West-Richtung durchziehen 13 Täler den Park, und in jedem davon existiert ein System von Flüssen, die im Tanganyika-See enden. Aufgrund dieser Höhendifferenz auf kleinem Raum sind verschiedenartige Vegetationstypen ausgeprägt.

Entlang dem Seeufer und an den unteren Hängen findet man baumbestandenes Grasland. Daran schließt sich Trockenwald an, der in den Tälern durch immergrünen Tropenwald abgelöst wird. Die Hochlagen sind mit Miombe und Grasland bewachsen. Wegen der verschiedenen Vegetationsformen sind entsprechend auch unterschiedliche Tiergemeinschaften zu finden. Im Wesentlichen wird dieser Park allerdings nicht von den Großtieren beherrscht, sondern von einer recht stattlichen Zahl an Primaten. So leben in den Wäldern Anubispaviane, eine Unterart des Roten Stummelaffen (*Colobus badius tephrosceles*) sowie verschiedene Meerkatzenarten. Hauptattraktion sind allerdings die dem Menschen nahe verwandten Schimpansen (*Pan troglodytes schweinfurthi*).

Die Schimpansenpopulation im Gombe-Stream-Park gehört zu den am besten untersuchten Tiergruppen weltweit. Bereits 1960 begann die Britin Dr. Jane Goodall ihre Studien an frei lebenden Schimpansen in diesem Gebiet. Es dauerte nahezu ein Jahr, bis sie von den Tieren akzeptiert wurde und mit ihren naturnahen Beobachtungen beginnen konnte. Ihren Bemühungen ist es auch zu verdanken, dass Gombe im Jahre 1968 zum Nationalpark erklärt wurde.

Fast alle Fakten, die bis heute über das Sozialsystem und das Verhalten von Schimpansen bekannt sind, stammen aus ihrer Forschungsarbeit, die im Laufe der Zeit durch weitere Untersuchungen von Wissenschaftlern, Studenten und einheimischen Rangern bereichert wurde. Die erste Aufgabe war es, die einzelnen Tiere zu unterscheiden. Genau wie beim Menschen existieren in Schimpansenpopulationen keine zwei gleich aussehenden Tiere –es sei denn Zwillinge. Die Tiere sind leicht an ihren Gesichtszügen zu identifizieren, aber auch Stimme und Körperbau sind individuell ausgeprägt. Schimpansen leben in Gruppen von 20–100 Tieren, die sich zeitweise in kleinere Untergruppen aufteilen. Im Gombe-Nationalpark gibt es drei Großgruppen, die nach ihrem Heimatgebiet benannt sind: Mitumba im nördlichen Parkabschnitt, Kasakela im Bereich des Hauptquartiers und Kalande aus dem südlichen Teil des Parks.

In der Nähe von Kasakela befindet sich im Kakombe-Tal eine Futterstation, die in einem 15-minütigen Fußmarsch erreicht werden kann. Diese Futterstation ist weniger dazu gedacht, Schimpansen anzulocken, sondern sie dient den Wissenschaftlern dazu, die Wanderwege der einzelnen Individuen näher zu erforschen. Jedes Tier, das an der Station vorbeikommt, wird registriert und erhält einige Bananen. Von der Futterstation führt ein Weg aus dem bewaldeten Tal hinaus zum Kakombe-Wasserfall, der 20 m tief hinunterstürzt. In diesem Waldstück lassen sich viele Vögel sowie Insekten, Reptilien und Amphibien beobachten.

Der Besuch des Gombe-Stream-Parks ist für Freunde von Primaten sicherlich ein Glanzlicht in Ostafrika. Immerhin trifft man hier unsere nahen Verwandten, die aufgrund jahrelanger Studien zum Verständnis auch unseres menschlichen Verhalten beigetragen haben. Viele Touristen werden allerdings durch die schwierige Anreise und die hohe Eintrittsgebühr (100 US$ pro Tag) von dieser Tour abgehalten. Man sollte jedoch verstehen, dass der Erhalt eines einzigartigen Habitates wie Gombe und der Schutz der letzten frei lebenden Schimpansen Tansanias eine kostspielige Aufgabe ist, die finanziert sein will. Die Unterkünfte in Gombe sind sehr einfach und auf Selbstversorger ausgerichtet. Sollten Sie also keine Tour über einen Veranstalter gebucht haben, so müssen Sie bereits in Kigoma vor der Anreise genügend Proviant für die Zeit im Park einkaufen.

Weiterführende Literatur zu diesem Thema:

Goodall, J. (1990): Through a Window: My Thirty Years With the Chimpanzees of Gombe.

Snelson, D. (Hg.) (1986): Gombe Stream National Park. – TANAPA & African Wildlife Foundation.

## Mahale-Mountain-Nationalpark

Der Mahale-Mountains-Nationalpark ist das wohl abgelegenste Schutzgebiet Tansanias. Nur über die bereits erwähnte lange Bootsfahrt oder per Kleinflugzeug kann man hierher gelangen. Da der Park derart abseits aller Routen liegt, existiert auch keinerlei touristische Infrastruktur. Nur ein kleines Gasthaus nahe Kasiha bietet Unterkunft. Es ist daher nicht anzuraten, eine Tour auf eigene Faust dorthin zu unternehmen, sondern man sollte in diesem Fall besser auf Veranstalter in Arusha oder Dar-es-Salaam zurückgreifen. Über diese kann zum einen die Anreise organisiert und zum anderen ein Luxus-Zeltcamp während der Trockenmonate (Mai-Oktober) gebucht werden.

Mit 1.613 km² ist das Gebiet wesentlich größer als der Gombe-Stream-Nationalpark. Große Teile des Schutzgebietes sind bis heute noch nicht genauer untersucht

**Junges Schimpansen-Männchen (*Pan troglodytes*) ruht auf einem Baum; Mahale-Mts.-Nationalpark, Tansania.** Foto: G. Ziesler

und immer noch unzugänglich. Der überwiegende Teil des Parks ist mit Miombewald bestanden, jedoch entspricht die Vegetation in den mittleren Höhenlagen der des Gombe-Gebietes. Im Mahale-Nationalpark leben ca. 700 Schimpansen, die sich in 15 Gruppen unterteilen. Ihr Verhalten wird schon seit langer Zeit von japanischen Forschergruppen untersucht, und interessanterweise wurden einige Verhaltensweisen entdeckt, die sich von denen der Gombe-Tiere unterscheiden. Zum Beispiel äußert sich dies in der Nahrung – Gombe-Schimpansen fressen Palmnüsse, Mahale-Tiere nicht, obwohl die gleiche Palmenart vorkommt; aber auch im Sozialverhalten wurden populationsspezifische Unterschiede festgestellt.

Da es im Mahale-Park kein Wegenetz wie im Gombe-Gebiet gibt, sind die Wanderungen erheblich anstrengender. Der Besuch bleibt im Allgemeinen auf ein kleines Gebiet in der Umgebung von Kasiha am Tanganyika-See beschränkt. Wie in Gombe ist das Aufsuchen der Schimpansen auch hier nur mit geeigneten Führern gestattet, allerdings bedarf es nicht eines so hohen Eintrittsgeldes. Neben Schimpansen sind auch die anderen bereits erwähnten Primaten im Park zu finden; zusätzlich leben in den Hochlagen des Mahale-Gebietes schwarzweiße Stummelaffen (Guarezas).

Mahale-Mountains- und Gombe-Stream-Nationalpark sind sicherlich einen Besuch wert. Es ist sinnvoll, die Tour nicht zu kurz zu planen. Wegen der umständlichen Anreise und der manchmal unsteten Wetterbedingungen sollten für eine Tour ab Dar-es-Salaam oder dem Norden Tansa-

**Schimpansen-Männchen (*Pan troglodytes*) bei sozialer Fellpflege, Mahale-Mts.-Nationalpark, Tansania** Foto: G. Ziesler

nias mindestens vier Tage eingeplant werden, damit einem zwei volle Tage für Wanderungen und Schimpansenbeobachtungen bleiben. Die beiden Nationalparks werden im Jahr nur von etwa 500 Personen besucht, wobei es das Gros nach Gombe zieht. Mit allen Genehmigungen, Unterbringung und Verpflegung sowie Anreise sollte für eine vier- bis fünftägige Tour ein Budget von 1.500 US$ eingeplant werden. Sicherlich kein „Schnäppchen", aber ein unvergessliches Erlebnis!

Weiterführende Literatur zu diesem Thema:
HOFER, HUFFMANN & ZIESLER (1998): Mahale – Begegnungen mit Schimpansen. - PAN EDITION Navalon-Verlag, Füssen

# Uganda

Der überwiegende Teil der Touristen gelangt via Entebbe International Airport nach Uganda. Hier landen sowohl die Flüge aus Europa als auch die innerafrikanischen Flüge. Es kann manchmal günstiger sein, erst nach Nairobi zu fliegen und dann einen Anschlussflug nach Entebbe zu nehmen.

Von Kenia aus hat man auch die Möglichkeit, auf dem Landweg einzureisen. Hierzu bieten sich besonders drei Grenzübergänge an. Zum einen sind dies Busia und Malaba (Tororo in Uganda), die beide nordwestlich des kenianischen Kisumu (Lake Victoria) liegen und über Jinja nach Kampala führen; zum anderen ist dies der kleine Grenzort Suam im Mt.-Elgon-Massiv, der Kitale auf kenianischer und Mbale auf ugandischer Seite verbindet. Der Grenzübergang zwischen Tansania und Uganda befindet sich im Ort Mutukulo nördlich von Bukoba (Lake Victoria, Tansania) und südlich von Masaka (Uganda). Grundsätzlich sind Grenzübertritte derzeit problemlos möglich, solange die entsprechenden Visa vorliegen; jedoch sollte man sich vor Antritt der Reise noch einmal genauestens erkundigen, ob zwischenzeitig Änderungen eingetreten sind.

Entebbe liegt etwa 40 km südlich der ugandischen Hauptstadt Kampala. Die Fahrt in die

**Äquator nahe dem Queen-Elisabeth-Nationalpark** Foto: W. Denzer

**Papyrus** Foto: W. Denzer

Innenstadt Kampalas dauert etwa 45 Minuten. Bevor die Safari beginnt, muss hier alles organisiert werden, sofern dies nicht bereits mit einem Veranstalter vor Ort im Voraus geregelt wurde. Hierzu zählt, Erkundigungen über Straßenverhältnisse einzuholen, „Gorillapermits“ zu beschaffen und sich Informationen über die Nationalparks Ugandas zu besorgen. Die hierfür zuständige Anlaufstelle ist die Uganda Wildlife Authority (UWA; Plot 3, Kintu Road, Nakasero, P. O. 3530 Kampala; Tel.: 00256-(0)41-346287/288, Fax: 00256-(0)41-346291, E-Mail: uwa@uwa.or.ug). Wenn es etwas zu bezahlen gibt, so geschieht dies in US$. Bitte beachten Sie, dass insbesondere die UWA (und somit auch sämtliche Nationalparks) derzeit angewiesen ist, nur Dollarscheine nach 1995 zu akzeptieren! In den Büros der UWA und des Uganda Tourist Board (UTB; Parliament Avenue, IPS Building, P. O. Box 7211, Kampala, Tel.: 00256-(0)41-342196/7, Fax: 00256-(0)41-342188, E-Mail: utb@starcom. co.ug) gibt es ausreichend Broschüren über Nationalparks und Unterkünfte.

Die meisten Nationalparks Ugandas lassen sich in einer mindestens 14-tägigen Rundreise zusammenfassen. Einzig die beiden abgelegenen Nationalparks im Osten des Landes (Mt. Elgon und Kidepo) sind nicht mit einer derartigen Routenführung kombinierbar und müssen separat angefahren werden. Zudem ist für den Besuch des Ruwenzori-Nationalparks eine zusätzliche Woche für Auf- und Abstieg einzuplanen. Im Folgenden wird eine Rundreise beschrieben, die ausgehend von Kampala zuerst in den Nordwesten (Murchison Falls) führt und dann entgegen dem Uhrzeigersinn über Kibale, Queen-Elizabeth-Nationalpark, Bwindi Impenetrable Forest und Lake-Mburo-Nationalpark zurück nach Kampala führt. Mögliche weitere Ziele entlang der Strecke werden kurz vorgestellt. Diese Kombination bietet sowohl Höhepunkte in landschaftlicher als auch in faunistischer Hinsicht. Der Murchison-Falls-Nationalpark liegt am Lake Albert und bietet Fahrten auf dem Nil mit Vogelbeobachtungen, Flusspferden und Krokodilen sowie ein gutes Wegenetz für Pirschfahrten, auf denen man Elefanten, Löwen und Giraffen beobachten kann. Kibale ist bekannt für sein weltweit unvergleichliches Primatenvorkommen, im Queen-Elizabeth-Nationalpark findet man Elefanten, Löwen, Antilopen sowie Leoparden, und Bwindi ist für die meisten Reisenden das Highlight, da es hier eine Population der letzten Berggorillas gibt. Auf dem Rückweg nach Kampala kann man dann noch den Lake-Mburo-Nationalpark besuchen, der viele ostafrikanische Säugetiere wie Zebras, Impalas und Elenantilopen beherbergt.

## Von Kampala zum Murchison-Falls-Nationalpark

Kampala ist die Hauptstadt Ugandas, und es ist lohnend, einen Tag hier zu verbringen, um an einer der Stadtrundfahrten teilzunehmen. Von den umliegenden Hügeln hat man eine schöne Aussicht auf die recht grüne Stadt; außerdem erhält man einen sehr guten Einblick in die jüngere Geschichte Ugandas, die nicht immer friedlich war. Um zum Murchison-Falls-Nationalpark (Fahrtzeit etwa fünf Stunden) zu gelangen, verlässt man Kampala in nördlicher Richtung auf der Straße nach Masindi. Die Strecke führt durch zahlreiche Dörfer und landwirtschaftlich genutztes Gebiet. Nördlich des Ortes Luwero ändert sich die Landschaft. Man verlässt nun das Victoriabecken und gelangt in eine sumpfige Region. Beiderseits der Straße sieht man Papyrussümpfe, in denen sich zeitweilig auch der seltene Schuhschnabel aufhalten soll. Bei Nakasongola hat man die Möglichkeit, einen Umweg in Kauf zu nehmen und an den Lake Kyoga zu fahren. Die allerdings schlecht ausgebaute Piste führt dann etwa 20 km nördlich, bei Nabiswero, wieder auf die Hauptstraße. Bevor man Masindi erreicht, wird bei Kibangya der Kafu-Fluss überquert, der den Nil (dort heißt er Nkusi-Fluss) und den Lake Albert verbindet.
Von Masindi aus wählt man die Straße in Richtung Norden, auf der nach wenigen Kilometern im Ort Pakanji der Weg in den Nationalpark links abzweigt (Hinweisschilder sind

**Der Westen Ugandas** Grafik: W. Denzer

vorhanden). Auf dieser Strecke gelangt man über das Wairingo Gate in den Murchison-Falls-Nationalpark und zu den Unterkünften auf der südlichen Nilseite. Wer etwas Zeit hat, kann bereits jetzt den Murchison-Wasserfall von oben bewundern. Der gut ausgebaute Weg biegt rechts von der Hauptader, die den Park durchzieht, ab und führt direkt dorthin. Das Licht ist besonders gut in den Vormittags- und frühen Nachmittagsstunden. Um zu den Unterkünften auf der nördlichen Nilseite zu gelangen, folgt man den Hinweisschildern zur Paraa-Fähre. Diese setzt mehrmals täglich über; im Frühjahr 2003 waren die Fährzeiten folgendermaßen angegeben: 7.00, 9.00, 11.00, 12.00, 14.00, 16.00 und 18.00 Uhr. Die Fähre kostet für ein safariübliches Fahrzeug 20.000 USh plus 1.500 USh pro Person. Wenn Sie außerhalb der genannten Zeiten fahren wollen, müssen Sie mit dem doppelten Preis rechnen.

## Murchison-Falls-Nationalpark

Der Murchison-Falls-Nationalpark ist mit einer Fläche von 3.840 $km^2$ Ugandas größter Nationalpark. Er erstreckt sich über nahezu 700 Höhenmeter (619–1.292 m ü. NN) und wird vom Nil durchflossen. Der südliche Teil des Parks wird vom Lake Albert begrenzt, und der nördliche Teil liegt zwischen dem Victoria-Nil und dem Albert-Nil. Im Osten schließt sich das Karuma Game Reserve und im Süden das Bugungu Game Reserve an. Murchison Falls hat eine beachtliche Anzahl verschiedener Habitate zu bieten. Während der südliche Teil überwiegend mit akazienbestandener Savanne bewachsen ist, findet man im nördlichen Bereich Grasland und permanente Sumpfgebiete. Außerdem gibt es immergrünen Regenwald und saisonalen Laubwald. Beiderseits des Flussufers wachsen Papyrushaine und Galeriewälder. Der Park sollte demnach einer Vielzahl von Tieren Schutz bieten. Leider war der Wilderei in den 1970er- und 1980er-Jahren Tür und Tor geöffnet, sodass die Populationen dramatisch schrumpften. Den 14.500 Elefanten, die 1969 gezählt wurden, standen 1995 nur noch 201 Exemplare gegenüber. Die Büffelpopulation fiel von 26.500 (1969) auf 1.090 (1995). Ähnliches ist für Kuhantilope und Ugandakob bekannt. Seit Anfang der 1990er-Jahre erholen sich die Populationen langsam, sodass man auf den Rundwegen wieder zahlreiche Tiere zu Gesicht bekommt.

Besonders ergiebig sind Fahrten in die Deltaregion und den nördlichen Teil des Schutzgebietes. Die Fahrt startet man an der Anlegestelle der Paraa-Fähre. Zuerst geht es ein Stück Richtung Norden, dann zweigt man nach Westen ab. In der Region zwischen Albert- und Victoria-Nil gibt es eine Reihe gut befahrbarer Wege. So kann man den Abert Nile Track entlang fahren, der erst über mit Borassuspalmen bestandenes Grasland und danach in einen Akazienhain führt. Der Weg geht dann weiter in die Sumpfregion des Deltas, wo man mit großem Glück den Schuhschnabel entdecken kann, und letztlich über den Queens Track oder Victoria Track zurück zum Hauptweg. Mit Sicherheit wird man auf den Pirschfahrten Oribis, Ugandakobs sowie Kuhantilopen und Elefanten zu Gesicht bekommen. Die im Park ansässigen Buschböcke sind recht scheu, und man sieht sie meist nur im Dickicht verschwinden. Leoparden werden immer wieder im Deltabereich gesichtet, Löwen bevorzugen dagegen das offene Grasland nahe der alten Pakuba Lodge. Die

Murchison-Wasserfall Foto: W. Denzer

***Hyphaene*-Palmen prägen das Landschaftsbild.** Foto: W. Denzer

Giraffen des Parks trifft man in großen Herden an. Sie gehören zu einer Unterart, die außer in Uganda sonst nur noch an wenigen Stellen in Kenia zu finden ist. In Kenia wird diese Unterart auch als Baringogiraffe bezeichnet, richtiger ist allerdings der Name Rothschildgiraffe (*Giraffa camelopardalis rothschildi*). Die Rothschildgiraffe ist vom Muster her der Netzgiraffe Nordkenias ähnlich, jedoch ist die Zeichnung weniger kontrastiert, und gegenüber der Netzgiraffe und der Massaigiraffe unterscheidet sich diese Unterart durch ungezeichnete, weiße Unterschenkel. Giraffen findet man im Murchison-Falls-Nationalpark in den akazienbestandenen Regionen.

Der Murchison-Falls-Nationalpark lässt sich auch per Boot erkunden. Zum einen wird eine Tour angeboten, die in die Deltaregion zwischen Victoria-Nil und Albert-Nil führt. Diese Bootsfahrt richtet sich besonders an diejenigen, die sich einen Blick auf den seltenen Schuhschnabel erhoffen. In der Deltaregion sollen sich etwa 20 dieser markanten, blaugrau gefiederten Raritäten aufhalten. Zum anderen startet zweimal täglich (9.00 und 15.00 Uhr) oder nach Vereinbarung ein Boot in Richtung der Murchison Falls. Das gesamte Boot kostet derzeit 90 US$ (150.000 USh) für die dreistündige Fahrt. Es lohnt sich daher, zu den offiziellen Zeiten am Ufer zu erscheinen, in der Hoffnung, dass man den Preis mit weiteren Mitfahrern teilen kann. Die Fahrt führt stromaufwärts und größtenteils entlang dem nördlichen Ufer. Es ist deshalb ratsam, auf der linken Seite zu sitzen. Während der Bootsfahrt bekommt man unzählige Flusspferde sowie einige Krokodile zu Gesicht. Außerdem wimmelt es in der Uferregion von Wasser- und Watvögeln. Auf den Bäumen am Ufer sitzen Weißkopfseeadler und Eisvögel sowie Bienenfresser, deren Nisthöhlen in den sandigen Böschungen entdeckt werden können. Am Ende der Fahrt stromaufwärts erreicht man die Murchison Falls. Die gesamten Wassermassen des Victoria-Nils müssen sich hier durch eine nur 9 m breite Felsspalte drängen, was durch ein riesiges Getose schon von weitem zu hören ist. Kurz vor dem Wasserfall kann man sich absetzen lassen und die Nacht oberhalb der Falls bei den Rangern verbringen. Am nächsten Tag wird man dann kostenlos wieder mit zurückgenommen – falls ein Boot fährt! In der Regenzeit ist dies oftmals nicht der Fall, da viele Touristen nicht bereit sind, das gesamte Boot zu zweit oder zu dritt zu chartern. Sie können versuchen zu handeln, aber mit wenig Aussicht auf Erfolg.

Der Wasserfall ist auch auf dem Landweg über eine etwa 40 km lange, gut ausgebaute Piste zu erreichen. Man setzt hierzu wieder mit der Paraa-Fähre auf die südliche Nilseite über und folgt der Route in Richtung Wairingo Gate. Die Abzweigung zum Wasserfall ist gut ausgeschildert. Am Ende der Strecke gelangt man an eine Stelle oberhalb des Wasserfalls, an der man eindrücklich daran erinnert wird, welch eine ungeheure Menge Wassers sich dort durch diesen engen Spalt zwingt. Der Nil oberhalb des Falls hat eine Breite von etwa 25–30 m; dies alles wird auf ein Drittel reduziert und stürzt dann hinab, um in den Lake Albert zu fließen. Aus dem Albert-See tritt der Nil dann aus, um sich als Weißer Nil bei Khartoum mit dem Blauen Nil zu vereinigen und seine lange Reise durch den Sudan und Ägypten bis ins Mittelmeer fortzusetzen. An Unterkünften mangelt es im Murchison Falls Nationalpark gewiss nicht. Die Katego-

**Rothschildgiraffen (*Giraffa camelopardalis rothschildi*)** Foto: W. Denzer

**Schuhschnabel (*Balaeniceps rex*)**
Foto: W. Denzer

rien reichen vom einfachen Paraa-Rest-Camp kurz vor der Anlegestelle der Fähre über das Nile Safari bis hin zur neu ausgebauten, hochklassigen Paraa Lodge auf der gegenüber liegenden Nilseite. In der Nähe des Wasserfalls befindet sich auf halbem Weg zwischen Fähre und Wairingo Gate die Sambinyo River Lodge. Die Preise reichen von 10 US$ (Camping) und 25 US$ (Rest Camp) über 125–150 US$ (Nile Safari und Sabinyo) bis zu 200 US$ pro Nacht (Paraa Lodge). Bei den teuren Lodges und Camps ist allerdings bereits für die Verpflegung in ausreichendem Maße gesorgt.

Weiterführende Literatur zu diesem Thema:
MANN (1995): A Guide to Murchison Falls National Park and the surrounding Game Reserves.

## Von Murchison Falls in die Umgebung von Fort Portal

Um vom Murchison-Falls-Nationalpark in die im Westen und Süden gelegenen Schutzgebiete zu gelangen, bieten sich zwei unterschiedliche Wege an. Zum einen kann man den Park über das Wairingo Gate verlassen und über Masindi nach Hoima fahren, zum anderen kommt man über eine etwas längere Route durch das Bugungu Game Reserve direkt nach Hoima. Auf der ersten Route hat man kurz nach Verlassen des Parks die Möglichkeit, den Pabidi Forest (Teil des Budongo Forest Reserve, s. u.) zu besuchen und dort nach Schimpansen Ausschau zu halten. Die alternative Route über das Bugungu Gate führt zuerst direkt an den Lake Albert und dann in die hügelige Region nahe dem Ort Biiso. Von Biiso aus gelangt man entweder in Richtung Süden nach Hoima (Erkundigungen über die Straßenverhältnisse einholen) oder kann einen Abstecher in das Budongo Forest Reserve (793 $km^2$) auf halber Strecke nach Masindi machen.

**Budongo Forest** ist ein Projekt, das von der Universität Oxford initiiert wurde und sich hauptsächlich mit der Primatenforschung beschäftigt. Vor allem die Schimpansenpopulation des Gebietes ist sehr gut untersucht. Durch die jahrelangen Studien gibt es auch gute Erkenntnisse über die Vogelwelt (mehr als 350 Arten) sowie die Herpetofauna und die artenreiche Flora. Budongo ist eines der größten zusammenhängenden Waldgebiete Ostafrikas. Neben saisonal laubwerfendem Wald findet man Grasland und akazienbestandene Savanne. Das Hauptaugenmerk der Wissenschaftler und Besucher liegt jedoch auf dem Waldgebiet. Unter Ornithologen gilt die „Royal Mile“ nahe dem Nyabyeya Forestry College als einer der besten „birding spots“ in Uganda. Die Liste der dort anzutreffenden Vögel ist lang und umfasst Vertreter aus nahezu jeder ostafrikanischen Vogelfamilie. An Schmetterlingen sind bisher 250 Arten registriert, und die Herpetofauna beinhaltet Elliots Chamäleon, Blaukehlagamen sowie die prächtig gefärbte Nashornviper. Im Budongo-Gebiet stehen nur einfache Unterkünfte zur Verfügung. Der überwiegende Teil der Besucher übernachtet in Masindi oder dem nahe gelegenen Murchison-Falls-Nationalpark. Der Eintritt in das Waldreservat kostet 4 US$, weitere 6 US$ sind für einen ortskundigen Führer zu veranschlagen. Informationen zum Budongo Forest Project findet man im Internet unter www.budongo.org.

Von Masindi führt eine Verbindung südlich nach Hoima. Wer die lange Strecke nach Fort Portal scheut und genügend Zeit hat, kann im Kolpinghaus von Hoima (30.000 USh) übernachten. Bis Fort Portal sind es nochmals etwa 3–4 Stunden Fahrzeit. Im Ort Kyenjojo erreicht man die Hauptverbindung zwischen Kampala und Fort Portal. Linker Hand (Richtung Osten) führt die Straße durch überwiegend abgeholztes Gebiet über Mubende nach Kampala, rechts (Richtung Westen) gelangt man über Mukunyu nach Fort Portal. Unterwegs bietet sich die Möglichkeit, den nördlichen Zipfel des Kibale Forest in Augenschein zu nehmen. Auf einigen Bäumen am Waldrand sieht man Mantelaffen sowie Hornvögel und Turakos.

Fort Portal dient als Ausgangspunkt für Tagesausflüge in den Semliki-Nationalpark, das Semliki-Wildreservat (ehemals Toro Game Reserve) und den Kibale-Nationalpark sowie in die Bigodi-Sümpfe und zu den wunderschönen Kraterseen. Fort

**Lake Albert** Foto: W. Denzer

**Kratersee nahe Kibale, im Hintergrund das Ruwenzori-Massiv** Foto: W. Denzer

Portal ist das Handelszentrum der Region und dementsprechend eine recht quirlige Kleinstadt. An Unterkünften mangelt es nicht, jedoch sind Preis und Qualität nicht überall sinnvoll miteinander verknüpft. Das Ruwenzori View Guest House ist sicherlich eine der empfehlenswertesten Unterkünfte in Fort Portal. Es liegt etwas außerhalb des Ortskerns und bietet, wie der Name bereits andeutet, schöne Ausblicke auf das Ruwenzori-Massiv. Hinter dem Haus befindet sich ein kleiner Garten, in dem es vor Vögeln nur so wimmelt. Mit einem guten Auge findet man auch Chamäleons und Blaukehlagamen. Das Ruwenzori View Guest House wird von einem niederländisch-britischen Ehepaar geleitet und ist im Preis angemessen (EZ 35.000 USh, DZ 45.000 USh = 30 US$). Informationen und Buchungen unter Ruwenzori View Guest House, Lower Kakiiza RD. (BOMA), P. O. Box 709, Fort Portal, Uganda (Tel. 00256-(0)483-22102; Mobil 077-722102; E-Mail ruwview@africaonline.co.ug). Weitere Unterkünfte sind einfache Hotels im Ortskern und das etwas außerhalb gelegene, im Kolonialstil erbaute Mountains of the Moon Hotel, das sicherlich schon einmal bessere Zeiten erlebt hat

**Afroalpine Vegetation im Ruwenzori**
Foto: J. Hinzen

Semliki-Nationalpark und -Wildreservat liegen 50 km westlich bzw. 35 km nordwestlich von Fort Portal. Nach etwa 30 km teilt sich die Straße, wobei der rechte Abzweig in das Wildreservat und zum Albert-See führt und der linke in den Nationalpark. Im **Semliki-Wildreservat** (558 km²) gibt es ausgedehnte Grasland- und Savannengebiete sowie bewaldete Regionen. Neben dem Ugandakob und Elefanten findet man Schimpansen, Leoparden und eine reichhaltige Vogelwelt (400 Arten). Im Reservat befindet sich eine Luxuslodge (Semliki Safari Lodge, 150.- US$ pP und Nacht). Die Lodge organisiert Bootsfahrten auf dem Lake Albert (150.- US$ für 4 Personen). In den Sumpfregionen entlang dem Ufer hat man gute Chancen, den Schuhschnabel zu beobachten. Außerdem kann man das Gebiet mit Führern auf Wandersafaris erkunden.

Der **Semliki-Nationalpark** (221 km²) liegt an der Grenze zur Republik Kongo und stellt einen Ausläufer des Ituriwaldes auf kongolesischer Seite dar. Die Grenze zwischen Uganda und der Republik Kongo folgt dem Semlikifluss. Es ist daher ratsam, vor dem Besuch des Nationalparks Erkundigungen bezüglich der Zugänglichkeit und Sicherheit des Gebietes einzuholen. Im Nationalpark stehen bisher noch keine Unterkünfte zur Verfügung (auch Camping ist untersagt). Wer längere Zeit hier bleiben möchte, muss sich eine Unterkunft im Ort Bundibugyo suchen. Der Semliki-Nationalpark ist vor allem für Regenwaldbegeisterte und ornithologisch orientierte Reisende interessant, da hier allein 40 zentralafrikanische Vogelarten an ihrer östlichen Verbreitungsgrenze leben. Weiterhin gibt es sprudelnde heiße Quellen im Semliki-Tal und die seltenen DeBrazza-Meerkatzen zu bewundern. Die Elefanten der Region sind etwas kleiner als ihre Verwandten in der Savanne und werden zur Unterart der Waldelefanten (*Loxodonta africana cyclotis*) gerechnet, die teilweise auch als eigene Art betrachtet wird.

Fährt man von Fort Portal in Richtung Kibale-Nationalpark (Abzweigung am Krankenhaus), führt die Strecke durch Teeplantagen und landwirtschaftlich genutztes Gebiet. Nach etwa 20 km erreicht man eine Abzweigung, die rechts zu einigen **Kraterseen** führt. Hier gibt es Lodges zum Übernachten (CVK Beach Resort und Ndali Lodge) sowie ein kleines kommunales Naturreservat. Das Lake Nkuruba Nature Reserve schützt den gleichnamigen See und die angrenzenden Waldgebiete. Da der Kratersee bilharziafrei ist, kann man in ihm baden. Aber Vorsicht! Wegen der Höhe ist das Wasser recht kühl. Im See leben die großen Tilapia-

**Senezien im Ruwenzori** Foto: J. Hinzen

buntbarsche, und in den umliegenden Wäldern wurden bisher mehr als 100 Vogelarten sowie Stummelaffen, Meerkatzen und manchmal sogar Schimpansen gesichtet. Insgesamt haben sich fünf Kraterseen in der bergigen Region ausgebildet, die alle in einer Halbtagestour von Fort Portal aus besucht werden können. Zwei dieser Seen sind nur über einen längeren Fußmarsch zugänglich, die anderen können per Auto angefahren werden. Am Lake Nkuruba ist es möglich zu campen oder in einfachen Unterkünften (Bandas) zu übernachten.

Wieder zurück auf der „Hauptstraße“ in Richtung Kibale fährt man weiter durch die Teeplantagen, bis diese abrupt aufhören und Wald erkennbar wird. Die Grenze des Kibalewaldes ist hier recht klar zu erkennen und durch Schilder ebenfalls ausgezeichnet. Zuerst durchfährt man ein Waldstück, in dem sich viele Turakos und einige Meerkatzen aufhalten. Danach gelangt man nochmals in eine landwirtschaftlich genutzte Zone (Maisanbau), um dann in den eigentlichen **Kibale Forest** einzudringen. Mit etwas Glück gelingen bereits hier die ersten Schimpansensichtungen. Auf einem hohen, recht frei stehenden Feigenbaum (*Ficus* sp.) am rechten Straßenrand sitzen oftmals „Beobachter“ einer Schimpansengruppe, die sich in den Randbereichen des Nationalparks aufhält. Außerdem halten sich hier Anubispaviane, Rotschwanzmeerkatzen sowie die scheuen Grauwangen-Hutmangaben auf. Etwa 35 km von Fort Portal entfernt (ca. 45–70 Minuten Autofahrt) befindet sich die Parkverwaltung des Kibale-Nationalparks. Der Eintritt beträgt 15 US$ und gilt auch für einen längeren Aufenthalt.

**Waldrand, Kibale-Nationalpark** Foto: W. Denzer

## Kibale-Nationalpark

Der Kibale-Nationalpark (560 km²) ist vor allem wegen seiner Primatenpopulation bekannt. Mit elf Spezies gilt er als einer der affenartenreichsten Nationalparks der Welt. Auf einer normalen Tageswanderung kann man mit Glück leicht 4–5 Primatenarten beobachten. Eine Exkursion in den Wald ist im Eintrittspreis nicht inbegriffen. Hierfür muss bei der Verwaltung ein Führer engagiert werde. Üblicherweise kostet eine Wanderung von drei Stunden 5 US$. Sie sollten vorher bereits klarstellen, wo ihre Interessen liegen; zum einen gibt es Wanderungen mit Einführungen in das Waldökosystem, auf denen auch Tiere beobachtet werden können, zum anderen gibt es spezielle Touren, die auf das Auffinden von Schimpansen (Schimpansentracking 50 US$) ausgerichtet sind. Die Wanderungen werden zweimal täglich angeboten (8.00 und 15.00 Uhr), können aber auch außerhalb dieser Zeiten organisiert werden. Im Kibale National Park wird eine neue Form des Schimpansentrackings angeboten: Chimpanzee habituation experience (Chex – Schimpansen-Gewöhnungstour). Hierbei folgt man einer Gruppe von Sonnenaufgang bis Sonnenuntergang, sodass sich die Affen langsam an die Menschen gewöhnen. Bei einer dreitägigen Tour hat man gute Chancen, den Tieren sehr nahe zu kommen. Ganztagestouren auf den Spuren der Schimpansen kosten derzeit US$ 220 (2 Tage US$400, 3 Tage US$ 450)

Der überwiegende Teil des Kibale-Nationalparks ist mit immergrünem Regenwald bewachsen. An der Grenze zum Queen-Elizabeth-Nationalpark findet man auch vermehrt laubabwerfende Bäume. Der für Besucher zugängliche Teil zeichnet sich durch Regenwaldvegetation aus. Man sieht viele epiphytisch wachsende Pflanzen, wie Geweihfarne, Begonienarten und Orchideen. Schimpansen werden meist auf Feigenbäumen angetroffen, deren Früchte sie mit Vorliebe fressen. Wenn eine größere Gruppe von Schimpansen in den frühen Morgenstunden mit der Futtersuche beschäftigt ist, hört man dies bereits an den herabgeworfenen Resten der Feigen. Eine an Besucher gewöhnte Gruppe hält sich meist nur etwa 30 Minuten Fußmarsch vom Parkhauptquartier auf. Die Tiere dürfen nach dem Auffinden etwa eine Stunde lang beobachtet werden. Häufig sieht man Schimpansen nur

**Rote Stummelaffen (*Procolobus badius*)**
Foto: W. Denzer

hoch in den Bäumen. Im Allgemeinen sind die Weibchen in der Lage, den ganzen Tag in der Wipfelregion zu verbringen. Die etwas größeren männlichen Tiere steigen einmal pro Tag auf den Boden ab. Mit sehr viel Glück lässt sich auch eine ganze Gruppe am Boden beobachten.
Beim „Schimpansentracking“ begegnet man auch einigen anderen hier lebenden Primaten. Am Waldrand nahe der Parkverwaltung hält sich schon seit langer Zeit eine einzelne Rotschwanzmeerkatze auf. Aus den Baumwipfeln ist ständig das Rufen von Grauwangen-Hutmangaben zu vernehmen, und schwarzweiße Stummelaffen springen elegant von einem Baum zum anderen. Die eher scheuen Arten, wie Blaumeerkatzen und L'Hoest-Meerkatzen, zeigen sich nur selten. Vögel gibt es reichlich (335 Arten), jedoch sollten diese einer eigenen Exkursion vorbehalten bleiben. Zu den Besonderheiten gehören der Afrikanische Pitta, Graupapageien, Ross‘ Turako sowie Narinatrogon und Gebänderter Trogon. Bereits an der Parkverwaltung kann man in aller Ruhe die kunstvoll gebauten Nester verschiedener Webervogelarten und Paradiesfliegenschnäpper betrachten. In den Wipfelregionen leben mächtige Hornvögel. Unter den Reptilien sind das Iturichamäleon, Boulengers Stummelschwanzchamäleon und Nachtottern besonders zu erwähnen. Zudem wurden Gabunvipern und Rauschuppige Buschvipern für die Region nachgewiesen. Insgesamt umfasst die Artenliste der Amphibien und Reptilien derzeit 28 Froscharten, 15 Echsen- und 32 Schlangenarten.
Ein besonderes Highlight im Kibale-Park ist die Möglichkeit, Nachtwanderungen zu unternehmen. Sie kosten 5 US$ pro

**Sumpflandschaft bei Bigodi mit Phoenix-Palmen (*Phoenix reclinata*)** Foto: W. Denzer

**Schimpanse (*Pan troglodytes schweinfurthii*)** Foto: W. Denzer

Person und starten um 19.30 Uhr oder nach vorheriger Vereinbarung. Diese Wanderungen sind auf das Auffinden der vier nachtaktiven Primaten des Schutzgebietes ausgelegt: Pottos sowie drei verschiedene Galagoarten. Zudem kann man mit der Sichtung von Civetkatzen und einigen besonderen Insekten rechnen. Gute Taschenlampen – oder besser noch Kopflampen – sollten mitgebracht werden, da die im Park vorhandenen Exemplare ihre beste Zeit bereits hinter sich haben.

Etwas außerhalb des Kibale-Nationalparks liegt das Bigodi Wetland Sanctuary (früher Magombe Swamps). Um dorthin zu gelangen, verlässt man den Kibale-Park in Richtung Kamwemge und erreicht bei der kleine Ortschaft Bigodi das Bigodi Wetland Sanctuary Visitor Centre. Hier kann man einen Führer (derzeit 6,- US$) für den Rundgang durch das Gebiet engagieren und Gummistiefel (nicht unbedingt notwendig) für 1.000 USh leihen. Das Schutzgebiet schließt sich fast nahtlos an den Kibale-Nationalpark an und schützt eine ca. 3 km² große Sumpflandschaft. Der Rundweg führt zunächst durch eine alte Kaffee- und Bananenpflanzung, bevor man auf ein Baumhaus stößt. Hier lassen sich vor allem Hutmangaben und Rote Stummelaffen beobachten. Beide Arten sind sonst nur schwer zu entdecken, scheinen hier aber an Menschen gewöhnt zu sein. Zumindest gilt dies für die Stummelaffen, die in anderen Schutzgebieten sehr scheu sind. Danach führt der Rundweg über einen Plankenweg quer durch

**Kazinga-Kanal** Foto: W. Denzer

den Sumpf mit seiner reichhaltigen Vogelfauna. Am Ende des Rundweges gelangt man wieder in Pflanzungen aus Tabak und Mais und erreicht die Hauptstraße etwas unterhalb des Besucherzentrums. Für den gesamten Rundweg sollte man etwa drei Stunden einplanen, um genügend Zeit für Tierbeobachtungen zu haben. Im Bigodi-Gebiet gibt es zurzeit noch keine Unterkünfte, sodass man auf Übernachtungen in Fort Portal oder den Lodges an den Kraterseen sowie auf die Nationalparkunterkünfte angewiesen ist. Es ist jedoch geplant, eine Lodge inklusive Zeltplatz und Bandas zwischen dem Kibale-Nationalpark und dem Bigodi Wetland Sanctuary zu errichten. Dies wäre dann sicherlich die geeignetste Unterkunft für einen längeren Aufenthalt in diesem interessanten Gebiet.

Weiterführende Literatur zu diesem Thema:

GHIGLIERI (1984): The Chimpanzees of Kibale Forest

VONESH (2001): Natural History and Biogeography of the Reptiles and Amphibians of Kibale National Park, Uganda.

Artenlisten hier vorkommender Vögel, Fische und Schmetterlinge findet man im Internet unter: http://weber.ucsd.edu/~jmoore/apesites/Kibale/KibaleFauna.html

## Von Fort Portal in den Queen-Elizabeth-Nationalpark

Die Hauptstraße verlässt Fort Portal in Richtung Süden und führt entlang dem Ruwenzori-Gebirge im

Westen sowie dem Kibale Forest im Osten zuerst nach Kasese. Diese Provinzstadt ist Ausgangspunkt für Exkursionen in den **Ruwenzori-Mountains-Nationalpark** (996 km$^2$). Alle Genehmigungen und Unterkünfte im Park müssen über den Ruwenzori Mountaineering Service (RMS, P. O. Box 33 Kasese; Tel.: 00256-(0)493-4115; Fax: -4235) organisiert werden, der mit der Uganda Wildlife Authority zusammenarbeitet. Lange Zeit war es aus Sicherheitsgründen nicht möglich, den Ruwenzori-Park zu besuchen; im Frühjahr 2002 gab es keinerlei Bedenken mehr seitens der ugandischen Nationalparkverwaltung. Ein einwöchiger Trek kostet derzeit 567 US$ (Aufstieg zur Margheritaspitze US$ 692) inklusive Hüttengebühr, Führer und Trägern. Der Ruwenzori – oder auch Regenmacher bzw. Mondberge – ist eine zentralafrikanische Gebirgskette, die auf der Magherita-Spitze des Mt. Stanley (5.109 m) gipfelt. Auf dem Ruwenzori-Trek werden alle Vegetationsstufen ab einer Höhe von 1.700 m ü. NN durchwandert. Hierzu zählen Regenwald, Bambuswald, Hochmoore mit Riesenlobelien und Senezien sowie subalpine Vegetation. Die Magherita-Spitze ist schneebedeckt. Wegen seiner zentralen Lage bildet der Ruwenzori eine kontinentale Wasserscheide. Flüsse, die an den Osthängen entspringen, strömen in die Seen des zentralafrikanischen Plateaus in Uganda, diejenigen, die an den Westhängen entspringen, speisen den Kongo und fließen somit letztendlich in den atlantischen Ozean. Die isolierte Lage des Ruwenzori hat zahlreiche Endemismen in der Pflanzen- und Tierwelt hervorgebracht. Besonders unter Vögeln und Reptilien ist dieses Phänomen zu beobachten. Insgesamt wurden im Park

**Auf dem Kazinga-Kanal kann man Bootstouren unternehmen.** Foto: W. Denzer

bisher 195 Vogelarten registriert, die sich sowohl aus kongolesischen als auch ostafrikanischen Arten rekrutieren und hier teils in besonderen Unterarten vorkommen.
Nur wenige Kilometer nach Kasese erreicht man die Grenze des Queen-Elizabeth-Nationalparks und überschreitet den Äquator. Schon von weitem sind der Lake George und einige Kraterseen zu erkennen. Eine Abzweigung von der Hauptstraße führt zum Lake Kikoringo, in dessen Papyrussümpfen eine stabile Population des seltenen Schuhschnabels lebt. Beiderseits der Hauptstraße wächst Buschsavanne, in der Ugandakobs, Buschböcke, Büffel und Elefanten gesichtet werden können. Eine zehnköpfige Löwengruppe kann man mit etwas Glück ebenfalls in diesem Gebiet beobachten. Kurz vor Erreichen des Ortes Katunguru zweigt rechts eine Piste zum Fischerdorf Katwe und den Kraterseen Munyanyange und Katwe ab.

## Queen-Elizabeth-Nationalpark

Der Queen-Elizabeth-Nationalpark (1978 km$^2$) erstreckt sich über 945 Höhenmeter (900–1.845 m ü. NN) und hat neben den beiden Seen (Lake George und Lake Edward) vielseitige Vegetationsformen zu bieten. So findet man Grasland, baumbestandene Savanne, teilweise laubabwerfende Wälder und Sumpflandschaften. Der Nationalpark lässt sich prinzipiell in drei zu besuchende Bereiche einteilen: das Mweya-Gebiet nördlich des Kazingakanals, die Kyambura-Schlucht südlich des Kanals und die Ishasha-Ebenen am Ufer des Lake Edward.
Das Mweya-Gebiet erreicht man von Katunguru über eine gut ausgebaute Schotterpiste. Nach Erledigung der Formalitäten am Kabatoro Main Gate bieten sich zahlreiche Möglichkeiten für Pirschfahrten. Die interessantesten Wege führen entlang dem nördlichen Kazingakanal und auf die Mweya-Halbinsel, die in den Lake Edward hereinragt. Hier befinden sich auch das Institute of Ecology Hostel (20 US$ pro Nacht; Gemeinschaftsbad) sowie die empfehlenswerte Mweya Lodge (80 US$ pro Nacht), die Bootsausflüge auf den Kanal und den See anbietet. Eine etwa zweistündige Fahrt kostet 90 US$ für das Boot. In der Uferregion leben Flusspferde und viele Vögel, darunter Kronenkranich und Schuhschnabel. Auf Halbtagessafaris in der Mweya-Region hat man gute Aussichten, Löwen, Elefanten, Büffel und Tüpfelhyänen zu beobachten. Leoparden werden von Zeit zu Zeit auf der Mweya-Halbinsel gesichtet. Ebenfalls auf der Mweya-Halbinsel befindet sich das 1997 errichtete Queen Elizabeth Bird Observatory. Neben der heimischen Vogelfauna werden hier insbesondere die paläarktischen Zugvogelwanderungen untersucht. Um die Vogelwelt in Ruhe studieren zu können, wurde an der Westspitze der Halbinsel ein Beobachtungspunkt (New Bird Hide) errichtet.
Der natürliche Kazinga-Kanal verbindet Lake George und Lake Edward. Kurz nachdem man die Brücke passiert hat, biegt Richtung Westen eine Piste zum Lake Edward und der Ishasha-Ebene ab. Bleibt man auf der Hauptstraße in Richtung Mbarara, führt rechts ein Weg in den Maramagambo-Wald zur Jacana Safari Lodge, die zwischen den Kraterseen Nyamasangiri und Kyasanduka liegt; links gelangt man zur Chambura-Schlucht (Kyam-

**Lake Edward** Foto: W. Denzer

**Ishasha Plains** Foto: W. Denzer

bura Gorge), in der u. a. zahlreiche Schimpansen beheimatet sind. Auf geführten Wanderungen hat man die Möglichkeit, diese Menschenaffen sowie Mantelaffen, Paviane und Meerkatzen zu beobachten. Die Schlucht erreicht man über das Katunguru Gate, wo auch die Führer organisiert werden können. Die beste Zeit, Schimpansen zu beobachten, ist in den frühen Morgenstunden. Auf den Wanderungen durch die Schlucht vermitteln die Führer einen guten Einblick in das Ökosystem, erläutern Besonderheiten in der Pflanzenwelt und weisen auf die zahlreich vorhandenen Vögel hin. Derzeit werden nur vier Personen täglich auf einer Wanderung zugelassen. Die Tickets (30 US$ pro Person) können nicht im Voraus gebucht werden; daher sollte man frühzeitig am Parkeingang sein. Üblicherweise dauern die Wanderungen 3–5 Stunden, und die Wahrscheinlichkeit, Schimpansen zu sehen, ist recht hoch, allerdings nicht garantiert.

Am Ostufer des Lake Edward erstreckt sich die weitläufige Ishasha-Ebene, die mit Akaziensavanne und Grasland bewachsen ist. Die Strecke über die Ishasha Plains ist besonders für Reisende interessant, die sich auf dem Weg nach Bwindi befinden und etwas Zeit haben. Im Westen wird die Grasebene vom Lake Edward begrenzt, und im Osten erstreckt sich das große Maramagambo-Waldgebiet. Da die Route in das kongolesische Grenzgebiet führt, gilt sie zeitweise als unsicher. Durch die Präsenz von ugandischem Militär hatte sich die Situation 2003 jedoch

**Ishasha-Fluss** Foto: W. Denzer

geändert, sodass Fahrten entlang dem Lake Edward möglich waren. Wegen der wieder aufgeflammten Unruhen auf der kongolesischen Seite des Sees ist derzeit (2004) von dieser Routenführung abzuraten. Dauerhaft ist allerdings der extrem schlechte Zustand der Strecke. Da sie von völlig überladenen Trucks aus dem Kongo genutzt wird, sind Schlaglöcher von 50 cm Tiefe und mehr keine Seltenheit. Die Strecke sollte nur befahren werden, wenn es nicht geregnet hat und kein Regen in Sicht ist. Den Zustand der Piste sollte man vorher bei der Nationalparkverwaltung erfragen oder einfach an der Abzweigung warten, bis jemand aus Richtung Kongo oder Lake Edward kommt und dann Erkundigungen nach der Wegbeschaffenheit einholen!

Unterwegs bieten sich herrliche Ausblicke auf den Lake Edward sowie Abzweigungsmöglichkeiten zu zwei kleinen Fischerdörfern am Seeufer. In der Ebene selbst kann man Elefanten, Ugandakobs, Wasserböcke und mit etwas Glück auch Löwen beobachten. Neben dem Lake-Manyara-Nationalpark in Tansania sind die Ishasha Plains ebenfalls dafür bekannt, dass die Löwen hier zeitweilig Bäume aufsuchen sollen. In den Grassavannen des Queen-Elizabeth-Nationalparks leben auch Leoparden. Aber gerade im hohen Gras der Ishasha Plains sind sie nur schwer zu entdecken. Entlang der Piste sieht man viele Vögel, und besonders nach Regenfällen halten sich unzählige Schmetterlinge an den wassergefüllten Schlaglöchern auf.

Kurz vor dem Grenzort Ishasha zweigt die Piste in Richtung Westen zum Ishasha Gate des Queen-Elizabeth-Nationalparks ab. Dieser Teil des Nationalparks ist mit einem Wegenetz ausgebaut, und ein Besuch muss bezahlt werden, während die gesamte Strecke über die Ishasha Plains ohne die Entrichtung einer Gebühr befahren werden darf. In Richtung Osten führt die Strecke weiter nach Kihihi und letztendlich nach Bwindi (Buhoma). Für die Fahrt vom Kazingakanal über die Ishasha Plains nach Bwindi sollten je nach Streckenverhältnissen mindestens drei Stunden eingeplant werden. Die alternative Route nach Bwindi führt von Katunguru über die Hauptstraße in Richtung Mbarara zuerst nach Ishaka (Bushenyi), dann weiter in Richtung Kabale und über Bulema und Butogota nach Buhoma, dem Ausgangsort für Exkursionen in den Bwindi-Nationalpark.

## Bwindi-Impenetrable-Nationalpark

Der Bwindi-Nationalpark ist vor allem wegen der dort vorkommenden Berggorillas bekannt. Die Vegetation des Parks deckt alle Waldformen ab, vom Regenwald mittlerer Höhenlagen über Montan- bis hin zum Bambuswald. In den Hochregionen findet man afro-alpine Vegetation. Insgesamt erstreckt sich Bwindi Impenetrable Forest über fast 1.500 Höhenmeter (1.190–2.610 m ü. NN). Ringsherum ist das Gebiet völlig entwaldet und wird landwirtschaftlich genutzt. Insbesondere die Hänge im Westen (Richtung Republik Kongo) sind vollständig baumlos und lassen stellenweise starke Erosion erkennen. Von Seiten der Nationalparkverwaltung ist geplant, einige dieser im Privatbesitz befindlichen Landstücke aufzukaufen und der Natur zur Regeneration zu überlassen. Prinzipiell ist der Bwindi-Nationalpark in zwei Sektoren eingeteilt: den Buhoma-Sektor, in dem das Gorillatracking (oder vielleicht besser -trekking) stattfindet, und den Ruhija-Sektor mit der Möglichkeit zu Bergwanderungen und Vogelbeobachtungen.

Die Gorillas im Bwindi Impenetrable Forest liegen von der Körperstatur zwischen den extrem großen Virunga-Berggorillas und den kleineren Tieflandgorillas Zentralafrikas (*Gorilla g. graueri*). Daher war lange Zeit unklar, um welche Unterart es sich bei den Bwindi-Tieren handelt. Erst genetische Untersuchungen haben eindeutig die Zugehörigkeit zu den Berggorillas (*Gorilla g. beringei*) gezeigt. Die Gorillapopulationen von Bwindi und Virunga sind schon seit mehreren hundert Jahren voneinander isoliert. Bereits vor 500 Jahren begannen die im Gebiet ansässigen Volksstämme damit, die Wälder zwischen dem Virunga-Massiv und dem Bwindi-Wald abzuholzen und landwirtschaftlich zu nutzen. Hierdurch wurden die Wanderrouten der Gorillas unterbrochen und ein Genaustausch zunichte gemacht. Wahrscheinlich ist die etwas geringere

**Der Süden Ugandas und angrenzende Länder** Grafik: W. Denzer

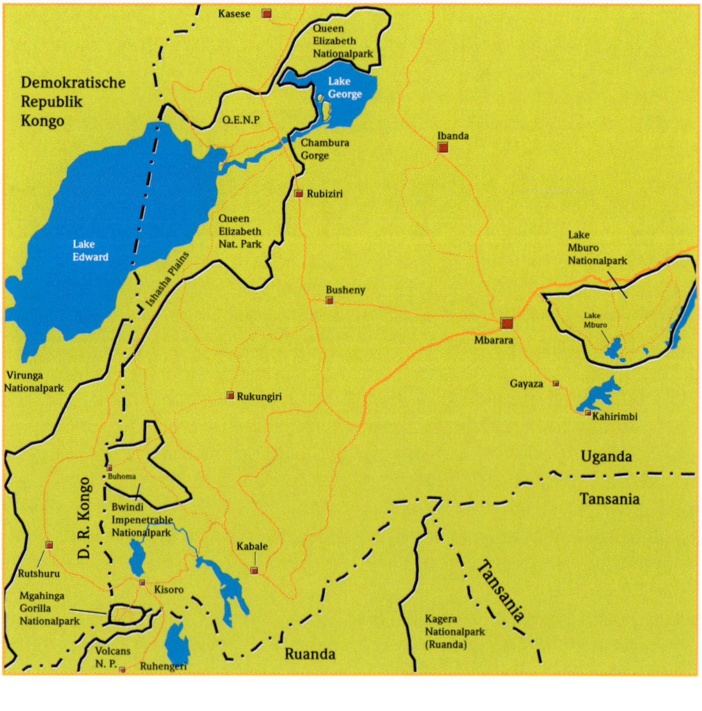

**Bwindi-Regenwald** Foto: W. Denzer

Größe der Bwindi-Gorillas auf eine ökologische Anpassung zurückzuführen.

Insgesamt wird die Anzahl der heute noch lebenden Berggorillas auf knapp über 600 Exemplare geschätzt, wobei jeweils 300 Tiere in der Virunga-Region und 300 Tiere in der Bwindi-Region leben. Diesen Tieren steht in den Nationalparks ein Lebensraum von nur 765 $km^2$ zur Verfügung. Selbst der derzeitige intensive Schutz der letzten Berggorillas kann somit aufgrund des eingeschränkten Habitats keine weitere signifikante Zunahme dieser bedrohten Tierart bewirken. Eine Zählung der Parkverwaltung im Frühjahr 2002 ergab für Bwindi 320 Berggorillas in 28 Gruppen. Die Gruppengröße variiert dabei von 1 (solitäre Männchen) bis nahezu 40 (Habanyinja-Gruppe, s. u.). Obwohl das Gebiet um den Bwindi-Wald abgeholzt ist, entfernen sich Gorillagruppen aus dem Park. Die letzte Gruppe, die verschollen ist, war die an Menschen gewöhnte Katendegyere-Gruppe, die sechs Tiere umfasste. Sie wurde von ihrem Silberrücken über die „grüne“ Grenze in die Republik Kongo geführt und ward nimmer mehr gesehen. Da es keine adäquaten Wälder jenseits der Grenze gibt, wird für ihr Überleben das Schlimmste befürchtet.

Derzeit sind im Bwindi Impenetrable Forest drei Gruppen an Menschen gewöhnt: die Mubare-(M-)Gruppe bestehend aus 13 Tieren und die Habinyanja-(H-)Gruppe mit 35 und mehr Exemplaren. Diese beiden Gruppen wurden über einen langen Zeitraum von Wissenschaftlern beobachtet. Täglich dürfen maximal sechs Personen jeweils eine der beiden Gorillagruppen besuchen. Je nach Aufenthaltsort der Tiere

**Wasserfall im Bwindi Impenetrable Forest**
Foto: W. Denzer

im Bwindi-Wald kann die Suche 1–6 Stunden dauern. Sie beginnt am Lager der jeweiligen Gruppe, das nachts zuvor als Schlafplatz genutzt wurde. Davon ausgehend folgt man den Spuren, die die Tiere im Gelände hinterlassen. Dies sind insbesondere umgeknickte Pflanzen und Kothaufen. Meist bewegt sich eine Gruppe nicht mehr als etwa einen Kilometer pro Tag, allerdings gibt es auch Ausnahmen. Wenn eine Gruppe gefunden wird, darf man sich eine Stunde in der Nähe der Tiere aufhalten. Fotografieren ist gestattet, jedoch darf kein Blitzlicht verwendet werden (s. u.). Wer das Glück hat, die Tiere im unbewaldeten Gebiet zu finden, hat sicherlich keine Probleme, einige Aufnahmen zu machen – vorausgesetzt, man hat ausreichend lichtempfindliches Filmmaterial (400 oder 800 Asa). Im Waldesinnern sind die Chancen auf ein Foto ungleich geringer bis unmöglich. Aber allein diese imposanten Tiere aus der Nähe beobachten zu können, ist den Aufwand wert.

Die Individuenzahl der M- und H-Gruppen ist relativ stabil und ändert sich im Allgemeinen nur durch Tod oder Geburt eines Tieres. Im Frühjahr 2002 hat sich jedoch die H-Gruppe aufgespaltet. Bis dahin waren in der Gruppe zwei Silberrücken, wobei ein Tier dominant war. Die $H_A$-Gruppe besteht nun aus dem „alten" Silberrücken und 27 weiteren Tieren, die $H_B$-Gruppe aus neun Tieren. In der $H_B$-Gruppe wurde inzwischen ein Junges geboren. Da dieses Jungtier nicht vom Silberrücken getötet wurde, kann man davon ausgehen, dass er es auch gezeugt hat. In der Mubare-Gruppe herrscht schon seit langer Zeit ein mächtiger Silberrücken. In letzter Zeit kommt es immer wieder vor, dass ein solitäres Männchen die Gruppe verfolgt und versucht, dem Silberrücken einige Weibchen abspenstig zu machen. Bisher ist dies nicht gelungen, aber mit der Zeit wird auch dieser „halbstarke" Gorilla zum Zuge kommen. Seit dem Sommer 2004 kann neben den beiden bereits genannten Gruppen eine weitere Gruppe (Rushegura) im Bwindi be-

sucht werden. Es handelt sich dabei um einen Silberrücken, fünf Weibchen, zwei heranwachsende und drei junge Gorillas.
Außer den Gorillas leben im Bwindi-Wald noch Schimpansen, rotrückige L'Hoest-Meerkatzen, Rotschwanzmeerkatzen, Blaumeerkatzen in zwei verschiedenen Unterarten (*Cercopithecus mitis stuhlmanni* und *C. m. dogetti*) sowie Mantelaffen und Anubispaviane. Auf der Suche nach Gorillas trifft man immer wieder auf die eine oder andere dieser Arten. Einzig die Schimpansen im Bwindi-Gebiet sind sehr scheu und nur selten zu beobachten, obwohl die Populationsgröße auf 860 Exemplare geschätzt wird.
Unter Ornithologen gilt Bwindi als eines der artenreichsten Regenwaldgebiete Ostafrikas. Insgesamt wurden bisher über 350 Vogelarten nachgewiesen. Im Bereich des zen-

**Gorilla-Weibchen mit Jungtier** Foto: W. Denzer

**Silberrücken der Mubare-Gruppe** Foto: W. Denzer

tralafrikanischen Grabens haben sich in der Vogelwelt 24 Endemiten entwickelt, 23 davon sind im Bwindi-Wald zu finden. Besonders in den Hochlagen des Ruhija-Sektors kommen Vogelbeobachter auf ihre Kosten, aber auch in den Waldgebieten um Buhoma lassen sich viele Vögel entdecken. Zu den schönsten zählen Turakoarten, wie der vollständig leuchtend blau gefiederte Ross' Turako und der verwandte Blauturako sowie der blau, grün und rot gefiederte Ruwenzori-Turako. Auch Trogons und schillernde Nektarvögel sind leicht auszumachen. Unter den Reptilien sind vor allem Johnstons Dreihornchamäleon, das Iturichamäleon sowie die grünen Nachtottern zu erwähnen. Der Artenreichtum an Gliedertieren ist immens; allein über 200 Schmetterlingsarten sind aus Bwindi bekannt.

Um andere Tiere als Gorillas zu beobachten – wobei eine Gorillabeobachtung auf diesen Touren nicht ausgeschlossen ist –, muss man sich eines Führers der Nationalparkverwaltung bedienen. Dreistündige Wanderungen mit Tierbeobachtungen können für 5 US$ organisiert werden; Spezialtouren sind etwas teurer. Nahe dem Parkhauptquartier in Buhoma gibt es einen kleinen Rundweg (Munyaga River Walk), der auch ohne Führer besucht werden kann. Hier gibt es bereits jede Menge Vögel und Insekten zu entdecken. Ein etwa 5 km langer Rundweg (Muazbajiro Loop

Trail) führt auf den Muzabajiro, von dem aus man einen herrlichen Blick auf den Bwindi-Wald und die Virunga-Vulkane hat. In der Regenzeit ist diese Aussicht am ehesten zu genießen, da sonst die Luft zu staubhaltig ist. Ein sehr schöner Trail (Waterfall Trail) führt durch Baumfarnwälder zu einigen kleinen Wasserfällen hinauf. Hier kommen vor allem Botaniker und Herpetologen auf ihre Kosten. Das Ruhija-Gebiet liegt etwa 50 km von Buhoma entfernt und wird insbesondere von ornithologisch Interessierten aufgesucht. Touren in diesen Teil des Nationalparks sollten in Buhoma organisiert werden.

Die Genehmigungen (Permits) zum Besuch der Gorillas können bereits 6–12 Monate im Voraus bei der Uganda Wildlife Authority im Kampala gebucht werden. Ein einmaliger Besuch kostet etwa 360 US$ (plus Parkgebühr 15 US$). Man kann bei der Buchung angeben, welche Gruppe man besuchen möchte; außerdem ist der Besuch beider Gruppen an zwei aufeinander folgenden Tagen möglich. Da es ohnehin recht teuer ist, sollte man sich wohl überlegen, ob man mit einem einzigen Permit auskommt. Es gibt keine Erfolgsgarantie und demnach auch keine Rückerstattung, falls man keine Gorillas entdeckt! In der Hauptsaison (europäische Sommermonate und Jahreswechsel) sind die Permits schnell vergriffen. Es gibt so genannte stand-by-Permits, die im Park für 250 US$ erstanden werden können, allerdings sind die ebenfalls recht schnell vergriffen. Die einzige Möglichkeit, an stand-by-Permits zu gelangen, ist, länger im Park zu bleiben und auf einen freien Platz zu hoffen. Freie Plätze sind besonders zu Beginn der Regenzeit (Ende März/Anfang April) leicht zu ergattern. Allerdings muss man sich dann auf erschwerte Trekkingbedingungen gefasst machen.

Mooswald
Foto: W. Denzer

Vor jedem Besuch wird man eingehend in die Verhaltensregeln gegenüber den Gorillas und im Wald eingewiesen. Hierzu zählt auch eine kurze Befragung über den Gesundheitszustand. Da es nur noch 600 dieser seltenen Menschenaffen gibt und sie zudem empfänglich für unsere Formen von Krankheiten sind, ist dies sicherlich ein verständliches Anliegen der Nationalparkbehörde. Wer vor Beginn der Wanderung angibt, dass er gesundheitliche Probleme – insbesondere Infektionskrankheiten – hat, bekommt sein Geld zurückerstattet. Fällt ein etwaiges Gesundheitsrisiko dem Führer oder einem Ranger erst auf der Wanderung auf, so wird dies mit Zurückschicken zum Camp und dem Verlust (ohne Rückerstattung) der Genehmigung geahndet! Eine leichte Erkältung führt nicht gleich zum Ausschluss aus der Gruppe, sollte jedoch vorher dem Ranger mitgeteilt werden. Sämtliche Verhaltensregeln dienen nicht dazu, um die Besucher zu tyrannisieren, sondern dem Schutz der Gorillas! Achten Sie auch darauf, dass Ihr Blitzgerät am Fotoapparat abgeschaltet ist. Ist dies nicht möglich, so müssen Sie den Blitz mit der Hand abdecken. Auch Blitzen führt zum Verlust der Genehmigung und kann vor allem Jungtiere irritieren oder den Silberrücken aus der Ruhe bringen! Im Bwindi Impenetrable National Park stehen ausreichend Unterkünfte jeder Kategorie zur Verfügung. Dies reicht vom Zeltplatz und einfachen Bandas über Lodges bis hin zum Luxuszeltcamp. Empfehlenswert ist das im Nationalpark gelegene Buhoma Homestead. Die Zimmer sind einfach, haben allerdings Heißwasser, was nach der strapaziösen Tour dringend zum Duschen benötigt wird. Zu bu-

**Elliotts Chamäleon (*Chameleo elliotti*)** Foto: W. Denzer

chen sind die Zimmer über African Pearl Safaris in Kampala (APS, Impala House, Plot No. 13, Kimathi Avenue, P. O. Box 4562, Kampala; Tel: 00256-(0)-41-233566, Fax: 00256-(0)-41-235770, E-Mail: apsafari@swiftuganda.com). Die Zeltplätze und Bandas richten sich an Selbstversorger, jedoch gibt es nahe dem Verwaltungsgebäude zwei Kantinen, in denen man Essen und Getränke bekommt. Oberhalb des Buhoma Homestead liegt das Luxuscamp von Abercombie & Kent, das über die weltweit agierende Firma gebucht werden kann. In den übrigen Unterkünften ist außerhalb der Hauptsaison und Feiertage keine Vorausbuchung nötig.

Weiterführende Literatur zu diesem Thema:
BYGOTT & HANBY (1998): A Guidebook to Mgahinga Gorilla National Park and Bwindi Impenetrable National Park.

**Baumfarnwald** Foto: W. Denzer

## Mgahinga-Gorilla-Nationalpark / Virunga Conservation Area

Südlich des Bwindi Impenetrable Forest liegt der Mt. Gahinga, an der Grenze zu Ruanda. Von Bwindi (Buhoma) aus wählt man zuerst die Route über Ruhija nach Ikumba und fährt von dort nach Kisoro, wo die Parkverwaltung ihren Sitz hat. Der Nationalparkeingang liegt etwa 15 km südlich von Kisoro bei dem Ort Ntebeko. Der Mgahinga-Nationalpark überzieht nur eine Fläche von 34 km$^2$ und ist Teil der Virunga Conservation Area (VCA). Die VCA umfasst neben Mgahinga noch den Parc National des Volcans auf ruandischer Seite und den Parc National des Virunga auf dem Staatsgebiet der Republik Kongo. Da das

**Weißnasen-Meerkatze (*Cercopithecus ascanius*)** Foto: W. Denzer

gesamte Gebiet eine Einheit darstellt, wandern hier die Gorillagruppen zwischen den Ländern umher. Insbesondere gilt dies für die Population (etwa 45 Tiere in acht Gruppen) des Mt. Gahinga in Uganda. Jahreszeitenabhängig halten sich die Tiere in Ruanda oder der Republik Kongo auf. Wer also zum Gorilla-Tracking nach Mgahinga reist, sollte sich vorher erkundigen, ob die Tiere im Park sind. Der Preis für die Besuchserlaubnis wird nicht zurückerstattet, falls die Berggorillas nicht gefunden werden können!

Mgahinga ist aber nicht nur wegen der Berggorillas einen Besuch wert, sondern auch wegen der landschaftlichen Reize. Innerhalb des Parks befinden sich im Grenzbereich die drei nördlichsten Virunga-Vulkane: Mt. Sabinyo (3.645 m), Mt. Gahinga (3.474 m) und Mt. Muhavura (4.127 m). Aufgrund der Höhe sind die Hänge dieser Vulkane mit afrikanischer Hochgebirgsvegetation bewachsen. So gibt es Bambuswälder (meist *Arundinaria alpina*), Riesenheidekraut sowie die an die extremen Hochlagen angepassten Kreuzkrautgewächse (*Senecio johnstonii*) und Riesenlobelien (*Lobelia gibberoa*). Auffälligste Blütenpflanzen sind die Fackellilien und Feuerball-Lilien.

Die Tierbestände des Parks sind nur unzureichend untersucht, jedoch kann man davon ausgehen, dass die Mehrzahl der im Virunga-Massiv bekannten Arten auch hier vorkommt. Insgesamt sind bisher 295 Vogelarten aus der Virunga-Region bekannt, von denen 185 Arten auch im Parc National des Volcan auf ruandischer Seite nachgewiesen wurden. Alle diese Arten sollten auch im Mgahinga-Gebiet anzutreffen sein. An Großtieren sind im Mgahinga-Nationalpark vor allem Elefanten und Büffel zu finden. Neben den Berggorillas leben noch drei Unterarten der Blaumeerkatze im Park: *Cercopithecus mitis kandti* (Golden Monkey, mit orangem Rückenfell), *C. m. dogetti* (olivfarbener Rücken) und *C. m. schoutedeni* (silbergrauer Rücken). Diese zoologische Besonderheit wird von Wissenschaftlern noch genauer untersucht. Üblicherweise gibt es in den Vorkommen von Unterarten nur selten Überschneidungen, da sie sich aufgrund einer ökologischen und geographischen Trennung differenzieren. Das gleichzeitige Vorkommen von drei Unterarten ist daher ein sehr seltenes Phänomen, das eventuell auf den Habitatrückgang zweier Unterarten zurückzuführen ist. Wegen der Abholzung wurden sie mehr und mehr in den Park gedrängt und müssen sich nun ihren Lebensraum mit den verwandten Unterarten teilen. Bisher wurden noch keine Kreuzungen entdeckt, sodass von jeder Unterart noch reine Populationen existieren. Sollten Kreuzungen auftauchen, muss man auf längere Sicht mit dem Verschwinden mindestens einer Unterart rechnen. Erst genetische Untersuchungen können wirklich den Nachweis bringen, ob es sich um Unterarten oder eventuell nur um Farbschläge hybridisierender Populationen handelt. Sollte es wirklich keine Hybriden geben, stünde den einzelnen Populationen sogar der Artstatus zu, da dann offensichtlich eine natürliche Schranke existiert, die Kreuzungen verhindert.

Im Mgahinga-Gorilla-Nationalpark gibt es nur einfache Unterkünfte oder Campingplätze. Wegen der gesunden Büffelpopulation sind Wanderungen ohne bewaffnete Führer nicht gestattet (6 US$). Bergwanderungen kosten derzeit 18 US$ pro Person und führen wahlweise auf den Mt. Gahinga oder den Mt. Sabinyo. Die Gorillapermits liegen neuerdings (seit August 2004) mit 360 US$ preislich auf gleichem Niveau wie im Bwindi-Impenetrable-Nationalpark. Sie können zwei Monate im Voraus gebucht werden, wobei eine Anzahlung von 50 US$ erfolgen muss, um einen Platz zu garantieren. Für einen Besuch der Mgahinga-Gorillas gelten die gleichen

**Klaffschnabel (*Anastomus lamelligerus*)**
Foto: W. Denzer

Regeln wie im Bwindi-Kapitel dargelegt. Wer entweder keine Gorillas gesehen hat, keine Genehmigung mehr ergattern konnte oder einfach noch mehr Gorillas beobachten möchte, kann es im Parc National des Volcan in Ruanda nochmals versuchen. Ugandische Veranstalter weichen manchmal nach Ruanda aus, wenn die Permits in Uganda für längere Zeit vergeben sind. Die Grenzstation liegt nahe Kisoro bei Cyanika. Üblicherweise fährt man früh morgens nach Ruanda, erledigt die Formalitäten und begibt sich dann zum Gorillatracking. Es soll sogar möglich sein, sich am Grenzübergang abholen zu lassen. Tagesaufenthalte in dieser Region gelten trotz der instabilen politischen Lage als relativ sicher. Es ist allerdings ratsam, diese Tour nicht auf eigene Faust zu unternehmen, sondern einen Veranstalter einzuschalten, der über die entsprechenden Erfahrungen und Kontakte verfügt. Besuche der Gorillas im Parc National des Virunga (Republik Kongo) waren bei meiner Reise 2002 von Uganda aus nicht möglich.

Weiterführende Literatur zu diesem Thema:
Bygott & Hanby (1998): A Guidebook to Mgahinga Gorilla National Park and Bwindi Impenetrable National Park.

## Lake-Mburo-Nationalpark

Bwindi und Mgahinga befinden sich in der äußersten südwestlichen Region Ugandas. Um auf die Hauptstraße in Richtung Kampala zu gelangen, fährt man von Mgahinga oder Bwindi zunächst nach Ikumba und dann in die Provinzstadt Kabale. Von dort geht es in nordöstlicher Richtung etwa 160 km nach Mbarara. Auf dem nächsten Teilstück zwischen Mbarara und Masaka (140 km) hat man bei dem Ort Sanga die Möglichkeit, südlich (rechts) in den Lake-Mburo-Nationalpark abzubiegen. Auf einer Schotterpiste gelangt man nach 13 km zum Sanga Gate.

Der Lake-Mburo-Nationalpark hat eine Größe von 200 km$^2$ und erstreckt sich über 608 Höhenmeter (1.220–1.828 m ü. NN). Neben dem gleichnamigen See bietet der Park akazien- und euphorbienbewachsene Feuchtsavanne sowie Grasland und Sumpflandschaften. Unter den Nationalparks Ugandas nimmt er eine Sonderstellung ein, da hier einige Tierarten in beachtlichen Populationen vorkommen, wie man es eher aus kenianischen oder tansanischen Schutzgebieten kennt. So leben hier Burchell-Zebras und Elenantilopen. Lake Mburo ist auch der einzige ugandische Nationalpark, in dem Impalas gefunden werden. In den übrigen Schutzgebieten werden ähnliche Habitate von Ugandakobs besetzt. Neben den genannten Arten leben im Lake-Mburo-Nationalpark vor allem Defassa-Wasserböcke, Kaffernbüffel, Oribis, Warzenschweine und Buschböcke. Im See tummeln sich zahlreiche Flusspferde, und in den angrenzenden Papyrussümpfen lebt die sehr scheue und seltene Sitatunga-Antilope. Die Vogelwelt ist im Park mit 315 Arten vertreten.

Im Park gibt es eine Reihe von Tracks, die durch die verschiedenen Landschaftsformen führen. Folgt man der Piste nach dem Sanga Gate in südlicher Richtung (geradeaus), so gelangt man an das westliche Ufer des Lake Mburo, wo es ein kleines Fischerdorf gibt, und schließlich an die Parkgrenze, die durch den Ruizi-Fluss gebildet wird. Da diese Route kein Rundweg ist, muss man entweder den gleichen Weg zurück nehmen oder den Park in westlicher Richtung (Mbarara) gleich wieder verlassen. Kurz hinter dem Sanga Gate zweigt links (Richtung Osten) der Impala Track ab. Nach weiteren 3 km geht es dann rechts in den Lakeside Track, der zum östlichen Seeufer und in das Gebiet des Mazingasumpfes führt. Hier hat man gute Chancen, die zahlreichen Wasservögel und Flusspferde zu beobachten. Den nordwestlichen Teil des Parks erreicht man über zwei alternative Routen: entweder über den Zebra Track (zurück zur Abzweigung am Impala Track und dann rechts) oder über den Kazuma- und den Ruroko-Track. Beide Pisten führen durch die Savanne, in der man Zebras, Impalas und Oribis entdeckt. Den Nationalpark kann man am Ende dieser Tracks über das Nshara Gate verlassen und gelangt nach 9 km am Ort Lyantonde wieder auf die Hauptstraße nach Kampala.

Wer im Park bleiben möchte, findet Un-

**Nördlicher Hornrabe (*Bucorvus abyssinicus*)** Foto: W. Denzer

terkünfte aller Kategorien; dies reicht vom Campingplatz (10 US$) über das Rwonyo Rest Camp (20 US$) hin zu den luxuriösen Kachira- und Mantana-Tented-Camps (100 US$ und mehr). Für Motorboote beträgt die Miete 30 US$, für Paddelboote 10 US$. Führer können für 7 US$ engagiert werden.

Weiterführende Literatur zu diesem Thema:
RUSSOUW, J. & M. SACCHI (1998): Where to watch Birds in Uganda.

## Abstecher auf der Rückfahrt nach Kampala

Von Lyantonde sind es etwa 70 km bis Masaka. Dieser Ort gehört nicht gerade zu den attraktivsten Ostafrikas und ist eher als Durchgangsstation zu sehen. Kurz hinter Masaka, auf der Straße nach Kampala, zweigt eine Straße in Richtung Bukakata ab (in Masaka nach dem Weg erkundigen). Diese Straße führt zur einer Fähranlegestelle, von der aus man die Ssese-Insel im Victoria-See besuchen kann. Etwa auf halbem Wege zwischen Masaka und Bukakata (20 km) befindet sich ein Hinweisschild zum Lake Nabugabo, einem Erholungsgebiet, das von der Church of Uganda betrieben wird. Dort gibt es ein kleines Netz von Wanderwegen, mit guten Möglichkeiten, die Vogelwelt zu beobachten.

In Bukakata kann man entweder auf die Fähre zu den **Ssese-Inseln** warten oder sich ein Motorboot chartern. Insgesamt gibt es 84 Inseln, die eine eigene Welt darstellen. Auf dem kleinen Archipel wird von den Bewohnern sogar eine andere Sprache als auf dem „Festland" gesprochen. Auf vielen Inseln existieren noch gut erhaltener Wald und eine ausgiebige Ufervegetation. Dementsprechend sind die Inseln (insbesondere die große und leicht erreichbare Insel Buggala) für ornithologisch interessierte Reisende von großem Reiz. An einer touristischen Infrastruktur mangelt es allerdings, sodass es schwer ist, Transport und Unterkunft zu finden.

Zwischen den Orten Buganga und Nabusanke überschreitet man dann abermals den Äquator. Etwa 35 km vor Kampala (3 km hinter Mpigi) befindet sich auf der linken Seite eine Abzweigung in den **Mpanga Forest** (Hinweisschild: Mpanga Camp Site). Dieses kleine Reservat (4,5 $km^2$) schützt ein Stück immergrünen Regenwaldes sowie Sumpfwald. Das Gebiet ist besonders für Vogelfreunde interessant, da es sowohl Waldvögel (Tokos, Turakos, Graupapageien) als auch zahlreiche an Feuchtbiotope angepasste Arten (Hammerkopf, Eisvögel sowie Reiher) beherbergt. Die Säugetierfauna gerät dagegen in den Hintergrund. Einzig Rotschwanzmeerkatzen sind häufig zu beobachten. Legt man in Richtung Kampala nochmals weitere 8 km zurück, so gelangt man rechter Hand in das am Victoria-See gelegene **Mabamba Wetland**. Nach Verlassen der Hauptstraße führt die Piste erst durch einen Papyrussumpf und Grasland nach Kasanji und von dort aus weiter nach Mabamba. Hier kann man bei einem Fischer ein Boot mieten und einige Zeit am Ufer entlang fahren. Mit großer Wahrscheinlichkeit wird man Reiher, Störche, Pelikane und Afrikanische Fischadler sichten können.

Von Kasanji aus kann man entweder weiter bis Entebbe fahren oder auf demselben Weg, den man gekommen ist, zur Straße nach Kampala zurückkehren. Nach 30 km erreicht

**Abendstimmung am Nil** Foto: W. Denzer

man dann die Hauptstadt und beendet die Rundfahrt durch die Naturschutzgebiete Ugandas. Wer den Weg über Entebbe wählt, kann hier noch einen Abstecher in den Botanischen Garten machen, der landschaftlich sehr reizvoll am Ufer des Victoria-Sees gelegen ist. Neben den selbstverständlich üppig vorhandenen Pflanzen findet man hier eine reichhaltige Vogelwelt sowie Grünmeerkatzen und Mantelaffen. Die Blütenpflanzen im Garten locken viele Nektarvögel an, und in den Bäumen und Büschen siedeln verschiedene Webervogelarten.

Ausgehend von Kampala oder Entebbe bietet sich bei genügend Zeit auch noch ein Ausflug zur 90 km entfernten Stadt Jinja an. Dies ist vor allem deshalb interessant, weil Jinja weithin als die Quelle des Nils gilt, der hier aus dem Victoria-See ausfließt. Genau genommen ist allerdings der Kagera-Fluss – ein Zufluss des Lake Victoria – der Ursprung des Nils. Mit einer Länge von 6.671 km ist der Nil der längste Fluss der Erde. Die Suche nach seinem Ursprung kostete viele Abenteurer das Leben. Erst 1870 erreichte der Brite J. H. Speke den Ort Jinja und teilte dies der Geografischen Gesellschaft mit. Dort, wo Speke einstmals einen tosenden Wasserfall vorfand (Ripon Falls), reguliert heutzutage der Owenstaudamm die austretenden Wassermassen. Oberhalb der Stelle, an der der Nil aus dem Lake Victoria austritt, befindet sich eine Tafel mit der Aufschrift (freie Übersetzung): „Diese Stelle markiert den Ort, von dem aus der Nil seine lange Reise antritt, die ihn durch Zentral- und Norduganda, den Sudan und Ägypten bis in das Mittelmeer führt".

# Praktische Hinweise für Naturreisen

## Formalitäten

### Visa

Die Visabestimmungen der ostafrikanischen Länder sind des Öfteren Änderungen unterworfen. So gilt z. B. derzeit für Kenia eine Visapflicht auch für Kurzzeiturlauber. Die folgende Aufstellung orientiert sich an den offiziellen Angaben des Auswärtigen Amtes (Quelle: Auswärtiges Amt www. auswaertiges-amt.de, Stand Juli 2004. Visainformationen und Visa können entweder direkt über die Botschaften oder Konsulate eingeholt werden (s. u.), oder man kann einen Visaservice wie Servisum (Otto-Suhr-Allee 84,10585 Berlin, Tel.: 030-340 00 60, Fax: 030-341 09 78, oder Dottendorfer Straße, 8653129 Bonn, Telefon: 0228-91 76 80, Telefax: 0228-54 94 96) damit beauftragen.

### Kenia

Seit dem 1. März 2001 besteht für deutsche, österreichische und schweizer Staatsangehörige wieder die Visapflicht. Der Reisepass muss noch mindestens sechs Monate Gültigkeitsdauer haben. Der deutsche Kinderausweis wird anerkannt. Oftmals wird ein Rück- oder Weiterreiseticket (Buchungsbestätigung ist im Allgemeinen ausreichend) bei der Antragstellung verlangt. Die Gebühren betragen 50 US$. Visa können zwar auch bei der Einreise über alle offiziellen Grenzstationen – z. B. an den Flughäfen Nairobi und Mombasa – erteilt werden, insbesondere am Flughafen muss man sich dann aber auf längere Wartezeiten einstellen. Weitere Auskünfte erteilt die Botschaft der Republik Kenia in Berlin.

**Adressen der für Deutschland zuständigen Vertretungen**
Botschaft der Republik Kenia
(Embassy of the Republic of Kenya)
Markgrafenstraße 63
10969 Berlin
Tel.: 030-25 92 66-0
Fax: 030-25 92 66-50
Öffnungszeiten:
Mo–Fr 09.00–13.00 Uhr
Amtsbezirk: Bundesgebiet
Honorarkonsulat der Republik Kenia
Rathausstraße 6
20095 Hamburg
Tel.: 040-30 30 42 29
Fax: 040-30 30 43 33
Öffnungszeiten:
Mo–Fr 09.00-12.00 Uhr
Amtsbezirk: Länder Hamburg, Bremen, Mecklenburg-Vorpommern, Niedersachsen und Schleswig-Holstein

**Adresse der für Österreich zuständigen Vertretung**
Botschaft der Republik Kenia
Neulinggasse 29
1030 Wien
Tel.: 01-712 39 19
Fax: 01-712 39 22

**Adresse der für die Schweiz zuständigen Vertretung**
Generalkonsulat der Republik Kenia
Bleicherweg 30
8039 Zürich
Tel.: 01-202 22 44
Fax: 01-202 22 56

**Adresse der deutschen Vertretungen**
Botschaft der Bundesrepublik Deutschland
Williamson House, 4th Ngong Avenue, Nairobi.
Tel.: 00254-(0)2- 71 25 27
Fax: 00254-(0)2 -71 48 86
Embassy of the Federal Republic of Germany, P.O. Box 3 01 80, Nairobi, Kenia.
Amtsbezirk: Kenia sowie Seychellen.
Konsularische Zuständigkeit auch für Somalia und Burundi
E-Mail: GER-EMB@form-net.com

**Adresse der österreichischen Vertretung**
Embassy of Austria
City House, Wabera Street, Nairobi
Tel.: 00254-(0)2-22 82 81
Fax: 00254-(0)2-31 45 04

**Adresse der schweizerischen Vertretung**
Embassy of Switzerland
International House, Mama Ngina Street, Nairobi
Tel.: 00254-(0)2-22 87 35
Fax: 00254-(0)2-21 73 88

**Ishasha Plains** Foto: W. Denzer

## Tansania

Europäische Staatsangehörige benötigen für die Einreise nach Tansania ein Visum. Dies sollte im Voraus bei der tansanischen Botschaft in Bonn beantragt werden. Prinzipiell kann es bei der Einreise nach Tansania auf den internationalen Flughäfen des Landes, dem Seehafen Sansibar oder den großen Grenzübergängen erteilt werden. Die Gebühr dafür beträgt 20 US$ und muss in US-Währung entrichtet werden. Der Nachweis einer Gelbfieberimpfung ist bei Einreise aus potenziellen Infektionsgebieten vorgeschrieben. Der deutsche Kinderausweis wird anerkannt.

**Adressen der für Deutschland, Österreich und die Schweiz zuständigen Vertretungen**

Botschaft der
Vereinigten Republik Tansania
Theaterplatz 26, 53177 Bonn
Tel.: 0228-35 80 51/54
Fax: 0228-35 82 26
Öffnungszeiten:
Mo-Fr 08.30–13.00, 14.00–16.30 Uhr
Amtsbezirk: Bundesgebiet
www.tanzania-gov.de
E-Mail: tzbonn.habari@t-online.de

Honorarkonsul der
Vereinigten Republik Tansania
Bettinaplatz 2, 60325 Frankfurt a. M
Tel.: 069-74 59 89
Öffnungszeiten:
Mo–Fr 10.00–12.00 Uhr
Amtsbezirk: Länder Hessen und Baden-Württemberg

Honorarkonsul der
Vereinigten Republik Tansania
Normannenweg 17–21, 20537 Hamburg
Tel.: 040-2 50 79 36
Fax: 040-25 31 36 66
Öffnungszeiten:
Mo–Fr 09.00–13.00 Uhr
Amtsbezirk: Land Hamburg

**Adressen der deutschen Vertretung**

Botschaft der
Bundesrepublik Deutschland
NIC Investment House, Samora Avenue, Daressalam
Tel.: 00255-(0)22 211 74 09-15
Fax: 00255-(0)22-211 29 44
Embassy of the Federal Republic of Germany, P.O. Box 95 41, Dar-es-Salaam, Tansania.
Amtsbezirk: Tansania.
www.german-embassy-daressalam.de
E-Mail: german.emb.dar@raha.com

**Adresse der österreichischen Vertretung**

Eine eigene Vertretung existiert in Tansania nicht. Die Botschaft in Nairobi ist auch für Tansania zuständig.

**Adresse der schweizerischen Vertretung**

Embassy of Switzerland
Kinondoni Rd., Dar-es-Salaam
Tel.: 00255-(0)22-51-660 08
Fax: 00255-(0)22-51-663 76

Für den Amtsbezirk Sansibar ist eigens ein Honorarkonsul vorgesehen; jedoch waren bei Drucklegung weder Name noch Adresse bekannt. Nähere Informationen auf der Webseite des Auswärtigen Amtes.

## Uganda

Für deutsche, österreichische und schweizer Staatsangehörige gilt die allgemeine Visumspflicht. Der deutsche Kinderausweis wird nur mit Lichtbild anerkannt. Visa sollten vor Reiseantritt bei der auch für die Bundesrepublik Deutschland zuständigen Botschaft in Brüssel oder dem Honorarkonsulat in München beantragt werden. Einfache Visa kosten derzeit 38 Euro, Expressvisa (innerhalb von wenigen Tagen) 88 Euro. Am Flughafen Entebbe und an verschiedenen Grenzübergangsstellen werden auf Antrag Visa zur einmaligen Einreise gegen eine Gebühr von US-Dollar 30,- ausgestellt.

**Adressen der für Deutschland, Österreich und die Schweiz zuständigen Vertretungen**

Botschaft der Republik Uganda
Avenue de Tervuren 317
Brüssel/Belgien 1000
Tel.: 00322-(0)76- 25 825
Fax: 00322-(0)76- 30 438
Öffnungszeiten:
Mo–Fr 09.00–16.00 Uhr
E-Mail: ugembrus@brutele.be

Honorarkonsul der Republik Uganda
Franz-Joseph-Straße 38
80801 München
Tel.: 089-33 15 44
Fax: 089-34 68 66
Öffnungszeiten:
Mo–Do 10.00–13.00 Uhr
Amtsbezirk: Länder Bayern und Baden-Württemberg, Visa für das gesamte Bundesgebiet
www.uganda.de
E-Mail: info@uganda.de

**Adresse der deutschen Vertretung**

Botschaft der
Bundesrepublik Deutschland
15 Philip Road, Kololo, Kampala.
Tel.: 00256-(0)41-25 67 67/68, 23 64 21/22
Fax: 00256-(0)41-34 31 36
Embassy of the Federal Republic of Germany, P.O. Box 7016, Kampala, Uganda.

**Adresse der österreichischen Vertretung**

Embassy of Austria
6 Entebbe Rd., Bank Lane, Kampala
Tel./Fax: 00256-(0)41-23 30 02

**Adresse der schweizerischen Vertretung**

Embassy of Switzerland
1 Roscoe Rd, Kololo, Kampala
Tel.: 00256-(0)41-24 15 74
Fax: 00256-(0)41-23 68 52

### Visaverlängerungen und Reisen zwischen ostafrikanischen Ländern

Visaverlängerungen müssen gegen eine Gebühr bei den nationalen Einwanderungsbehörden beantragt werden. Im Allgemeinen sind die Visa von vornherein drei Monate gültig, sodass nur eine einmalige Verlängerung in Frage kommt. Langzeitreisende haben ostafrikanische Länder nach sechs Monaten zu verlassen! Wer zwischen den Ländern umherreist, sollte seine Route schon im Voraus festlegen und entsprechend „Multiple-Entry-Visa" beantragen, die mehrfache Einreisen erlauben. Einmalige Grenzübertritte in beide Richtungen (z. B. von Kenia nach Tansania und wieder zurück) sind aber auch von den „normalen" Touristenvisa abgedeckt.

## Zoll

Bei der Einreise können alle Artikel des persönlichen Gebrauchs eingeführt werden sowie die international üblichen Mengen an zollfreien Gütern (200 Zigaretten, 1 Liter Spirituosen, Parfüm etc.). Geschenke sind zu deklarieren. Bei der Ausreise ist darauf zu achten, dass keine Kunstgegenstände oder Antiquitäten mitgenommen werden. Hierfür werden Ausfuhrpapiere benötigt. Wer Kunstgegenstände (nicht Kunsthandwerk) oder Antiquitäten in offiziellen Galerien kauft, wird wahrscheinlich eine Ausfuhrgenehmigung miterhalten.

Tiere, Pflanzen und Teile davon unterliegen oft dem Washingtoner Artenschutzabkommen und sollten sich keinesfalls im Gepäck befinden!

## Anreise

Eine Reise nach Ostafrika beginnt wohl in den allermeisten Fällen mit der Ankunft auf einem der internationalen Flughäfen. In Kenia sind dies Nairobi und Mombasa Airport, in Tansania Dar-es-Salaam und Kilmanjaro Airport und in Uganda Entebbe Airport. Flugpreise variieren saisonal und abhängig von der Fluggesellschaft. Als große Fluggesellschaften, die regelmäßige Linienflüge nach Ostafrika anbieten, seien Kenya Airways, KLM und Lufthansa genannt. Während der europäischen Sommermonate und in den Ferienzeiten fliegt auch eine Reihe von Chartergesellschaften insbesondere Mombasa an.

Typischerweise bewegen sich die Flugpreise ab etwa 600 Euro aufwärts. Studenten und Schüler (im Allgemeinen Personen unter 27) erhalten von einigen Gesellschaften und Reisebüros Sonderpreise. Viele Tickets sind auch günstiger im Internet erhältlich (z. B. Opodo, Flugboerse sowie Fluggesellschaften). Typischerweise sind in den Preisen heutzutage bereits alle Steuern und Gebühren enthalten. Dies sollten Sie bei der Buchung der Tickets überprüfen, da neben dem normalen Flugpreis noch einiges an Kosten dazukommt. Sollten die Tickets ohne Gebühren für das Ausland ausgestellt sein, so kommen in Ostafrika etwa 20 US$ pro internationaler Ausreise hinzu!

**KLM/Kenya Airways Germany**
KLM Offices Frankfurt International Airport
Reservierung/Information
Tel.: 069-39021801
Fax: 069-694462
0190-510045, 62 Cent pro Minute
Fax: 0190-510046
www.klm.de

**KLM Kenya**
Barclays Plaza Loita Street
Nairobi
Tel.: 00254-(0)2-32074747
Fax: 00254-(0)2-32074777
www.klm.co.ke

**KLM Tansania**
P. O. Box 3804 Dar es Salaam
1st Floor, Peugeot House,
Bibi Titi/Ali Hassan Mwinyi Rd.
Tel.: 00255-(0)22- 2139790/91
Fax: 00255-(0)22-2116492
E-Mail:
reservation.daressalaam@klm.com

P. O. Box 44 Arusha
Safari Hotel Building Boma Road
Tel.: 00255-(0)27-2508063/2508062/ 2506063
Fax: 00255-(0)27-2504033
E-Mail: KLM.Arusha@ark.eoltz.com

**KLM Uganda**
Kampala
Kimathi Avenue-United Assurance Bldg
Tel.: 00256-(0)41-233068/344304/259297
Fax: 00256-(0)41-259472
E-Mail: klmkla@africaonline.co.ug

**Kenya Airways**
Head Office Tel.: 00254-(0)2-32822000
Barclays Plaza Loita Street Nairobi
Tel.: 00254-(0)2-32074747/02-32074100
Fax: 00254-(0)2-2-32074777
E-Mail: contact@kenya-airways.com
Jomo Kenyatta International Airport
Tel.: 00254-(0)2-32823500/02-32823535

Das **Lufthansa** Call Center steht Ihnen 24 Stunden zur Verfügung unter: Tel.: 01803-803803. Die Telefonzentrale des Lufthansa-Konzerns erreichen Sie unter: 069-696-0. Flugbuchungen sind über die Internetseite möglich: www.lufthansa.com.
Die Flugzeit nach Ostafrika beträgt etwa 8–10 Stunden. Wenn Sie einen Aufenthalt in verschiedenen Ländern planen, ist es häufig günstig, von vornherein Gabelflüge zu buchen. So bietet z. B. KLM bei gleichem Preis einen Gabelflug Nairobi/ Kilimanjaro Airport an. Sie können somit eine Keniatour planen, auf dem Landweg nach Tansania einreisen und nach einer Tansaniasafari direkt wieder nach Deutschland fliegen.

**Gnus auf Wanderung, Serengeti, Tansania** Foto: W. Denzer

**Chamäleon Reisen GmbH**
Otto-Suhr-Allee 115, 10585 Berlin
Tel.: (030)-34 79 960
Fax: (030)-34 79 9611
E-Mail: info@chamaeleonreisen.de
www.chamaeleonreisen.de

**Colibri Umweltreisen**
Sophienstr. 5, 10178 Berlin
Tel.: (030)-283 90 232
Fax.: (030)-283 90 234
E-Mail: info@colibri-berlin.de

**ITST Tanzania Special Tours**
Mühlbachstr. 25 , 70794 Filderstadt
Tel.: (0711)-7 77 87 12
Fax: (0711)-7 78 71 50
E-Mail: itst@tanzania-tours.de
www.tanzania-tours.de

Reine Bergtouren (Mt. Kenya, Mt. Meru, Mt. Kilimanjaro) oder kombinierte Trekking- und Safari-Angebote (z. B. Kilimandscharo-Besteigung mit anschließender Safari in Nordtansania) bietet „Hauser exkursionen" an:

**Hauser exkursionen international GmbH**
Speigelstr. 9, D-81241 München
Tel.: (089)-2350060
Fax: (089)-23500699
www.hauser-exkursionen.de
E-Mail: hauser@hauser-exkursionen.de

In ostafrikanischen Ländern haben sich die Tourveranstalter zu Organisationen zusammengeschlossen, deren Mitglieder einen gewissen Standard bezüglich ihrer Safaris nachweisen müssen, um aufgenommen zu werden. In Kenia ist dies KATO und in Tansania TATO:

**Kenya Association of Tour Operators (KATO)**
Longonot Rd. Upper Hill, Nairobi, Kenya
Box No: 48461 Post Code : 00100
Tel.: 00254-(0)2-713348/713386/722401/726517
Fax: 00254-(0)2-719226
http://www.katokenya.org
E-Mail: info@katokenya.org

**Tanzania Association of Tour Operators (TATO)**
P. O. Box 6162, Arusha, Tanzania
Tel.: 00255-(0)27-250 6430
Fax: 00255-(0) 27 250 6430
www.safari.cc/tato/
E-Mail: tato@cybernet.co.tz

In Uganda sind die Veranstalter unter dem Dachverband der **Uganda Tourist Association** (UTA P.O. Box 24 503 Kampala, Uganda; Tel.: 00256-(0)41-344986, Fax: 00256-(0)41-2450 92, E-Mail: uta@infocom.co.ug) zusammengefasst. Listen mit lokalen Tourunternehmern befinden sich auf den folgenden Internetseiten:

Association of Uganda Tour Operators (AUTO)
www.africa-insites.com/uganda/uta/auto.htm
The Uganda Association of Travel Agents (TUGATA)
www.africa-insites.com/uganda/uta/tugata.htm

## Veranstalter

Viele Reisende bevorzugen, die Dienste von Veranstaltern in Anspruch zu nehmen. Die großen Reiseunternehmen bieten vor allem kombinierte Bade-Safari-Reisen an. Adressen und Informationen einschlägiger Veranstaltern erhalten Sie in guten Reisebüros. Wer die Länder auf eigene Faust erkunden will, sollte die Reise im Voraus mit einem in Ostafrika ansässigen Unternehmen zusammenstellen oder mit einem deutschen Spezialveranstalter zusammenarbeiten.

Für die Recherchen zum vorliegenden Buch wurde mit den folgenden ostafrikanischen Veranstaltern zusammengearbeitet:

**Premier Destinations Africa**
P. O. Box 60286
Room 4, Floor B1
Western Wing, Block A
Social Security House
Bishops Road, Nairobi, Kenya
Tel.: 00254-(0)2-713329/713995
Fax: 00254-(0)2-713996
www.premier-safaris.com
E-Mail: esm@arcc.or.ke oder
info@premier-safaris.com
Kenia, Tansania und Uganda

**Special Lofty Safaris Ltd.**
P. O. Box 81933, Mombasa, Kenya
Nkrumah Rd
Hassanali Building 1st Floor
Tel.: 00254-(0)41-220241
Fax: 00254-(0)41-2314397
www.special-lofty.de
E-Mail: slofty@ikenya.com
Hauptsächlich Keniatouren kooperieren in Tansania mit Dotcom Safaris.

**Dotcom Safaris**
P.O. Box 38, Moshi, Kilimanjaro, Tanzania
Tel.: 00255-(0)27-2754104
Fax: 00255-(0)27-2754104
Mobile: 00255-(0)744-317879
www.dotcomsafaris.com
E-Mail: kiran@dotcomsafaris.com oder
dotcomsafaris@eoltz.com
Tansania, Sansibar, Kenia und Uganda

**Travelust African Safaris**
P.O.Box 27943, Kampala - Uganda Off Ggaba after Gallery Okapi - Bbunga
Tel.: 00256-(0)77-419238
Tel.: 00256-(0)41-266917/267430
Fax: 00256-(0)41-255288
E-Fax: 001-661-420-9102
www.travelustafrica.com
E-Mail: inqury@travelustafrican.com
Uganda

Die Zusammenstellung einer Reise mit einem ostafrikanischen Reiseveranstalter geschieht im Allgemeinen per Fax und E-Mail. Die angegebenen Unternehmen sind sehr zuverlässig und besitzen die Infrastruktur, um auch ausgefallene Reisewünsche zu erfüllen. Auch wenn man sich in verschiedenen Ländern umsehen möchte, können die Arrangements bei nur einem Veranstalter gebucht werden. Die Zusammenarbeit untereinander funktioniert recht gut.
Eine Buchung vor Ort ist auch möglich, allerdings sind viele Unterkünfte während der Hochsaison im Juli bis Januar schnell vergeben.

## Ankunft

Die meisten Reisenden kommen über einen der oben angegebenen Flughäfen nach Ostafrika. Wer bereits ein Visum in der Tasche hat, gelangt relativ schnell durch die Einwanderungskontrollen. Einreisekarten (landing cards) und Einfuhrdeklarationen werden oftmals schon auf dem Flug verteilt. Offiziell sind Videokameras und Kameraausrüstungen sowie höhere Geldbeträge auf den Karten zu deklarieren.

Nachdem man eingereist ist, stellt sich zuerst die Frage der Weiterfahrt. Auch wer nur im Transfer über Nairobi oder Entebbe reist, benötigt ein Hotel in der Stadt. Direkt an den Flughäfen gibt es keine Unterkünfte. Auch hier ist es empfehlenswert, dies schon vorab zu regeln. Die örtlichen Veranstalter bieten Hoteltransfers und Unterkünfte zu vernünftigen Preisen an. Es gibt an allen Flughäfen zudem Taxis, Sammeltaxis und Busse, von deren Benutzung allerdings abzuraten ist (s. u.).

## Zeitunterschied

Ostafrika ist der mitteleuropäischen Zeit um zwei Stunden voraus (MEZ +2). Während unserer Sommerzeit gilt MEZ +1. In den Küstenregionen herrscht eine sehr unterschiedliche Zeitrechnung, die einen unvermittelt bei Fragen nach der Zeit treffen kann. Wegen der Äquatornähe ist der 24-Stunden-Tag nur in Tag und Nacht eingeteilt, also in Abschnitte von 12 Stunden. Während der Tag von 6–18 Uhr läuft, erstreckt sich die Nacht von 18–6 Uhr. 6 Uhr und 18 Uhr werden dabei jeweils wie 0.00 Uhr behandelt. Es kann Ihnen somit passieren, dass jemand mittags um 12 Uhr antwortet, es sei 6 Uhr!

## Währungen und Geld

Die Einfuhr der einheimischen Währungen ist meist begrenzt. Vorheriger Umtausch ist allerdings auch nicht sehr sinnvoll, da wegen der instabilen ostafrikanischen Kurse in Europa viel zu hohe Preise verlangt werden.

Die Landeswährungen heißen sowohl in Kenia und Tansania als auch in Uganda Schilling. Kleinere Beträge sind in Münzenform erhältlich, meist wird man aber nur Scheine benötigen. Die Devisenkurse unterliegen zeitweise heftigen Schwankungen. Die im Folgenden angegebenen Kurse sind Richtwerte und waren im Herbst 2005 gültig:

1 Euro = 90 KSh
1 Euro = 1.350 TSh
1 Euro = 2200 USh

Als zweite Währung hat sich der US-Dollar bewährt. Häufig kann man direkt in dieser Währung zahlen. Die Umtauschkurse sind reell, werden bei kleineren Banken aber nicht auf den täglich aktuellen Stand gebracht. Die offiziellen Kurse sind in den Tageszeitungen abgedruckt. In Uganda werden im Allgemeinen nur Dollarnoten akzeptiert, die nach 1995 gedruckt wurden. Der Grund hierfür liegt darin, dass erst nach diesem Termin gedruckte Scheine bei Banken und Hotels als fälschungssicher gelten. Achten Sie daher beim Tausch genauestens auf das Datum auf den Scheinen!

In Kenia und Teilen Tansanias wird inzwischen auch problemlos der Euro umgetauscht. Kreditkarten werden von den meisten großen Unternehmen akzeptiert, jedoch sollte man sich vorher erkundigen, inwieweit dies wirklich der Fall ist. Travellerschecks (in Dollar gezeichnet) werden in den meisten Hotels und Banken akzeptiert.

Die Banköffnungszeiten können sich lokal unterscheiden, sind aber üblicherweise an die folgenden Zeiten angepasst:

Kenia und Uganda
Mo–Fr 8.30–14.00 Uhr
Tansania
Mo–Fr 8.30–12.30 Uhr sowie 13.00–16.00 Uhr

Wie in vielen anderen Ländern gibt es auch in Ostafrika zahlreiche Angebote, Geld außerhalb der Banken zu tauschen. Häufig sind diese „Moneychanger" unter der indischen Bevölkerung zu finden. Die Kurse können dabei besser sein als die von Banken. Auch unterwegs wird man des Öfteren nach „harten" Dollars gefragt. Bei dieser Art Straßentausch sollte man allerdings genauestens nachrechnen und die Kurse bestens kennen.

**Abendstimmung am Lake Baringo** Foto: W. Denzer

## Reisen innerhalb Ostafrikas

### Flugzeug

Fliegen innerhalb Ostafrikas ist sicherlich die zeitsparendste Methode, um sich zwischen mehreren Orten zu bewegen, aber auch die teuerste. Für Reisen zwischen den Ländern bietet sich im Allgemeinen an, Nairobi als Ausgangspunkt zu wählen. Kenya Airways bietet regelmäßige Flüge in die meisten Nachbarländer (z. B. nach Entebbe oder Dar-es-Salaam). Zudem bedient diese Gesellschaft mehrere Routen innerhalb Kenias (Nairobi, Malindi, Mombasa, Kisumu).

**Kenya Airways - Mombasa**
P.O.Box 99302
Electricity House
Tel.: 00254-(0)11-221251
Fax: 00254-(0)11-313815
Airport Tel.: 00254-(0)11-434541
E-Mail: kqmbaapt@africaonline.co.ke

P.O. Box 1427 Kisumu
Reservierung 254-35-44055
Fax: 00254-(0)35-43339
Airport
Tel.: 00254-(0)35-41620

P.O. Box 315 Lamu
Tel.: 00254-(0)121-32040
Fax: 00254-(0)121-33119

P.O. Box 634 Malindi
Reservierung 00254-(0)123-20237
Airport Office
Tel.: 00254-(0)123-20192
Fax: 00254-(0)123-20173

**Kenya Airways – Tanzania**
P.O. Box 5342 Dar-es-Salaam
Peugeot House, Ali Hassan Mwinyi Road
Tel.: 022-2119376/7,2113336/7,2112710
Fax: 00255-(0)22-2116492
Airport office
Tel.: 00255-(0)22-2844084
E-Mail: kenyaair@intafrica.com

**Kenya Airways – Uganda**
P. O. Box 6969 Kampala
Plot No. 1. Kimathi Avenue
United Assurance Building
Tel.: 00256-(0)41-344304
Fax: 00256-(0)41-259472
Entebbe Office Tel.: 320234

Neben Kenya Airways (Adressen s. u. Anreise) sind noch Air Tanzania und Air Uganda als lokale Fluggesellschaften im innerafrikanischen Luftverkehr tätig.

**Air Tanzania**
P.O. Box 740 Arusha
Tel: 00255–(0)57-3201, 3202, 7957
P.O. Box 543 Dar es Salaam
Tel.: 00255-(0)51)-110245 – 248
Fax: 00255–(0)51–113114

Weitere Büros in Kigoma (Tel.: 00255 –(0)695–2432), Moshi (Tel.: 00255-(0) 55)-55205 55206), Mwanza (Tel.: 0025 5-(0)68)-40529, 40413/14) sowie auf Pemba Island (Tel.: 00255-(0)54)–2162) und Sansibar (Tel.: 00255-(0)54)–30297, 32441)

Die ausländischen Büros befinden sich in Kenia in Nairobi (Tel.: 00254–(0)2)-336224, 336397, P.O. Box 20077, Nairobi) und Mombasa (Tel.: 00254–(0)11)–22 6441, 226442, P.O. Box 90012, Mombasa) sowie in Uganda in Kampala (Tel: (00 256–(0)41–234631, 234673, P.O. Box 21 60, Kampala)

**Uganda Airlines**
Airways House (Head Office)
6 Coville Street, Kampala.
Tel.: 00256-(0)41-232990
Fax: 00256-(0)41-257279

Uganda Airlines unterhält Auslandbüros in Nairobi (1st Floor Uganda House, Kenyatta Avenue, Nairobi, Tel.: 00254-(0)2-22 1354, Fax: 00254-(0)2-21 4744) und Dar-es-Salaam (Holiday Africa Tours & Safaris, TDFL Building, Ohio Street, Dar-es-Salaam Tel.: 00255-(0)51 2 2013/2 2015 Fax: 00255-(0)-51 4 6261).

## Bahnlinien

Das Eisenbahnnetz Ostafrikas hat früher einmal viel bessere Zeiten erlebt. Durch den Bau der so genannten „Ugandabahn" sowie weiterer ostafrikanischer Routen konnte man sich gut zwischen den Ländern bewegen. Die auf vielen Karten und in einigen Reisführern angegebenen Routen nach Uganda bzw. Tansania werden allerdings schon seit längerem nicht mehr befahren!

In Kenia ist die Nairobi-Mombasa-Verbindung die Hauptstrecke. In beiden Richtungen wird die Strecke als Nachtzug befahren, wobei die Abfahrt jeweils um 19.00 Uhr und die Ankunft am jeweiligen Zielort etwa 9.00 Uhr morgens liegt. Von Nairobi aus verkehren auch noch Züge über Nakuru an den Lake Victoria (Kisumu). Die Tickets erhält man von der Kenya Railways Corporation (Nairobi, Station Rd., Tel.: 00254-(0)2-221211; Mombasa, Twiga Rd., Tel.: 00254-(0)11-312220).

In Tansania ist das Streckennetz der Tansania Railway Corporation erheblich besser ausgebaut. So kann man sogar mit der Bahn bis in das benachbarte Sambia gelangen. Im Wesentlichen gibt es zwei Hauptrouten, eine Ost-West-(Central Line) und eine Nord-Süd-Verbindung (Tazara Line) sowie eine Verbindung zwischen Dar-es-Salaam und Moshi (Moshi Line). Die Central Line verbindet Dar-es-Salaam mit dem Lake Victoria. Sie führt über Dodoma nach Kigoma und Mwanza. Die Tazra Line führt von Dar-es-Salaam durch das Selous-Mikumi-Gebiet nach Mbeya und weiter nach Sambia. Weitere Informationen sind an den Bahnhöfen erhältlich (Central Line, Gerzani Street Station, Tel.: 051-110600; Tazara Line, Pugu Street Station, Tel.: 051-8603447).

Der Zugverkehr in Uganda ist auf eine einzige Linie zwischen Kampala und Kasese (am Ruwenzori-Gebirge) beschränkt, die zudem nur einmal wöchentlich befahren wird.

## Busse und Sammeltaxis

Überlandbusse fahren fast überall in Ostafrika, und das nicht nur in die entlegendsten Gebiete eines Landes, sondern auch grenzüberschreitend. Einige private Unternehmen, die sich vorwiegend an Geschäftsleuten und Touristen orientieren, bieten Fahrten mit Luxusbussen an. Hier werden aber nur Routen zwischen den großen Städten bedient. Die Busse sind klimatisiert und gut ausgestattet, was sich allerdings im Fahrpreis niederschlägt. Von Fahrten mit landestypischen Bussen ist aus Sicherheitsgründen abzuraten. Die Busfahrer nehmen ständig hohe Risiken auf sich, um innerhalb ihres Fahrplanes zu bleiben, und dementsprechend hoch sind die Geschwindigkeiten. Zudem sind die Busse meist völlig mit Fahrgästen überbesetzt und nicht gerade in einem besonders vertrauenerweckenden Zustand!

In größeren Städten gibt es zentrale Busbahnhöfe, in den kleinen Ortschaften muss man sich an der Hauptdurchgangsstraße nach Bussen erkundigen. Auf einigen häufig befahrenen Strecken (z. B. Mombasa-Nairobi oder in Richtung der Grenzübergänge) sollte man die Tickets mindestens einen Tag vorher besorgen.

Ebenfalls abzuraten ist von der Benutzung von Sammeltaxis (Matatus in Kenia und Uganda bzw. Dalla-Dallas in Tansania). Es handelt sich dabei um häufig ausmusterungswürdige Kleinbusse, die offiziell für 12–14 Personen zugelassen sind (achten Sie auf den PSV-Aufkleber = passenger service vehicle). Üblicherweise werden allerdings 16–18 Personen in den Wagen und Unmengen von Gepäck und Ladung auf dem Wagen transportiert. Dies mag für ein Foto toll aussehen, ist aber sehr gefährlich. Die Zeitungen sind täglich voll von Unfällen, in die Kleinbusse verwickelt waren. Wer trotzdem einmal versuchen will, mit einem Sammeltaxi zu fahren, muss als Erstes herausbekommen, wo die Wagen überhaupt hinfahren. In vielen Regionen haben sich die neben dem Fahrer agierenden Schaffner (conductor) Handzeichen ausgedacht, die es nur Eingeweihten erlauben, das Fahrziel und die Route zu erkennen. Großer Vorteil der Sammeltaxis sind die sehr günstigen Fahrpreise. Ein Mzungu (Weißer) zahlt allerdings immer etwas mehr als die Einheimischen.

## Taxis

Die nächsthöhere Stufe des Fahrkomforts bieten Taxis. In allen größeren Städten sind Taxis für innerstädtische und Überlandfahrten zu finden. Der Preis wird üblicherweise im Voraus verhandelt, obwohl oftmals Taxameter vorhanden sind. Wie bei den Matatus haben Wazungu (Mehrzahl von Mzungu s. o.) meist das Nachsehen in der Preispolitik. Insbesondere nachts ist es sinnvoll, sich an abgelegenen Orten oder im Stadtrandbereich der Großstädte Taxis vorzubestellen. Einige Taxi- und Reiseunternehmen bieten auch einen Chauffeurservice an. Dies kann z. B. für Tagesausflüge nützlich sein oder einfach nur als Abholservice. Taxifahrer erwarten häufig ein Trinkgeld von ca. 10 % des Fahrpreises.

## Mietwagen

Wer nicht über ein Safariunternehmen ein Fahrzeug mit Fahrer gebucht hat, wird sich wohl am ehesten mit gemieteten Fahrzeugen fortbewegen. Hierbei ist auf einige Dinge zu achten. Zum ersten ist es wichtig, dass das Fahrzeug geländegängig ist, wenn man vorhat, auch die Nationalparks zu besuchen. Einem allradgetriebenen Fahrzeug ist hier immer der Vorrang zu geben. Zudem muss man sich genauestens den Zustand des Mietwagens anschauen. Einige Fahrzeuge haben schon den Zenit ihrer Fahrbereitschaft überschritten und sind für längere Touren nicht geeignet. Achten Sie auch darauf, dass das Fahrzeug einen PSV-Aufkleber (passenger service vehicle) besitzt und Ihnen die entsprechenden Zulassungspapiere ausgehändigt werden.

Üblicherweise werden von den meisten Agenturen Jeeps oder Landrover angeboten. Diese Fahrzeuge sind gut in unwegsamem Gelände und haben sich über die Jahre bewährt. Je nach Ausstattung, Saison und Mietdauer können die Preise erheblich variieren. Informationen und auch Buchungen sind bei den international operierenden Firmen bereits von Deutschland aus möglich. Als Kosten sollte man etwa 100 US$ pro Tag einplanen. Benzin ist recht günstig. Die Preise liegen bei etwa 50 Cent pro Liter.

Zur Anmietung muss man mindestens 23 Jahre sein und sollte das 70. Lebensjahr noch nicht überschritten haben. Der Führerschein muss noch mindestens zwei Jahre gültig sein und ein Lichtbild enthalten. Zusätzlich ist es ratsam, vor der Reise einen internationalen Führerschein zu beantragen. Dieser wird insbesondere in Uganda verlangt sowie auch von einigen Polizisten, die mit einem deutschen Führerschein nichts anfangen können. Es nützt nichts, wenn Sie versuchen, dem Beamten klarzumachen, dass ein internationaler Führerschein nicht notwendig sei. Er ist immer im Recht!

Mietwagen dürfen normalerweise nicht über eine Grenze verbracht werden. Die internationalen Anbieter wechseln daher ihre Fahrzeuge bei jedem Grenzübergang. In Tansania und Uganda ist Autovermietung ein weitgehend unbewirtschaftetes Feld. Fahrzeuge ohne Fahrer zu bekommen, ist nahezu aussichtslos. Aufgrund der Verkehrsverhältnisse, der teuren Versicherungen und der z. T. schlechten Beschilderung ist es ohnehin ratsam, sich der Hilfe eines Fahrers zu bedienen. Vor allem auf Safaris kann man dann in aller Ruhe den Tieren nachspüren, ohne auf eventuell unwegsames Gelände achten zu müssen.

Neben „normalen" Mietwagen werden vermehrt auch Campervans angeboten, in denen man übernachten kann. Diese sollten aber nur für Fahrten in Nationalparks zu geeigneten Campingplätzen benutzt werden. In den Städten und abgelegenen Gebieten fallen diese Fahrzeuge leicht auf und sind schnell leergeräumt oder verschwunden.

Mietwagen mit und ohne Fahrer bieten unter vielen anderen folgende internationale Vermieter an:

### Kenia

Avis Nairobi
College House, Koinange Street
Tel.: 00254-(0)2-336704

Budget Nairobi
Hilton Hotel, Mama Ngina Street
Tel.: 00254-(0)2-223584

Hertz Nairobi
Travel House, Muindi Mbingu Street
Tel.: 00254-(0)2-331974

### Tansania

Avis Dar-es-Salaam
Ghana Avenue
Tel.: 00255-(0)51-8612146

### Uganda

Avis Kampala
Airlines Building, Kimathi Avenue
Tel.: 00256-(0)41-234744

Die großen Gesellschaften akzeptieren gängige Kreditkarten, mit deren Hilfe auch die meist anfallende Kaution zu hinterlegen ist. In kleineren Ortschaften können Sie Wagen und Fahrer tageweise nur gegen Bargeld anmieten.

## Aus- und Weiterreise

Bei Flugreisen ist es bei einigen Fluggesellschaften immer noch üblich, dass das Abreisedatum mindestens 72 Stunden vor Abflug rückbestätigt werden muss. Häufig sind die wenigen Telefonleitungen besetzt und man hat Schwierigkeiten, diesem Ansinnen nachzukommen. Viele Fluggesellschaften verteilen daher schon auf dem Hinflug Formulare, die eine sofortige Rückbestätigung (reconfirmation) gestatten.

Bei der Ausreise über die Flughäfen ist eine Ausreisekarte auszufüllen. Außerdem fällt eine Gebühr von 20 US$ als Flughafengebühr an, insofern diese noch nicht mit dem Ticket bezahlt wurde.

Ausreisen über den Landweg sind mit längeren Wartezeiten verbunden. Stellen Sie sicher, dass der von Ihnen gewählte Übergang auch von nicht einheimischen Grenzgängern genutzt werden kann, und besorgen Sie sich bereits vorher ein entsprechendes Visum. Sollten Sie noch für ein Visum zu zahlen haben, dann ist es sinnvoll, genügend kleine Dollarnoten bei sich zu tragen. Wechselgeld ist an den kleineren Grenzübergängen Mangelware. Außerdem müssen Sie im Besitz einer gültigen Gelbfieberimpfung sein (s. a. Kapitel Gesundheit). Für den Fall, dass Sie ein Fahrzeug über die Grenze bringen wollen, sind Einfuhrerklärungen auszufüllen und Versicherungen für die gewünschte Aufenthaltsdauer abzuschließen. Üblicherweise – insbesondere im Falle von Mietwagen – werden Sie aber an der Grenze abgeholt und erhalten dann im jeweils anderen Land ein neues Fahrzeug mit landeseigener Kennung und Versicherung.

Alles in allem kann ein Grenzübertritt auf dem Landweg schon einmal 2–4 Stunden in Anspruch nehmen, sodass Sie für Ihre weitere Route keine allzu weiten Strecken mehr am selben Tage einplanen sollten.

**Tree Tops Lodge, Aberdares-Nationalpark** Foto: W. Denzer

## Unterbringung

### Lodges und Hotels

In den größeren und viel besuchten Nationalparks steht dem Reisenden eine Vielzahl von Lodges zur Verfügung. Das Niveau ist üblicherweise hoch bis luxuriös. Bei der Besprechung der einzelnen Nationalparks sind bereits einige Lodges näher beschrieben worden. Im Überblick soll hier noch einmal eine Auflistung der national und z. T. international operierenden Unternehmen gegeben werden, um eine Reiseplanung zu erleichtern. Buchung und Reservierung sind in allen Fällen über das Internet möglich. Ein Preisvergleich zwischen verschiedenen Anbietern ist jedoch lohnend. Manche Safariveranstalter kaufen bereits vor der eigentlichen Saison größere Kontingente an Übernachtungen und können daher Preise anbieten, die günstiger ausfallen als diejenigen auf der Webpage. Wenn Sie innerhalb einer Hotelgruppe bleiben, erhalten Sie oftmals weitere Ermäßigungen. Fragen lohnt sich immer!

#### Block Hotels

Block House, Lusaka Road
PO Box 40045 Nairobi;
Central Reservation Office
Tel.: 00254-(0)2-540780 oder
535412/22

Fax: 00254-(0)2-540821
www.blockhotels.com oder
www.blockafrica.com
E-Mail:
blockreservations@net2000ke. com

Blockhotels unterhält die folgenden Lodges und Hotels in Kenia:
The Landmark Nairobi, Lake Naivasha Country Club, Lake Baringo Club, Samburu Lodge und Larsens im Samburu Nat. Reserve, The Outspan Nyeri und Treetops Aberdares, Keekorok Lodge Massai Mara, Oltukai Lodge Amboseli NP, Shimba Rainforest Lodge sowie Nyali Beach Hotel und The Indian Ocean Beach Club in Mombasa

#### Sarova Hotels

P.O. Box 72493 Nairobi
Tel.: 00254-(0)2-713333
Fax: 00254-(0)2-715566
www.sarovahotels.com
E-Mail: reservations@sarova.co.ke

Sarova unterhält die folgenden Lodges und Hotels in Kenia:
Lion Hill Lake Nakuru, Panafric Nairobi, Sarova Mara, Sarova Shaba, The Stanley Nairobi, Whitesands Mombasa

#### Serena Hotels

4th Floor, Williamson House, Ngong Avenue
P.O. Box 48690 Nairobi
Tel.: 00254-(0)2-710511
Fax: 00254-(0)2-718100/103
E-Mail: mktg@serena.co.ke

Serena unterhält die folgenden Lodges und Hotels:

**Kenia**

Amboseli Serena Safari Lodge, Kilanguni Serena Safari Lodge, Kirawira Camp, Mara Serena Lodge, Mombasa Serena Beach Hotel, Nairobi Serena Hotel, Samburu Serena Lodge, Serena Mountain Lodge

**Tansania**
Lake Manyara Serena Safari Lodge, Ngorongoro Serena Lodge, Serengeti Serena Lodge, Zanzibar Serena Inn

## Sopa Lodges

Central Reservations
P.O. Box 72360, Nairobi
Tel.: 00254-(0)2-336088/220182/3367 24 /337410
Fax: 00254-(0)2-223843/331876

Sopa Management Ltd.
P.O. Box 1823 Arusha, Tanzania
Tel.: 00255-(0)57-6886/6896/6703
Fax: 00255-(0)57-8245
www.sopalodges.com
E-Mail: enquiries@sopalodges.com

Sopa unterhält die folgenden Lodges und Hotels in Tansania und Kenia:

**Kenia**
Mara Sopa Lodge

**Tansania**
Ngorongoro Sopa Lodge, Serengeti Sopa Lodge, Tarangire Sopa Lodge

## Volcanoes Safaris

27 Lumumba Avenue, Makasero Hill
P.O. Box 22818 Kampala
Tel.: 00256-(0)41-346464/5
Fax: 00256-(0)41-341718
www.volcanoessafaris.com
E-Mail : salesug@volcanoessafaris.com

Volcanoes Safaris betreibt die folgenden Lodges (Camps) in Uganda:
Bwindi Camp, Mount Gahinga Rest Camp, Travellers Rest Kisoro, Sipi Falls Rest Camp Mt. Elgon

**Afrikanische Büffel (*Syncerus caffer caffer*), Murchison-Falls-Nationalpark, Uganda** Foto: W. Denzer

## Camping

Zelten unter freiem Himmel inmitten der afrikanischen Savanne ist ein viel zitiertes Bild in Berichten aus der Region. In der Tat findet man in nahezu jedem Nationalpark Campingplätze. Diese sind allerdings umzäunt, um etwaige hungrige Raubtiere von den Touristen fernzuhalten. Viele Veranstalter bieten auch ein- bis mehrwöchige Campingsafaris an. Je nach Qualität variieren die Preise hierfür erheblich.

Wer mit einem eigenen Mietwagen und Zelt unterwegs ist, sollte darauf achten, stets ausreichend Wasser und Nahrung mit sich zu führen. Die Campingplätze sind meist wirklich nur auf die reine Übernachtung ausgerichtet. In den Parks gibt es sowohl feste Plätze als auch eigens von den Rangern zugewiesene Campingmöglichkeiten. Die Kosten sind je nach Park und Ausbau des Platzes unterschiedlich (s. Kapitel „Betreten der Nationalparks").

Wer eine Campingsafari bucht, braucht sich weder um sein Essen noch um seine Ausrüstung zu kümmern; dies ist alles inklusive. Üblicherweise werden die Zeltplätze der Nationalparkverwaltung genutzt, einige Veranstalter halten aber auch Kontakte zu Landbesitzern außerhalb der Parks oder zu privaten Reservaten, in denen frei gecampt werden kann.

Die höchste Stufe des Campens – und damit auch die teuerste – sind die festen Luxuscamps der großen internationalen Safariveranstalter. Hier wird versucht, dem Gast das wahre „out of africa"-Gefühl zu vermitteln. Luxuszeltcamps gibt es vor allem an landschaftlich besonders reizvollen Plätzen und an Orten, an denen ein besonders hohes Tieraufkommen herrscht. Die Preise sind im Allgemeinen höher als die der Luxuslodges, dafür lassen Service und Ausstattung aber auch keine Wünsche offen.

## Weitere Übernachtungsmöglichkeiten

Allerorts findet man Hinweisschilder auf Übernachtungsmöglichkeiten, meist „Hotels" genannt. Der überwiegende Teil dieser Unterkünfte ist aber wenig einladend und besteht nur aus einer zugegebenermaßen sehr preisgünstigen Schlafgelegenheit hinter einer Bretterwand. Derartige Hotels sind meist an häufig befahrenen Durchgangsstraßen angesiedelt. Sollten Sie wirklich an einer Übernachtung in einem der einheimischen Hotels interessiert sein, achten Sie darauf, dass Sie nicht in einem „Hoteli" landen; diese entpuppen sich leicht als Garküchen von fraglicher Qualität!

Jugendherbergen sind nur in Kenia vorhanden – und da sind es auch nur drei an der Zahl. In einigen Orten bieten auch Kolpinghäuser Übernachtungen an. Wenn man in einem entlegenen Ort übernachten muss, tut man gut daran, nach dem Bürgermeister (engl.: mayor) zu fragen. In den allermeisten Fällen kann er Ihnen eine Unterkunft empfehlen. Überall in der Nähe der Touristenattraktionen und Nationalparks gibt es aber auch regelrechte Hotels, private Unterkünfte und gerade im Küstenbereich sogar Ferienhäuser. Einige dieser Häuser sind bereits in den entsprechenden Kapiteln besprochen worden. Für weitere Informationen sei hier auf die empfohlenen Reiseführer verwiesen, die eine gute Auswahl an Unterkünften unterschiedlichen Standards beinhalten.

# Aktivitäten

## Landkarten

Landkarten werden auf vielen Touren benötigt und können bereits in Deutschland erworben werden. Viele Trekkingausrüster und einige Buchhandlungen haben sich seit einiger Zeit auf Reiseliteratur spezialisiert. Die Preise sind meist nicht teurer als im Land selbst. In Ostafrika erhält man Landkarten in den Buchhandlungen der großen Städte, an Tankstellen sowie in vielen Lodges. In den einzelnen Nationalparks kann man zudem noch spezielle Führer und Karten der direkten Umgebung erwerben. Eine Auswahl gebräuchlicher und nützlicher Übersichtskarten ist im Folgenden zusammengestellt:

**Ostafrika**

Road Map of East Africa (1:2.000.000). Text Book Center Ltd.
Hildebrandt's Urlaubskarte Ostafrika/ Kenia, Tansania (1:2.700.000). Arto + grafik Verlags GmbH.

**Kenia**

A Tourist Safari Map of Kenya (1:1.500.000). Tourist Map (K) Ltd.
Nelles Map Kenya (1:1.100.000). Nelles Verlag GmbH

**Tansania**

Reisekarte Tansania (1:1.900.000). Könemann Verlags GmbH
Nelles Map Tanzania /Ruanda/Burundi (1:1.500.000). Nelles Verlag GmbH

**Uganda**

Nelles Map Uganda (1:700.000) Nelles Verlag GmbH

Die meisten der angeführten Karten besitzen auch Detailkarten der großen Städte und einiger Nationalparks.

## Besuch der Nationalparks

Zum Besuch aller Nationalparks benötigt man eine Genehmigung. Diese kann bereits bei den Naturschutzbehörden des jeweiligen Landes oder über Safariveranstalter im Voraus besorgt werden, ist aber auch bei den allermeisten Schutzgebieten direkt bei der Parkverwaltung erhältlich.
Die Eintrittsgelder für ostafrikanische Naturreservate sind gestaffelt in die Gruppen: Tourist (Non-Resident), Resident und Citizen. Da der wohl überwiegende Teil der Leserschaft dieses Buches nicht permanent in einem der Länder lebt, werden hier nur die Preise für Touristen aufgeführt. Die Gebühren für Einheimische betragen etwa 10 % der Touristenpreise.
Die gezahlten Eintrittsgelder berechtigen zu einem Aufenthalt von 24 Stunden, sodass man bei später Anreise auch noch Pirschfahrten am Folgetag unternehmen kann. Die Tickets bzw. Smartcard (s. weiter unten) sind immer mitzuführen, da es gerade in den großen Parks oftmals Kontrollen gibt. Falls Sie nicht selbst im Besitz einer Smartcard sind bzw. Ihre eigenen Eintrittsgelder begleichen, achten Sie darauf, dass dies durch Ihren Fahrer bzw. das Safariunternehmen geschieht – was meistens der Fall ist.
Die Gebühren für die Meeresnationalparks werden auch von Touristen erhoben, deren Strandhotels sich innerhalb der Nationalparkgrenzen befinden. Beachten Sie bitte daher, dass Sie bei Bootsfahrten zum Schnorcheln oder Tauchen in der Nähe der Hotels offiziell zugelassene

Boote benutzen, die fällige Nationalparkgebühren einziehen und an den KWS abführen. Die Ranger unternehmen in der Hochsaison oftmals Fahrten, auf denen sie die Tickets der Bootsinsassen überprüfen. Die dem Kenya Wildlife Service unterliegenden Parks sind in mehrere Kategorien eingestuft:

- Kategorie A: Aberdares, Amboseli und Lake Nakuru: 30 US$ (Kinder 10 US$)
- Kategorie B: Tsavo Ost Tsavo West, Meru: 27 US$ (Kinder 10 US$)
- Kategorie C: Nairobi und Shimba Hills: 23 US$ (Kinder 10 US$)
- Kategorie D: Alle anderen Parks: 15 US$ (Kinder 5 US$) mit den Ausnahmen Arabuko Sokoke und Kakamega (10 US$)
- Marine Parks: Derzeit beträgt die Gebühr für alle Meeresnationalparks 5 US$ (Kinder 2 US$)

Hinzu kommen noch die Gebühren für Fahrzeuge (200 KSh) sowie eventuell anfallende Campinggebühren, die je nach Kategorie und Campsite 5–15 US$ betragen. Zusätzlich muss bei Bergbesteigungen etwa am Mt. Kenya ein täglicher Obulus von 10 US$ (Kinder 5 US$) entrichtet werden.

Der Begriff „Kind“ wird vom KWS sehr großzügig ausgelegt und bezieht sich auf den Personenkreis der unter 18-Jährigen. Studenten und Schüler zahlen in den meisten Parks die gleichen Gebühren wie Kinder. Ein internationaler Studentenausweis ist als Nachweis erforderlich.

In den meistbesuchten Parks Kategorien A–C (außer Meru NP) wurde eine Chipkarte namens Smartcard eingeführt, sodass hier nicht mehr bar gezahlt werden kann! Vor Beginn einer Safari kann man den benötigten Betrag in US-Dollar auf die Karte laden und

**Afrikanische Elefanten (*Loxodonta africana*)** Foto: W. Denzer

mit dieser an den Gates zu den jeweiligen Parks zahlen. Es empfiehlt sich, nicht zu viel Geld im Voraus auf die Karten zu laden, da eine Rückerstattung nicht vorgesehen ist. In den Parks, in denen die Karte akzeptiert wird, können zusätzliche Beträge geladen werden.

Smartcards sind in Malindi, Mombasa, Nakuru und Nairobi erhältlich. Wer sich also auf eigene Faust im Lande umsehen möchte, muss dafür zuerst in einem dieser Nationalparks oder eben der Nationalparkbehörde in Nairobi die Karte erwerben. Diejenigen, die Touren bei Safari-Unternehmen buchen, werden im Allgemeinen die Eintrittsgebühren über das Unternehmen abführen, die im Besitz mehrerer Karten sind und lediglich je nach Anzahl der Mitreisenden eine entsprechende Zahl von Smartcards dem Fahrer mit auf die Reise geben.

Einige Schutzgebiete unterstehen nicht dem KWS, sondern werden von den entsprechenden Distriktverwaltungen betrieben. Dies ist z. B. der Fall bei dem Massai-Mara-Reservat, Samburu, Shaba, Buffalo Springs oder auch Maralal Game Sanctuary. Die Preise für diese Reservate befinden sich in der gleichen Größenordnung (etwa 25 US$).

In Kenia existieren des Weiteren private Schutzgebiete, die nur besichtigt werden können, wenn ebenfalls Übernachtungen in den dortigen Lodges gebucht werden. Hierzu zählen z. B. die Taita Hills in der Nähe des Tsavo West NP und Sweetwater am Fuße des Mt. Kenya.

Die Eintrittspreise zu Nationalparks in Tansania sind ähnlich gestaffelt, Studentenermäßigung gibt es jedoch nicht. Als Kind gilt, wer zwischen 5 und 16 Jahre alt ist. Kinder unter 5 Jahren können ohne Bezahlung in die Parks mitgenommen werden.

Die wesentliche Aufteilung in Tansania entspricht dem „Northern Circuit“, „Southern Circuit“ sowie den beiden Schimpansenparks Gombe und Mahale. Auch hier gilt, dass Einheimische nur einen Prozentsatz dessen bezahlen, was Touristen entrichten müssen.

Ein wesentlicher Unterschied zum kenianischen System ist allerdings die Benutzungsgebühr für Fahrzeuge. Autos mit ausländischen Kennzeichen (darunter fallen logischerweise auch kenianische Gefährte) werden mit einer täglichen Gebühr von 30 US$ belegt! Aus diesem Grunde wechseln viele Veranstalter die Fahrzeuge nach dem Grenzübertritt. Dies geschieht meist auf dem Parkplatz vor dem Novotel Mt. Meru in Arusha.

Sollten Sie Ihre Tansaniasafari bei einem kenianischen Veranstalter gebucht haben, so achten Sie also darauf, dass dieser mit einer Agentur in Arusha zusammenarbeitet, da sich die Kosten sonst schnell erhöhen. Zudem werden kenianischen Fahrer besonders im „Northern Circuit“ nur ungern gesehen, da sie der einheimischen Fahrerschaft die Kunden wegnehmen. Da der Fahrer auch nicht als tansanischer Bürger anerkannt wird, müssen für ihn dann ebenfalls die erhöhten Touristenpreise entrichtet werden. Die südlichen Parks und Reservate können ohne Schwierigleiten mit nicht tansanischen Fahrzeugen und Fahrern bereist werden.

Tanzania National Parks Authority (TANAPA) verwaltet die folgenden Naturschutzgebiete:

- Kategorie A: Arusha, Kilimanjaro, Tarangire, Lake Manyara und Serengeti: 25 US$ (Kinder 5 US$)
- Kategorie B: Katavi, Mikumi, Ruaha, Rubondo und Udzungwa: 15 US$ (Kinder 5 US$)
- Kategorie C: Gombe Stream: 100 US$ (Kinder 20 US$)

- Kategorie D: Mahale: 50 US$ (Kinder 20 US$)

Der Ngorongoro-Krater und das Umland unterstehen der Verwaltung der Ngorongoro Conservation Area Authority. Der Eintrittspreis beträgt ebenfalls 25 US$. Wer jedoch mit dem Fahrzeug in das Innere des Kraters möchte, muss eine zusätzliche Kratergebühr von 10 US$ entrichten. Nur „Safarifahrzeuge" werden zugelassen. Hierunter sind im Allgemeinen allradgetriebene Fahrzeuge zu verstehen, die in der Lage sind, ohne Schwierigkeiten „offroad" zu fahren. Ein normaler PKW wird nicht zugelassen.

Der Eintrittspreis in die Ngorongoro Conservation Area ist auch dann zu entrichten, wenn Sie das Gebiet nur im Transit durchqueren wollen, um in die Serengeti zu gelangen!

Wer kein adäquates Fahrzeug für die Abfahrt in den Krater zur Verfügung hat, kann dies bei den umliegenden Lodges organisieren. Ein allradgetriebenes Fahrzeug kostet etwa 200 US$ pro Tag, unabhängig von der Personenzahl.

Die Campinggebühren in tansanischen Nationalparks liegen bei 20–40 US$ (Kinder 5–10 US$).

Für die Besteigung des Mt. Kilimanjaro fallen zusätzliche Hütten- (40 US$ pro Tag) und Rettungsgebühren (20 US$) an.

Da das Selous Game Reserve derzeit auf dem Landweg nur schwerlich erreichbar ist, sind die Eintritts- und Landegebühren (25 US$) meist schon in den Lodgepreisen enthalten. Fahrzeuge werden ebenfalls von den Lodges gestellt. Es ist geplant, eine Verbindung zwischen Mikumi-Nationalpark und dem Selous-Reservat herzustellen, jedoch liegen zum Zeitpunkt der Fertigstellung des Manuskriptes keine zuverlässigen Daten vor. Die bisherige Strecke war bis dato selbst mit guten Geländefahrzeugen nahezu unbefahrbar! Zudem ist noch nicht bekannt, ob eine Forststation errichtet wird, die ständig besetzt ist und die Gebühren eintreibt. Wer also vorhat, das Selous-Gebiet auf eigene Faust zu bereisen, der erkundige sich vorher genauestens nach den Möglichkeiten!

In Uganda unterstehen die Nationalparks der Uganda Wildlife Authority. Die Preise (gültig ab August 2004 bis etwa August 2006) sind in zwei Kategorien eingeteilt:

Kategorie A: 15 US$ (8 US$ ermäßigter Eintrittspreis für Kinder und Jugendliche im Alter von 5–18 Jahren). Zur Kategorie A gehören Murchison Falls, Queen Elizabeth, Bwindi Impenetrable Forest, Mgahinga, Kibale, Kidepo und Ruwenzori.

Kategorie B: 7 US$ (ermäßigt 3 US$) für alle anderen von der UWA verwalteten Parks. Hinzu kommen Fahrzeugkosten in Höhe von 30 US$ bzw. 100 US$ (Fahrzeuge von Tourveranstaltern). An Orten, an denen eine Fähre zur Flussüberquerung genutzt wird (z. B. Murchison Falls), fallen nochmals 5.000 USh an.

Übernachtungen sind in manchen Nationalparks auch in UWA-geführten Unterkünften möglich. Die Preise belaufen sich je nach Standard (Camping, Schlafsaal, einfache Unterkunft) auf etwa 5.000–20.000 USh pro Person und Nacht.

In den Parkeintrittsgebühren sind noch keinerlei Aktivitäten eingeschlossen. Die entsprechenden möglichen Exkursionen sind in den jeweiligen Nationalparkkapiteln genauer beschrieben. Die zusätzlichen Kosten beinhalten Ranger, Führungen und z. T. auch Träger (Ruwenzori Trekking).

**Nilkrokodil (*Crocodylus niloticus*) auf einer Insel im Lake Victoria, Rubondo-Island-Nationalpark, Tansania** Foto: G. Ziesler

Schimpansentracking kostet im Kyambura Gorge 30 US$, in Kibale 50 US$, Gorillatracking in Bwindi bzw. Mgahinga 360 US$. In beiden Fällen ist die Anzahl der Besucher pro Tag begrenzt, und die vorherige Einholung von „Permits" ist besonders für das Gorillatracking unumgänglich.

Ranger werden stundenweise bezahlt. Die Preise liegen je nach Nationalpark zwischen 5 und 10 US$. Bergwanderungen und Besteigungen unterliegen zusätzlichen Gebühren für die Hüttenbenutzung und Führungsmannschaft. Im Ruwenzori-Mountains-Nationalpark werden 567 US$ pro Person (mit Gipfelbesteigung ab 656 US$) berechnet, im Mt. Elgon Nationalpark hingegen nur 90 US$.

Prinzipiell gilt in allen Ländern Ostafrikas: Je beliebter und ausgebauter ein Naturschutzgebiet ist, desto höher sind die Preise für einen Besuch.

## Trekking und Wanderungen

Wenn es um regelrechtes Trekking in Ostafrika geht, sind meist Bergtouren gemeint. In Kenia ist der Mt. Kenia ein beliebtes Ziel, in Tansania werden der Mt. Meru und der Kilimandscharo von vielen Veranstaltern angeboten, und in Uganda stehen der Ruwenzori-Trek sowie eine Exkursion zum Mt. Elgon zur Auswahl. Alle diese Routen dürfen nicht ohne Genehmigung der zuständigen Behörden und ohne Führer angegangen werden. Alle genannten Routen befinden sich innerhalb von Schutzgebieten, in denen auch z. T. noch zahlreiche Wildtiere vorkommen, darunter auch Raubtiere. Schon aus Sicherheitsgründen sollte man daher auf eigenmächtige Exkursionen verzichten.

In einigen Schutzgebieten werden auch so genannte Wandersafaris durchgeführt. So kann man in Tansania entlang den Kratern des Ngorongoro-Massivs wandern

oder auch in den Wäldern des Udzungwa-Nationalparks umherstreifen. Die begleitenden Führer haben nicht nur sehr gute Ortskenntnisse, sondern besitzen auch wertvolle Informationen über die Natur und Geologie der Region. Im Selous-Gebiet werden zudem ein- bis mehrtägige Wandersafaris mit Rangern angeboten. Auf diese Weise kann man die Savanne einmal aus einem völlig anderen Blickwinkel sehen.

Neben den Bergtouren sind in Uganda vor allem die Trekkingtouren auf den Spuren von Schimpansen und Gorillas zu erwähnen. Insbesondere im Fall des Gorillatrekkings kann dies sehr anstrengend werden. Eine schöne Tour auf der Suche nach Schimpansen bietet sich beim Abstieg in die Kyambura-Schlucht.

Wanderungen auf eigene Faust sind in Ostafrika nur außerhalb der Nationalparks gestattet. Hierbei sollte man jedoch beachten, dass man kein privates Land betritt, was nicht immer eindeutig gekennzeichnet ist. Auch hier sollte die Hilfe eines ortskundigen Führers in Anspruch genommen werden. Einige Hotels und Lodges, die nahe den Schutzgebieten angesiedelt sind, bieten häufig eintägige Touren in die Umgebung an. Sollten Sie ein Gebiet selbst erkunden wollen, empfiehlt es sich für alle Fälle, eine gute Karte sowie einen kleinen Sprachführer in der Tasche zu haben. Nur ein geringer Teil der Landbevölkerung kann Ihnen auf Englisch Auskünfte über Orte oder Richtungsbeschreibungen geben.

## Strände

Kenia und Tansania haben Hunderte von Kilometern Küste am Indischen Ozean. Große Teile entsprechen dem Bild eines exotischen Urlaubsparadieses mit palmengesäumten weißen Sandstränden. Entlang der Küste Kenias sind die Strände und deren Umgebung daher auf Badetourismus ausgerichtet. Hierzu zählen insbesondere die Ortschaften Mombasa, Malindi und Watamu. Eine derartige touristische Infrastruktur existiert in Tansania hingegen auf dem Festland nicht. Einzig vorgelagerte Inseln wie Pemba und Teile Sansibars besitzen Hotelanlagen und gepflegte Sandstrände.

Das Klima am Indischen Ozean ist sehr angenehm, mit meerseitigen Winden und viel Sonnenschein. Prinzipiell kann das ganze Jahr über an den Küsten gebadet werden. Einzig in den Monaten April, Mai und Juni ist die Luft recht feucht, sodass es nebelige und regnerische Tage gibt. Das Meer ist dann auch etwas unruhiger und stellenweise aufgewühlt. Diese Zeit ist vor allem zum Schnorcheln und Tauchen wenig geeignet.

Die den Stränden vorgelagerten Korallenriffe sorgen den Rest des Jahres für eine ruhige See, da die Wellen meist schon weit vor der Küste gebrochen werden. Nicht alle Strände sind frei zugänglich; streckenweise sind über mehrere Kilometer Hotels aneinander gereiht, die jeweils Anspruch auf den vorgelagerten Sandstrand erheben. Während der Hochsaison (europäische Sommer- und Wintermonate) sind die Strände recht voll. Außerhalb dieser Zeit kann es einem aber auch passieren, dass man weit und breit keine Menschenseele sieht. In einigen Küstenorten bleiben dann allerdings auch bis zum Beginn der nächsten Saison sämtliche touristische Einrichtungen sowie Hotels und Restaurants geschlossen (z. B. Watamu in Kenia).

Die großen Hotels sind sehr um das Wohlbefinden ihrer Gäste besorgt. Dies geht so weit, dass Getränke am Strand serviert werden. Strandurlaub in Kenia wird von vielen Touristen daher als der Hauptgrund einer Reise angesehen. Ein- oder zweitägige Safaris in die nähere Umgebung werden von den Hotels organisiert. Neben den Hotels gibt es entlang der Küste auch eine Reihe weniger luxuriöser Unterkünfte. Dies reicht von einfachen Strandhütten bis hin zu Übernachtungsmöglichkeiten mit Familienanschluss. Hier ist man dann jedoch auf sich selbst gestellt. Diese Unterkünfte können meist nur schwer im Voraus gebucht werden. Die Touristeninformationsbüros vor Ort sind in diesen Fällen sehr hilfsbereit.

Wer sich auf eine längere Safari begibt, sollte ruhig einige Tage zur Erholung mittendrin oder am Ende der Tour einplanen – um einfach nur zu entspannen oder vielleicht auch, um zu tauchen oder zu schnorcheln (s. u.). Der Erholungswert ist ausgesprochen hoch, und die Gastfreundschaft lässt keine Wünsche offen.

## Schnorcheln und Tauchen

Die Beobachtung der Unterwasserwelt ist an den kenianischen und tansanischen Küsten meist an den Besuch eines Meeresnationalparks oder an eine Überfahrt auf eine der vorgelagerten Inseln gebunden. Die Korallenriffe und Korallengärten vor der Küste Ostafrikas sind sicherlich zu den schönsten der Welt zu zählen.

Beim Schnorcheln und Tauchen gelten die gleichen Regeln wie überall auf der Welt: Korallen dürfen nicht angefasst und Fische nicht angefüttert werden. Taucher benötigen einen international gültigen Tauchschein. Wer länger nicht getaucht hat, sollte bereits im Heimatland, spätestens aber vor dem

Gelbklingen-Nasendoktor (*Naso lituratus*) Foto: W. Denzer

ersten richtigen Tauchgang einen Auffrischungskurs besuchen. Schnorcheln kann in einigen Gegenden recht anstrengend sein, da die Riffe weit draußen liegen und die Strömung dementsprechend stark sein kann. Man sollte sich vorher darüber im Klaren sein, in welche Richtung die Strömung vom Boot fortführt und zwischendurch immer wieder einen Blick zurück zum Boot werfen. Unerfahrene Schnorchler sollten nur mit einem erfahrenen Begleiter auf die ersten Exkursionen gehen. Dies ist nicht nur sicherer, sondern auch viel ergiebiger. Man kann sich auf diese Weise vollständig auf die Unterwasserwelt konzentrieren, ohne auf die äußeren Umstände besonders Acht geben zu müssen. Zahlreiche Tauchschulen bieten „Schnupperkurse“ und Tauchkurse zum Erwerb einer Lizenz an. Informationen gibt es in den Hotels und den Touristenbüros.

Wer weder schnorcheln noch tauchen möchte, kann im Malindi-Watamu-Nationalpark auch an einer Glasbodenbootsfahrt teilnehmen. Die Touren dauern etwa 1–2 Stunden und führen mit dem Boot über die Seegrasbetten zum Riff. Durch die Schaugläser sieht man unter sich die Unterwasserwelt vorbeiziehen, und bei den Stopps hat man die Möglichkeit, die farbenprächtige Meeresfauna in ihrer natürlichen Umgebung zu bestaunen.

## Sport

Raum für sportliche Aktivitäten gibt es in Ostafrika genügend. Neben den bereits angesprochenen naturverbunden Aktivitäten wie Trekking und Tauchen sind dies Wassersport, Mountainbiking und Freeclimbing. Die Ausrüstungen können jeweils vor Ort gemietet werden. Einige Hotels besitzen Tennisplätze oder Squashcourts. Besonders in den Hochlandregionen Kenias gibt es auch zahlreiche Golfplätze. Eigentlich sollte jeder, der etwas sportliche Betätigung sucht, in der Lage sein, das Richtige zu finden.

## Fotografieren

Wohl jeder Reisende in Ostafrika möchte den einen oder anderen Schnappschuss machen oder wird versuchen, qualitativ hochwertige Natur- und Landschaftsaufnahmen zu ergattern. Die jeweiligen Ausrüstungen dafür fallen sehr unterschiedlich aus. Unabdingbar für jegliche Kamera sind UV-Filter, Sonnenblenden sowie gute Schutzhüllen gegen Staub und Feuchtigkeit.

Zu allererst sei erwähnt, dass das Fotografieren von militärischen Einrichtungen und Regierungsgebäuden nicht gestattet ist. Bevor Sie Menschen ablichten, sollten Sie um deren Erlaubnis ersuchen. Das ist nicht nur freundlich, sondern erspart auch manchen Ärger. Denn nicht jeder ist bereit, sich fotografieren zu lassen. Umgekehrt kann es Ihnen aber auch in entlegenen Dörfern passieren, dass die gesamte Einwohnerschaft mit Ihnen abgelichtet werden möchte. Hierzu bedarf es entweder eines ausreichenden Depots an Filmmaterial oder einiger kleiner Tricks, wie z. B. Gruppenbilder oder im Notfall „Aufnahmen" ohne einen Film.

Typischerweise werden unzählige Natur- und Tieraufnahmen gemacht. Selbst kleine Kameras liefern gute Bilder, vorausgesetzt, es werden genügend langbrennweitige Objektive benutzt. Nicht immer kommt man an einen Löwen auf wenige Meter heran. Eine Brennweite von 200–300 mm ist dann sehr hilfreich. Für Landschaftsaufnahmen sind kurze Brennweiten von etwa 35 mm ausreichend. Somit ist eine Kleinbildkamera oder Digitalkamera mit einem Zoom von 35–200 mm bereits sehr gut ausgerüstet, um nahezu alle Situationen beherrschen zu können.

Für hochwertige Aufnahmen bedarf es einer etwas aufwändigeren Ausrüstung. Die gleichzeitige Mitnahme zweier Kameras mit unterschiedlichen Zoomobjektiven hat sich bei vielen Fotografen sehr bewährt. Eine Kamera wird mit einem Objektiv von 28–80 mm ausgestattet und dient vorwiegend zur Aufnahme von Landschaftsbildern, die andere sollte ein Zoomobjektiv von 75–300 mm haben, um auch entferntere Tiere in einem sinnvollen Bildausschnitt abzulichten. Spezialobjektive wie Makrolinsen können sehr für Pflanzenaufnahmen und Bilder kleiner Tiere hilfreich sein. Keinesfalls sollte ein Blitzgerät fehlen, um besondere Belichtungseffekte erzielen zu können.

Als Filmmaterial haben sich in den offenen Savannenbereichen Filme der Empfindlichkeit 100 ASA sehr bewährt. Für bewölkte Tage sollte man einen kleinen Vorrat an 200-ASA-Filmen bei sich haben. Im Gegensatz dazu gestalten sich Aufnahmen in Regenwaldgebieten bereits etwas schwieriger. Hier benötigt man entweder höher empfindliches Filmmaterial (400 ASA aufwärts), das allerdings bereits eine gewisse Grobkörnigkeit aufweist, oder gute Blitzgeräte. Die Farbwiedergabe von ungeblitzten Aufnahmen kann je nach Filmtyp sehr unterschiedlich ausfallen. Häufig wird man später von einem Blaustich enttäuscht, obwohl das fotografierte Waldstück eigentlich im herrlichsten Grün erleuchtete. Bezüglich der Filmauswahl ist es sehr hilfreich, verschiedene Materialien an trüben Tagen in den Gewächshäusern botanischer Gärten zu testen.

Vergessen Sie nicht, genügend Filme und Batterien mitzunehmen. Insbesondere einige neuere Kameras benötigen Spezialbatterien, die nicht ohne Weiteres bzw. nur zu extrem hohen Preisen in Ostafrika erhältlich sind. Auch bei den Filmen lohnt es sich, diese bereits Zuhause zu erwerben, da Filme vor Ort erstens teurer sind und zweitens häufig nicht sorgfältig gelagert wurden oder gar über ihr Verfallsdatum hinaus sind. Für eine „erfolgreiche" Fotosafari sollten Sie pro Safaritag 1–3 Filme einplanen. Nichts ist ärgerlicher, als am Ende einer Safari alle Aufnahmen verbraucht zu haben, um dann einen Löwen im Sonnenuntergang zu sehen. Verglichen mit dem Reisepreis sind Filme und Batterien recht günstig, und nach Ihrer Rückkehr werden Ihnen die Aufnahmen noch einmal die tolle Reise ins Gedächtnis rufen. Also, nicht sparen, sondern alles fotografieren, was den Weg kreuzt!

## Reisezeit

Wegen der Größe des in diesem Buch besprochenen Gebietes kann man keine einheitliche Reisezeit festlegen, in der alle Aktivitäten möglich sind. Prinzipiell ist Ostafrika ganzjährig bereisbar, jedoch muss in den regnerischen Monaten damit gerechnet werden, dass Straßen unpassierbar werden und ganze Landesteile nicht erreichbar sind. Eine detaillierte Zusammenstellung der Wetterverhältnisse ist im Kapitel „Klima" wiedergegeben.

Die gesamte Region erfährt zwischen April und Juni eine Regenzeit, die sich regional um einige Wochen verschiebt. In dieser Zeit sind die Hotels und Lodges am preisgünstigsten. Eine weitere kleine Regenzeit kommt in manchen Gegenden am Jahresende hinzu (etwa November / Dezember bis in den Januar hinein). Die beste Reisezeit ist sicherlich direkt nach den Regenzeiten, da dann die Landschaft noch in üppigem Grün erstrahlt.

**Bwindi-Regenwald** Foto: W. Denzer

In den Tieflandregionen und an der Küste herrschen ganzjährig Temperaturen von mindestens 25 °C, und die Wassertemperatur liegt immer oberhalb angenehmer 20 °C. In den Hochlandregionen kann es während der Monate Juli und August sehr kalt werden; dies gilt umso mehr in den Bergregionen. Bergtouren sollte man am besten in die Monate Dezember bis Februar legen; keinesfalls zwischen März und Mai, da zu dieser Zeit sehr schlechte Wetterbedingungen vorherrschen.

Jeder Reisende muss sich demnach nach seinen Interessen die günstigste Zeit heraussuchen und dahingehend planen, dass nicht durch eine ungünstige Wetterlage Routenumstellungen oder gar tageweise Pausen erforderlich werden.

## Reiseliteratur

Der vorliegende Naturreiseführer kann und will einen traditionellen Reiseführer nicht ersetzen. Informationen über die zahlreichen Übernachtungsmöglichkeiten, Restaurants und Verkehrsanbindungen unterliegen stetigen Änderungen, die von anderen Reiseführern in immer ergänzten und revidierten Auflagen schnell aufgegriffen werden. Die natürlichen Begebenheiten dagegen, wie sie in diesem Buch beschrieben werden, sollten sich hoffentlich längerfristig nicht ändern.

Als Reiseliteratur seien hier die folgenden Bücher empfohlen:

„Richtig Reisen – Kenya, Tanzania mit Zanzibar“ von Steffi Kordy, erschienen im Dumont Verlag.

„Jumbo Guide – Uganda“ erschienen im Nelles-Verlag.

## Reisen als Frau

Prinzipiell ist Ostafrika gefahrlos für Frauen bereisbar, auch für allein reisende. Frauen wird ein hoher Respekt entgegengebracht, sodass es keine Probleme geben sollte. Bezüglich der Kleidung sollten Sie vor allem in Gebieten mit einem großen Anteil von Muslimen an der Bevölkerung die nötige Zurückhaltung üben. Ansonsten ist eine sommerliche europäische Kleidung überall akzeptiert und wird auch von den Einheimischen getragen. Auf übermäßig aufreizende Kleidung sollten Sie verzichten. Besonders aus den touristisch orientierten Küstenregionen gibt es vermehrt Hinweise auf Übergriffe gegen einzeln reisende Frauen, die nächtens unterwegs sind. Lassen Sie es also lieber nicht darauf ankommen und schließen Sie sich mit anderen Reisenden zusammen. Außerhalb der Großstädte können einige Hygieneartikel Mangelware sein. Nehmen Sie daher auf Touren in entlegene Regionen einen genügend großen Vorrat mit.

## Kleidung

Die Kleiderfrage muss jeder für sich selbst entscheiden. Abhängig von der jeweiligen Tour kann die Zusammenstellung sehr unterschiedlich ausfallen.

Als Erstes sei erwähnt, dass es trotz Äquatornähe und tropischen Klimas saisonal und regional recht kühl werden kann. Ein Pullover oder Ähnliches sollte in keinem Koffer fehlen. Typischerweise ist auf Safaris Sommerkleidung eine gute Wahl. Natürliche Materialien wie Baumwolle sind synthetischen dabei vorzuziehen. In Gebieten mit großem Aufkommen an Mücken und Tsetsefliegen sollten Sie trotz der Wärme lange

Hosen und langärmelige Hemden tragen. Sie haben dann wesentlich mehr Zeit, sich auf das Wesentliche zu konzentrieren, anstatt ständig zu versuchen, die Plagegeister abzuwehren.

Bei Regenwaldtouren sind atmungsaktive, wasserdichte Jacken und Rucksäcke unerlässlich. Man muss immer mit einem kurzen Schauer rechnen und hat dann die Möglichkeit, zum einen selbst einigermaßen trocken zu bleiben und zum anderen seine Kamera vor der Feuchtigkeit zu schützen. Bei diesen Wanderungen sind knöchelbedeckende Trekkingschuhe mit rutschfesten Sohlen ebenfalls sehr vorteilhaft.

Für die Trekkingtouren werden zusätzliche Kleidungsstücke benötigt. Neben gutem, eingelaufenen Schuhwerk gehören dazu regenabweisende Kleidung (Regenponcho und evtl. Hose) sowie, wenn man höher hinaus möchte, auch die entsprechenden Bergschuhe und Winterkleidung. Bei niedrigen Temperaturen hat sich besonders Fleecematerial als Kälteschutz bewährt.

**Mattenzone, im Hintergrund die schneebedeckte Gipfelregion des Kilimandscharo**
Foto: W. Denzer

## Gesundheit

Die medizinische Versorgung ist in ostafrikanischen Ländern sowohl apparativ als auch unter hygienischen Gesichtspunkten nicht mit europäischen Standards zu vergleichen. Bei einem längeren Aufenthalt in der Region ist daher ein vorheriger gewissenhafter Gesundheitscheck unumgänglich. Wer auf spezielle Medikation angewiesen ist, sollte diese von Zuhause mitbringen, da solche Präparate nur schwer oder gar nicht in den Ländern erhältlich sind. Gegebenenfalls müssen Sie sicherstellen, dass eine eventuell notwendige Kühlkette aufrecht erhalten werden kann.

In den größeren Städten und einigen Lodges der gehobenen Klasse findet man englischsprachige Ärzte. Deutschsprachige Ärzte gibt es nur in Großstädten.

Bei Reisen zwischen ostafrikanischen Ländern wird der Nachweis einer **gültigen Gelbfieberimpfung** verlangt! Bei der Einreise nach Uganda ist sie von allen Personen, die älter als ein Jahr sind, nachzuweisen. Auch für Reisen innerhalb Tansanias – wie z. B. bei der Überfahrt nach Sansibar – muss eine gültige Impfbescheinigung vorgelegt werden. Diese muss üblicherweise durch einen amtlichen Stempel im internationalen Impfpass nachgewiesen werden.

Weitere Impfungen sind derzeit nicht verpflichtend.

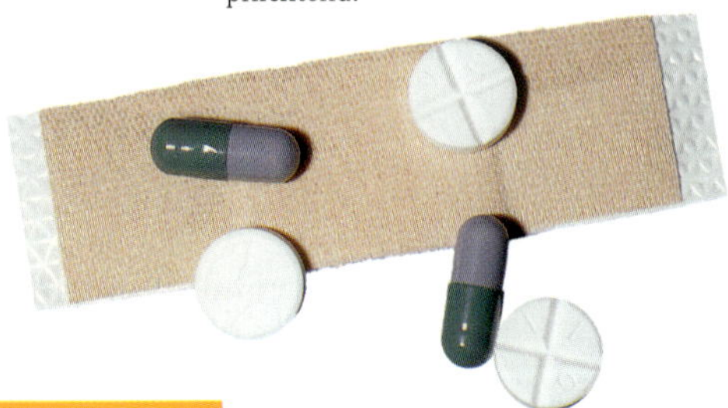

Einzig zwischen dem tansanischen Festland und den vorgelagerten Inseln (Sansibar und Pemba) wird eine **gültige Choleraimpfung** verlangt.

**HIV/Aids** ist in Ostafrika ein riesiges Problem. Die Schutzmaßnahmen sind offensichtlich dieselben wie überall auf der Welt: Vermeidung von Sexualkontakten – insbesondere ungeschützten – kann hier das eigene Leben retten. Es gibt Regionen, in denen über 20 % der Bevölkerung vom HI-Virus betroffen sind! Der Gebrauch unsauberer Spritzen oder Kanülen sowie Bluttransfusionen bergen ein erhebliches lebensgefährliches Risiko. Wer auf den Gebrauch von Spritzen angewiesen ist (z. B. Diabetiker), sollte diese bereits in Europa besorgen. Aber auch für den Langzeitreisenden ist es sinnvoll, ein paar Kanülen in der Reiseapotheke vorrätig zu halten.

Eine andere sehr verbreitete Krankheit ist **Malaria**. Ihr fallen in Ostafrika jährlich zigtausend Menschen zum Opfer. Neben der so genannten Expositionsprophylaxe (Mückensprays, langärmelige Hemden nach Sonnenuntergang, Moskitonetze) bedarf es in einigen Gegenden auch einer medikamentösen Prophylaxe. Insbesondere in der kenianischen Küstenregion ist das Infektionsrisiko sehr hoch. *Anopheles*-Mücken werden aber inzwischen auch oberhalb der sonst als sicher geltenden Grenze von über 1400 m ü. NN angetroffen. Die zu benutzende Prophylaxe ist abhängig von der Aufenthaltsdauer in einem bestimmten Gebiet sowie dem Gebiet selber. Die pharmazeutische Industrie entwickelt ständig neue Präparate, sodass sich hier auch kurzfristig Änderungen ergeben können. Die richtige Prophylaxe sollte von einem Tropen- oder Reisemediziner festgelegt werden. Vorabinformationen über Risiken können über das Internet (s. u.) eingeholt werden.

In letzter Zeit gab es vermehrt Berichte über **Denguefieber** und **Schlafkrankheit**. In beiden Fällen hilft nur ein Expositionsschutz, man sollte sich also in Sumpfgebieten nicht in kurzen Hosen und kurzärmeligen Hemden aufhalten. Stellenweise ist die Ansteckungsgefahr mit **Bilharziose-Erregern** recht hoch. Dies gilt insbesondere in kleinen, stehenden Gewässern, aber auch an den Ufern des Lake Victoria. Man sollte es demnach vermeiden, darin zu schwimmen oder sich auch nur kurzfristig darin aufzuhalten! Typhus und Cholera stellen derzeit kein akutes Problem dar, sodass eigentlich Impfungen nur für Langzeitreisende sinnvoll sind.

Schutzimpfungen gegen Tetanus, Diphtherie, Polio und Hepatitis A sind sehr zu empfehlen. Häufig genügt aber auch schon ein Blick in den Impfausweis, um festzustellen, dass noch ausreichend Schutz besteht. Die meisten dieser Impfungen werden heutzutage nur etwa alle zehn Jahre aufgefrischt.

Eine kleine Reiseapotheke ist immer hilfreich, sei es für sich selbst oder zur Versorgung kleinerer Wunden von Mitreisenden oder Einheimischen. Es gibt bereits eine Reihe kommerziell erhältlicher „Erste-Hilfe-Sets“, die zum einem recht kompakt sind und zum anderen notwendige Utensilien beinhalten. Zudem sollte man Antibiotika, Antiallergika, schmerzstillende Mittel sowie Präparate gegen Durchfall im Gepäck haben.

Erste Informationen bezüglich etwaig bestehender Gesundheitsrisiken können auf den Webseiten des Auswärtigen Amtes unter den entsprechenden Ländern (www.auswaertiges-amt.de), des Robert-Koch-Instituts (www.rki.de) oder bei den Telefonberatungen / Sprechstunden der tropenmedizinischen Dienste abgefragt werden. Bei einem Aufenthalt in weniger touristischen Gebieten sind zuvor ein Besuch und ein eingehendes Gespräch mit einem Tropenmediziner unerlässlich!

## Gefahren

In den meisten in diesem Buch beschriebenen Regionen kann sich der Reisende gefahrlos bewegen. Jedoch gibt es für alle drei Länder Einschränkungen, die z. T. auch im laufenden Text erwähnt sind. Inwieweit mit einem Besuch dieser politisch instabilen Regionen ein Risiko eingegangen wird, sollte sich jeder Reisende vor Antritt klar machen. An dieser Stelle soll nur eine wertungslose Zusammenfassung gegeben werden. Wegen der ständig wechselnden Sicherheitslage in einigen Regionen sei auf die Homepage des Auswärtigen Amtes und auf aktuelle Pressemitteilungen hingewiesen.

In Kenia gelten nach wie vor die nördlichen Regionen wegen der Krise in Somalia und des Waffenschmuggels am Horn von Afrika als unsicher. Überfälle sind hier leider an der Tagesordnung. Fahrten in dieses Gebiet sollten nur im Konvoi und nach Rücksprache mit örtlichen Polizeiposten durchgeführt werden. In Tansania wird schon seit einiger Zeit von einem Besuch Sansibars abgeraten, weil es hier zahlreiche religiöse Fundamentalisten gibt, die mit Anschlägen auf touristische Zentren drohen. Aus diesem Grunde werden in diesem Buch Sansibar und andere

vorgelagerte Inseln, wie Pemba, nicht behandelt. Im Westen Tansanias entstehen vermehrt Flüchtlingslager aufgrund der bürgerkriegsähnlichen Zustände in Ruanda und Burundi. In Uganda ist der Norden nahe der sudanesischen Grenze unbereisbar, und die neu entfachten Kämpfe in der Republik Kongo führen zu einem Sicherheitsrisiko in einigen westlichen Teilen Ugandas.
Abgesehen von der politischen Brisanz in der Region gibt es in Teilen Ostafrikas Stammesfehden. Hier sind aber nur in den seltensten Fällen Touristen involviert, und meist bleiben die Geschehen dem Reisenden verborgen. In den Städten ist es ratsam, auf überflüssige Zurschaustellung von Kameras, Schmuck etc. zu verzichten. Wie überall in Großstädten und Touristenzentren gibt es viele talentierte Taschendiebe und Trickbetrüger. In den Vororten der Großstädte herrscht z. T. große Armut, die Kriminalität und Prostitution fördert. Wer nicht dringende Geschäfte zu erledigen hat, sollte die Stadtzentren gerade nachts nicht auf eigene Faust verlassen. Insbesondere die Strecke zwischen Entebbe und Kampala gilt nachts als sehr gefährlich.

Weitere – aber für den Naturreisenden absehbare – Gefahren lauern in der freien Natur. Gitige Tiere wie Schlangen, Skorpione oder auch einige Fische sind allgegenwärtig, aber werden nur von den wenigsten Touristen wahrgenommen. Da viele Schlangen eine hervorragende Tarnung besitzen, sind sie nur schwer auszumachen. Die meisten Spinnennetze, in die man unterwegs läuft, gehören den eher harmlosen Seidenspinnen. Hohe Aufmerksamkeit ist bei Wanderungen immer geboten. Wichtig ist, sich nicht an einer zuvor uneinsehbaren Stelle festzuhalten, oder sich einfach auf irgendeinen Baumstamm zu setzen, ohne vorher zu prüfen, ob das eine oder andere giftige Tier diesen Platz bereits in Anspruch genommen hat. Gerade Skorpione lieben alte Baumstämme! Äußerst unangenehme Bisse können die behenden Hundertfüßler oder Skolopender verteilen; zudem gibt es zahlreiche Fluginsekten wie Bienen und Wespen, deren Stiche schmerzhaft sind. Angemessene Kleidung und hohe Aufmerksamkeit können allerdings die meisten Gefahren problemlos abwehren.

Puffotter (*Bitis arietans*) Foto: W. Denzer

# Internetressourcen

Im Internet gibt es zahlreiche Seiten mit Informationen über die Fauna und Flora, die Nationalparks sowie mit allgemeinen Angaben zu Gesundheit, Sicherheit, Hotels etc. Die im Folgenden aufgelisteten Internetseiten bieten eine sinnvolle Ergänzung zu den im Literaturteil angeführten Büchern.

## Fauna und Flora

Allgemeine Infos zu gefährdeten Tierarten nach Ländern geordnet: http://www.animalinfo.org/country/kenya.htm
http://www.animalinfo.org/country/tanzania.htm
http://www.animalinfo.org/country/uganda.htm

Zoologie allgemein mit Links zu einzelnen Tiergruppen:
http://www.biosis.org/

World Biodiversity Database:
http://www.eti.uva.nl/Home/Home.html

Endangered Species Database:
http://eelink.net/EndSpp/

Mammal Species of the World, a database of mammalian taxonomy: http://www.nmnh.si.edu/msw/

Primate Info Net, International Directory of Primatology: http://www.primate.wisc.edu/pin/

World Species List (WSL) – Birds:
http://species.enviroweb.org/obird.html

BirdNet, the Ornithological Council:
http://www.nmnh.si.edu/BIRDNET/index.html

Checklists of Birds:
http://www.birdlist.org/kenya.htm
http://www.birdlist.org/tanzania.htm
http://www.birdlist.org/uganda.htm

Amphibia Web:
http://elib.cs.berkeley.edu/aw/

Amphibian Species of the World:
http://research.amnh.org/herpetology/amphibia/index.html

EMBL Reptile Database:
http://www.embl-heidelberg.de/~uetz/LivingReptiles.html

Frogs and Reptiles of The Impenetrable Forest, Southwest Uganda:
http://www.calacademy.org/research/herpetology/frogs/frogsimp/index.html

Field Guide to the Amphibians and Reptiles of Arusha National Park (Tanzania):
http://www.gli.cas.cz/SEH/images/tanzie2002.pdf

Africa and Madagascar herpetological resources:
http://www.vaherper.com/pages/africa.htm

World Fish Database:
http://www.fishbase.org/search.htm
http://www.calacademy.org/research/ichthyology/catalog/

World Species List - Insects:
http://species.enviroweb.org/oinsect.html

Checklist of the Insects of Subsaharan Africa:
http://entomology.si.edu/Entomology/Subsahara/index.html

Database of Plant Databases, International Organization for Plant Information:
http://iopi.csu.edu.au/iopi/iopidpd1.html

Checklist of Online Vegetation and Plant Distribution Maps, University of California, Berkeley: http://www.lib.berkeley.edu/EART/vegmaps.html

The World Spider Catalog, Version 4.5
http://research.amnh.org/entomology/spiders/catalog/INTRO1.html

## Nationalparks und Naturschutzorganisationen

African Wildlife Foundation:
http://www.awf.org

East African Wild Life Society:
http://www.eawildlife.org

Kenya Wildlife Services:
http://www.kws.org

Nationalparks weltweit:
http://www.world-national-parks.net

Tanzania National Parks Authority:
http://www.tanapa.com
http://www.habari.co.tz/tanapa/

Uganda Wildlife Authority:
http://www.uwa.or.ug

United Nations Environment Programme (Schutzgebiete weltweit / Protected Areas) UNEP World Conservation Monitoring Centre:
http://www.unep-wcmc.org/protected_areas/

## Länderinformationen: Unterkünfte, Sicherheit, Gesundheit etc.:

http://www.auswaertiges-amt.de
http://www.africaguide.com
http://www.africanet.com
http://www.africa-online.com
http://www.africapoint.com
http://www.blockhotels.com
http://www.kenya-travels.com
http://www.kenyatouristinfo.com
http://www.magicalkenya.com
http://www.myuganda.co.ug
http://www.sarovahotels.com
http://www.serenahotels.com
http://www.sopalodges.com
http://www.tanzania-web.com
http://www.ugandaweb.com
http://www.visituganda.com

# Literatur

ALDEN P. C., ESTES R. D., SCHLITTER D. & B. MCBRIDE (1996): Collins Guide to African Wildlife. – Harper Collins Publ., London.

AFRICAN PUBLISHING GROUP (2000): Tanzania National Parks. Mikumi. – African Publishing Group Intl., Harare.

AFRICAN PUBLISHING GROUP (1999): Tanzania National Parks. Udzungwa Mountains. – World-Wide Fund for Nature, Tanzania, Dar es Salaam.

AMIN, M. & J. EAMES (1991): APA Guides Kenia. – Nelles Verlag, München.

AMIN, M. (engl.) & G. NELLES (dt.) (Hg.): Nelles-Jumbo-Guide Uganda. – Nelles Verlag, München.

BLUNDELL, M. (1994): Wild Flowers of East Africa. – Collins, London.

BYGOTT, D. (1990): Ngorongoro Conservation Area. – David Bygott & Co., Karatu.

BYGOTT, D. & J. HANBY (1998): A Guidebook to Mgahinga National Park and Bwindi Impenetrable National Park. – Uganda Wildlife Authority, Kampala.

DORST, J. & P. DANDELOT (1990): A Field Guide to the Larger Mammals of Africa. – Collins, London.

EU, G. (Ed.) (1990): APA Guides Ostafrika. – Reise- und Verkehrsverlag, Berlin.

FAIRCLOUGH ET AL. (Hg.) (1995): Arabuko-Sokoke Forest and Mida Creek. The official Guide. – KIFCON.

FREY, E. & D. KYUNGU (1998): Nelles Guide Tansania. – Nelles Verlag München.

GOODALL, J (1990): Through a Window: My Thirty Years With the Chimpanzees of Gombe. – Houghton Mifflin, Boston.

GRZIMEK, B. (Hg.) (1979): Grzimeks Tierleben. Enzyklopädie des Tierreichs in 13 Bänden. – Deutscher Taschenbuch Verlag, München.

HAGEN, H. (1979): Nationalpark Ruaha. Reihe Nationalparks Bd. 8. – Kilda-Verlag, Greven.

HEDGES, N. G. (1983): Reptiles and Amphibians of East Africa. – Kenya Literature Bureau, Nairobi.

HEMSING, J. (1997): Beauty of Samburu, Shaba & Buffalo Springs. – Camerapix Publ. Intl., Nairobi.

HOFER A., HUFFMANN M. & G. ZIESLER (1998): Mahale – Begegnungen mit Schimpansen. - PAN EDITION Navalon-Verlag, Füssen

KIELLAND, J. (1990): Butterflies of Tanzania. – Hill House, Melbourne / London.

KOORNHOF, A. (1997): The Dive Sites of Kenya and Tanzania. – New Holland Publ. Ltd., London.

KORDY, S. (2000): Dumont Richtig Reisen. Kenya, Tanzania mit Zanzibar. – DuMont Buchverlag.

LARSEN, T. B. (1991): The Butterflies of Kenya. – Oxford University Press.

LEWIN, R. & R. FOLEY (2003): Principles of Human Evolution. – Blackwell Science.

LEWIS, M. N. (1998): A Guide to Lake Baringo and Lake Bogoria. – Horizon Books.

LYOGELLO, L. N. (1991): A Guide to Tanzania National Parks. – Tourist Publishing Consult, Dar es Salaam.

MARTIN, D. (1998): Ngorongoro. Land-People-History. – African Publ. Group & Ngorongoro Conservation Area Authority.

NOAD, T. & A. BIRNIE (1994): Trees of Kenya. – T. C. Noad & A. Birnie Publ., Nairobi.

NYEKI, D. M. (1992): Wildlife Conservation and Tourism in Kenya. – Jacaranda Designs, Nairobi.

ROUND-TIRNER, D. (Hg.) (1994): Kakamega Forest. The official Guide. – KIFCON.

ROHWER, J. G. (2000): Pflanzen der Tropen. BLV Bestimmungsbuch. – BLV Verlagsgesellschaft, München.

RUSSOUW, J. & M. SACCHI (1998): Where to watch Birds in Uganda. – Uganda Tourist Board Publishing, Kampala.

SCHIØTZ, A. (1975): The Treefrogs of Eastern Africa. – Steenstrupia, Copenhagen.

SMITH, A. (1989): The Great Rift. Africa's Changing Valley. – Sterling Publ. Co., New York.

SNELSON, D. (Hg.) (1986): Lake Manyara National Park. – TANAPA & African Wildlife Foundation.

- (1987): Kilimanjaro National Park – TANAPA & African Wildlife Foundation.

- (1987): Arusha National Park. – TANAPA & African Wildlife Foundation.

- (1987): Mikumi National Park. – TANAPA & African Wildlife Foundation.

- (1992): Serengeti National Park. – TANAPA & African Wildlife Foundation.

- (1992): Tarangire National Park. – TANAPA & African Wildlife Foundation.

WILLIAMS, J. G. (1988): A Field Guide to the National Parks of East Africa. – Collins, London.

ZIMMERMAN, D. A. , D. A. TURNER & D. J. PEARSON (1999): Helm Field Guide – Birds of Kenya & Northern Tanzania. – Christopher Helm A & C Black Publ. Ltd., London.

**Murchison-Wasserfall** Foto: W. Denzer

# Kleiner Sprachführer Kisuaheli und Luganda

Kisuaheli (Swahili) ist eine Sprache, auf die sich die Länder Ostafrikas neben dem Englischen und lokalen Sprachen als gemeinschaftliche Sprache geeinigt haben. In den meisten Schulen wird es bereits frühzeitig gelehrt. Dies heißt aber nicht, dass alle Ostafrikaner Kisuaheli sprechen. Insbesondere die ältere Bevölkerung sowie ein Großteil der Ugander bevorzugen lokale Stammessprachen. Die Hauptsprache in Uganda ist Luganda, das von den Angehörigen der Baganda-Volksgruppe gesprochen wird.

## Wörter des täglichen Gebrauchs

| Deutsch | Kisuaheli | Luganda |
|---|---|---|
| Guten Tag/hallo! | jambo | ki kati |
| Willkommen | karibu | tukusanyukidde |
| Wie geht es Ihnen? | habari | oliotya |
| Danke, gut/sehr gut | asante, mzuri/mzuri sana | weebale gyendi |
| Auf Wiedersehen | kwaheri | weeraba |
| ja/nein | ndio/hapana | weewawo/nedda |
| bitte | tafadhali | mwattu |
| danke (sehr) | asante (sana) | weebale |
| Kaffee | kahawa | mwanyi |
| Tee | chai | caayi |
| warm/heiß | moto/moto sana | ebbugumu/bwa bbugumu |
| kalt | baridi | empewo |
| wie viel? | kiasi gani | ssente mekka |
| wo (ist)? | wapi | eri ludda wa |
| langsam | pole pole | mpolampola |
| schnell | haraka haraka | yanguwa |
| links | kushoto | kkono |
| rechts | kulia | ddyo |
| abwärts | chini | wansi |
| aufwärts | juu | waggulu |
| Bach | kijito | mwala |
| Berg | kilima | lusozi |
| Ebene | sawa tambarare | museetwe |

| | | |
|---|---|---|
| Fluss | mto | mugga |
| Hügel | mlima | kasozi |
| Insel | kisiwa | kizinga |
| See | jito, ziwa | nnyanja |
| Sumpf | bwawa | lutobazzi |
| Tal | bonde ufumbi | kikko/kiwonvu |
| Wald | msitu | kibira |
| Regen | mvua | nkuba |
| Sonne | jua | njuba |
| Sturm | dharba, kimbunga | mbuyaga |
| Nord | kaskazini | bukiikakkono, mambuka |
| Süd | kusini | bukiikaddyo, maserengeta |
| Ost | mashariki | buvanjuba |
| West | magharibi | bugwanjuba |
| Landwirtschaft | kilimo/makulima | byabulimi |
| Blatt | janda | kikoola |
| Blume | ua | kimuli |
| Obstbaum | msambia | muti gw'ebibala |
| Reis | mpung | muceere/mupunga |
| Tabak | mnoga, hamumi | taaba |
| Vanille | lavani | vanila |

**Feldbau im Hochland** Foto: W. Denzer

# Kleiner Sprachführer Kisuaheli und Luganda

Landschaft am Tarangirefluss mit Baobabs und Akazien nach der Regenzeit Foto: W. Denzer

## Zahlen

| | Kisuaheli | Luganda |
|---|---|---|
| 1 | moja | emu |
| 2 | mbili | bbiri |
| 3 | tatu | ssatu |
| 4 | nne | nnya |
| 5 | tano | ttaano |
| 6 | sita | mukaaga |
| 7 | saba | musanvu |
| 8 | nane | munaana |
| 9 | tisa | mwenda |
| 10 | kumi | kkumi |
| 11 | umi na moja | kkumi n'emu |
| 12 | kumi na mbili | kkumi nabbiri |
| 13 | kumi na tatu | kkumi na ssatu |
| 20 | ishirini | amakumi abiri |
| 30 | thelathini | amkumi asatu |
| 40 | arobaini | amakumi ana |
| 50 | hamsini | amkumi ataano |
| 60 | sitini | nkaaga |
| 70 | sabini | nsanvu |
| 80 | themanini | kinaana |
| 90 | tisini | kyenda |
| 100 | mia moja | kikumi |

## Tiernamen

| Deutsch | Kisuaheli | |
|---|---|---|
| (Bekannte Tiernamen auf Luganda sind in Klammern (Lug.) angeführt) | | |
| Aal | mkunga | (Lug. nsonzi) |
| Ameise | siafu | (Lug. nswa/kinyomo) |
| Affe | kima/tumbili | (Lug. nkima) |
| Antilope | swala | |
| Büffel | nyati | (Lug. mbogo) |
| Dikdik | dika | |
| Eland | pofu | |
| Elefant | tembo | (Lug. njovu) |
| Fisch | samaki | (Lug. kyenyanja) |
| Flamingo | heroe | |
| Fliege | inzi | (Lug. nsowera) |
| Frosch | chura | (Lug. kikere) |
| Gepard | duma, cheetah | |
| Geier | dai | |
| Gerenuk | swala twiga | |
| Giraffe | twiga | (Lug. ntugga) |
| Gnu | nyumbu | |
| Heuschrecke | panzi/parare | (Lug. nseenene) |
| Huhn | kuku | (Lug. nkoko) |
| Hund | mbwa | (Lug. mbwa) |
| Hyäne | fisi | |
| Impala | swala pala | |
| Insekt | mdudu | |
| Katze | paka | (Lug. kapa/pusi) |
| Krokodil | mamba | (Lug. goonya) |
| Kudu | tandala | |
| Kuh | ng'ombe | (Lug. nte) |
| Leopard | chui | (Lug. ngo) |
| Löwe | simba | (Lug. mpologoma) |
| Lungenfisch | kambare | (Lug. mmale) |
| Meerkatze | tumbili | |
| Moskito | mbu – (Lug. nsiri) | |
| Nashorn | kifaru, aru | (Lug. nkula) |
| Nilpferd – kiboko | (Lug. nvubu) | |
| Oryx | choroa | |
| Pavian | nyani | |
| Python | chatu | |
| Schabe | kombamwiko | (Lug. kiyenje) |

| | | |
|---|---|---|
| Schakal | mbweha | (Lug. kibe) |
| Schimpanse | sokwe | (Lug. zzike) |
| Schlange | nyoka | (Lug. musota) |
| Schmetterling | kipepeo | (Lug. kiwojjolo) |
| Schwein | nguruwe | (Lug. mbizzi) |
| Serval | mondo | (Lug. emmondo) |
| Spinne | buibui | (Lug. nabbub) |
| Stachelschwein | nungunugu | |
| Strauss | mbuni | |
| Termiten | mchwa | (Lug. nkuyege) |
| Topi | nyamera | |
| Vogel | ndege | (Lug. kinyonyi) |
| Wasserbock | kuro | |
| Warzenschwein | ngiri | |
| Wels | ngogo | (Lug. ssemutundu) |
| Zebra | punda milia | (Lug. ntulege) |

**Massai- oder Sterngiraffe (*G. c. tippelskirchi*)** Foto: W. Denzer

# Liste der im Text verwendeten deutschen Tier- und Pflanzennamen

**Unterstreichung deutet auf eine Abbildung innerhalb des Buches**

## Säugetiere

**Kap-Klippschliefer (*Procavia capensis*)** Foto: W. Denzer

**Rappenantilope (*Hippotragus niger roosevelti*)** Foto: W. Denzer

**Uganda-Kob/Grasantilope (*Kobus kob*)**
Foto: W. Denzer

## Vögel

Gelbkehlfrankolin (*Francolinus leucoscepus*) Foto: W. Denzer

Marabustorch (*Leptoptilus crumeniferus*) Foto: W. Denzer

Kampfadler (*Polemaetus bellicosus*) mit Weißkehl-Steppenwaran (*Varanus albigularis*) als Beute
Foto: W. Denzer

Kronenkranich (*Balearica regulorum gibbericeps*) Foto: W. Denzer

Riesentrappe (*Ardeotis kori strunthiumculus*) Foto: W. Denzer

Rotschnabeltoko (*Tockus erythrorhynchus*) Foto: W. Denzer



## Reptilien

**Lappenchamäleon (*Chameleo dilepis*)** Foto: W. Denzer

## Amphibien

Zweistreifen-Clownsfisch
(*Amphiprion bicinctus*)
Foto: W. Denzer



## Fische

## Insekten

**Seidenspinne (*Nephila* sp.)**
Foto: W. Denzer

## Pflanzen

Riesensenezien (*Senecio kilimanjari*)
Foto: W. Denzer

# Ortsregister

## Kenia

**Sumpfwiese im Lake Nakuru Nationalpark** Foto: W. Denzer

## Tansania

Savannenlandschaft am Great Ruaha River mit Masai-Giraffe, Ruaha-Nationalpark, Tansania
Foto: G. Ziesler

## Uganda

**Ishasha-Plains** Foto: W. Denzer